I0280620

VOYAGES
IMAGINAIRES,
ROMANESQUES, MERVEILLEUX, ALLÉGORIQUES, AMUSANS, COMIQUES ET CRITIQUES.

SUIVIS DES

SONGES ET VISIONS,

ET DES

ROMANS CABALISTIQUES.

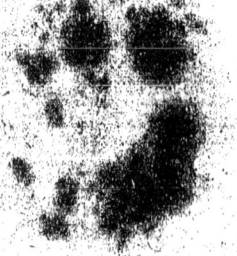

CE VOLUME CONTIENT:

La vie & les aventures surprenantes de ROBINSON CRUSOÉ; son retour dans son Ile; ses autres nouveaux voyages & ses réflexions. Traduit de l'anglois.

TOME PREMIER.

VOYAGES
IMAGINAIRES,
SONGES, VISIONS,
ET
ROMANS CABALISTIQUES.

Ornés de Figures.

TOME PREMIER.

Première division de la première classe, contenant les Voyages Imaginaires *romanesques*.

A AMSTERDAM,
Et se trouve à PARIS,
RUE ET HÔTEL SERPENTE,

M. DCC. LXXXVII.

LA VIE
ET LES
AVENTURES
SURPRENANTES
DE
ROBINSON CRUSOÉ,
CONTENANT:

Son retour dans son Isle, ses autres nouveaux voyages, & ses réflexions.

Traduit de l'anglois.

TOME PREMIER.

AVERTISSEMENT
DE L'ÉDITEUR.

L'HISTOIRE nous peint les hommes tels qu'ils ont été ou tels qu'ils sont; les romans nous les peignent tels qu'ils devroient être; le voyageur décrit les terres qu'il a parcourues, fait le récit de ses découvertes, & raconte ce qui lui est arrivé chez des peuples jusqu'alors inconnus & dont il nous transmet les mœurs & les usages : mais le philosophe a une autre manière de voyager; sans autre guide que son imagination, il se transporte dans des mondes nouveaux, où il recueille des observations qui ne sont ni moins intéressantes ni moins précieuses. Suivons-le dans ses courses, & soyons assurés de rapporter autant de fruit de nos voyages, que si nous avions fait le tour du monde.

Nous le voyons d'abord solitaire dans l'*Isle de Robinson*, jeté loin de ses semblables; c'est en vain que la fortune lui fournit tout ce qui est nécessaire à la vie; si ses premiers soins tendent à la conserver, le dégoût & l'ennui la lui rendent bientôt un fardeau insupportable. Les facultés de son ame, devenues inutiles dans sa profonde solitude, se flétrissent; notre voyageur va descendre dans le tombeau qui se creuse insensiblement sous ses pas; un homme paroît & vient lui rendre la joie, la santé, ou plutôt une nouvelle vie. Cet homme, dont il a le bonheur de conserver les jours, lui est attaché par les liens sacrés de l'amitié & de la reconnoissance; liens inestimables qui ont uni les premiers l'homme à l'homme, qui ont établi cette subordination noble, douce & tendre, & le principal fondement de la société humaine.

Il est d'autres liens, plus doux encore, qui charment la solitude de notre voyageur dans l'*Isle inconnue*, si toutefois on peut appeler solitaire un père de famille entouré de sa femme & de ses enfans: n'est il pas plutôt le premier des hommes sortant des mains du Créateur & s'occupant sous ses yeux du soin de peupler la terre & de la cultiver?

Après avoir vu les sociétés naître & se former, notre voyageur se trouve au milieu de peuples de sages; nous l'accompagnons chez les *Sevarambes* & chez les *Mezzoraniens*. Que l'air que l'on respire dans ces heureuses contrées est pur & salutaire! Les douces haleines des innocentes créatures qui les habitent, ne peuvent le corrompre. Nous aurons de la peine à quitter ces nations vertueuses; nous allons néanmoins les abandonner, pour être témoins de spectacles faits pour déchirer les ames sensibles, mais qui ne sont pas inutiles à un philosophe.

La mer & son inconstance, la perfidie des hommes, la cruauté des pirates, l'inclémence des saisons, l'ingratitude du sol, vont nous fournir une galerie de tableaux tristes à la vérité, mais intéressans. Une foule de maux assiégeoit déjà l'humanité; la présomptueuse témérité de quelques mortels en a beaucoup augmenté le nombre. Ne placerons-nous pas, avec Horace, une triple plaque d'airain sur la poitrine de celui qui le premier hasarda sa vie au milieu des mers? *Illi robur & œs triplex.* Les naufrages & les sinistres aventures qui vont s'offrir à nos yeux, nous ferons partager les plaintes & les regrets du poëte latin.

Tels seront les principaux événemens que nous ferons parcourir à nos lecteurs dans cette première partie des voyages imaginaires, destinée aux voyages purement romanesques. Critique, morale, philosophie, peintures intéressantes : nous comptons parler alternativement à l'esprit, pour l'amuser & l'instruire; & au cœur, pour le toucher.

Le roman par lequel nous commençons ce recueil, est l'*Histoire de Robinson*; elle est connue de tout le monde, & il est inutile d'en faire ici l'éloge. Dès le moment qu'elle a paru, le public la reçue avec cette avidité qu'il témoigne ordinairement pour les chefs-d'œuvre.

L'idée en a paru neuve & des plus heureuses; plusieurs éditions se sont succédées rapidement en Angleterre. Les nations voisines se sont empressées de s'en procurer des traductions, & cet estimable ouvrage a été bientôt universellement connu dans toute la littérature & placé au rang de nos meilleurs romans de morale & de politique. Le citoyen de Genève en faisoit un cas particulier. Dans son traité d'éducation, il refuse une bibliothèque à son Emile. Uniquement occupé à fortifier les organes par les exercices du corps, il ne veut souffrir aucune sorte de livre entre les mains de son élève dans le premier âge : mais le roman *de Robinson* est excepté de cette proscription générale; c'est le premier ouvrage dont il lui ordonne la lecture; il veut même que ce livre compose seul, pendant quelque tems, toute sa bibliothèque.

Quelques personnes ont attribué ce roman à *Richard Stéele*, si connu par le Spectateur Anglois, auquel il a eu la plus grande part; mais il paroît constant qu'il appartient à *Daniel de Foë*, auteur beaucoup moins connu que ne l'est son ouvrage.

Daniel de Foë est né en Angleterre de parens obscurs; il embrassa d'abord une profession mécanique; mais les talens dont la nature l'avoit doué, ne tardèrent pas à se développer en lui. Il débuta dans la carrière littéraire, par un Poëme satyrique intitulé *le Véritable Anglois* ; cet ouvrage eut le plus grand succès. Une tentative aussi heureuse encouragea notre auteur; il abandonna son métier pour se livrer entièrement aux lettres, & il publia de suite plusieurs ouvrages qui ne démentirent pas les espérances qu'il avoit données.

La Poësie, & sur-tout la Poësie satyrique, fut le genre auquel il s'exerça d'abord; il la poussa même à un point qui lui attira une correction humiliante; il s'étoit attaqué à des personnes puissantes qui se vengèrent; la justice se mêla de cette affaire, & de Foë fut condamné à la peine du Pilori. Il soutint sa condamnation avec fermeté, & après avoir subi sa sentence, il osa en célébrer la mémoire par une hymne en l'honneur du Pilori.

De Foë a beaucoup écrit, mais aucune de ses productions ne lui a fait autant d'honneur que son roman *de Robinson*. On l'a traduit dans toutes les langues de l'Europe, & cet ouvrage tient par-tout le premier rang parmi ce genre de roman. On prétend que dans l'origine, la manière naïve dont cet ouvrage est écrit, séduisit beaucoup de monde; on crut assez généralement que les faits qu'il contient étoient véritables.

On ne parlera point ici des autres ouvrages de de Foë; la plupart avoient trait aux matières du tems, & leur célébrité s'est évanouie même en Angleterre, avec les événemens qui y avoient donné lieu. Nous ne citerons que deux roman de de Foë, l'*Histoire du Colonel Sack* & les *Mémoires de Cléveland*. Quelques-uns disent que l'abbé Prevost avoit connoissance de ce

A iv

dernier ouvrage, & qu'il ne lui a pas été inutile lorsqu'il a donné son Cléveland.

De Foë est mort à Plington en 1731.

Nous sommes redevables de la traduction *de Robinson*, à Saint-Hyacinthe. Plusieurs autres ont cherché à nous transmettre ce roman Anglois, mais chacun d'eux l'a arrangé à sa manière, en se permettant des changemens & des retranchemens qui défigurent l'ouvrage. Nous avons préféré la traduction de Saint-Hyacinthe, parce qu'elle est la plus conforme au texte original.

Themiseul de Saint-Hyacinthe étoit connu sous ce nom dans la république des lettres, mais son vrai nom étoit Hyacinthe, cordonnier ou cordier; il est né à Orléans, de parens obscurs, le 27 Septembre 1684. Il s'étoit appliqué à l'étude de la langue Italienne, & en donna des leçons dans sa jeunesse. Il faisoit alors sa résidence à Troyes. Le grand Bossuet, alors évêque de cette ville, avoit su distinguer les talens du jeune Saint-Hyacinthe & lui faisoit beaucoup d'accueil; mais une aventure semblable à celle d'Abailard & d'Héloïse que le jeune professeur de langue eut avec une de ses élèves, pensionnaire de l'abbaye de Notre-Dame, lui fit perdre les bonnes graces du prélat. Saint-Hyacinthe quitta Troyes pour venir à Paris; il y fixa sa demeure & se livra en entier à la littérature. Nous ne savons pas les autres aventures de sa vie, & nous ne pensons pas qu'il faille croire ce que rapporte Voltaire, son ennemi. On sait que cet écrivain célèbre n'épargnoit point ceux qui avoient le malheur de lui déplaire, & on ne peut se dissimuler qu'il se permettoit alors les injures les plus atroces & les imputations les plus calomnieuses. Suivant lui, Saint-Hyacinthe a été successivement moine, soldat, libraire, marchand de café, & a vécu du profit du Biribi. Les querelles qui ont existé entre ces deux hommes de lettres, rendent justement suspect ce que dit Voltaire. Si on veut savoir la cause de ces démêlés, on peut consulter la lettre de M. de Burigni, imprimée en 1780, ou seulement l'extrait qui en a été donné dans le Journal Encyclopédique du mois de Juin de la même année. Saint-Hyacinthe est mort en 1746. L'ouvrage qui fait le principal fondement de sa réputation, est le *Chef-d'œuvre d'un Inconnu*, critique ingénieuse de l'abus de l'érudition que se permettent les commentateurs. Quelques-uns ont reproché à cette plaisanterie d'être trop longue. Il a donné en outre le *Mathanasiana*, ouvrage médiocre, & l'*Histoire du prince Titi*, féerie agréable, mais que l'auteur à laissée imparfaite. Saint-Hyacinthe est encore auteur de plusieurs romans au-dessous de sa réputation, & de quelques traductions qui prouvent qu'il a été contraint de travailler souvent pour la fortune, plutôt que pour la gloire. Au reste, trois ouvrages de notre auteur suffisent pour lui assurer une place distinguée dans la littérature. Le Chef-d'œuvre d'un Inconnu, le Prince Titi & la Traduction de la vie de Robinson Crusoé que nous imprimons.

PRÉFACE
DU TRADUCTEUR.

LE livre dont on donne ici la traduction au public, a été extrêmement goûté en Angleterre, & il s'en est débité un nombre prodigieux d'exemplaires; je ne m'en étonne pas. Jamais on n'a vu dans la vie d'un seul homme, un tissu si merveilleux d'aventures surprenantes; jamais on n'a vu un assemblage d'événemens extraordinaires, relevé par une si grande variété; & tous ceux qui ont fait quelque réflexion sur l'esprit humain, savent jusqu'à quel point il s'attache à la variété jointe au merveilleux.

Il est vrai qu'il aime encore naturellement la vérité, & qu'il ne jouit jamais si pleinement des agréables impressions que *le surprenant & le varié* font pour lui, que lorsqu'il croit avoir raison de se persuader que ces impressions, & les sentimens vifs & animés qui en sont les effets, sont produits par des objets véritables.

C'est conformément à ce principe, que ceux qui s'efforcent à nous amuser par des romans & par des fables, tâchent de nous dédommager de la vérité par une vraisemblance habilement ménagée. On sait qu'on va lire des fables; mais on oublie qu'on en lit; & l'imagination, qui dans la liaison des objets qu'on lui présente, ne trouve rien qui se choque & qui se heurte, s'y attache avec tant d'ardeur, qu'elle donne rarement à la raison le loisir de venir l'interrompre dans ses amusemens. Il arrive pourtant quelquefois, sur-tout à ceux dont le bons sens est cultivé, & qui se sont habitués à en faire usage, d'être assez maîtres de leur imagination, pour ne lui pas laisser longtems la jouissance paisible d'un plaisir causé par l'arrangement artificieux d'une quantité d'images fausses.

Le roman est par conséquent de beaucoup inférieur à l'histoire, quand on ne les compareroit que du côté du plaisir qu'on tire de leur lecture.

Dans la dernière on goûte le merveilleux sans interruption & sans inquiétude, & l'on a la satisfaction de se divertir d'une manière que la raison avoue & qu'elle augmente, en nous assurant que nous ne sommes pas les dupes de celui qui nous amuse.

Il est aisé de voir par-là qu'il est de l'intérêt de l'éditeur de cette traduction, de persuader au public qu'il leur donne une histoire véritable; mais il a trop d'intégrité pour décider positivement là dessus: tout ce qu'il peut dire, c'est qu'il trouve la chose très-probable; en voici la principale raison.

L'ouvrage dont il s'agit ici n'est pas seulement un tableau des différentes aventures de *Robinson Crusoé*: c'est encore une histoire des différentes situations qui sont arrivées dans son cœur. Les unes & les autres répondent avec tant de justesse aux événemens qui les précèdent, qu'un lecteur capable de réflexions sent de la manière la plus forte, que dans les mêmes circonstances il est impossible de n'être pas agité par les mêmes mouvemens.

Il est difficile de décrire d'une manière naturelle & pathétique, les différentes situations du cœur, si on ne le copie d'après ses propres sentimens; mais j'avoue que cela est possible, & que de ce côté-là, l'art & la force de l'imagination, peuvent mettre à-peu-près la fiction au niveau de la vérité. On auroit tort pourtant de soupçonner l'auteur de cette histoire d'une habileté & d'un génie propres à nous en imposer d'une manière si adroite. On n'y voit rien qui sente l'homme de lettres.

On y découvre plutôt un pauvre marinier, qui est bien embarrassé à faire passer ses idées dans l'esprit de ses lecteurs: son style est rempli de répétitions; au lieu de réflexions, il nous donne souvent des sentimens tout cruds, qui deviennent pourtant des réflexions sensées & justes en passant dans un esprit cultivé. Le bon sens qu'on entrevoit dans ses expressions est, pour ainsi dire, brut & privé de cette politesse & de cette forme que l'étude & le commerce des honnêtes gens sont capables de prêter à une justesse d'esprit naturelle.

Je conviens qu'il paroît beaucoup d'industrie dans la description qu'on voit dans cette histoire, de tout ce que notre aventurier a fait pour sa conservation, & pour rendre sa solitude la moins désagréable qu'il étoit possible. Mais on auroit tort d'inférer de-là que l'auteur doit être un habile homme. On sait à quels efforts la nécessité porte l'esprit humain. On sait que les brutes mêmes sont d'excellens machinistes, quand il s'agit de leur conservation ou de leur commodité, & nous sommes souvent étonnés de la justesse des mesures qu'elles prennent pour se procurer le bien & pour éviter le mal.

Le défaut de génie & de lumières que

je trouve dans cette histoire, n'en doit point dégoûter le lecteur; la naïveté en fait le caractère essentiel; & dans une pareille relation, elle vaut infiniment mieux que la finesse d'esprit.

Il y a pourtant des personnes qui y découvrent une grande finesse bien dangereuse. Ils s'imaginent que ce livre a été fait pour sapper la base de la religion; mais il n'est pas possible de donner dans un rafinement plus bisarre. Il ne se peut rien trouver de plus orthodoxe que le pauvre *Robinson Crusoé*; rien n'est plus édifiant que les réflexions continuelles qu'il fait, pour justifier la providence divine dans toute sa conduite avec les hommes; rien de plus exemplaire que sa résignation dans tous les malheurs sous lesquels il est obligé de gémir.

Si son but avoit été de répandre un venin caché dans ses ouvrages, il en avoit une occasion très-naturelle, quand s'étant assujetti un sauvage du continent, il s'efforçoit à jeter dans l'ame de ce barbare les premiers fondemens de la religion chrétienne. Il étoit le maître de prêter à ce sauvage toutes les difficultés qu'il pouvoit croire embarrassantes. Mais bien loin de-là, il lui donne une raison très-souple, & lui fait recevoir les principes de nos dogmes avec une grande docilité.

Il est vrai qu'une seule fois ce sauvage lui fait une question sur la compatibilité de la puissance du démon avec la toute-puissance divine, & que son maître n'a pas l'esprit d'y répondre; mais la seule raison en est, qu'il n'étoit pas grand clerc, & qu'il s'étoit mis dans l'esprit les idées les plus populaires des opérations du démon sur le cœur humain.

Voilà tout ce que j'ai à dire au lecteur sur l'ouvrage même; je ne m'étendrai pas beaucoup sur la traduction; elle n'est pas scrupuleusement littérale, & l'on a fait de son mieux pour y applanir un peu le style raboteux, qui dans l'original sent un peu trop le matelot, pour satisfaire à la délicatesse françoise. Cependant on n'a pas voulu le polir assez, pour lui faire perdre son caractère essentiel, qui doit être hors de la jurisdiction d'un traducteur fidèle. On a eu soin en récompense d'abréger les répétitions des mêmes pensées, ou de les déguiser par le changement des termes.

PRÉFACE

PRÉFACE
DE
ROBINSON CRUSOÉ.

Selon la maxime très-véritable des philosophes, ce qui est le premier dans *l'intention*, est le dernier dans *l'exécution*. Conformément à ce principe, je me trouve obligé d'avouer au lecteur que ce présent ouvrage n'est pas proprement l'effet & la suite de mes deux premiers volumes; mais que ces premiers volumes sont plutôt l'effet de celui-ci : la raison en est claire; la *fable* est toujours faite pour la *morale*, & non pas la *morale* pour la *fable*.

Il m'est revenu que la partie envieuse & mal intentionnée du public, a fait quelqu'objections contre mes premiers volumes, sous prétexte que ce n'est qu'une fiction, que les noms en sont empruntés, & que tout en est parfaitement romanesque. On soutient que les héros & le lieu sont inventés, & que jamais la vie d'un homme n'a été véritablement sujette aux révolutions que j'ai décrites; en

Tome I. B

un mot, que le tout n'a été destiné qu'à duper le public.

Moi, *Robinson Crusoé*, me trouvant à présent, graces à Dieu, sain d'esprit & de mémoire, déclare que cette objection est aussi maligne par rapport au dessein, que fausse à l'égard du fait. Je proteste au public que mon histoire, quoiqu'allégorique, a pourtant une base réelle; que c'est une belle représentation d'une vie sujette à des catastrophes sans exemple, & à une variété de révolutions qui n'a jamais eu de pareille, & que j'ai destiné ce tableau extraordinaire uniquement à l'utilité du genre-humain. J'ai déjà commencé à exécuter ce dessein dans mes premiers volumes, & je me propose de continuer dans celui-ci à tirer de tous ces incidens, les usages les plus sérieux & les plus importans qu'il me sera possible. Je déclare encore qu'il y a actuellement un homme plein de vie & très-bien connu, dont les actions & les infortunes font le véritable sujet de l'histoire que j'ai donnée au public, & auxquelles chaque partie de cette histoire fait allusion d'une manière très-naturelle : c'est la vérité toute pure, & je la signe de mon nom.

La fameuse *histoire de don Quichotte*,

ouvrage que mille personnes lisent avec plaisir, contre une seule qui en pénetre le véritable sens, est une allégorie satyrique de la vie du duc de *Medina Sidonia*, personnage qui a été fort illustre en Espagne du tems que ce livre fut fait. Ceux qui connoissoient l'original, apperçurent sans peine la vivacité & la justesse des images employées par l'auteur.

Il en est de même de mon histoire; & quand certain écrivain malicieux a prétendu répandre sa bile contre moi, en parlant du *don quichotisme de Robinson Crusoé*, il a fait voir évidemment qu'il ne savoit pas ce qu'il disoit. Il sera peut-être un peu surpris, quand je lui dirai que cette expression, qu'il a cru très-satyrique, est le meilleur éloge qu'il pouvoit faire de mon ouvrage.

Sans entrer ici dans un grand détail des vues de ce volume, il suffira de dire, que les heureuses conséquences que je m'y suis efforcé de tirer des particularités de mon histoire, dédommageront abondamment le lecteur de n'avoir pas trouvé dans l'histoire même l'explication de ce qu'il y a d'allégorique. Il peut être persuadé que, quand dans les remarques & dans les réflexions de ce volume je fais mention des jours que j'ai passés dans les déserts, & que je fais allusion à d'autres circonstances de mon histoire, ces circonstances, quoique placées dans un jour emprunté, ont un fondement véritable dans ce qui m'est arrivé réellement dans le cours de ma vie. Telle est la frayeur qui s'empara de mon imagination à la vue d'un vestige d'homme, la surprise où me jeta la vieille chèvre que je trouvai dans la grotte, les chimères qui m'agitèrent dans mon lit, qui me le firent quitter avec précipitation. Tel est encore le songe dans lequel je m'imaginai être arrêté par des archers, & condamné comme pirate par des officiers de mer, la manière dont je fus jeté à terre par une vague, le vaisseau dévoré par le feu au milieu de la mer, la description que j'ai faite de ce qui arrive à une personne qui meurt de faim; l'histoire de mon valet *Vendredi*, & plusieurs autres particularités importantes de mon histoire, dont j'ai tiré des réflexions pieuses. Elles sont toutes fondées sur des faits réels. Il est certain que j'ai eu un perroquet que j'avois instruit à m'appeler par mon nom; j'ai eu réellement un esclave sauvage qui devint chrétien, & qui étoit appelé *Vendredi*. Il m'a été enlevé par force, & il est mort entre les mains de ses ravisseurs ; ce que j'exprime en disant qu'il est mort dans un combat contre les Barbares. Tout cela est vrai à la lettre ; & si je voulois entrer dans certaines discussions, je pourrois le prouver par le témoignage de plusieurs honnêtes gens qui sont encore en vie. Toute la conduite de cet esclave, telle que je l'ai dépeinte, a une relation exacte avec les secours que mon fidèle *Vendredi* m'a donnés dans mes désastres réels, & dans ma solitude réelle.

L'histoire de l'ours dans l'arbre, & du combat avec les loups dans des montagnes couvertes de neige, sont encore des faits véritables ; en un mot, les *Aventures de Robinson Crusoé* roulent sur une suite réelle d'une vie de vingt-huit années, passées dans les circonstances les plus tristes & les plus affreuses où aucun mortel se soit jamais trouvé. Pendant tout ce tems, ma vie a été sujette à des révolutions miraculeuses, à des orages continuels ; j'ai combattu réellement les Barbares & les Anthropophages de la plus mauvaise espèce, au milieu d'une variété d'incidens très-surprenante ; j'ai été nourri par des miracles qui surpassent celui des corbeaux qui portoient de la nourriture à un prophète ;

j'ai souffert toutes sortes de violences & d'oppressions ; les reproches les plus injurieux, les mépris du genre humain, les attaques des démons. J'ai essuyé des châtimens propres à me corriger du côté du ciel, & des traverses cruelles du côté de la terre ; j'ai été le jouet de vicissitudes sans nombre : je me suis vu dans un esclavage plus rude que celui qu'on peut essuyer chez les Turcs ; j'en suis échappé par une conduite aussi extraordinaire & aussi ménagée que celle que j'ai dépeinte dans mon histoire, en rapportant la manière dont je me dérobai des côtes de *Salé* dans une chaloupe, accompagné du petit *Xuri* : j'ai été sauvé au milieu de la mer dans la plus grande extrémité ; je me suis relevé de mes malheurs, & ensuite j'y ai été abîmé de nouveau à différentes reprises, & peut être plus souvent qu'aucun homme qui ait jamais existé ; j'ai fait des naufrages allégoriques sur terre & quelquefois même sur mer. Enfin il n'y a pas une seule particularité dans mon *Histoire emblématique*, qui ne réponde avec la dernière justesse & avec l'exactitude la plus scrupuleuse aux *Aventures merveilleuses de Robinson Crusoé*.

Conformément à ce que je viens d'établir, lorsque dans les réflexions suivantes je parle des tems & des circonstances de quelques actions que j'ai faites, ou de quelques incidens qui me sont arrivés pendant que j'ai vécu dans mon isle, le lecteur impartial doit avoir la bonté de suivre l'idée que je viens de lui donner. Il doit comprendre que je parle de cette partie de mon histoire réelle, à laquelle mon séjour dans l'isle fait allusion. Par exemple, dans la dernière partie de mon ouvrage, appelée *la Vision*, je commence ainsi : *Lorsque j'étois souverain monarque de mon isle, j'avois une quantité de notions surprenantes de ma manière de voir des apparitions.* Toutes les réflexions qui suivent là-dessus sont un tableau véritable de la situation où je me suis trouvé dans une retraite forcée, qui est représentée dans mon histoire allégorique, par une vie solitaire menée dans une isle. Rien n'est plus naturel que de représenter une vie solitaire d'une certaine espèce, par une vie solitaire menée d'une autre espèce; & si une telle allégorie n'est pas permise, il ne doit jamais être permis d'exprimer des réalités par des emblêmes. Pour les portraits que j'ai tracé de mes frayeurs & de mes imaginations extravagantes, ce sont des représentations de ce qui m'est arrivé réellement, & il n'y a rien de changé dans mon histoire, excepté la liberté que j'ai prise de transporter la scène d'un lieu dans un autre.

Les observations que j'ai faites sur la vie solitaire, sont précisément de la même nature, & il suffira d'avertir une fois pour toutes, que tout ce qui, dans le présent volume, a du rapport aux volumes précédens, doit être pris dans ce sens. Je prie le lecteur de s'en souvenir à mesure qu'il avancera dans la lecture de cet ouvrage.

Il ne suffit pas qu'une allégorie soit juste ; elle doit être encore utile. J'ose dire que celle-ci l'est parfaitement, & qu'elle tend au grand but des emblêmes & des paraboles, l'avancement de la religion & des bonnes mœurs. On voit dans mon histoire une patience invincible, qui soutient le poids des plus affreuses misères ; une force d'esprit & un courage inébranlable dans les circonstances les plus propres à décourager une ame ferme ; ces vertus y sont recommandées comme les seules routes par lesquelles on puisse sortir d'un labyrinthe de catastrophes, & le succès que j'y donne à ces dispositions héroïques, sont très capables d'affermir dans les malheurs, les esprits les plus indolens & les plus foibles.

Si je m'étois servi de la manière ordinaire d'écrire la vie d'un particulier ; si j'avois pris pour sujet celle d'un homme connu, dont les informations auroient été peut-être un sujet de triomphe pour quelques-uns de mes lecteurs, tout ce que j'aurois dit, bien loin de procurer au public quelque divertissement, auroit été à peine jugé digne d'attention, & mes instructions, semblables à cet égard à celles d'un plus *grand maître*, auroient été sans doute méprisées dans le pays de ma naissance. Les faits, pour être propres à frapper l'esprit, doivent être arrivés dans un pays éloigné, & à une personne qui ne soit pas familière à l'imagination. Les miracles mêmes du Sauveur du monde s'attirèrent le mépris de ceux qui faisoient réflexion que leur auteur étoit fils d'un charpentier, que sa famille étoit dans la pauvreté & dans la bassesse, & que ses frères & sœurs étoient confondus avec le petit peuple.

De cette réflexion même paroît naître une difficulté touchant la réussite de ce dernier volume. On peut douter que les instructions qu'il renferme soient propres à faire quelque impreſſion, puiſque la ſcène qui y a donné lieu, & qui étoit placée dans un ſi grand éloignement, eſt à préſent rapprochée & dégagée de toutes les illuſions qui ont tant contribué à la faire paroître agréable.

Quoique cette difficulté ne ſoit que trop bien fondée, je ne m'en inquiète guères; je ſuis convaincu que ſi ce ſiècle opiniâtre ferme les oreilles aux réflexions tirées dans ce volume des faits qui ſont rapportés dans les précédens, un âge viendra où le cœur humain ſera plus ſouple & plus docile, où les préjugés des pères n'auront point de priſe ſur la raiſon des enfans, & où les préceptes que recommandent la religion & la vertu, trouveront des diſciples reconnoiſſans. Il viendra un âge où les neveux ſe lèveront en jugement contre leurs ancêtres, & où une génération ſera édifiée par les leçons qu'une autre génération aura regardées avec mépris.

LA VIE
ET LES
AVENTURES
DE
ROBINSON CRUSOÉ.

PREMIÈRE PARTIE.

JE fuis né en l'année mil six cent trente-deux, dans la ville d'York, d'une bonne famille, mais qui n'étoit point originaire de ce pays-là. Mon père étoit étranger, natif de Brême, & fit son premier établissement à Hull. Il y acquit beaucoup de bien en négociant : ensuite renonçant au commerce, il alla demeurer à York, où il épousa ma mère, dont les parens s'appeloient *Robinson*. Cette famille est une des meilleures du Comté,

& c'est de-là que j'ai été appelé *Robinson Kreutznar*; mais par une corruption de nom, qui est assez ordinaire en Angleterre, on nous appelle aujourd'hui *Crusoé*, & nous nous appelons & signons de même. Mes compagnons ne m'ont jamais donné d'autre nom.

J'avois deux frères plus âgés que moi, dont l'un étoit lieutenant colonel d'un régiment d'infanterie Anglois, commandé autrefois par le fameux colonel Lockart, & fut tué à la bataille de Dunkirk contre les Espagnols. Pour ce qui est du second, je n'ai jamais su ce qu'il étoit devenu; & je ne suis pas mieux instruit de sa destinée, que mon père & ma mère l'ont été de la mienne.

Comme j'étois le troisième garçon de la famille, & que je n'avois appris aucun métier, je commençai bientôt à rouler dans ma tête force projets. Mon père, qui étoit fort âgé, ne m'avoit pas laissé dans l'ignorance : il m'avoit donné la meilleure éducation qu'il avoit pu, soit en me dictant des leçons de sa propre bouche, soit en m'envoyant à une de ces écoles publiques qu'il y a dans les campagnes; & il me destinoit à l'étude des loix; mais j'avois de toutes autres vues : le désir d'aller sur mer me dominoit uniquement; cette inclination me roidissoit si fort contre la volonté & même contre les ordres de mon père, & me rendoit si sourd aux remontrances & aux sollicitations pressantes de ma mère, & de tous mes proches, qu'il sembloit qu'il y eût une espèce de fatalité qui m'entraînoit secrettement vers cet état de souffrance & de misère où je devois tomber. Mon père qui étoit un sage & grave personnage, me donna d'excellens avis pour me faire renoncer à un dessein dont il voyoit bien que je m'étois entêté. Un matin, il me fit venir dans sa chambre où il étoit confiné à cause de la goutte; & il me parla fortement sur ce sujet. Il me demanda quelle raison j'avois, ou plutôt qu'elle étoit ma folle envie, de vouloir quitter la maison paternelle, & ma patrie, où je pouvois avoir de l'appui, & une belle espérance de pousser ma fortune par mon application & par mon industrie, & cela en menant une vie commode & agréable. Il me disoit qu'il n'y avoit que deux sortes de gens, les uns démués de tout bien & sans ressource, les autres d'un rang supérieur & distingué, à qui il appartient de former de grandes entreprises, & d'aller par le monde chercher des aventures, afin de s'élever, & de se rendre fameux par une route peu frayée; que ce parti étoit de beaucoup trop au-dessus, ou trop au-dessous de moi; que mon état étoit mitoyen, ou tel qu'on pouvoit l'appeler le premier étage de la vie bourgeoise; que par une longue expérience il avoit reconnu que cette situation étoit la meilleure de toutes, le plus à la portée de la félicité humaine, nullement exposée à la misère, aux travaux & aux souffrances du commun des ouvriers; mais exempte de l'orgueil & du luxe, de l'ambition & de l'envie des grands du monde. Il me disoit que je pouvois juger du bonheur de cet état, par cela même que c'étoit celui que tous les autres hommes envioient: que des rois avoient souvent gémi sur les misérables suites d'une haute naissance; qu'ils auroient souhaité de se voir placés au milieu des deux extrémités, entre les grands & les petits; que le sage s'étoit déclaré en faveur de cet état, & qu'il y avoit fixé le point de la vraie félicité, en priant qu'il n'eût ni pauvreté, ni richesse.

Il me faisoit remarquer une chose que je trouverois toujours dans la suite; c'est que les calamités de la vie se partageoient entre les plus qualifiés & le bas peuple: mais que dans l'état de médiocrité, il n'y avoit point tant de désastres, & qu'on n'y étoit point sujet à autant de vicissitudes que dans le plus haut ou dans le plus bas: que dis-je? les maladies & les indispositions, soit du corps ou de l'esprit, y étoient moins fréquentes que parmi des gens qui, par une suite naturelle de leur manière de vivre, gagnoient divers maux;

ceux-ci par leurs débauches & leurs excès; ceux-là par un trop rude travail, ou faute de nourriture & du nécessaire: il ajoutoit qu'une fortune médiocre étoit le siège de toutes les vertus, & de tous les plaisirs; que la paix & l'abondance en étoient les compagnes; que la tempérance, la modération, la tranquillité, la santé, la société, en un mot, tous les divertissemens honnêtes & desirables étoient attachés à ce genre de vie; que par cette voie les hommes finissoient doucement leur carrière, & la finissoient en paix, sans être foulés du travail des mains, ni de celui de l'esprit; sans se livrer à une vie servile pour gagner leur subsistance, ni à une suite continuelle de perplexités, qui troublent la tranquillité de l'ame & le repos du corps; sans sentir en soi-même ni la rage de l'envie, ni les aiguillons cuisans de l'ambition; mais, au contraire, jouissant des commodités de cette vie, en goûtant les douceurs & non les amertumes; sensibles à leur propre bonheur, & apprenant par une expérience journalière à l'affermir de plus en plus.

Après quoi il m'exhorta dans les termes les plus pressans & les plus tendres, à ne point faire un pas de jeunesse, à n'aller pas au-devant des calamités, dont la nature & ma naissance m'avoient mis à couvert; que je n'étois pas dans la nécessité d'aller chercher mon pain; qu'il feroit tout pour moi, qu'il n'oublieroit rien pour me mettre en possession de cet état de vie qu'il venoit de me recommander ; que si je n'étois pas content & heureux dans le monde, ce seroit sans doute ma propre faute ou ma destinée ; qu'après avoir fait son devoir, en m'avertissant du préjudice que me causeroient de fausses démarches, il n'étoit plus responsable de rien ; en un mot, que, comme il travailloit à mon bonheur, si je voulois demeurer à la maison & m'établir de la manière qu'il le désiroit, aussi ne vouloit il pas contribuer à ma perte en favorisant mon départ. Il conclut en me disant, que j'avois devant les yeux l'exemple funeste de mon frère aîné, à qui il avoit pareillement représenté ces puissantes raisons pour le dissuader d'aller à la guerre des Pays-bas ; qu'il n'avoit pu l'empêcher de suivre une résolution de jeune homme, ni de courir à sa perte en embrassant le parti qu'il lui défendoit. Il ajouta qu'il ne cesseroit jamais de prier pour moi ; mais qu'en même tems l osoit m'annoncer que, si je faisois ce faux pas, Dieu ne me béniroit point, & qu'à l'avenir j'aurois tout le loisir de réfléchir sur le mépris que j'aurois fait de ses conseils, sans trouver le moyen d'en réparer la perte.

Ce discours fut véritablement prophétique, quoiqu'à mon avis il ne le crût point tel ; & je remarquai sur la fin que les larmes couloien
abondamment

abondamment de son visage, sur tout quand il parla de la mort de mon frère. Mais lorsqu'il dit que j'aurois le loisir de me repentir, sans avoir personne pour m'assister, il fut si ému qu'il s'interrompit, & m'avoua qu'il n'avoit pas la force de passer outre.

Je fus sincèrement touché d'un discours si tendre; je résolus de ne penser plus à aller voyager: mais plutôt de m'établir chez nous, suivant les intentions de mon père. Mais hélas! cette bonne disposition passa comme un éclair: & pour prévenir désormais les importunités de mon père, je résolus de m'éloigner, sans prendre congé de lui. Néanmoins je n'en vins pas si-tôt à l'exécution, & je modérai un peu l'excès de mes premiers mouvemens. Un jour que ma mère paroissoit un peu plus gaie qu'à l'ordinaire, je la pris à part; je lui dis que ma passion pour voir le monde étoit insurmontable; qu'elle me rendoit incapable d'entreprendre quoi que ce soit avec assez de résolution pour en venir à bout, & que mon père feroit mieux de me donner congé, que de me forcer à le prendre. Je la priai de faire réflexion que j'avois déjà dix huit ans, & qu'il étoit trop tard pour entrer en apprentissage, ou pour devenir clerc chez un procureur; que si je l'entreprenois, j'étois sûr de ne jamais finir mon tems, de m'enfuir de chez le maître avant le terme, & de m'embarquer. Mais si elle vouloit bien parler pour moi, & m'obtenir de mon père la permission de faire un voyage sur mer, je lui promettois, en cas que je revinsse, & que je ne m'en accommodasse pas, de n'y plus retourner, & de réparer ensuite le tems perdu par un redoublement de diligence.

A ces propos, ma mère se mit fort en colère: elle me dit que ce seroit peine perdue de parler à mon père sur cette matière, qu'il étoit trop informé de mes véritables intérêts, pour donner son consentement à une chose qui me seroit si pernicieuse; qu'elle ne concevoit pas comment j'y pouvois encore penser, après l'entretien que j'avois eu avec lui, & malgré les expressions tendres & engageantes dont elle savoit qu'il avoit usé pour me ramener; en un mot, que si je voulois m'aller perdre, elle n'y voyoit point de remède; mais qu'assurément elle n'y donneroit jamais son consentement, pour ne pas travailler d'autant à ma ruine; & qu'il ne seroit jamais dit, que ma mère eût donné les mains à une chose que mon père auroit rejetée.

Quoiqu'elle m'eût ainsi refusé, néanmoins j'ai appris dans la suite, qu'elle avoit rapporté le tout à mon père; & que pénétré de douleur, il avoit dit en soupirant: « Ce garçon pourroit être heu- » reux, s'il vouloit demeurer à la maison : mais

» il sera le plus misérable de tous les mortels,
» s'il va dans les pays étrangers : je n'y consen-
» tirai jamais ».

Ce ne fut qu'un an après ceci, que je m'échappai. Cependant je m'obstinois à fermer l'oreille à toutes les propositions qu'on me faisoit d'embrasser une profession. Souvent même je me plaignois à mon père & à ma mère qu'ils fussent si fermes à me contrecarrer dans une chose pour laquelle je me sentois une inclination prédominante.

Mais un jour me trouvant à Hull, où j'étois allé par hasard, & sans aucun dessein formé de prendre l'essor, j'y rencontrai un de mes camarades, qui étoit sur le point d'aller par mer à Londres, sur le vaisseau de son père. Il m'invita à aller avec eux, & pour mieux m'y engager, il me tint le langage ordinaire des mariniers; savoir, qu'il ne m'en coûteroit rien pour mon passage. Là-dessus je ne consulte plus ni père ni mère : je ne me mets pas en peine de leur faire savoir de mes nouvelles; mais remettant la chose au hasard, sans demander la bénédiction de mon père, ni implorer l'assistance du ciel, sans faire attention ni aux circonstances, ni aux suites, je me rendis à bord d'un vaisseau qui alloit à Londres. Ce jour, le plus fatal de toute ma vie, fut le premier Septembre de l'an mil six cent cinquante-un. Je ne pense pas qu'il y ait jamais eu un jeune aventurier, dont les infortunes aient commencé plutôt, & duré plus long-tems que les miennes. A peine le vaisseau étoit-il sorti de la rivière d'Humber, que le vent commença à fraîchir, & la mer à s'enfler d'une furieuse manière. Comme je n'avois pas été sur mer auparavant, la maladie & la terreur s'emparant à la fois de mon corps & de mon ame, me plongèrent dans un chagrin que je ne puis exprimer. Je commençai dès-lors à faire de sérieuses réflexions sur ce que j'avois fait, & sur la justice divine, qui châtioit en moi un enfant vagabond & désobéissant. Dès-lors tous les bons conseils de mes parens, les larmes de mon père, les prières de ma mère, se présentèrent vivement à mon esprit : & ma conscience, qui n'étoit pas encore endurci, comme elle l'a été depuis, me reprochoit d'avoir méprisé des leçons si salutaires, & de m'être éloigné de mon devoir envers mon père, & envers Dieu.

Pendant ce tems-là la tempête se renforçoit, la mer s'agitoit de plus en plus : & quoique ce ne fût rien en comparaison de ce que j'ai souvent vu depuis, & sur-tout de ce que je vis peu de jours après, toutefois c'en étoit assez pour ébranler un nouveau marinier, & un homme qui, comme moi, se voyoit dans un nouvel élément. Je m'attendois à tout moment que les flots nous engloutiroient, & que chaque fois que le vaisseau s'abaissoit, il allât toucher au fond de la mer, pour n'en plus revenir. Dans cette angoisse je fis vœu plusieurs fois, que si Dieu me sauvoit de ce voyage, & qu'il me fît la grâce de reprendre terre, je ne remonterois de mes jours sur un vaisseau, & ne m'exposerois plus à de pareilles misères; mais que je m'en irois tout droit chez mon père, & me conduirois par ses conseils. C'est alors que je vis clairement combien étoient justes les observations sur l'état mitoyen de la vie, combien il avoit passé ses jours doucement & agréablement, n'ayant eu à essuyer ni tempête sur la mer, ni disgrace sur la terre. Ainsi me proposant la pénitence de l'enfant prodigue, je résolus de retourner à la maison de mon père.

Ces sages & saines pensées durèrent autant de tems que dura la tempête, & même un peu au-delà. Le jour suivant, le vent s'étoit abattu, la mer s'appaisée, & je commençois un peu à m'accoutumer. Je ne laissai pas d'être sérieux toute la journée, me sentant encore indisposé du mal de mer. Mais à l'approche de la nuit le tems s'éclaircit, le vent cessa tout-à-fait; une charmante soirée s'ensuivit; le soleil se coucha sans nuage, & le lendemain il se leva de même. Ainsi l'air qui n'étoit agité que d'un vent doux & léger, l'onde unie comme la glace, le soleil qui brilloit, faisoient à mes yeux le plus délicieux des spectacles.

J'avois bien dormi pendant la nuit, & loin d'être encore incommodé du mal de mer, j'étois plein de courage, regardant avec admiration l'océan qui, le jour d'auparavant, avoit été si courroucé & si terrible, & qui se faisoit voir alors si calme & si agréable. Là-dessus, de crainte que je ne persistasse dans les bons propos que j'avois faits, mon compagnon, qui véritablement m'avoit engagé dans cette équipée, s'en vint à moi, me donnant un coup sur l'épaule: « Eh bien! cama-
» rade, dit-il, je gage que vous aviez peur la
» nuit précédente; n'est-il pas vrai? ce n'étoit
» cependant qu'une bouffée. » *Comment! dis-je, vous n'appelez cela qu'une bouffée ? c'étoit une terrible tempête.* « Une tempête? répliqua-t-il;
» que vous êtes innocent! ce n'étoit rien du
» tout; vraiment, vraiment! nous nous moquons
» bien du vent, quand nous avons un bon vaisseau
» & que nous sommes au large : mais, cama-
» rade, voulez-vous que je vous dise la vérité?
» c'est que vous n'êtes encore qu'un novice; çà,
» çà, mettons-nous à faire du *punch* (1); & que

_____

(1) C'est une boisson dont se régalent les Anglois. Elle est composée d'eau-de-vie, d'eau ordinaire, de jus de limon & de sucre.

» les plaisirs de Bacchus nous fassent entière-
» ment oublier la mauvaise humeur de Neptune.
» Voyez-vous quel beau tems il fait à cette
» heure ». Enfin, pour abréger ce triste endroit
de mon histoire, nous suivîmes le vieux train des
gens de mer : on fit du *punch*, je m'enivrai, &
dans une nuit de débauche, je noyai tous mes
repentirs, toutes mes réflexions sur ma conduite
passée, & toutes mes résolutions pour l'avenir.
En un mot, comme à l'orage on avoit vu succéder
le calme & la tranquillité sur les eaux, ainsi l'agitation de mes pensées finie, ma crainte dissipée,
mes premiers desirs revenus, j'oubliai entièrement les promesses & les vœux que j'avois formés
dans la détresse. Il est bien vrai que j'avois quelques intervalles de réflexions, & que les bons
sentimens revenoient quelquefois à la charge,
comme il arrive dans ces sortes d'occasions : mais
je les repoussois, & je tâchois de m'en guérir
comme d'une maladie. En prenant à tâche de
bien boire & d'être toujours en compagnie, j'eus
bientôt prévenu le retour de ces accès : car c'est
ainsi que je les appelois. De sorte qu'en cinq ou
six jours de tems j'obtins sur ma conscience une
victoire aussi complette, que le pourroit souhaiter
un jeune homme qui cherche à en étouffer les
remords. La providence, selon ses vues de miséricorde ordinaire en pareil cas, avoit déterminé

de me laisser sans excuse ; & puisque je ne reconnoissois pas mon libérateur dans cette dernière occasion, celle qui devoit se présenter étoit telle que le plus méchant garnement & le plus endurci qui fût parmi nous, confesseroit en même tems & le danger extrême où nous aurions été, & la main adorable qui nous en auroit tirés.

Le sixième jour de notre navigation nous arrivâmes à la rade d'Yarmouth. Comme le vent avoit été contraire, & le tems calme, nous n'avions fait qu'un peu de chemin depuis la tempête. Ainsi nous fûmes obligés de mouiller en cet endroit, & nous y demeurâmes, le vent continuant d'être contraire, & de souffler sud-ouest sept ou huit jours de suite, pendant lesquels plusieurs vaisseaux de Newcastel entrèrent dans la même rade, le rendez-vous commun de ceux qui attendent un bon vent pour gagner la Tamise.

Néanmoins nous n'aurions pas laissé écouler tant de tems, sans atteindre l'embouchure de cette rivière à la faveur de la marée, si ce n'eût été que le vent étoit trop rude, & qu'au quatrième ou cinquième jour il devint très-violent. Mais une rade passant pour une aussi bonne retraite qu'un havre, notre ancrage étant bon, & le fond où nous mouillions très-ferme, nos gens ne se mettoient en peine de rien, & n'avoient aucun pressentiment de danger, puisqu'ils passoient le tems dans le repos & dans la joie, comme on fait sur mer. Mais le huitième jour au matin le vent augmenta, & tout l'équipage fut commandé pour abattre les mâts du perroquet, & pour tenir toutes choses bien serrées & en bon ordre, afin de donner au vaisseau tout l'allégement possible. Vers le midi la mer s'enfla prodigieusement; notre château-gaillard plongeoit à tout moment, & les flots inondèrent le bâtiment plus d'une fois. Là dessus le maître fit jeter l'ancre-maîtresse; mais nous ne laissâmes pas de chasser sur deux ancres, après avoir filé nos cables jusqu'au bout.

Pour le coup la tempête étoit horrible, & je voyois déjà l'étonnement & la terreur sur le visage des matelots mêmes. Quoique le maître fût un homme infatigable dans son emploi, qui est de veiller à la conservation du vaisseau, cependant je l'entendois souvent qui, en passant près de moi à l'entrée & au sortir de la cabane, proféroit tout bas ces paroles, ou autres semblables : *Grand Dieu, ayez pitié de nous ! nous sommes tous perdus ! c'est fait de nous !* Dans cette première confusion j'étois tout étendu, stupide & immobile dans ma cahute qui étoit au gouvernail, & je ne saurois bien dire quelle étoit la situation de mon esprit. Je ne pouvois sans honte rappeler le souvenir de ma première repentance, dont j'avois foulé aux pieds tous les engagemens par un endurcissement de cœur effroyable. Les horreurs de la mort que j'avois cru tout-à-fait passées, ne pensant pas que ce second orage approcheroit du premier, se réveillèrent, quand j'entendis dire au maître, comme je le viens de conter, que nous allions tous périr. Je sortis de ma cahute pour voir ce qui se passoit dehors. Un plus affreux spectacle n'avoit jamais frappé ma vue; les flots s'élevoient comme des montagnes, & venoient fondre sur nous de moment à autre; de quelque côté que je tournasse les yeux, ce n'étoit que consternation. Deux vaisseaux passèrent auprès de nous pesamment chargés, qui avoient leurs mâts coupés rez pied, & nos gens s'écrièrent, qu'un vaisseau, qui étoit à un mille devant nous, venoient de couler à fond. Deux autres bâtimens, détachés de leurs ancres, avoient été jetés à la rade en pleine mer, voguant sans mâts, à l'aventure. Les bâtimens légers se trouvoient les moins en butte à la tourmente, comme étant moins accablés de leur propre poids, & il en passa deux ou trois tout proche de nous, qui couroient vent arrière avec la seule voile de beaupré.

Vers le soir, le pilote & le contre-maître demandèrent au maître la permission de couper le mât de devant ; à quoi ce dernier témoigna beaucoup de répugnance : mais le contre-maître lui ayant représenté que, si on ne le faisoit pas, le vaisseau s'enfonceroit infailliblement, il y consentit, & quand le mât de devant eut été coupé, celui du milieu branloit si fort, & donnoit de telles secousses, qu'on fut obligé de le couper pareillement, & de rendre le pont raz d'un bout à l'autre.

Je vous laisse à penser en quel état j'étois dans cette conjoncture, moi qui n'avois point encore navigué, & à qui peu de chose avoit déjà causé une telle épouvante. Mais si je puis de si loin rappeler les pensées que j'avois, le souvenir des leçons que j'aurois dû tirer du dernier péril, & le mépris que j'en avois fait, pour suivre ma première & méchante résolution, m'effrayoient plus que la mort. Ces réflexions, jointes à l'horreur qui naissoit naturellement de la tempête, me jetèrent dans une situation qu'il n'est pas permis d'exprimer. Mais nous n'en devions pas être quittes à si bon marché ; la tempête continua avec tant de furie, que les matelots eux-mêmes confessèrent n'en avoir jamais vu une pire. Notre vaisseau étoit bon, mais extrêmement chargé, & si fort affaissé dans l'eau, que les matelots s'écrioient de tems en tems qu'il alloit s'enfondrer. Je m'enquis de la signification de ce mot enfondrer, car je l'ignorois auparavant, & j'aurois dû en quelque façon chérir cette ignorance. Cependant la tempête étoit si violente, que je voyois ce qu'on voit rarement, le maître, le contre-maître & quelques autres des plus notables, faisant leur prières, s'attendant à tout moment que le vaisseau iroit à fond. Pour surcroît, vers le milieu de la nuit, un homme qu'on avoit envoyé en bas pour visiter le fond de cale, s'écria qu'il y avoit une ouverture, & un autre dit que nous avions quatre pieds d'eau. Alors on appela tout le monde à la pompe. Ce mot seul me jeta dans une telle consternation, que j'en tombai à la renverse sur mon lit, au bord duquel j'étois assis. Mais les gens du vaisseau vinrent me tirer de ma léthargie, & me dirent que si je n'avois été propre à rien jusqu'ici, j'étois à cette heure aussi capable de pomper qu'aucun autre. Sur quoi je me levai, & m'en allai à la pompe, où je travaillai vigoureusement. Pendant que ces choses se passoient, le maître voyant quelques bâtimens legers de charbonniers qui, ne pouvant tenir contre la tempête, étoient obligés de gagner le large, & qui vouloient venir vers nous, fit tirer un coup de canon, pour signal de l'extrême danger où nous étions. Moi qui ne savois ce que cela signifioit, je fus si étonné, que je crus le vaisseau brisé, ou qu'il étoit arrivé quelque autre accident terrible ; en un mot, je m'évanouis. Mais comme c'étoit en un tems où chacun pensoit à sa propre vie, on ne prenoit pas garde à moi, ni à l'état où je me trouvois ; seulement un autre prit ma place à la pompe, & me poussant à côté avec son pied, me laissa tout étendu, dans la pensée que j'étois mort ; & je ne revins à moi que long-tems après.

On continuoit de pomper ; mais l'eau croissant à fond de cale, il y avoit toute apparence que le vaisseau s'enfondreroit ; & quoique la tempête commençât tant soit peu à diminuer, il n'étoit pourtant pas possible qu'il voguât jusqu'à pouvoir entrer dans un port : de sorte que le maître persista à faire tirer le canon pour demander du secours. Un petit bâtiment qui venoit justement de passer devant nous, hasarda un bateau pour nous secourir ; ce ne fut qu'avec beaucoup de risque que ce bateau approcha, & il ne paroissoit nullement praticable que nous y entrassions, ni qu'il nous abordât, quand enfin les rameurs faisant les derniers efforts, & exposant leur vie pour sauver la nôtre, nous leur jetâmes de l'arrière une corde avec une bouhée, & lui donnâmes une grande longueur. Eux, bravant & la peine & le danger, s'en saisirent, & nous après les avoir tirés jusques sous la poupe, nous nous mîmes dans leur bateau. C'est en vain que nous aurions prétendu & les uns & les autres aborder à leur vaisseau: ainsi tous convinrent qu'il falloit nous laisser flotter, mais tourner la pointe tant que nous pourrions vers la terre, & notre maître promit que si leur bateau étoit endommagé en touchant le sable, il en tiendroit compte au maître de leur vaisseau. Donc, partie en ramant, partie en suivant le gré du vent, nous déclinâmes au nord presque jusqu'à Winterson-Nefs.

Il n'y avoit guères plus d'un quart d'heure que nous avions quitté notre vaisseau, lorsque nous le vîmes couler à fond, & c'est alors que j'ai appris, pour la première fois, ce qu'on entendoit par *couler à fond* en termes de marine, mais j'avoue franchement que j'avois la vue un peu trouble, & qu'à peine pouvois-je discerner les choses quand les matelots me dirent que le bâtiment enfonçoit: car dès le moment que je m'étois mis, ou plutôt qu'ils m'avoient mis dans le bateau, j'étois comme un homme pétrifié, tant à cause de la peur qui m'avoit saisi, que de ce que j'anticipois par mes réflexions toutes les horreurs de l'avenir.

Pendant ce tems-là, nos gens faisoient force de rames pour approcher de terre tant que nous pourrions; & lorsque le bateau étoit au-dessus des vagues, d'où l'on avoit une vaste découverte, nous voyions grand nombre de personnes qui accouroient le long du rivage, pour nous assister dès que nous ferions proche. Mais nous n'avancions que peu vers la terre & même nous ne pouvions pas aborder jufqu'à ce que nous euſſions paſſé le fanal de Winterton ; car au delà la côte s'enfonce à l'Oueſt du côté de Cromer, & ainſi elle briſoit un peu la violence du vent. Ce fut en cet endroit, & non fans de grandes difficultés, que nous deſcendîmes tous heureuſement à terre. De là, nous allâmes à pied à Yarmouth, où nous fûmes traités d'une manière capable de ſoulager des infortunés, c'eſt-à-dire, avec beaucoup d'humanité ; ſoit de la part du magiſtrat, qui nous aſſigna de bons quartiers ; ſoit par des marchands particuliers, & des propriétaires de vaiſſeaux, qui nous donnèrent aſſez d'argent, ou pour aller à Londres, ou pour retourner à *Hull*, ſi nous le jugions à propos.

C'eſt alors que je devois avoir le jugement de prendre le chemin de Hull pour m'en retourner à la maiſon. C'eſt la route qu'il m'auroit fallu tenir pour devenir heureux ; & mon père, qni étoit un emblême de celui dont il eſt parlé dans la pararabole de l'évangile, auroit même tué le veau gras : car ayant appris que le vaiſſeau fur lequel je m'étois embarqué avoit fait naufrage dans la rade d'Yarmouth, il fut long-tems avant de ſavoir que je n'avois pas été noyé.

Mais ma mauvaiſe deſtinée m'entraînoit avec

une force irrésistible ; & quoique souvent la raison & le jugement criassent tout haut, qu'il falloit m'en retourner chez moi, je ne pouvois pourtant m'y résoudre. Je ne sais quel nom donner à ceci, & je ne prétends pas affirmer que c'est un décret inviolable qui nous pousse à être les instrumens de notre propre malheur, & à nous lancer dans le précipice qui est à nos pieds, & devant nos yeux : mais véritablement il falloit que je fusse en quelque sorte destiné à une misère certaine & inévitable, pour prendre un parti si directement contraire à de solides raisonnemens & à ma propre conviction, & dont le danger extrême que j'avois couru dès le commencement, en deux tempêtes consécutives, & qui étoit une leçon pathétique, auroit dû me détourner.

Mon camarade, qui avoit contribué à mon endurcissement, & qui étoit le fils du maître, étoit maintenant bien plus découragé que moi. La première fois qu'il me parla à Yarmouth, (ce qui n'arriva que le second ou le troisième jour, parce que nous étions partagés en différens quartiers de la ville), je m'apperçus qu'il avoit changé de ton ; il me demanda d'un air fort mélancolique & en secouant la tête, comment je me portois ; & dit à son père qui j'étois, & que je m'étois mis de ce voyage pour un essai, dans le dessein d'en faire d'autres. Le père se tournant de mon côté d'un

air

air grave & touché : Jeune homme, dit-il, vous ne devez plus retourner sur mer ; vous devez prendre ceci pour une marque certaine & visible, qu'il ne faut pas que vous fréquentiez cet élément. Monsieur, lui dis-je, pourquoi cela ? est-ce que vous renoncez à la mer ? Mon cas, répliqua-t-il, est bien différent ; je suis marinier de profession, c'est ma vacation ; il est de mon devoir de la remplir. Au lieu que vous n'avez entrepris ce voyage que pour essayer ; & vous voyez quel avant-goût la providence vous a donné de ce à quoi vous vous devez attendre, en cas que vous persistiez ; peut-être êtes vous la cause de tout ce qui nous est arrivé, comme fut autrefois Jonas sur le vaisseau de Tarsis. Car enfin, ajouta-t-il, qui êtes-vous, je vous prie, & pour quel sujet vous étiez-vous embarqué ? Sur cela je lui fis une partie de mon histoire ; mais il m'interrompit sur la fin ; & s'emportant d'une étrange manière, il s'écria : qu'avois-je donc fait, pour mériter d'avoir un tel malheureux ? Non, je ne voudrois pas pour tous les biens du monde monter derechef sur un vaisseau où vous seriez. C'étoit-là, comme j'ai déjà dit, un vrai emportement ; mais où le chagrin de la perte qu'il avoit soufferte avoit beaucoup de part, & où il passoit des limites de son autorité. Quoi qu'il en soit, il me parla ensuite avec beaucoup de gravité ; il m'exhorta à m'en aller chez mon père ;

Tome I. D

à ne pas tenter davantage la providence, à reconnoître que le ciel étoit visiblement courroucé contre moi : & enfin, jeune homme, dit-il, sachez que si vous ne vous en retournez, vous ne trouverez partout que mauvais succès & que désastre, jusqu'à ce que les paroles de votre père se vérifient en vous.

Je lui répondis fort peu de choses ; nous nous séparâmes bientôt après, & je ne l'ai jamais vu depuis, ni ne sais quel route il prit. Quant à moi, comme j'avois quelqu'argent dans ma poche, je m'en allois par terre à Londres. Là, aussi-bien qu'en chemin, j'eus de grands débats avec moi-même sur le genre de vie que je devois prendre, savoir, si je m'en irois à la maison ou bien sur mer.

Pour ce qui étoit du premier article, la honte rejetoit bien loin les plus saines pensées qui se présentoient à mon esprit. Je m'imaginois d'abord que je serois montré au doigt dans tout le voisinage, & que j'aurois honte de paroître, non devant mon père & ma mère seulement, mais même devant qui que ce soit. D'où j'ai souvent pris occasion de remarquer combien est perverse & brutale l'humeur ordinaire de la plupart des hommes, & surtout des jeunes gens, qui, au lieu de se guider par la raison en telles occasions, ont à la fois honte de pécher & honte de se repentir, rougissent non pas de l'action qui doit les faire passer pour des insensés, mais de l'amendement, qui seul leur peut mériter le titre de sages.

Cependant je demeurai quelque tems dans cet état d'irrésolution, ne sachant ni quel parti, ni quel genre de vie j'embrasserois. Je continuois d'avoir une répugnance invincible à m'en retourner chez nous; à mesure que le tems se passoit, le souvenir de ma dernière détresse s'effaçoit de mon imagination, & s'il me venoit quelques légers desirs de retour, ils s'amortissoient tellement, qu'enfin j'en perdis tout-à-fait la pensée; & je cherchai à faire un voyage.

Cette influence maligne qui m'avoit premièrement entraîné hors de la maison de mon père; & qui m'avoit inspiré le dessein bisarre & téméraire de pousser ma fortune, qui s'étoit emparé de moi, jusqu'à me rendre sourd aux avis, aux remontrances, & même aux ordres de mon père; cette influence, dis-je, quoi qu'elle fût, me fit concevoir de toutes les entreprises la plus funeste. Je m'embarquai sur un vaisseau qui alloit aux côtes de l'Afrique, ou, pour parler le langage ordinaire des matelots, pour un voyage de *Guinée*.

Dans toutes ces aventures, ce fut un malheur pour moi que je ne m'embarquasse pas en qualité de simple matelot: car sur ce pied j'aurois, à la vérité, travaillé plus fort que de coutume; mais

D ij

en même tems j'aurois appris la marine, & me ferois rendu capable de devenir pilote, ou lieutenant, & peut-être maître d'un vaisseau. Mais, en ceci, comme en toute autre chose, j'étois destiné à choisir le plus mauvais parti; & me sentant de l'argent dans la poche, & de bons habits sur le corps, je ne voulois point aller à bord, qu'en habit de gentilhomme: de cette manière je n'y avois aucun emploi, ni ne me mettois en état d'en avoir.

Dès que je fus arrivé à Londres, je fus assez heureux pour tomber en bonne compagnie; chose qui n'arrive pas à un jeune homme aussi libertin & mal avisé que je l'étois: le diable ne manque pas de tendre des pièges; mais je fus assez heureux que de n'y pas donner. La première personne avec laquelle je fis connoissance, fut un maître de vaisseau, lequel avoit été sur la côte de Guinée, &, ayant eu un fort heureux succès, étoit résolu d'y retourner. Cet homme trouva du plaisir à ma conversation, qui n'étoit pas tout-à-fait désagréable en ce tems-là, & m'entendant dire que j'avois envie de voir le monde, il me proposa de m'embarquer avec lui pour le même voyage; que je ne serois pas obligé de faire la moindre dépense; que je mangerois avec lui, & serois son compagnon; que si je voulois emporter quelque chose avec moi, je jouirois de tous les avantages que peut procurer le commerce; & que peut-être le gain qui m'en reviendroit, ne fruſtreroit pas mes eſpérances.

J'embraſſai l'offre, & me liant d'étroite amitié avec le capitaine, qui étoit un honnête homme & allant droit, j'entrepris de faire le voyage avec lui. Je mis à l'aventure une ſomme, qui étoit, à la vérité, petite, mais qui ſe multiplia conſidérablement par la probité & le déſintéreſſement du capitaine. Elle montoit en tout à quarante livres ſterlings, que j'employai en quincailleries, ſuivant ſon conſeil. J'avois amaſſé cet argent avec l'aſſiſtance de quelques-uns de mes parens, qui avoient correſpondance avec moi, & qui, comme je crois, avoient engagé mon père & ma mère à contribuer pareille ſomme, à ma première aventure.

Je puis dire, que, de tous mes voyages, celui-ci eſt le ſeul qui m'ait réuſſi ; j'en ſuis redevable à la bonne foi & à la généroſité de mon ami le capitaine, car parmi pluſieurs autres avantages que j'avois avec lui, j'eus encore celui d'apprendre paſſablement les mathématiques, & les règles de la navigation, à tenir un compte de la courſe du vaiſſeau, & à faire mes obſervations : enfin je m'acquis des connoiſſances abſolument néceſſaires à un marinier ; & s'il ſe plaiſoit à m'enſeigner, je me plaiſois à apprendre : tellement que ce voyage me rendit à la fois & matelot & marchand. En effet, j'en rapportai cinq livres & neuf onces de poudre d'or pour mon aventure, ce qui me valut à Londres environ trois cens livres sterling. Ce succès m'inspira de vastes projets, qui depuis causèrent ma ruine entière.

Quelque fortuné que je fusse en ce voyage, je n'y fus cependant pas exempt de disgraces. Entre autres choses, j'y étois toujours malade, & j'eus une fiévre ardente, causée par les chaleurs du climat; car notre principal commerce se faisoit sur une côte qui s'étend depuis le quinzième degré de latitude septentrionale jusques à la ligne.

Enfin j'étois devenu marchand de Guinée; mais pour mon malheur, ce bon ami, le capitaine du vaisseau, étoit mort peu de jours après notre arrivée. Néanmoins je me résolus à refaire le même voyage, & me rembarquai sur le même vaisseau avec un homme qui la première fois en avoit été le pilote, &, cette seconde, en avoit le commandement. Jamais navigation ne fut plus malheureuse que celle-ci : car quoique je ne portasse pas avec moi moins de cent pièces de l'argent que j'avois gagné, & que j'en eusse encore laissé deux autres cens entre les mains de la veuve de mon ami défunt, laquelle en usa avec beaucoup d'équité, il ne laissa pas de m'arriver d'étranges malheurs. Le premier fut, qu'en faisant route vers les Canaries, ou plutôt entre ces isles & les côtes d'Afrique, nous fûmes surpris à la pointe du jour par un corfaire turc de Salé, qui nous donna la chasse avec toutes ses voiles. De notre côté, nous mîmes au vent toutes celles que nous avions, & que nos mâts pouvoient porter, pour nous sauver : mais voyant qu'il gagnoit sur nous, & qu'au bout de quelques heures il ne manqueroit pas de nous avoir atteints, nous nous préparâmes au combat. Nous avions à bord douze canons ; l'écumeur en avoit dix-huit. Sur les trois heures après midi, il fut à notre portée, commença l'attaque, & fit une méprise ; car au lieu de nous prendre en arrière, comme c'étoit son dessein, il fit une décharge sur un de nos côtés : ce que voyant, nous y pointâmes huit de nos canons pour soutenir son attaque, & lâchâmes une bordée qui le fit reculer ; ce ne fut pourtant qu'après nous l'avoir rendue, & en faisant jouer sa mousqueterie, qui étoit de deux cens hommes. Cependant nos gens se tenoient fermes ; aucun d'eux n'avoit été touché. Il se prépara à renouveler le combat, & nous à le soutenir. Mais étant venu de l'autre côté à l'abordage, soixante des siens se jetèrent sur notre pont, & commencèrent à jouer de la hache coupant & taillant mâts & cordages. De notre côté nous les recevions à coups de mousquets, de demi-piques, de grenades & autres choses semblables ; en sorte que nous les chassâmes par deux fois de dessus notre pont. Néanmoins, pour ne pas insister sur cette époque lugubre de notre histoire, le vaisseau étant désemparé, trois de nos gens tués, & huit autres blessés, nous fûmes contraints de nous rendre, & emmenés prisonniers à Salé, qui est un port appartenant aux maures.

Les traitemens qu'on me fit là ne furent point si terribles que je l'aurois cru d'abord, & je ne fus point emmené avec le reste de nos gens loin dans le pays, au lieu où l'empereur fait sa demeure; mais le capitaine du corsaire me garda pour sa part de la prise, comme étant jeune & agile, & par conséquent tout propre pour lui. Un changement de condition si étrange, qui de marchand me faisoit esclave, m'abîma de douleur. Je me ressouvins du discours vraiment prophétique de mon père, qui m'avoit prédit que je serois misérable, & que je n'aurois personne pour me secourir dans ma misère. Ne connoissant pas un plus haut période de calamité, il me paroissoit que la prédiction étoit entièrement accomplie, que la main de dieu s'étoit appesantie sur moi, & que j'étois perdu sans ressource. Mais hélas! ceci n'étoit qu'un échantillon des maux que je devois souffrir, comme on le verra dans la suite de cette Histoire.

Comme mon nouveau patron, ou, si vous voulez, mon nouveau maître, m'avoit emmené avec lui dans la maison, j'espérois aussi qu'il me prendroit avec lui, lorsqu'il iroit en mer, que sa destinée seroit tôt ou tard d'être pris par un vaisseau de guerre espagnol ou portugais, & que de cette manière je recouvrerois ma liberté ; mais cette espérance s'évanouit bientôt ; car lorsqu'il s'embarqua, il me laissa à terre, pour soigner son petit jardin & pour faire les fonctions ordinaires d'un esclave dans la maison ; & quand il fut de retour de sa course, il m'ordonna de coucher dans sa cabane pour prendre garde au vaisseau.

Etant à bord, je ne pensois à autre chose qu'à m'échapper, & à la manière dont je m'y prendrois pour cela ; mais après y avoir bien médité, je ne trouvois aucun expédient qui pût satisfaire un esprit raisonnable, ni qui fût tant soit peu plausible ; car je n'avois personne à qui je pusse me communiquer, ni qui voulût s'embarquer avec moi ; nul compagnon d'esclavage ; pas un seul Anglois, Irlandois ou Ecossois : j'étois le seul de cette nation ; tellement que pendant deux ans entiers je ne vis point la moindre apparence de pouvoir exécuter un tel projet, quoique j'en récréasse souvent mon imagination.

Au bout de deux ans, il se présenta une occasion assez singulière, qui réveilla en moi la pensée que j'avois conçue dès long-tems, de travailler au recouvrement de ma liberté. Comme mon patron restoit à terre plus long-tems que de coutume, & qu'il n'équipoit point son vaisseau, & cela faute d'argent, à ce que j'appris, il ne manquoit point deux ou trois fois la semaine de sortir avec la grande chaloupe, pour pêcher dans la rade. Alors il me menoit avec lui, aussi-bien qu'un jeune Maresco, pour ramer dans le bateau; nous lui donnions tous deux du divertissement, & je me montrai fort adroit à la pêche : enfin il étoit si content, que quelquefois il m'envoyoit avec un Maure de ses parens & le jeune Maresco, pour lui pêcher un plat de poisson.

Il arriva qu'une fois étant allé pêcher le matin dans un grand calme, il s'éleva tout-à-coup un brouillard si épais, qu'il nous déroba la vue de la terre, quoique nous n'en fussions pas éloignés d'une demi-lieue : nous nous mîmes à ramer sans tenir de route certaine; nous travaillâmes tout le jour & toute la nuit suivante : le lendemain au matin nous nous trouvâmes en pleine mer; au lieu de nous approcher du rivage, nous nous en étions éloignés tout au moins de deux lieues; mais nous retournâmes à bon port, quoique ce ne fût pas sans beaucoup de peine & même sans quelque danger ; car le vent commençoit à être un peu fort, & sur-tout nous avions une grande faim.

Cet accident rendit notre patron plus précautionné pour l'avenir. Il résolut donc de n'aller plus à la pêche sans un compas & quelques provisions, d'autant qu'il avoit en sa disposition le grand bateau du vaisseau Anglois qu'il avoit pris sur nous. Ainsi il ordonna à son charpentier, qui étoit aussi un esclave anglois, de construire au milieu de ce bateau une cahute semblable à celle d'une barque, laissant suffisamment d'espace derrière & devant ; là, pour manier le gouvernail & haler la grande voile ; ici, pour le maniement libre de deux personnes, qui pussent par conséquent alpestrer (1) ou enverguer, & faire toute la manœuvre. Ce bateau singloit avec une voile latine ou triangulaire, laquelle portoit par dessus la cabane, qui étoit fort basse, le capitaine avoit assez de place pour y coucher avec un ou deux esclaves ; pour une table, pour de petites armoires à mettre telles liqueurs qu'il voudroit, & particulièrement son pain, son riz & son café.

Il sortoit souvent avec ce bateau pour aller à la pêche ; & comme j'avois l'adresse de lui attraper beaucoup de poisson, il n'alloit jamais sans moi.

Or il arriva qu'il avoit fait partie avec deux ou trois maures qui étoient de quelque distinction dans ce lieu-là, pour sortir un jour avec ce bateau afin de pêcher & se récréer. A cet effet il avoit fait des provisions extraordinaires, qu'il fit em-

___

(1) Deux termes de marine, dont le premier signifie, déployer ; l'autre, serrer les voiles.

barquer la veille dans le bateau, & il m'ordonna de tenir tout prêts trois fusils avec du plomb & de la poudre, qu'il y avoit à bord du vaisseau, parce qu'ils avoient dessein de prendre le plaisir de la chasse aussi bien que celui de la pêche.

Je préparai toutes choses conformément à ses ordres. Le lendemain au matin je l'attendois dans le bateau, que j'avois bien lavé, & rendu plus propre, & où j'avois arboré les flammes & les pendants : en un mot, je n'avois rien oublié de ce qui pouvoit contribuer à bien recevoir ses hôtes, lorsque je vis venir mon patron tout seul, qui me dit que ses convives avoient remis la partie à une autre fois, à cause de quelques affaires qui leur étoient survenues. Il m'ordonna en même tems d'aller avec le bateau, accompagné, comme de coutume, de l'homme & du jeune garçon, pour lui prendre du poisson, parce que ses amis devoient souper chez lui, & il m'enjoignit de le porter à sa maison aussi-tôt que j'en aurois attrapé : à quoi je me disposai d'abord d'obéir.

Ce moment fit renaître mon premier dessein de m'affranchir de mon esclavage : je considérois que j'étois sur le point d'avoir un petit vaisseau à mon commandement : & dès que mon maître se fut retiré, je commençai à me préparer, non pas à une pêche, mais à un voyage, quoique je ne susse, ni ne pensasse pas même quelle route je prendrois,

En effet celle qui devoit m'éloigner de ce triste séjour, quelle qu'elle fût, me paroissoit toujours assez favorable.

La première démarche que je fis, ce fut de m'adresser à ce maure, sous le spécieux prétexte de pourvoir à notre subsistance pour le tems que nous serions à bord. Je lui dis donc qu'il ne nous falloit pas présumer de manger du pain de notre patron : il me répondit que j'avois raison : ainsi il alla chercher un panier de biscuit de leur façon, & trois jarres d'eau fraîche, qu'il apporta à bord. Je savois l'endroit où étoit placée la cave, dont la structure me faisoit bien voir que c'étoit une prise faite sur les anglois. J'en allai tirer les bouteilles, & les portai au bateau dans le tems que le maure étoit à terre ; circonstance qui lui donneroit à juger qu'elles avoient été là auparavant pour l'usage de notre maître. J'y transportai encore une grande pièce de cire, pesant plus de cinquante livres, avec un paquet de ficelle, une hache, un marteau; toutes lesquelles choses nous furent dans la suite d'un grand usage, & surtout la masse de cire pour faire des chandelles. Je tendis à mon homme un autre piège, dans lequel il donna tout bonnement; & voici comment. Son nom étoit Ismaël ; & c'est ce qu'ils appelent en ce pays-là Muli ou Moeli : Moeli, lui dis-je, nous avons ici les fusils de notre patron : ne pourriez-vous pas nous procurer de la poudre & du menu plomb ? car nous pourrions très-bien tuer des alcamies (qui est une espèce d'oiseaux aquatiques) pour nous autres ; & je sais qu'il a laissé à bord du vaisseau les provisions de la Sainte-Barbe. Oui-dà, répliqua-t-il, j'en vais chercher ; & conformément à sa parole, il apporta bientôt deux poches de cuir, l'une fort grande, où il y avoit environ une livre & demie de poudre, & même davantage ; l'autre pleine de plomb avec quelques balles ; celle-ci pesoit bien cinq ou six livres, & nous mîmes tout cela dans le bateau. De mon côté, j'avois trouvé de la poudre dans la chambre du capitaine, & j'en remplis une des grandes bouteilles que j'avois trouvées dans la cave, après avoir versé dans une autre le peu qui restoit dedans. Nous étant ainsi pourvus de toutes les choses nécessaires, nous mîmes à la voile, & sortîmes du port pour aller à la pêche. Le château qui est à l'entrée du port sçavoit qui nous étions, & ne prit pas connoissance de notre sortie. A peine étions-nous à un mille du port, lorsque nous amenâmes notre voile, & nous assîmes pour pêcher. Le vent souffloit nord nord est, & par conséquent étoit contraire à mes desirs ; car s'il eût été sud, j'aurois été assuré de gagner les côtes d'Espagne, & du moins de me rendre dans la baie de Cadix.

Mais de quelque côté que vînt le vent, ma résolution étoit de quitter cette horrible demeure, & d'abandonner le reste au destin.

Nous pêchâmes long-tems sans rien prendre; car lorsque je sentois un poisson à mon hameçon, je n'avois garde de le tirer hors de l'eau, de peur que le maure ne le vît. Alors je lui dis: ceci ne vaut rien qui vaille; notre bon maître n'entend pas raillerie, il veut être bien servi; il faut aller plus loin. Lui, qui n'entendoit point malice, opina de même, & étant allé à la proue, il alpestra les voiles. Moi qui étois au gouvernail, je conduisis le bateau près d'une lieue plus loin; après quoi je fis amener (1), faisant mine de vouloir pêcher. Mais tout-à-coup laissant le timon au petit garçon, je m'avançai vers la proue, où le maure étoit, & faisant comme si je me baissois pour amasser quelque chose qui étoit derrière lui, je le saisis par surprise; & lui passant les bras entre les deux cuisses, je le lançai tout net hors du bord dans la mer. D'abord il revint au-dessus de l'eau, car il nageoit comme un canard; il m'appela, il me supplia de le recevoir à bord, protestant de me suivre d'un bout du monde à l'autre si je voulois. Il nageoit avec tant de vigueur derrière le bateau, qu'il m'alloit bientôt atteindre, parce qu'il ne

(1) C'est-à-dire, abattre la vergue, ou arrêter.

faisoit que peu de vent : ce que voyant, je cours à la cahute, j'en tire un des fusils, je le couche en joue, & lui parlai de la sorte : écoutez, mon ami, je ne vous ai point fait de mal, ni ne vous en ferai point, pourvû que vous restiez en repos. Vous savez assez bien nager pour gagner le rivage ; la mer est calme : hâtez-vous d'en profiter pour faire le chemin que vous avez d'ici à terre, & nous nous quitterons bons amis : mais si vous approchez de mon bord, je vous décharge un coup de fusil à la tête ; car je suis résolu d'avoir ma liberté. A ces mots, il ne répliqua rien ; se retourna d'un autre côté, & se mit à nager vers la côte. C'étoit un excellent nageur ; ainsi je ne doute point qu'il n'y ait aisément abordé.

Je me serois déterminé à noyer le petit garçon, & j'aurois été bien aise de garder le maure avec moi ; mais il n'étoit pas sûr de se fier à lui. Après que je m'en fus défait de la manière que je viens de dire, je me tournai vers le petit garçon, qui s'appelloit Xuri : Xuri, lui dis-je, si vous me voulez être fidèle, je ferai votre fortune ; mais à moins que vous ne me le promettiez en mettant la main sur votre face, & que vous ne me juriez par Mahomet & par la barbe de son père, il faut que je vous jette aussi dans la mer. Ce petit garçon me fit un sourire, & me parla si innocemment, qu'il m'ôta tout sujet de défiance ; ensuite il fit

serment

ferment de m'être fidèle, & d'aller avec moi partout où je voudrois.

Tandis que le maure, qui étoit à la nâge, fut à la portée de ma vue, je ne changeai point de route, aimant mieux bouliner contre le vent, afin qu'on crût que j'étois allé vers le détroit. En effet, l'on ne se seroit jamais imaginé qu'un homme dans son bon sens pût prendre d'autre parti, ni que nous ferions voile au sud, vers des régions toutes barbares, où des nations entières de nègres nous envelopperoient, selon toutes les apparences, avec leurs canots, pour nous égorger, où nous ne pourrions prendre terre sans nous exposer à être dévorés par des bêtes féroces, ou par des hommes sauvages, plus cruels que les bêtes mêmes.

Mais dès qu'il commença à faire un peu sombre, & que je vis que la nuit approchoit, j'altérai ma course, & mis le cap droit au sud-quart au sud-est, tirant un peu vers l'est, pour ne pas trop m'écarter de terre, & comme j'avois un vent favorable, & que la surface de la mer étoit riante & paisible, je fis tant de chemin, que je crois que le lendemain sur les trois heures après midi, lorsque je découvris premierement la terre, je pouvois être à cent cinquante milles de Salé vers le sud, bien au-delà des domaines de l'em-

Tome I.

pereur de Maroc, ou de quelqu'un des rois ses voisins ; car nous n'y vîmes ame du monde.

Cependant je redoutois fort les maures, & j'avois si grande peur de tomber entre leurs mains, que je ne voulus ni m'arrêter, ni prendre terre, ni mouiller l'ancre ; mais je continuai ma course pendant cinq jours entiers que dura ce vent favorable, au bout duquel tems le vent changea, & devint sud. Alors je conclus, que si j'avois à mes trousses aucun bâtiment de Salé, il cesseroit de me donner la chasse. Ainsi je me hasardai à approcher de la côte : je jetai l'ancre à l'embouchure d'une petite rivière, dont j'ignorois le nom, la latitude, le pays par où elle passoit, les peuples qui en habitoient les bords : je ne vis, ni ne me souciois de voir aucune personne ; ce dont j'avois plus de besoin, étoit de l'eau fraîche. Ce fut sur le soir que nous entrâmes dans cette petite baie : je résolus, dès aussi-tôt qu'il feroit nuit, d'aller à la nâge, & de reconnoître le pays. Mais la nuit étant venue, nous entendîmes un bruit si épouvantable, causé par les hurlemens & les rugissemens de certaines bêtes sauvages, dont nous ne savions pas l'espèce, que le pauvre petit garçon faillit à en mourir de peur, & me supplia instamment de ne vouloir point débarquer jusqu'à ce qu'il fût jour. Je me rendis à sa prière, & je

lui dis : » non, Xuri, je ne veux point débarquer
» maintenant ; mais aussi, ajoutai-je, le jour
» pourra-nous faire voir des hommes, qui sont
» aussi à craindre pour nous que ces lions. » *Alors,*
reprit-il en riant, *nous tirer à eux un bon coup de*
fusil, pour faire eux prendre fuite ; car Xuri n'avoit
pas appris un langage plus pur, en conversant
avec nos esclaves. Cependant j'étois bien aise de
voir qu'il eût si bon courage, & pour le fortifier
encore davantage, je lui donnai un petit verre de
liqueur, que je tirai de la cave de notre patron.
Après tout, l'avis de Xuri étoit bon ; aussi le
suivis-je : nous jetâmes notre petite ancre, &
nous demeurâmes coi toute la nuit ; je dis que
nous demeurâmes coi, car il n'étoit pas possible
de dormir, parce que, quelque tems après, nous
apperçûmes des animaux d'une grosseur extrême,
& de plusieurs sortes, auxquels nous ne savions
quel nom donner, qui descendoient vers le
rivage, & couroient dans l'eau, où ils se lavoient
& se vautroient pour se rafraîchir ; & ils poussoient des cris si horribles, que de mes jours je
n'ouïs rien d'approchant.

Xuri étoit dans une frayeur terrible, &, à ne
point mentir, je n'en étois pas trop exempt. Mais
ce fut bien pis, quand nous entendîmes un de
ces animaux énormes, qui venoit à la nâge vers
notre bateau. A la vérité nous ne le pouvions pas

E ij

voir; mais il étoit aisé de connoître, au bruit de ses nazeaux, que ce devoit être une bête prodigieusement grosse & furieuse. Xuri disoit que c'étoit un lion, & cela pouvoit bien être; & le pauvre garçon me crioit de lever notre ancre, & de nous enfuir à force de rames. Mais je lui répondis que cela n'étoit pas nécessaire, qu'il suffiroit bien de filer notre cable avec une bouhée, de nous écarter en mer, & qu'il ne pourroit nous suivre fort loin. Je n'eus pas plutôt achevé ces paroles, que j'apperçus cet animal, quel qu'il fût, qui n'étoit pas à plus de deux toises loin de moi; ce qui m'effraya un peu, mais enfin je courus d'abord à l'entrée de la cabane, où je pris mon fusil, & tirai dessus, sur quoi il se tourna bien vîte d'un autre côté, & s'en retourna au rivage en nâgeant.

Mais il est impossible de donner une juste idée des cris & des hurlemens affreux qui s'élevèrent tant au bord de la mer, que plus avant dans les terres, au bruit & au retentissement de mon coup de fusil; & il y a quelque apparence que ces animaux n'avoient jamais rien entendu de semblable auparavant. Cela me fit voir clairement qu'il n'y avoit pas moyen de se hasarder sur cette côte pendant la nuit: il ne me paroissoit pas même qu'il y eût aucune sûreté à le faire pendant le jour; car de tomber entre les mains des Sauvages, ou bien entre les griffes des tigres & des lions, c'est une chose qui nous auroit été également funeste, ou du moins que nous redoutions également.

Quoi qu'il en soit, nous étions obligés de prendre terre quelque part, pour faire aiguade; car nous n'avions pas une pinte d'eau de reste. Mais savoir quel tems & quel lieu choisir pour cela, c'étoit la difficulté. Xuri me dit que, si je le laissois aller à terre avec une jarre, il se faisoit fort de découvrir de l'eau, s'il y en avoit, & qu'il m'en apporteroit. Je lui demandai la raison pourquoi il y vouloit aller; s'il ne valoit pas mieux que j'y allasse moi même, & qu'il restât à bord? Il me répondit avec tant d'affection que je l'en aimai toujours depuis : c'est, dit-il en son langage corrompu, c'est que si les Sauvages hommes ils viennent, eux mangent moi, & puissiez sauver vous.
» Eh bien! répondis-je, eh bien! mon cher Xuri,
» nous irons tous deux; si les Sauvages viennent
» nous les tuerons, & nous ne leur servirons de
» proie ni l'un ni l'autre. Après cela, je lui don-
» nai à manger un morceau de biscuit, & lui fis
» boire un petit verre de liqueur, de celle que me fournissoit la caisse de notre Patron dont j'ai déjà parlé. nous hâlâmes le bateau aussi près du rivage que nous le jugeâmes convenable, & nous

descendîmes à terre, ne portant avec nous que nos armes, & deux jarres pour puiſer de l'eau.

Je n'oſois m'écarter du bateau juſqu'à le perdre de vue, de crainte que les Sauvages ne deſcendiſſent le long de la rivière avec leurs canots: mais le petit garçon ayant découvert un lieu enfoncé à près d'un mille avant dans les terres, il s'y en alla en trottant: quelque tems après je le vis revenir courant de toutes ſes forces. La penſée me vint qu'il étoit pourſuivi par quelque Sauvage, ou épouvanté par quelque bête féroce; j'accourus à ſon ſecours; mais quand je fus aſſez proche, je vis quelque choſe qui lui pendoit à l'épaule; c'étoit une bête qu'il avoit tirée, & qui reſſembloit à un liévre, avec cette différence, qu'elle étoit d'une autre couleur, & qu'elle avoit les jambes plus longues. Enfin la viande en étoit fort bonne; & cet exploit nous cauſa beaucoup de joie; mais celle qui tranſportoit le pauvre Xuri, venoit de ce qu'il avoit trouvé de l'eau, ſans avoir vu de Sauvages; & c'étoit pour m'annoncer cette bonne nouvelle, qu'il s'étoit ſi empreſſé.

Nous vîmes enſuite qu'il n'étoit point néceſſaire de nous donner tant de peine pour avoir de l'eau; car nous trouvâmes que la marée ne montoit que fort peu dans la rivière, & que lorſqu'elle étoit baffe, l'eau étoit douce un peu au-deffus de l'embouchure; ainfi nous remplîmes nos jarres, nous nous régalâmes du liévre que nous avions tué, & nous nous difpofâmes à reprendre notre route, laiffant cette contrée fans y avoir remarqué les traces d'aucune créature humaine.

Comme j'avois déjà fait un voyage à cette côte auparavant, auffi favois-je bien que les Ifles Canaries & celles du Cap-Vert n'en étoient pas éloignées. Mais n'ayant aucun des inftrumens propres à prendre la latitude tant de notre fituation que de celle des Ifles, & que d'ailleurs ma mémoire ne me fourniffoit aucune lumière fur le dernier article, je ne favois où les aller chercher, ni dans quel endroit il me faudroit précifément larguer pour y diriger ma courfe. Sans tous ces obftacles, j'aurois pu aifément gagner quelqu'une de ces Ifles : mais mon efpérance étoit qu'en fuivant la côte, jufqu'à ce que j'arrivaffe à cette partie où les Anglois font leur commerce, je rencontrerois quelqu'un de leurs vaiffeaux, allant & venant à l'ordinaire, lequel voudroit bien nous recevoir & nous tirer de la mifère.

Autant que j'en puis juger par le calcul que j'ai fait, il falloit que le lieu où nous étions alors, fût cette région, qui, fituée entre les terres de l'Empereur de Maroc d'un côté, & la

E iv

Nigritie de l'autre, est entièrement déserte & seulement habitée par des bêtes féroces. Il y avoit autrefois des Nègres, qui l'ont abandonné depuis, & se sont retirés plus avant du côté du Sud, de peur des Maures ; ceux-ci ne se sont pas souciés d'y demeurer à cause de sa stérilité : & ce qui pouvoit également éloigner les uns & les autres, c'est la quantité prodigieuse de tigres, de lions, de léopards & d'autres animaux furieux qui infestent le pays ; ensorte que les Maures n'y vont jamais que pour chasser, & cela au nombre de deux ou trois mille hommes à la fois. En effet, dans l'étendue de près de cent milles, nous ne voyions que de vastes déserts pendant le jour, & nous n'entendions qu'hurler & rugir pendant la nuit.

Il me sembla plus d'une fois, que je voyois de jour le mont *Picot* de l'Isle Teneriffe, l'une des Canaries : j'avois grande envie de mettre au large, pour essayer si je ne pourrois pas l'atteindre ; c'est ce que je voulus faire par deux fois ; mais toujours les vents contraires, & la mer trop enflée pour mon petit bâtiment, me forçoient à rebrousser. Cela me fit résoudre à continuer mon premier dessein qui étoit de côtoyer.

Après que nous eûmes quitté cet endroit-là, nous fûmes souvent contraints de prendre terre pour faire aiguade : une fois entr'autres, qu'il étoit de bon matin, nous vînmes mouiller sous une petite pointe de terre qui étoit assez élevée; & comme la marée montoit, nous attendions tranquillement qu'elle nous portât plus avant. Xuri, qui avoit, à ce qu'il paroît, les yeux plus perçans que moi, m'appela tout bas, & me dit que nous ferions mieux de nous éloigner du rivage; » Car, *continua-t-il*, ne voyez-vous pas le » monstre effroyable qui est étendu, & qui » dort sur le flanc de ce monticule ? Je jetai les yeux du côté qu'il montroit du doigt; & véritablement je vis un monstre épouvantable; car c'étoit un lion d'une grosseur énorme & terrible, couché sur le penchant d'une éminence, & dans un petit enfoncement qui le mettoit à l'ombre. » Xuri, *dis-je alors*, allez à terre & vous le » tuerez. Xuri parut tout effrayé de ce que je lui proposois, & me fit cette réponse: *Moi tuer lui! hélas! lui croqueroit moi d'un morceau*. Enfin je ne parlai pas davantage de cela; mais je lui dis de ne point faire de bruit. Nous avions trois fusils; je commençai par prendre le plus grand, qui avoit presque un calibre de mousquet, j'y mis une bonne charge de poudre, & trois grosses balles; & le posai à côté de moi : j'en pris un autre que je chargeai à deux balles; & enfin le troisième, dans lequel je fis couler cinq chevrotines. Ensuite reprenant celui qui avoit été chargé le premier, je mets du tems à bien mirer, & je vise à la tête de l'animal ; mais comme il étoit couché de manière qu'une de ses pattes lui passoit pardessus le muzeau, les balles l'atteignirent autour du genou, & lui casèrent l'os de la jambe. Il se leva d'abord en grondant ; mais sentant sa jambe cassée, il retomba, & puis il se releva encore sur les trois jambes, se mettant à rugir d'une force épouvantable. J'étois un peu surpris de ne l'avoir point blessé à la tête ; mais enfin je me saisis sur le champ du second fusil ; &, quoiqu'il commençât à se remuer & à détaler, je lui déchargeai un autre coup, qui lui donna dans la tête ; & j'eus le plaisir de le voir tomber mort roide, ne faisant que peu de bruit, mais se débattant comme étant aux abois. Alors Xuri prend courage, & demande que je le laisse aller à terre, je le lui permets ; ainsi il se jette dans l'eau sans balancer, tenant un petit fusil d'une main, il nâge de l'autre jusqu'au rivage, s'avance tout près de l'animal, & lui applicant à l'oreille le bout du fusil, lâche un troisième coup, qui l'acheva.

A la vérité, cette expédition nous donnoit du divertissement, mais non pas de quoi manger, & il me fâchoit bien de perdre trois charges de poudre & de plomb sur une bête qui ne nous feroit bonne à rien. Néanmoins Xuri dit qu'il en vouloit tirer quelque chose. Ainsi il vint à bord,

& me pria de lui donner la hache. Je lui demandai ce qu'il en vouloit faire ? Et il me répondit : *moi couper sa tête.* Quoi qu'il en soit, cette exécution se trouva au-dessus de ses forces ; & il se contenta de lui couper une patte, qu'il apporta, & qui étoit d'une grosseur monstrueuse.

Je fis pourtant réflexion que sa peau pourroit bien ne nous être pas tout-à-fait inutile, & cela me fit résoudre à l'écorcher, si j'en pouvois venir à bout. Ainsi Xuri & moi nous nous mîmes après ; mais Xuri s'y entendoit le mieux de nous deux, & je savois fort peu comment m'y prendre. Cette opération nous occupa toute la journée ; mais aussi nous enlevâmes le cuir, & l'ayant étendu par-dessus notre cabane, le soleil le sécha en deux jours ; je m'en servis dans la suite en guise de matelas.

Au partir de-là, nous fîmes voile vers le Sud durant dix ou douze jours sans discontinuer, épargnant fort nos provisions, qui commençoient à diminuer, & ne prenant terre qu'autant de fois que nous en avions besoin pour aller chercher de l'eau. Mon dessein étoit de pouvoir parvenir à la hauteur de la rivière Gambia, autrement Sénéga, c'est-à-dire, aux environs du Cap-Vert, où j'espérois trouver quelque bâtiment Européen ; que si j'étois frustré de cette espérance, je ne savois quelle route prendre, si ce n'étoit de me mettre en quête des Isles, ou bien de me livrer à la merci des Nègres. Je savois que tous les vaisseaux qui partent d'Europe pour la Guinée, le Bresil, ou les Indes Orientales, mouillent à ce Cap ou à ces Isles; en un mot, je ne voyois dans ma destinée que cette alternative, ou de rencontrer quelque vaisseau, ou de périr.

Quand nous eûmes continué notre course pendant dix jours de plus, comme je l'ai déjà dit, j'apperçus que la côte étoit habitée, & nous vîmes, en deux ou trois endroits, des gens qui se tenoient sur le rivage pour nous voir passer: nous pouvions même voir qu'ils étoient noirs & nuds. J'avois envie de débarquer, & d'aller à eux; mais Xuri, qui ne me donnoit jamais que de sages conseils, m'en dissuada; néanmoins je voguai près de terre, afin que je pusse leur parler. En même tems ils se mirent à courir le long du rivage je remarquai qu'ils n'avoient point d'armes, excepté un d'entr'eux, qui portoit à la main un petit bâton que Xuri disoit être une lance, & qu'ils savoient jeter fort loin, & avec beaucoup d'adresse. Ainsi je me tins en distance, & leur parlai par signes le mieux que je pus. En ce langage muet, je leur demandai entr'autres quelque chose à manger; eux me firent entendre d'arrêter mon bateau, & qu'ils m'iroient chercher de la viande. Là-dessus j'abaissai le haut de ma voile, & nous calâmes. Cependant il y en eut deux qui coururent un peu loin dans les terres, & qui, en moins d'une demi-heure, furent de retour. Ils apportoient avec eux deux morceaux de viande, & du grain tel que ce pays-là en pouvoit produire; mais nous ne savions ni quelle sorte de viande, ni quelle sorte de bled c'étoit, & toutefois nous étions fort contens de les accepter. Il s'agissoit de savoir avec quelle précaution s'en emparer; car je n'étois point d'humeur à les joindre à terre; & de leur côté, ils avoient peur de nous. Ils prirent un bon biais & pour les uns & pour les autres; c'est qu'ils apportèrent ce qu'ils avoient à nous donner, sur le rivage, & l'ayant mis à terre, se retirèrent, & se tinrent loin de-là, jusqu'à ce que l'étant allés chercher, nous l'emportâmes à bord; après quoi ils revinrent au rivage comme auparavant.

Comme nous n'avions rien à leur donner, notre reconnoissance se borna d'abord à leur faire plusieurs signes pour les remercier. Mais il se présenta sur le champ même une occasion favorable de les obliger extrêmement. Car comme nous étions près de terre où nous avions amené, voici deux animaux puissans qui descendoient des montagnes vers la mer, dont l'un poursuivoit l'autre, à ce qu'il paroissoit, avec beaucoup de chaleur; si c'étoit le mâle qui étoit après la femelle, & s'ils étoient en amour ou en fureur, c'est ce que nous ne saurions dire; je ne déciderai pas non plus que ce fût une chose ordinaire, où qu'il y eût de l'extraordinaire; mais je croirois plutôt le dernier, premièremeut parce que ces bêtes voraces paroissent rarement, sinon de nuit; & secondement, parce que ces peuples sembloient en être terriblement effrayés, & sur-tout les femmes. L'homme qui avoit une lance ou un dard à la main, ne s'enfuyoit pas, mais bien les autres. Néanmoins ces animaux ne firent point mine de se jeter sur les Nègres; car ils coururent droit à la mer, se plongèrent dans l'eau, & se mirent à nâger çà & là, comme s'ils n'eussent cherché qu'à se jouer. A la fin l'un d'eux commença à venir de notre côté, & s'en approchoit déjà beaucoup plus que je ne m'y attendois d'abord; mais j'étois tout prêt à le recevoir; car j'avois chargé mon fusil avec toute la diligence possible, & je dis à Xuri de charger les deux autres. Dès qu'il fut à ma portée, je lâchai mon coup, & lui donnai droit dans la tête; d'abord il alla au fond de l'eau, mais aussi-tôt il se releva; ensuite il se débattit long-tems, s'enfonçant & revenant au-dessus tour-à-tour; aussi étoit-il aux abois; car comme il s'efforçoit de gagner le rivage, il mourut à mi-chemin, tant à cause de la plaie mortelle qu'il avoit reçue, que de l'eau qui l'étouffoit.

L'étonnement où le feu & le bruit du fufil jetèrent ces pauvres créatures, eft au-deſſus de tout ce que je puis dire. Quelques-uns faillirent à en mourir de peur, & tombèrent à la renverſe. Mais quand ils virent que l'animal étoit mort, qu'il étoit allé au fond, & que je leur faiſois ſigne de venir au rivage, le cœur leur revint, ils s'approchèrent & ſe mirent à chercher la bête. L'eau qui étoit teinte de ſon ſang me la fit découvrir, & par le moyen d'une corde que je lui fis paſſer autour du corps, & que je leur donnai à hâler, ils la tirèrent dehors. Il ſe trouva que c'étoit un léopard des plus curieux, parfaitement bien marqueté, & d'une beauté admirable. Les nègres ne pouvant pas s'imaginer avec quoi je l'avois pu tuer, levoient les mains vers le ciel, pour témoigner leur ſurpriſe.

L'autre animal, épouvanté du feu qu'il avoit vu, auſſi bien que du coup qu'il avoit entendu, ſe hâta vers le rivage en nageant, & de là s'enfuit aux montagnes d'où ils étoient venus, ſans que je puſſe diſcerner à une telle diſtance ce que c'étoit. Je vis bien d'abord que les nègres avoient envie d'en manger la chair : ainſi j'étois bien aiſe de me faire un mérite auprès d'eux ; & quand je leur eu fait connoître par ſignes qu'ils la pouvoient prendre, ils m'en témoignèrent mille remerciemens. Ils ſe jetèrent deſſus ſans différer,

& quoiqu'ils n'eussent point de couteaux, ils ne laissèrent pas de lever la peau avec un morceau de bois pointu, & cela beaucoup plus aisément que nous ne l'aurions pu faire avec un couteau. Ensuite ils m'en offrirent ma part : ce que je refusai, leur donnant à entendre que j'étois bien aise de leur en faire un présent, mais que je m'en réservois la peau. Ils me l'envoyèrent de bonne foi, ajoutant à cela une grande quantité de leurs provisions, que j'acceptai, toutes inconnues qu'elles m'étoient. Ensuite je leur fis signe pour avoir de l'eau, & leur montrai une de mes jarres, la tournant sans dessus dessous, pour faire voir qu'elle étoit vide, & que j'avois besoin qu'on me la remplît. Sur le champ ils appelèrent quelques uns des leurs, & il vint deux femmes, portant ensemble un gros vaisseau de terre qui paroissoit cuite au soleil. Elles le posèrent sur le sable, & se retirèrent, comme firent ceux qui nous avoient apporté des provisions auparavant. J'envoyai Xuri à terre avec les trois jarres qu'il remplit. Les femmes étoient toutes nues aussi bien que les hommes.

Je me voyois avec une quantité d'eau suffisante : j'avois outre cela, des racines, dont je ne connoissois pas trop la qualité, & du blé tel quel. Avec ces provisions je prends congé des nègres, mes bons amis ; je remets à la voile, & continue ma course au Sud pendant onze jours ou environ, durant lesquels je ne me mis point en peine d'approcher de terre. Au bout de ce terme je vis que le Continent s'allongeoit bien avant dans la mer : c'étoit justement vis-à-vis de moi, à quatre ou cinq lieues de distance : il faisoit un grand calme, & je fis un long détour à larguer pour pouvoir gagner la pointe : j'en vins à bout, & lorsque je la doublai, j'étois à deux lieues du Continent, voyant distinctement d'autres terres à l'opposite. Alors je conclus, ce qui étoit bien vrai, que j'avois d'un côté le Cap-Verd, & de l'autre les Isles qui en portent le nom. Je ne savois pourtant pas encore auquel des deux je devois me tourner : car s'il survenoit un vent un peu fort, je pouvois bien manquer l'un & l'autre.

Dans cette perplexité je devins rêveur. J'entrai dans la cabane, laissant à Xuri le soin du gouvernail, & je m'assis. Mais tout-à coup ce petit garçon s'écria : *Maître, maître, je vois un vaisseau à la voile :* & il paroissoit si effrayé, qu'il ne se possédoit pas ; assez simple pour s'imaginer que c'étoit un bâtiment que son maître avoit envoyé à notre poursuite, dans le tems que j'étois très-assuré que la distance des lieux ne nous permettoit plus de rien craindre de ce côté là. Je sortis avec précipitation de la cabane ; & non-seulement je vis le vaisseau, mais encore je reconnus qu'il

Tome I. F

étoit Portugais. Je le pris d'abord pour un de ceux qui trafiquent en nègres aux côtes de la Guinée : mais quand j'eus remarqué la route qu'il tenoit, je fus bientôt convaincu qu'il alloit ailleurs, & qu'il n'avoit pas dessein de s'approcher de terre davantage. C'est pourquoi je fis force de voiles & de rames pour avancer en haute mer, dans le dessein de leur parler s'il étoit possible.

Après avoir fait tout ce qui dépendoit de moi, je trouvai que je ne pourrois pas aller à leur rencontre, & qu'ils me laisseroient derrière, avant que je pusse leur donner aucun signal. Mais dans le moment que j'avois épuisé toutes les ressources de mon art pour hâter ma course, & que je commençois à perdre espérance, il parut qu'ils m'avoient apperçu avec leurs lunettes d'approche, & que nous prenant pour le bateau de quelque vaisseau Européen qui avoit péri, ils mettoient moins de voiles qu'auparavant, pour nous donner le tems de les aller joindre. Cela me donna bon courage, & comme j'avois à bord le pendant de mon patron, je le suspendis en écharpe à nos cordages, pour leur faire entendre par ce signal, que nous étions en détresse, & je tirai là-dessus un coup de fusil. Ils remarquèrent fort bien l'un & l'autre ; car ils me dirent après qu'ils avoient apperçu la fumée, quoiqu'ils n'eussent point entendu le coup. A ces signaux, ils calèrent leurs voiles, & ils eurent l'humanité de s'arrêter pour moi, de sorte qu'en près de trois heures de tems je me rendis près d'eux.

Ils me demandèrent, en portugais, en espagnol & en françois, qui j'étois: mais je n'entendois aucune de ces langues. A la fin, un matelot écossois, qui étoit à bord, m'adressa la parole. Je lui répondis que j'étois anglois de nation, & que je m'étois sauvé de l'esclavage des maures de Salé. Alors ils m'invitèrent à bord & m'y reçurent fort généreusement avec tout ce qui m'appartenoit.

On peut bien juger que c'étoit une joie indicible que celle que je ressentis de me voir ainsi délivré d'une condition aussi misérable & aussi désespérée que l'avoit été la mienne. D'abord j'offris tout ce que j'avois au capitaine du vaisseau pour témoignage de ma reconnoissance; mais il déclara généreusement qu'il ne vouloit rien prendre de moi; qu'au contraire tout ce que j'avois me seroit dûment délivré au Brésil: *car,* dit-il en m'apostrophant, *lorsque je vous ai sauvé la vie, je n'ai rien fait que ce que je serois bien-aise qu'on me fît à moi-même: & qui sçait si je ne suis point destiné à être réduit un jour à une semblable condition? Outre qu'après vous avoir mené dans un pays aussi éloigné du vôtre que l'est le Brésil, si je venois* à vous prendre tout ce que vous avez, vous y mourriez dans l'indigence, & je ne ferois autre chose que de vous ôter la vie que je vous aurois donnée. Non, non, continua-t-il, signor Inglese, c'est-à dire, monsieur l'anglois, je veux vous transporter en ce pays purement par charité ; & ces choses-la vous serviront à acheter de quoi subsister, & à faire votre retour.

Si cet homme parut charitable dans les offres qu'il me fit, il ne se montra pas moins équitable ni moins exact à les remplir, jusque-là qu'il ne s'en écarta pas d'un seul iota ; car il ordonna à tous les matelots que nul ne fût assez hardi pour toucher à rien de ce qui m'appartenoit ; ensuite il prit le tout en dépôt, & m'en donna après, un inventaire fidèle, pour que je le pusse recouvrer, sans en exclure mes trois jarres de terre.

Quant à mon bateau, qui étoit très-bon, (ce qu'il connoissoit bien lui-même) il me proposa de l'acheter de moi, pour le faire servir au vaisseau ; & me demanda ce que j'en voulois avoir ? Je lui répondis qu'il avoit été si généreux en toutes choses à mon égard, que je ne voulois point apprécier le bateau, mais que je l'en faisois l'arbitre : sur quoi il me dit qu'il me feroit de sa main une obligation de quatre-vingt pièces de huit, lesquelles il me paieroit au Brésil ; & qu'y étant arrivés, s'il se trouvoit quelqu'un qui en offrit davantage, il me le feroit bon. Outre cela il m'offrit soixante autres pièces de huit, pour mon garçon Xuri; mais j'avois de la peine à les accepter, non que je ne fusse bien aise de le laisser au capitaine; mais je ne pouvois me résoudre à vendre la liberté de ce pauvre garçon, qui m'avoit assisté si fidèlement au recouvrement de la mienne. Néanmoins après que je lui eus découvert mon scrupule; il m'avoua qu'il le trouvoit raisonnable, & me proposa cet expédient; c'est qu'il lui feroit une obligation de sa main, par laquelle il seroit tenu de l'affranchir dans dix ans, s'il se vouloit faire chrétien. Sur cela je livrai Xuri au capitaine, d'autant plus volontiers que celui-là goûtoit les propositions de celui-ci.

Nous eûmes une navigation heureuse jusqu'au Brésil, & au bout d'environ vingt-deux jours nous arrivâmes à la baie de tous les Saints. Je me vis alors délivré pour une seconde fois de la plus misérable de toutes les conditions de la vie: ce qui me restoit à faire, c'étoit de considérer comment je disposerois désormais de ma personne.

Je ne saurois trop préconiser la générosité avec laquelle le capitaine me traita. Premièrement il ne voulut rien prendre pour mon passage: d'ailleurs il me donna vingt ducats pour la peau du léopard, & quarante pour celle du lion; il ordonna qu'on me rendît ponctuellement tout ce que j'avois

F iij

à bord, & acheta tout ce que je voulois bien vendre, comme caiſſe de bouteilles, deux de mes fuſils, & un morceau de cire; car j'avois fait des chandelles d'une partie. En un mot, je fis de ma cargaiſon environ deux cent vingt pièces de huit. Je débarquai au Bréſil avec un tel fonds.

Peu de tems après mon débarquement je fus recommandé par le capitaine à un fort honnête-homme, tel qu'il étoit lui-même, lequel avoit ce qu'il appellent vulgairement un *Ingeino*, c'eſt-à-dire, une plantation, & une manufacture de ſucre. Je vécus quelque tems dans ſa maiſon, & par ce moyen, je m'inſtruiſis de la maniere de planter & de faire le ſucre. Or voyant combien les planteurs vivoient commodément, & combien vîte ils devenoient riches, je réſolus, ſi je pouvois obtenir une licence, de m'y établir & de devenir planteur comme les autres; bien entendu cependant que je rechercherois le moyen de me faire remettre l'argent que j'avois laiſſé à Londres. A ces fins, je me pourvus d'une eſpèce de lettre de naturaliſation, en vertu de laquelle je fis marché pour de la terre qui étoit encore vacante, & dont je meſurai l'étendue à celle de mon argent. Après cela je formai un plan pour ma plantation & pour mon établiſſement, proportionnant l'un & l'autre aux fonds que je me propoſois de recevoir d'Angleterre.

J'avois un voisin portugais, qui étoit né à Lisbonne de parens anglois; son nom étoit *Wells*, & ses affaires étoient à-peu-près dans la même situation que les miennes. Je l'appelle mon voisin, parce que sa plantation touchoit la mienne, & que nous vivions fort paisiblement lui & moi. Nous n'avions qu'un petit fond l'un & l'autre, & ne plantâmes, à proprement parler, que pour notre subsistance durant près de deux ans. Mais au bout de ce terme nous commençâmes à faire du progrès, & notre terre prenoit déjà une bonne forme; tellement que la troisième année nous plantâmes du tabac, & eûmes chacun une grande pièce de terre toute prête pour y planter des cannes l'année d'après. Mais nous avions besoin d'aide; & je sentois plus vivement que je n'avois encore fait, combien j'avois eu tort de me défaire de mon garçon Xuri.

Mais hélas! il n'étoit pas surprenant que j'eusse fait mal, moi qui ne faisois jamais bien: je ne voyois aucun remède à ma peine, que dans la continuation de mon travail: je me donnois à une occupation bien éloignée de mon génie, & toute contraire au genre de vie qui faisoit mes délices, pour lequel j'avois abandonné la maison de mon père, & méprisé ses bons avis. Mais bien plus, j'entrois précisément dans cette condition mitoyenne de la vie, ou, si vous voulez, le premier étage de la bourgeoisie, que mon père m'avoit autrefois recommandé. N'aurois-je pas mieux fait de demeurer chez moi, & de m'épargner la peine de parcourir le monde ? Souvent je me tenois à moi-même ce langage : ,, je pouvois ,, faire en Angleterre ce que je fais ici, travailler ,, auprès de mes parens & de mes amis, aussi- ,, bien que parmi des étrangers & des sauvages; ,, que me sert-il d'avoir traversé de vastes mers, ,, d'avoir parcouru mil six cent & tant de lieues ? ,, étoit-ce pour venir dans un désert affreux, & ,, si reculé, que je fusse obligé de rompre tout ,, commerce avec les parties du monde où je ,, suis tant soit peu connu ?

De cette manière je ne réfléchissois guères sur ma condition, que pour m'en affliger. Il n'y avoit que ce voisin avec qui je conversois de tems en tems; nul ouvrage ne se pouvoit faire que par le travail de mes mains; & j'avois coutume de dire que je vivois comme un homme qui auroit fait naufrage contre une Isle déserte, & qui s'en verroit le seul habitant. Mais quand les hommes sont assez injustes pour comparer leur état présent à un autre qui est plus mauvais, n'est-il pas bien juste que la providence les condamne à faire un échange dans la suite, pour les convaincre de leur félicité passée par leur propre expérience ? & ne méritois-je pas bien que je fusse un jour ce même homme que je me repréſentois vivant miférablement dans une Iſle purement déſerte, puiſque j'étois aſſez injuſte pour faire ſouvent comparaiſon de lui à moi, dans l'état de vie où je me trouvois alors, & où je n'avois qu'à perſévérer pour devenir extrêmement riche & heureux ?

J'avois pris en quelque façon toutes les meſures néceſſaires pour conduire la plantation, avant le départ du capitaine du vaiſſeau, qui m'avoit reçu à ſon bord en pleine mer, & qui s'étoit montré mon ami affectionné. Il demeura pendant trois mois tant à charger ſon vaiſſeau qu'à faire les préparatifs de ſon voyage. Un jour comme je lui parlois du petit fonds que j'avois laiſſé à Londres, il me donna ce bon & fidèle avis : « monſieur » l'anglois, *me dit-il*, ſi vous voulez me donner » une lettre adreſſée à la perſonne qui a votre » argent à Londres, avec ordre d'envoyer vos » effets à Lisbonne, à telles perſonnes que je vous » indiquerai, & en marchandiſes convenables à » ce pays-ci, je vous promets moyennant la » grâce de dieu, de vous en rapporter le produit » à mon retour : mais comme les choſes humaines » ſont toujours ſujettes à la viſſicitude & aux » contre-tems, je vous conſeille de ne donner » vos ordres que pour cent livres ſterling, que » vous dites être la moitié de votre fonds, & de » les aventurer pour une première tentative, afin

» que si elles arrivent à bon port, vous puissiez faire
» venir le reste par la même voie; & si vous avez
» le malheur de les perdre, vous aurez encore
» l'autre moitié pour y avoir recours en cas de
» besoin ».

Il y avoit dans ce conseil tant de sagesse, & tant de marques d'amitié en même tems, que je fus d'abord convaincu que je ne pouvois pas mieux faire que de le suivre : c'est pourquoi je préparai une lettre en forme de déclaration pour la dame à qui j'avois laissé le maniement de mon argent, & une procuration pour le capitaine portugais, telle qu'il la desiroit.

J'écrivis à cette dame veuve du capitaine anglois, une relation exacte de mes aventures, de mon esclavage, de ma fuite, la manière dont j'avois rencontré en haute mer le capitaine portugais, sa conduite généreuse à mon égard, l'état où je me trouvois actuellement, avec toutes les instructions nécessaires pour me faire tenir mon argent. Quand cet honnête homme de capitaine fut arrivé à Lisbonne, il trouva moyen par l'entremise de quelques marchands anglois qui y demeuroient, d'envoyer non-seulement mon ordre, mais encore mon histoire toute entière à un marchand de Londres, qui en fit un rapport fidèle & pathétique à la veuve. Celle-ci non contente de délivrer l'argent, envoya du sien propre un présent de vingt-cinq livres sterling au capitaine portugais, à cause de l'humanité & de la charité qu'il avoit exercées à mon égard.

Le marchand de Londres ayant converti ces cent livres sterling en marchandises d'Angleterre, les envoya à Lisbonne, telles qu'elles lui avoient été demandées par le capitaine, & celui-ci me les apporta heureusement au Brésil. Il y avoit, entr'autres toutes sortes d'ouvrages de fer & d'ustensiles nécessaires pour ma plantation ; lesquelles choses me furent d'un grand service, & il les avoit comprises parmi les autres, de son chef, sans que je lui en eusse donné commission ; car j'étois trop peu expérimenté dans le métier pour y avoir pensé.

Je fus transporté de joie lorsque cette cargaison arriva, & je crus ma fortune faite. Le capitaine, qui vouloit bien être mon pourvoyeur, & qui en remplissoit si dignement les fonctions, avoit employé les vingt-cinq livres sterling, dont ma bonne amie lui avoit fait un présent, à me louer un serviteur pour le terme de six ans, qu'il m'amena ; & jamais il ne voulut rien accepter de moi en considération de tant de services, qu'un peu de tabac qui étoit de mon propre crû.

Autre chose à remarquer ; c'est que toutes mes marchandises étant des manufactures d'Angleterre, telles que des draps, des étoffes, des bayers,

& autres choses extraordinaires estimées & recherchées dans ce pays-là, je trouvai le secret de les vendre à un prix très-haut; en sorte que je puis bien dire, qu'après cela j'avois plus de quatre fois la valeur de ma premiere cargaison, & je me voyois pour lors infiniment plus avancé que mon pauvre voisin, quant au fait de ma plantation : car d'abord je m'achetois un esclave nègre, & un serviteur européen; j'entends un autre que celui que le capitaine m'avoit amené de Lisbonne.

Mais le mauvais usage que nous faisons de la prospérité, devient souvent la source de nos plus grands malheurs : c'est ce qui se vérifia en moi. L'année suivante j'eus toutes sortes de succès dans ma plantation; je levai dans ma propre terre cinquante gros rouleaux de tabac, outre ce dont j'avois disposé parmi mes voisins pour mon nécessaire; & ces cinquante rouleaux, pesant chacun plus de cent livres, étoient bien conditionnés & tout prêts pour le retour de la flotte de Lisbonne. Alors voyant mes affaires & mes richesses s'accroître également, je commençai à rouler dans ma tête quantité de projets & d'entreprises, qui passoient ma portée; mais qui causent souvent la ruine des personnes les plus capables pour les affaires.

Si j'eusse voulu continuer le genre de vie que je menois alors, je pouvois encore aspirer à tous ces grands avantages, en vue desquels mon père m'avoit si sérieusement recommandé une vie retirée, & dont il m'avoit donné une idée si sensible dans le portrait ressemblant qu'il me traça de l'état mitoyen. Mais j'étois né pour toute autre chose : je devois derechef travailler de dessein prémédité à me plonger dans la misère ; sur-tout j'allois augmenter le nombre de mes fautes, & par conséquent fournir une plus ample matière aux reproches que j'aurois le loisir de me faire un jour au milieu de mes accablemens. Tous ces désastres ne provenoient que de la passion effrénée que j'avois d'errer par le monde : passion favorite, à laquelle je lâchois aveuglément la bride, lors même qu'elle étoit manifestement contraire à mes intérêts les plus chers, qu'elle rompoit toutes les mesures de ma bonne fortune, & qu'elle gâtoit, pour ainsi dire, tous les chemins que la providence sembloit m'ouvrir pour me conduire à mon devoir & à mon bonheur.

C'est précisément la faute que j'avois commise en m'enfuyant de la maison de mon père, & déjà je ne pouvois avoir de repos, que je ne tombasse dans une seconde toute semblable ; j'étois tenté de m'en aller, & d'abandonner les espérances que j'avois de devenir un homme riche, d'une expérience consommée dans ma nouvelle plantation, sans que je pusse alléguer pour cela d'autre raison, qu'un desir téméraire & démesuré de m'élever avec plus de rapidité que ne le permettoit la nature de la chose. Ainsi je me précipitai pour la seconde foi dans le gouffre de misère le plus profond où l'homme puisse tomber sans qu'il lui en coûte la santé ou même la vie.

Or, pour procéder par degrés à cet endroit particulier de mon histoire, vous devez supposer qu'ayant vécu près de quatre ans dans le Brésil, & commençant à gagner considérablement & à prospérer dans ma nouvelle plantation, non seulement j'avois appris le langage du pays, mais qu'outre cela j'avois fait connoissance & lié amitié avec mes compagnons de plantation, comme aussi avec les marchands de Saint-Salvador, qui étoit notre port de mer : que dans les discours que j'avois tenus avec eux, je leur avois souvent rendu compte de mes deux voyages à la côte de Guinée, de la manière de trafiquer en nègres, & de la facilité avec laquelle on y pouvoit charger de la poudre d'or, des graines de Guinée, des dents d'éléphant, & autres choses; &, qui plus est, des nègres en grand nombre : le tout pour des bagatelles, comme des petits lits, de la quincaillerie, des couteaux, des ciseaux, des haches, des pièces de glaces, & autres choses semblables.

On ne manquoit jamais d'écouter attentivement ce que je disois sur ce chapitre; mais sur-tout l'article de l'achat des nègres, dont le trafic n'étoit encore qu'ébauché; mais qui, tel qu'il étoit, avoit toujours été dirigé par l'assemblée, ou si vous voulez, par une assemblée formée par les rois d'Espagne & de Portugal, & qui entroit dans les comptes du gouvernement public, en sorte qu'il ne s'amenoit que peu de nègres, qu'on achetoit à un prix excessif.

Un jour je me trouvai en compagnie avec des marchands & propriétaires de plantations de ma connoissance, & leur ayant parlé fort sérieusement sur ce sujet, il arriva que trois d'entr'eux vinrent me trouver le lendemain au matin, & me dirent qu'ils avoient beaucoup réfléchi sur l'entretien que j'avois eu avec eux le soir précédent, & qu'ils venoient me proposer une chose qu'ils me confioient sous le secret. Je leur promis de le garder; & après ce préliminaire, ils déclarèrent qu'ils avoient envie d'équiper un vaisseau pour la Guinée; qu'ils avoient tous des plantations aussi-bien que moi; & que rien ne leur faisoit plus de tort, que le besoin extrême où ils étoient d'esclaves: que, comme c'étoit un commerce qu'on ne pouvoit pas continuer, parce qu'il n'étoit pas praticable de vendre publiquement les nègres quand ils étoient arrivés, leur dessein n'étoit que de faire un seul voyage, de débarquer les nègres secrettement, & de les distribuer ensuite dans leurs propres plantations; qu'en un mot il s'agissoit de savoir si je voulois aller à bord du vaisseau en qualité de surper-cargo ou commis, pour prendre soin de ce qui concernoit le négoce sur la côte de Guinée; que dans le partage des nègres j'aurois une portion égale à celle des autres, & que je serois dispensé de contribuer ma quote-part du fonds qu'on leveroit pour cette entreprise.

Il faut avouer que ces propositions étoient fort avantageuses pour tout homme manquant d'établissement, & qui n'auroit pas eu à cultiver une plantation qui lui appartînt en propre, qui eût de très-belles apparences, & fût assurée d'un bon fonds. Mais quant à moi, qui m'étois déjà poussé, qui me voyois si joliment établi, qui n'avois plus rien à faire qu'à continuer pendant trois ou quatre ans sur le même pied que j'avois commencé, & qu'à faire venir d'Angleterre mes autres cent livres sterling, qui dans ce tems-là, & avec ce petit renfort, n'aurois presque pas pu manquer de devenir riche de trois ou quatre mille livres sterling, sans compter combien une telle somme auroit multiplié dans la suite; que je pensasse, dis-je, à un tel voyage, c'étoit la plus grande folie qu'un homme pût commettre dans de pareilles conjonctures.

Mais

Mais comme j'étois né pour être l'architecte de mon propre malheur, il me fut aussi impossible de résister à leur offre, qu'il me l'avoit été autrefois de réprimer les desirs extravagans qui firent avorter tous les bons conseils de mon père. En un mot, je leur dis que je partirois de tout mon cœur, s'ils vouloient bien se charger du soin de ma plantation pendant mon absence, & en disposer selon que je l'ordonnerois, si je venois à périr. C'est ce que tous me promirent & à quoi ils s'obligèrent par contrat. Je fis donc un testament en forme, par lequel je disposois de ma plantation & de mes effets, en cas de mort, constituant mon héritier universel, le capitaine du vaisseau qui m'avoit sauvé la vie, comme j'ai déjà dit ci-dessus; mais l'obligeant à disposer de mes effets suivant cette classe, c'est-à-dire qu'il garderoit pour lui la moitié de mes acquisitions, & feroit embarquer l'autre moitié pour l'Angleterre.

Enfin je pris toutes les précautions imaginables pour mettre mes biens en sûreté, & pour pourvoir à l'entretien de ma plantation. Que si j'eusse employé seulement une partie de cette prudence à étudier mes véritables intérêts, & à peser ce que je devois faire, & ce que je ne devois pas faire, il est certain que je ne me serois pas éloigné un moment d'un établissement aussi avantageux que l'étoit le mien. Je n'aurois pas cédé tout ce que je devois raisonnablement espérer d'un état florissant, & je n'aurois pas entrepris un voyage sur mer, pour y courir les risques ordinaires, sans compter en particulier les infortunes dont j'avois lieu de croire que j'étois personnellement menacé.

Mais on me pressoit, & j'aimois mieux suivre les fausses lueurs de ma fantaisie, que les lumières de ma raison. Le vaisseau étant donc équipé, la cargaison embarquée, & toutes choses faites comme nous en étions convenus mes associés & moi, j'allai à bord, pour mon malheur, le premier Septembre mil six cent cinquante-neuf, qui étoit le même jour auquel je m'étois embarqué à Hull, huit ans auparavant, pour devenir rebelle aux ordres de mes parens, & traître à ma propre cause.

Notre vaisseau étoit d'environ cent vingt tonneaux, il portoit six canons & quatorze hommes, en y comprenant le maître, son garçon & moi. Nous ne l'avions pas chargé d'autres marchandises que de quincailleries propres pour notre commerce, telles que des pièces de glaces, des coquilles, & sur-tout de petits miroirs, des couteaux, des ciseaux, des haches, & quelques matelas.

Le même jour que j'allai à bord, nous mîmes

à la voile, faisant cours au nord le long de la côte, dans le dessein de tourner vers celle d'Afrique, quand on seroit parvenu au dix ou douzième degré de latitude septentrionale : ce qui étoit, comme il paroît, la route ordinaire qu'on tenoit en ce tems là. Nous eûmes un fort bon tems tout le long de la côte, à la réserve qu'il faisoit excessivement chaud. Quand nous fûmes avancés à la hauteur du cap Saint-Augustin, nous nous éloignâmes en mer, & perdant bientôt la terre de vue, nous mîmes le cap de même que si nous eussions voulu aller à l'isle de Fernand de Noronha ; mais nous la laissâmes & les autres adjacentes à l'est, continuant notre route vers le nord-est quart au nord, tellement que nous passâmes la ligne, après une navigation d'environ douze jours : & suivant notre dernière estime, nous étions sous le septième degré & douze minutes de latitude septentrionale lorsqu'il s'éleva un violent ouragan qui nous désorienta entièrement : il commença au sud-est, devint à-peu-près nord-ouest, puis se fixa au nord-est, d'où il se déchaîna d'une manière si terrible, que nous ne fîmes autre chose pendant douze jours de suite que dériver forcés d'obéir aux ordres du destin & à la fureur des vents. Je n'ai pas besoin de dire que durant tout ce tems-là je m'attendois chaque jour à être enseveli dans les flots : & il n'y avoit qui que ce soit sur le vaisseau qui osât se flatter d'en échapper.

Cet orage, outre la frayeur qui en est toujours inséparable, nous coûta encore trois personnes; l'un mourut de la fièvre ardente, & les deux autres, dont l'un étoit le petit garçon, tombèrent dans la mer. Le vent s'étant un peu abattu sur la fin du douzième jour, le maître fit une estime le mieux qu'il put, & trouva qu'il étoit aux environs de l'onzième degré de latitude septentrionale; mais qu'il y avoit une différence de vingt-deux degrés de latitude à l'ouest du cap Saint-Augustin: de sorte qu'il avoit jeté vers la côte de la Guinée, ou partie septentrionale du Brésil, au-delà de la rivière des Amazones, tirant vers celle d'Orenoque, appelée communément la *grande rivière*. Il commença donc à me consulter, pour savoir quelle route nous prendrions. Le vaisseau avoit été fort tourmenté & faisoit beaucoup d'eau; ainsi il opinoit à la partie orientale, d'où nous étions partis.

J'étois d'un avis tout contraire, & après avoir examiné ensemble une carte marine de l'Amérique, nous conclûmes qu'il n'y avoit aucune terre habitée où nous puissions avoir recours, & qui fût plus proche de nous que dans l'enceinte des Caribes : c'est pourquoi nous résolûmes de faire voile vers la Barbade, où nous espérions qu'en prenant le large, pour éviter le golfe du Mexique, nous pourrions aisément arriver dans quinze jours de tems ; au lieu qu'il n'étoit presque pas possible de faire mon voyage à la côte d'Afrique sans quelque assistance, tant pour le vaisseau que pour nous mêmes.

Dans ce dessein nous changeâmes notre course, & nous prîmes le cap nord quart à l'ouest, afin de pouvoir atteindre quelqu'une des isles habitées par les Anglois, où j'avois espérance de recevoir du secours. Mais notre voyage étoit déterminé autrement ; car étant dans la latitude du douzième degré & dix-huit minutes, nous fûmes assaillis d'une seconde tempête, qui nous emporta avec la même impétuosité que la première vers l'ouest, & nous écarta si loin de tous les lieux où regne le commerce de la société humaine, que, si nous venions à sauver nos vies de la rage des eaux, il y avoit beaucoup plus d'apparence que nous serions dévorés par les Sauvages, plutôt que de pouvoir jamais retourner en notre pays.

Dans cette extrémité, le vent souffla toujours avec violence, & le jour commençant à paroître, un de nos gens s'écria, *terre*. À peine fûmes-nous sortis de la cabane pour voir ce que c'étoit, & dans quelle région du monde nous nous trouvions, que le vaisseau donna contre un banc de fable; fon mouvement ceſſa tout-à-coup, les vagues y entrèrent avec tant de précipitation, que nous nous attendions à périr fur l'heure; & nous nous ferrions contre les bords du bâtiment, pour nous mettre à couvert des coups & de la fureur des flots.

Il n'eſt pas aiſé de repréſenter, ni même de concevoir la conſternation de l'ame en pareil cas, à quiconque ne s'y eſt jamais trouvé. Nous ne ſavions ni le climat où nous étions, ni la terre contre laquelle nous avions été pouſſés; ſi c'étoit iſle ou continent; ſi elle étoit habitée ou déſerte. Et comme la fureur des vents, quoiqu'un peu diminuée, étoit encore fort grande, nous ne pouvions pas ſeulement eſpérer que le vaiſſeau demeurât quelques minutes ſans ſe briſer en morceaux, à moins qu'un calme ne ſurvînt tout-à-coup par une eſpèce de miracle. En un mot, nous étions immobiles, nous regardant les uns les autres, attendant la mort à chaque moment, & nous préparant pour l'autre monde, d'autant qu'il n'y avoit que peu ou rien à faire pour nous en celui-ci. La ſeule choſe qui pouvoit encore un peu nous raſſurer, c'eſt que, contre notre eſpérance, le vaiſſeau ne fût pas encore briſé, & que le maître diſoit que le vent commençoit à s'abattre.

Mais bien que le tems parût devenir moins

chargé, néanmoins la manière dont le vaisseau avoit échoué, vu qu'il s'étoit enfoncé trop avant dans le sable, pour espérer de l'en dégager, rendoit notre situation véritablement déplorable, & il ne nous restoit plus qu'à voir si nous pourrions nous sauver. Un peu avant la tempête nous avions un bateau qui suivoit notre arrière ; mais en premier lieu il s'y étoit fait une fente à force de heurter contre notre gouvernail, & ensuite il s'étoit fracassé, & avoit ou coulé à fond, ou dérivé çà & là par la mer, en sorte que nous n'avions plus d'espérance de ce côté-là. Nous avions bien encore une chaloupe à bord, mais nous ne savions pas trop comment la mettre en mer : cependant il n'y avoit plus de tems à perdre ; car nous croyions à tout moment que le vaisseau alloit se dissoudre, & quelques-uns disoient qu'il étoit déjà entamé.

En même tems notre pilote prit la chaloupe ; le reste de nos gens se mit à le seconder, & à la fin on la descendit à côté du vaisseau : nous nous mîmes tous dedans, étant au nombre de onze personnes ; nous recommandâmes nos ames à la miséricorde divine, & puis abandonnâmes le reste au courroux des ondes. Car quoique l'orage se fût relâché considérablement, toutefois la mer s'élevoit à une hauteur épouvantable contre les terres ; & pour parler le langage des

G iv

Hollandois, qui la comparent à une bête féroce, lorsqu'elle est irritée, on pouvoit bien l'appeler *de Wilde Zee.*

C'est alors que le danger étoit proche & effroyable; car nous voyions tous clairement que la mer étoit si enflée que notre chaloupe ne pourroit pas tenir contre, & que nous serions infailliblement submergés; d'ailleurs nous n'avions point de voile, & quand même nous en aurions eu, nous n'aurions pas pu nous en servir. Nous nous mîmes à ramer de toutes nos forces pour aller à terre, mais avec un visage consterné, comme des gens qui alloient au supplice. En effet aucun de nous ne pouvoit ignorer que la chaloupe viendroit près de la côte, y essuyeroit des coups si rudes, qu'elle seroit bientôt partagée en mille pièces. Quoi qu'il en soit, nous priâmes dieu de tout notre cœur pour le salut de nos ames; mais en même tems le vent nous poussant vers la terre, nous travaillions à tour de bras pour le seconder, & pour hâter notre perte.

Nous ne savions nullement de quelle sorte étoit le rivage, si c'étoit du roc ou du sable, s'il étoit élevé ou bas. La seule chose qui auroit pu raisonnablement nous donner quelque petite ombre d'espérance, c'auroit été de tomber dans quelque baie, dans quelque golfe, ou dans l'embouchure d'une rivière, d'y entrer par un grand coup du hasard, & de nous mettre à l'abri du vent, ou peut être encore de trouver une eau calme. Mais il n'y avoit aucune apparence à rien de semblable : bien loin de là, la terre, à mesure que nous approchions, nous paroissoit encore plus redoutable que la mer.

Après avoir ramé ou plutôt dérivé l'espace d'une lieue & demie, suivant le compte que nous faisions, une vague furieuse, semblable à une montagne, s'en vint roulant à notre arrière; c'étoit nous avertir d'attendre le coup de grace. En effet elle se rua sur nous avec tant de furie, qu'elle renversa tout d'un coup la chaloupe; & nous séparant les uns des autres aussi bien que du bateau, à peine nous donna t-elle le tems d'invoquer le nom de dieu par une seule exclamation ; car dans le moment nous fûmes tous engloutis.

Il n'y a pas d'expression qui puisse retracer ici quelle étoit la confusion de mes pensées lorsque j'allai au fond de l'eau : car quoique je nâgeasse fort bien, je ne pus point cependant me dégager assez pour respirer, jusqu'à ce que la vague m'ayant poussé ou plutôt emporté bien avant vers le rivage, elle se brisa & me laissa presque à sec, & à demi mort, à cause de l'eau que j'avois avalée. Voyant la terre plus proche de moi que je ne l'aurois cru, j'eus assez de présence d'esprit & l'haleine assez bonne pour me lever sur mes jambes, & m'en servir le mieux que je pus, pour tâcher d'avancer du côté de la terre, avant qu'une autre vague revînt & me ressaisît. Mais je reconnus bientôt qu'il étoit impossible d'en venir à bout; car regardant derrière moi, je vis la mer à mes trousses, mais haute & furieuse, comme une ennemie redoutable avec laquelle je ne pouvois aucunement mesurer mes forces. Tout ce que j'avois à faire, c'étoit de retenir mon haleine, & de m'élever si je pouvois au-dessus de l'eau : de cette manière je pouvois nager, conserver la liberté de la respiration, & voguer vers le rivage. Ce que je craignois le plus, c'étoit que ce flot, après m'avoir poussé vers la terre en venant, ne me rejetât ensuite dans la mer en s'en retournant.

Celui qui vint fondre sur moi la seconde fois, me couvrit d'abord d'une masse d'eau de vingt ou trente pieds de hauteur; je sentois que j'étoit entraîné bien loin du côté de la terre avec une force & une rapidité extrême; en même tems je retenois mon haleine, & je m'aidois encore en nâgeant de toutes mes forces. Mais j'étois prêt d'étouffer à force de me contraindre, quand je me sentis monter en haut, & tout-à-coup je me trouvai la tête & les mains hors de l'eau;

ce qui me foulagea fur le champ, & quoique cet intervalle ne durât pas deux fecondes, il ne laiſſa pas de me faire un grand bien, me donna le tems de refpirer, & redoubla mon courage ; je fus derechef couvert d'eau, mais non pas ſi long-tems, que je ne puſſe tenir bon, & m'appercevant que la mer s'étoit briſée, & qu'elle commençoit à retourner, je m'élançai en avant tant que je pus pour ne me laiſſer point entraîner, & je fentis que je prenois pied. Je demeurai fans rien faire pendant quelques momens, tant pour reprendre ma refpiration, que pour attendre que les eaux fe fuſſent retirées, & puis je courus vers le rivage avec toute la vîteſſe dont j'étois capable. Cet effort n'étoit pas fuffifant pour me délivrer de la fureur des ondes qui venoient fondre fur moi de nouveau ; elles m'enlevèrent deux autres fois, & me portèrent en avant, comme elles avoient déjà fait, le rivage étant tout uni.

Peu s'en fallut que le dernier de ces deux aſſauts dont je viens de donner la defcription ne me fût fatal ; car la mer m'ayant entraîné comme auparavant, me mit à terre, ou pour mieux dire, me jeta contre un rocher, & cela ſi rudement, que j'en perdis le fentiment, & le pouvoir d'agir pour ma délivrance ; car le coup ayant porté fur mon flanc & fur ma poitrine, m'ôta entièrement la respiration pour un tems, & si la mer fût revenue à la chage sans intermission, j'aurois été indubitablement suffoqué. Mais je revins à moi un peu avant son retour, & voyant que j'en allois être enseveli, je résolus de m'attacher à un morceau de roc, & dans cette posture de retenir mon haleine jusqu'à ce que les eaux fussent retirées; déjà les vagues n'étoient plus si hautes qu'au commencement, parce que la terre étoit proche, & je ne quittai point prise qu'elles n'eussent passé & repassé pardessus moi. Après quoi je pris un autre essor, qui m'approcha si fort de terre, que la vague qui vint ensuite, me couvrit véritablement; mais elle ne m'enleva pas; en sorte que je n'eus plus qu'à exercer une seule fois mes jambes pour mettre fin à ma carrière & prendre terre, où étant arrivé, je montai sur le haut du rivage, & je m'assis sur l'herbe à l'abri de l'insulte & de la fureur des eaux.

Me voyant ainsi en toute sûreté, je commençai par lever les yeux au ciel, & rendre graces à dieu de ce que j'avois sauvé ma vie dans un cas où il n'y avoit que quelques momens qu'elle étoit désespérée. Je crois que c'est une chose tout-à-fait impossible; que de peindre au vif les transports & l'extase où se trouve l'ame qui se voit sauvée de la sorte, & arrachée, pour ainsi dire, des entrailles du sépulcre. Je ne m'étonne donc plus d'une coutume qu'on a, qui est que, lorsqu'un malfaiteur a la corde au col, qu'il est lié, qu'il est sur le point de perdre la vie, & que sur ces entrefaites on lui apporte sa grace, je ne m'étonne pas, dis-je, qu'on lui amène un chirurgien pour lui tirer du sang, en même tems qu'on lui annonce cette nouvelle, de peur que la surprise qu'elle lui causeroit, ne bannît de son cœur les esprits animaux, & qu'elle ne lui fût funeste : car

> La surprise qui naît de joie ou de douleur,
> Suspend les fonctions de l'esprit & du cœur.

Je me promenois au bord de la mer, levant les mains vers le ciel, l'esprit absorbé dans la contemplation de ma délivrance, faisant mille gestes & mille figures que je ne saurois rapporter, réfléchissant sur mes camarades, qui tous avoient été noyés, & que j'étois le seul qui me fusse sauvé; car depuis notre naufrage je ne pus jamais voir aucun d'eux, non pas même la moindre trace, excepté trois de leurs chapeaux, un bonnet, deux souliers dépareillés.

Je tournai les yeux du côté du vaisseau qui avoit échoué; mais la mer étoit si écumante & si courroucée, d'ailleurs il étoit à une distance si grande, qu'à peine pouvois-je le voir ; ce que considérant : grand dieu ! disois-je, comment est-il possible que je sois venu à terre ?

Après avoir soulagé mon esprit, par ce qu'il y avoit de consolant dans ma condition, je commençai à regarder autour de moi, afin de voir en quelle sorte de lieu j'étois, & par où il me falloit débuter. Je sentis bientôt diminuer mon allégresse, & je trouvai que ma délivrance étoit d'une affreuse espèce : car j'étois mouillé, & je n'avois point d'habits pour me changer ; j'avois faim, & je n'avois rien à manger ; j'avois soif, & je n'avois rien à boire ; j'étois foible ; & je n'avois rien pour me fortifier ; je ne voyois pas même la moindre apparence de quoi que ce fût, sinon de mourir de faim, ou d'être dévoré par les bêtes féroces ; & ce qu'il y a de plus affligeant pour moi, c'est que je n'avois aucune arme pour pouvoir chasser, & tuer quelques animaux pour ma subsistance, ou pour me défendre contre toute créature qui voudroit m'ôter la vie pour soutenir la sienne ; en un mot, je n'avois rien sur moi qu'un couteau, une pipe, & un peu de tabac dans une boîte : c'étoit-là toute ma provision, ce qui jeta mon esprit dans de terribles angoisses ; en sorte que durant quelque tems je courus çà & là comme un insensé. La nuit approchoit, & je commençai à considérer quel seroit mon sort, si cette terre nourrissoit des bêtes dévorantes, sachant bien que ces ani-

Robinson Crusoé. Tom. 1. pag. 110.

Grand Dieu ! comment est-il possible que je sois venu à terre ;

C. P. Marillier, Del.   L. S. Berthet, Inc.

maux rodent toutes les nuits pour chercher leur proie.

L'unique remède qui se présentoit à tout cela pour le tems présent, c'étoit de monter sur un certain arbre, dont le branchage étoit fort épais, semblable à un sapin, mais épineux, qui croissoit près de-là, & où j'avois résolus de passer toute la nuit, en attendant le genre de mort qu'il me faudroit subir le lendemain; car jusqu'alors l'arrêt m'en paroissoit irrévocable. Je marchai environ un demi quart de mille loin du rivage, pour voir si je ne trouverois point d'eau douce, pour boire; j'eus le bonheur d'en trouver, ce qui me donna une joie sans pareille. Après avoir bu & m'être mis un peu de tabac dans la bouche pour prévenir la faim, je m'en allai à l'arbre, sur lequel je montai, & cherchai à me mettre si bien que je ne tombasse pas, si je venois à dormir : j'avois à la main un bâton court, comme un bon tricot, que j'avois coupé pour me servir de défense : avec cela je pris mon logement. Comme j'étois extrêmement fatigué, je tombai dans un profond sommeil où je goûtai tant de douceur, & réparai tellement mes forces, que je ne pense pas en avoir eu de plus salutaire, ni qu'il y ait beaucoup de gens qui puissent passer une si bonne nuit, dans une si méchante conjoncture.

Il faisoit grand jour lorsque je m'éveillai; le

tems étoit clair, la tempête dissipée, & la mer n'étoit plus courroucée ni enflée comme auparavant. Ce qui me surprit extrêmement, ce fut de voir que par la hauteur de la marée le vaisseau eût été enlevé pendant la nuit de dessus le banc de sable, où il avoit été engravé; & qu'il eût dérivé jusques tout près du rocher dont j'ai parlé ci-dessus, où je m'étois si cruellement meurtri en heurtant contre. Il y avoit environ un mille de l'endroit où j'étois jusques-là : & comme le bâtiment paroissoit encore reposer sur sa quille, j'aurois bien souhaité d'être à bord, afin d'en tirer du moins pour mon usage quelques unes des choses les plus nécessaires.

Dès que je fus descendu de l'appartement que je m'étois choisi dans l'arbre, je regardai encore autour de moi, & la première chose que je découvris fut la chaloupe, que le vent & la marée avoient jetée sur la côte à environ deux milles de moi à main droite. Je marchai le long du rivage, aussi loin que je pus pour aller jusques-là ; mais je trouvai un bras de mer d'environ un demi-mille de largeur entre moi & la chaloupe, tellement que je m'en retournai sur mes pas, laissant la chose cette fois-là, parce que mes desirs étoient bien plus tournés du côté du vaisseau, où j'espérois trouver actuellement de quoi fournir à ma subsistance.

Un peu après midi je vis que la mer étoit fort calme, & la marée si basse, que je pouvois avancer jusqu'à un quart de mille du vaisseau : & ce fut pour moi un renouvelement de douleur ; car je voyois clairement que, si nous fussions restés à bord, nous aurions été sains & saufs ; je veux dire, que du moins nous serions tous venus heureusement à terre : & je n'aurois pas été si misérable que de me voir, comme j'étois alors, dénué de toute consolation & de toute compagnie. Ces réflexions m'arrachèrent des larmes ; mais comme elles n'appottoient qu'un foible remède à mes maux, je résolus d'aller au vaisseau si je pouvois. Il faisoit une chaleur extrême ; je me dépouillai de mes habits ; & je me jetai dans l'eau. Mais quand je fus arrivé au pied du bâtiment, je trouvai plus de difficulté à monter dessus, que je n'en avois encore surmonté : car comme il reposoit sur terre, & qu'il étoit hors de l'eau d'une grande hauteur, il n'y avoit rien à ma portée que je pusse saisir. J'en fis deux fois le tour à la nâge ; à la seconde, j'apperçus ce que je m'étonnois de n'avoir pas vu la première ; c'étoit un bout de corde qui pendoit à l'avant, de telle façon, qu'après beaucoup de peine je m'en saisis, & par ce moyen, je grimpai sur le château-gaillard. Quand je fus-là, je vis que le vaisseau étoit entr'ouvert, & qu'il y avoit beaucoup d'eau à fond de cale ;

Tome I.   H

mais qu'étant posé sur le flanc du banc, dont le sable étoit ferme, il portoit sa poupe extrêmement haut, & la proue si bas, qu'elle en étoit presque dans l'eau. De cette manière le pont étoit tout-à-fait exempt d'eau, & tout ce qu'il renfermoit étoit sec; car vous pouvez bien compter que la première chose que je me mis à faire, fut de chercher par-tout, & de voir ce qui étoit gâté, ou ce qui étoit bon. Premiérement, je trouvai que toutes les provisions du vaisseau étoient séches, & qu'elles ne se sentoient pas de l'eau; comme j'étois très-disposé à manger je m'en allai à la source, où je remplis mes poches de biscuit, & je me mis à en manger à mesure que j'étois à faire d'autres choses ; car je n'avois pas de tems à perdre. Je trouvai aussi du *rum* (1) dans la chambre du capitaine, & j'en bus un bon coup; de quoi j'avois bon besoin pour m'encourager à soutenir la vue des souffrances que j'aurois à essuyer.

Il ne m'auroit de rien servi de demeurer les bras croisés, & de perdre le tems à souhaiter ce que je ne pouvois aucunement obtenir. Cette extrémité excita mon application. Nous avions à bord plusieurs vergues, un ou deux mâts du per-

---

(1) Espèce de liqueur qui approche fort de l'eau-de-vie, dont on se sert sur mer.

toquet, qui étoient de réserve, & deux ou trois grandes barres de bois : je pris la résolution de les mettre en œuvre; & je lançai hors du bord tout ce qui n'étoit point trop pesant pour le pouvoir ménager; les ayant séparément attachés à une corde, afin qu'il ne dérivassent point. Cela fait, je descendis du côté du bâtiment, & les tirant à moi, j'en attachai quatre ensemble par les deux bouts, le mieux qu'il me fut possible, donnant à mon ouvrage la forme d'un radeau, & après y avoir posé en travers deux ou trois planches fort courtes, je trouvai que je pouvois bien marcher dessus; mais qu'il ne pourroit pas porter une grosse charge, à raison de sa trop grande légereté. C'est pourquoi je retournai au travail, & avec la scie du charpentier je partageai une des vergues de béilles en trois pièces en longueur, & je les ajoutai à mon radeau après beaucoup de peine & de travail. Mais l'éspérance de me fournir des choses nécessaires, me servoit d'aiguillon pour faire bien au-delà de ce dont j'aurois été capable en toute autre occasion.

Déjà mon radeau étoit assez fort pour porter un poids raisonnable; il ne s'agissoit plus que de voir de quoi je le chargerois, & comment préserver cette charge de l'insulte des eaux de la mer; mais je ne m'arrêtai pas beaucoup à cette considération, & d'abord je mis dessus toutes les planches que je pus trouver ; enfuite, après avoir bien confidéré ce dont j'avois le plus de befoin, je commençai par prendre trois coffres de matelot, que j'avois ouverts en forçant les ferrures, & que j'avois enfuite vidés; & puis je les defcendis avec une corde fur mon radeau. Dans le premier je mis des provifions, favoir du pain, du riz, trois fromages d'hollande, cinq pièces de bouc féché, laquelle viande faifoit notre principale nourriture, & un petit refte de bled d'Europe, qu'on avoit mis à part pour entretenir quelques volailles que nous avions embarquées avec nous, mais qui depuis long-tems avoient été tuées. Il y avoit auffi une certaine quantité d'orge & de froment mêlés enfemble : mais à mon grand regret je vis que cela avoit été mangé & gâté par les rats. Quant à la boiffon, je trouvai plufieurs caiffes de bouteilles qui étoient à notre maître, dans lefquelles il y avoit quélques eaux cordiales, & environ vingt-quatre de Rack : j'arrangeai ceci féparément, parce qu'il n'étoit pas néceffaire, ni même poffible de les mettre dans le coffre. Pendant que j'étois occupé à faire ces chofes, je m'apperçus que la marée commençoit à monter, quoique paifiblement, & j'eus la mortification de voir mon habit, ma vefte & ma chemife, que j'avois laiffés fur le rivage, flotter & s'en aller au gré de l'eau : pour ce qui eft de ma culotte, qui n'étoit que de toile, & qui étoit ouverte à l'endroit des genoux, je ne la quittai pas, non plus que mes bas, pour nâger jufqu'à bord : quoi qu'il en foit, cet accident me fit aller à la quête des hardes, & je ne fus pas long-tems à fouiller, pour voir que je pouvois aifément réparer ma perte avec ufure : mais je me contentai de prendre ce dont je ne pouvois abfolument me paffer pour le préfent, parce qu'il y avoit d'autres chofes que j'avois beaucoup plus à cœur. De ce nombre étoient des outils pour travailler quand je ferois à terre ; & après avoir long-tems cherché, je trouvai enfin le coffre du charpentier. Ce fut un tréfor pour moi, mais un tréfor beaucoup plus précieux que ne l'auroit été pour lors un vaiffeau tout chargé d'or : je le defcendis, & le pofai fur mon radeau tel qu'il étoit, fans perdre de tems à regarder dedans ; car je favois en gros ce qu'il contenoit.

La chofe que je defirois le plus après celle-là, c'étoit de la munition & des armes. Il y avoit dans la chambre du Capitaine deux fufils fort bons, & deux piftolets ; je m'en faifis d'abord, comme auffi de quelques cornets à poudre, d'un petit fac de plomb & de deux vieilles épées rouillées. Je favois qu'il y avoit quelque part trois barils de poudre ; mais je ne favois pas en quel endroit notre canonnier les avoit ferrés. A la fin pourtant je les déterrai, après avoir visité coins & recoins. Il y en avoit un qui avoit été mouillé, les deux autres étoient secs & bons, & je les plaçai avec les armes sur mon radeau. Alors je crus m'être muni d'assez de provisions ; il ne me restoit plus de souci que pour les conduire jusqu'à terre ; car, je n'avois ni voile, ni rame, ni gouvernail, & la moindre bouffée survenant, pouvoit submerger ma cargaison toute entière.

Trois choses relevoient mes espérances ; en premier lieu, la mer qui étoit tranquille ; en second, la marée qui montoit & portoit à terre ; & en troisième lieu, le vent, qui, tout foible qu'il étoit, ne laissoit pas d'être favorable. Je trouvai encore deux ou trois rames à moitié rompues, & dépendantes de la chaloupe, qui me servirent de renfort, & deux scies, une bisaigue, avec un marteau, (outre ce qui étoit déjà dans le coffre du charpentier) que j'ajoutai à ma cargaison ; après quoi je me mis en mer. Mon radeau vogua très-bien l'espace d'environ un mille ; seulement je m'apperçus qu'il dérivoit un peu de l'endroit où j'avois pris terre auparavant ; cela me fit juger qu'il y avoit un courant d'eau, & par conséquent j'espérois de trouver une baie, ou une rivière, qui me tiendroit lieu de Port, pour débarquer ma cargaison.

La chose étoit comme je me l'étois imaginé;

je découvris vis-à-vis de moi une petite ouverture de terre, vers laquelle je me sentois entraîner par le cours violent de la marée ; ainsi je gouvernai mon radeau le mieux que je pus, pour lui faire tenir le fil de l'eau, mais en même tems je faillis à faire un second naufrage ; & si un tel malheur me fût arrivé, je crois véritablement qu'il m'auroit donné une atteinte mortelle. Cette côte m'étoit tout-à-fait inconnue ; ainsi je m'en allai toucher sur le sable d'un bout de mon bateau, & comme il flottoit de l'autre bout, peu s'en falloit que ma cargaison ne glissât toute de ce côté là, & qu'elle ne tombât dans l'eau. Je faisois tout mon possible pour retenir les coffres dans leur place, en m'appuyant contre ; mais mes forces n'étoient point suffisantes pour dégager le radeau; je n'osois pas même quitter la posture où j'étois & soutenant la charge, de tous mes efforts, je restai dans cette attitude près d'une demi-heure, durant lequel tems le montant me relevoit peu à-peu, & me mit enfin dans un parfait niveau. Quelques momens après, l'eau qui continuoit de croître, fit flotter mon radeau, que je poussai avec ma rame dans le canal, & ayant avancé un peu plus haut, je me vis à l'embouchure d'une petite rivière, ayant la terre de chaque côté, & un courant ou flux rapide qui montoit. Cependant, je cherchois des yeux sur l'un & l'autre bord, une place propre à prendre terre; car je ne me souciois point d'entrer plus avant dans la rivière, & l'espérance que j'avois de découvrir quelque vaisseau, me détermina à ne point m'éloigner de la côte.

Eufin j'apperçus à main droite un petit réduit, vers lequel je conduisis mon radeau avec beaucoup de peine & de difficulté, je m'approchai tant que, comme je touchois au fond de l'eau avec ma rame, je pouvois aifément me pouffer tout à fait dedans; mais en le faifant, je courois une feconde fois le rifque de fubmerger tout mon magafin; car le bord étant d'une pente affez roide & efcarpée, je ne pouvois débarquer que dans une place, où mon train, lorfqu'il viendroit à toucher, feroit fi élevé par un bout, & fi enfoncé par l'autre, que je ferois en danger de tout perdre. Tout ce que je pus faire, ce fut d'attendre que la marée fut tout-à-fait haute, me fervant cependant de ma rame en guife d'ancre, pour arrêter mon train, & en tenir le flanc appliqué contre le bord, près d'un morceau de terre plat & uni, que j'efpérois que l'eau couvriroit. Ce moyen me réuffit; mon radeau prenoit environ un pied d'eau, & dès que je m'apperçus que j'en avois affez, je le jetai fur cet endroit plat & uni, où je l'amarrai en enfonçant dans la terre mes deux rames rompues contre le côté, l'une à un bout, l'autre à l'autre bout, & je demeurai de cette manière jusqu'à ce que la marée se fût abaissée, & qu'elle laissât mon train avec ce qu'il portoit, à sec & en toute sûreté.

Après cela, la première chose que je fis, ce fut d'aller reconnoître le pays, & de chercher un lieu propre pour ma demeure, de même que pour serrer mes effets, & les mettre en sûreté contre tout accident. J'ignorois encore si ce terrein étoit dans le Continent ou bien dans une Isle, s'il étoit habité ou inhabité, si j'avois quelque chose à craindre des bêtes sauvages, ou non. Il n'y avoit pas plus d'un mille de-là à une montagne très-haute & très-escarpée, qui sembloit porter son sommet par-dessus une chaîne de plusieurs autres, qu'elle avoit au Nord. Je pris un de mes fusils & un de mes pistolets, avec un cornet de poudre, & un petit sac de plomb ; armé de la sorte, je m'en allai à la découverte jusqu'au haut de cette montagne, où étant arrivé après beaucoup de fatigue & de sueur, je vis alors combien seroit triste ma destinée ; car je reconnus que j'étois dans une Isle, entourée par-tout de la mer, sans pouvoir découvrir d'autres terres, que quelques rochers fort éloignés de-là, & deux petites Isles beaucoup moindres que celle-ci, située à près de trois lieues à l'Ouest.

Je trouvai de plus, que l'Isle où je me voyois

réduit, étoit stérile, & j'avois tout lieu de croire qu'il n'y avoit point d'habitans, à moins que ce ne fussent des bêtes féroces; je n'en voyois cependant aucune, mais bien quantité d'oiseaux, dont je ne connoissois ni l'espèce, ni l'usage que j'en pourrois faire, quand je les aurois tués. En revenant de-là, je tirai un oiseau fort gros, que je vis posé sur un arbre au bord d'un grand bois : je crois que c'étoit le premier coup de fusil qui eût été tiré dans ce lieu-là depuis la création du Monde. Je ne l'eus pas plutôt lâché, qu'il s'éleva de tous les endroits du bois, un nombre presqu'infini d'oiseaux de plusieurs sortes, avec un bruit confus, causés par les cris & les piaulemens différens qu'ils faisoient chacun selon leur espèce qui m'étoit entièrement étrangère. Quant à l'oiseau que je tuai, je le pris pour une sorte d'épervier; car il en avoit la couleur & le bec; mais non pas les éperons ni les serres; sa chair étoit comme de la charogne, & ne valoit rien du tout.

Content de cette découverte, je revins à mon radeau, & me mis à travailler pour le décharger. Ce travail m'occupa le reste du jour, & la nuit étant venue, je ne savois que faire de ma personne, ni quel lieu choisir pour reposer; car je n'osois dormir à terre, ne sachant si des bêtes féroces ne pourroient pas venir me dévorer;

quoique je trouvai dans la suite qu'il n'y avoit rien de tel à craindre.

Néanmoins je me barricadai le mieux que je pus avec les coffres & les planches que j'avois amenés à terre, & je me fis une espèce de hutte pour me loger cette nuit-là. Pour ce qui est de la nourriture que l'Isle fournissoit, je ne concevois pas encore d'où elle pourroit venir, si ce n'est que j'avois vu deux ou trois animaux faits comme des lièvres, courir hors du bois où je tirai l'oiseau.

Je me figurai alors que je pourrois encore tirer du vaisseau bien des choses qui me seroient utiles, particulièrement des cordages, des voiles, & autres choses qui se pouvoient transporter à terre; je résolus donc de faire un autre voyage à bord si je pouvois; & comme je n'ignorois pas que la première tourmente qui s'exciteroit, briseroit sûrement le bâtiment en mille pièces, je renonçai à toute autre entreprise, jusqu'à ce que j'eusse exécuté celle-ci. Alors je tins conseil, (j'entends à part moi), savoir si je retournerois avec le même train; mais la chose ne me parut pas praticable; je conclus donc d'aller comme la première fois, quand la marée seroit basse; c'est aussi ce que je fis, avec cette différence seulement que je me dépouillai avant de sortir de ma hutte, ne gardant sur moi qu'une chemise déchirée, des caleçons, & une paire d'escarpins aux pieds.

Je me rendis au bâtiment, comme j'avois fait la première fois, & j'y préparai un second train. Mais l'expérience du premier m'ayant rendu plus habile, je ne fis pas celui-ci si lourd, & je ne le surchargeai point. Je ne laissai pourtant pas d'emporter plusieurs choses qui me furent très-utiles; premièrement, je trouvai dans le magasin du Charpentier deux ou trois sacs pleins de clous & de pointes, une grande tariere, une douzaine & plus de haches, une pierre à éguiser, qui est un instrument d'un très-grand usage ; je mis à part tout cela, avec plusieurs choses qui dépendoient du canonnier, nommément deux ou trois léviers de fer, deux barils de balles, sept mousquets, un autre fusil de chasse, une petite addition de poudre, un gros sac de dragées, & un grand rouleau de plomb; mais ce dernier étoit si pesant, que je n'eus pas la force de le soulever assez pour le faire passer par-dessus les bords du vaisseau.

Outre ces choses, j'enlevai tous les habits que je pus trouver, avec une voile de surcroît du perroquet de misaine, un branle, un matelas, & quelques couvertures. Je chargeai tout ce que je viens de détailler sur mon second train, & je le conduisis à terre avec un succès qui contribua extrêmement à me fortifier dans mes disgraces.

Tandis que je fus éloigné de terre, je craignois qu'au moins mes provisions ne fussent dévorées par les bêtes; mais quand je retournai, je ne trouvai aucune marque d'irruption, sinon qu'il y avoit un animal semblable à un chat sauvage, assis sur un des coffres, lequel, quand il me vit approcher, s'enfuit à quelques pas de-là, puis s'arrêta tout court; il ne paroissoit ni décontenancé, ni effrayé; & il me regardoit fixement, comme s'il eût eu quelque envie de s'apprivoiser avec moi; je lui présentai le bout de mon fusil, mais comme il ne savoit pas de quoi il s'agissoit, il ne s'en ébranla point, ni ne se mit aucunement en devoir de prendre la fuite; voyant cela, je lui jetai un morceau de biscuit, quoiqu'à dire vrai je n'en fusse pas fort prodigue; car ma provision n'étoit pas bien grosse; mais vous noterez s'il vous plaît que ce n'étoit qu'un petit morçeau, & je crus ne faire pas grande brêche à mon magasin; quoi qu'il en soit, l'animal ne dédaigna pas le présent que je lui offris; il accourut dessus, le flaira, & puis l'avala: il prit si bien la chose, qu'il me fit connoître, par son air content, qu'il étoit disposé à en accepter une autre dose; mais je l'en tins quitte: & voyant qu'il ne gagnoit rien à revenir à l'offrande, il prit congé de moi.

Comme c'étoient de grands & de pesans tonneaux que ceux où notre poudre étoit renfermée, j'avois été obligé de les défoncer pour l'en tirer petit à petit, & de la charger sur mon train par plusieurs paquets; ce qui avoit tiré la chose en longueur; mais me voyant à terre malgré cela avec toute ma cargaison, je commençai à travailler à me faire une petite tente avec la voile que j'avois, & des piquets que je coupai pour cet effet; & dans cette tente, j'apportai tout ce que je savois qui se gâteroit à la pluie, ou au soleil; après cela, je me fis un rempart des coffres vides & des tonneaux, que je plaçai les uns sur les autres tout autour de ma tente, pour la fortifier contre tout assaillant de quelque espèce qu'il pût être.

Cela étant fait, je barricadai la porte de la tente avec des planches en dedans, & un coffre vide, dressé sur un bout en dehors, & après avoir posé mes pistolets à mon chevet, couché mon fusil auprès de moi; je me mis au lit pour la première fois, & je dormis fort tranquillement toute la nuit; car j'étois las & accablé, pour n'avoir dormi que fort peu la nuit d'auparavant, & pour avoir rudement travaillé tout le jour; soit à aller chercher à bord tant de provisions, soit à les débarquer.

Le magasin que j'avois alors de toutes sortes de choses, étoit, je pense, le plus gros qui se soit jamais amassé pour une seule personne; mais je n'étois pas encore content ; car je m'imaginois que, tandis que le vaisseau resteroit droit sur sa quille, comme il faisoit, il étoit de mon devoir d'en aller tirer tout ce que je pourrois. Ainsi je m'en allois chaque jour à bord pendant la marée basse, & j'en rapportois tantôt une chose, tantôt une autre ; mais entr'autres la troisième fois que j'y allai, j'enlevai tout ce que je pus des agrès, les petites cordes, & le fil de carrelet que je trouvai, une pièce de canevas de surcroît, pour raccommoder les voiles dans l'occasion, & le baril de poudre qui avoit été mouillé ; & enfin toutes les voiles depuis la plus grande jusqu'à la plus petite : mais avec cette circonstance, que je fus obligé de les couper en plusieurs morceaux & d'en porter le plus que je pourrois à chaque reprise ; car elles ne pouvoient plus servir pour voiles, mais seulement pour simples canevas.

Mais la chose qui me fit le plus de plaisir dans tout mon butin, c'est qu'après avoir fait cinq ou six voyages de la manière que je viens de dire, & que je croyois qu'il n'y avoit plus rien dans le bâtiment qui valût la peine de s'en embarrasser, je trouvai encore un grand tonneau de biscuit, trois bons barrils de rum, ou d'eau-de-vie, une boîte de cassonade, & un muid de fleur de farine très-belle. L'agréable surprise où me jeta cette trouvaille fut d'autant plus grande, que je ne m'attendois pas du tout à trouver aucune provision, que l'eau n'eût entièrement gâtée ; je vidai au plus vîte le tonneau de biscuit, j'en fis plusieurs parts, & je les enveloppai dans des morceaux de voiles, que je taillai précisément pour cela, & enfin je transportai cette charge à terre, avec autant de bonheur que les autres.

Le lendemain je fis un autre voyage ; & comme j'avois dépouillé le vaisseau de tout ce qui étoit portable, & qui se pouvoit soulever aisément, je commençai alors à me mettre après les cables ; je débutai par le plus gros, que je coupai en plusieurs pièces proportionnées à mes forces, tellement que je les pusse remuer ; j'amoncelai deux cables & une hansière, & toute la ferraille que je pus arracher. Ensuite ayant coupé la vergue de beaupré, & celle de misaine, pour me faire un grand radeau, je mis dessus cette charge lourde & pesante que je venois de me préparer, & je voguai. Mais ici mon bonheur commença à m'abandonner ; car ce radeau étoit si pesant & surchargé, qu'étant entré dans le petit réduit où j'avois débarqués mes autres provisions, & ne pouvant pas les gouverner aussi absolument que j'avois fait les autres, il renversa, & me jeta dans l'eau avec toute ma cargaison. Quant à moi, le mal n'étoit pas grand, car j'étois proche de terre ; mais pour ce qui est de ma cargaison, il s'en perdit

une

une bonne partie, sur tout du fer, dont je m'étois promis de faire un bon usage ; néanmoins la marée devenue basse, je tirai à terre la plûpart des pièces de cables, & quelques unes de fer, quoique à la vérité avec un travail infini, puisque j'étois obligé pour cela de plonger dans l'eau, exercice qui me fatigua beaucoup. Après cet exploit je ne manquai point d'aller à bord une fois chaque jour, & d'en apporter tout ce que je pouvois.

Il y avoit déjà treize jours que j'étois à terre, & que j'avois fait onze voyages à bord du vaisseau : durant ce tems-là j'en avois enlevé tout ce qu'au monde une personne seule est capable d'enlever ; mais je crois que, si le tems calme eût continué, j'aurois amené à terre tout le bâtiment, pièce à pièce. Je voulus y retourner la douzième fois : comme je m'y préparois, je trouvai que le vent commençoit à se lever ; cela n'empêcha pourtant pas que je ne m'y rendisse durant la marée basse ; & quoique j'eusse souvent fouillé & refouillé par toute la chambre du Capitaine, avec tant d'exactitude, que je croyois qu'il n'y avoit plus rien à trouver, je découvris cependant une armoire avec des tiroirs dedans, dans l'un desquels je trouvai deux ou trois rasoirs, une petite paire de ciseaux, & dix ou douze couteaux, avec autant de fourchettes ; dans un autre, il y avoit environ

Tome I. I

trente-six livres sterling en espèces, les unes étant monnoie d'Europe, les autres du Brésil, moitié en or, moitié en argent, & entr'autres quelques pièces de huit.

A la vue de cet argent, je souris en moi-me, & il m'échappa tout haut cette apostrophe: » O vanité des vanités, m'écriai-je ! métal » imposteur, que tu es d'un vil prix à mes yeux ! » A quoi es-tu bon ? Non, tu ne vaux pas la » peine que je me baisse pour te ramasser; un seul » de ses couteaux est plus estimable que les tré- » sors de Crésus ; je n'ai nul besoin de toi, » demeure donc où tu es, ou plutôt va-t-en au » fond de la mer, comme une créature indigne de » voir le jour ». Après avoir donné un libre cours à mon indignation, je me ravisai pourtant tout-à-coup, & prenant cette somme avec les autres ustensiles que j'avois trouvés dans l'armoire, j'empaquetai le tout dans un morceau de canevas. Je pensois déjà à faire un radeau, quand je m'apperçus que le ciel se couvroit & qu'il commençoit à fraîchir. Au bout d'un quart-d'heure un vent fort souffla de la côte, & sur le champ me fit faire réflexion que ce seroit une idée chimérique de vouloir faire un radeau avec un vent qui éloignoit de terre, & que mon plus court parti étoit de m'en retourner avant que le flux commençât, si je ne voulois dire adieu pour toujours à la terre. En conséquence de ce raisonnement, je me mis dans l'eau, & je traversai à la nâge cette plage qu'il y avoit entre le vaisseau & les sables; mais ce ne fut pas sans beaucoup de peine, tant à cause du poids des choses que je portois sur moi, que de l'agitation de la mer, car le vent s'éleva si brusquement qu'il y eut une tempête avant même que la marée fût haute.

Mais j'étois déjà arrivé chez moi, à l'abri de l'orage, & posté dans ma tente, au centre de mes richesses. Il fit un gros tems toute la nuit; & le matin, quand je voulus regarder en mer, je vis qu'il ne paroissoit plus de vaisseau. La surprise où je fus d'abord, fit bientôt place à ces réflexions consolantes, savoir que je n'avois point perdu de tems, que je n'avois épargné ni soin ni peine pour en tirer tout ce qui me pouvoit être de quelque utilité, & que, quand même j'aurois eu plus de loisir, à peine y avoit il encore quelque chose que je pusse emporter de toutes celles qui restoient à bord.

Dès-lors je ne pensai plus ni au vaisseau, ni à ce qui m'en pourroit provenir, excepté ce que la mer pourroit jeter de ces débris sur le rivage, comme en effet, elle en jeta plusieurs morceaux dans la suite; mais ils ne me servirent pas de grand'chose.

Toutes mes penſées ne tendoient plus qu'à me mettre en ſûreté contre les Sauvages qui pourroient venir, ou bien contre les bêtes féroces, ſuppoſé qu'il y en eût dans l'Iſle. Or, il me paſſoit dans l'eſprit pluſieurs idées différentes, concernant la manière de l'exécution, & l'eſpèce d'habitation que je me conſtruirois, ne ſachant ſi je me creuſerois une cave, où ſi je me dreſſerois une tente; pour concluſion, je réſolus d'avoir l'une & l'autre, & la deſcription de tout l'édifice ne ſera peut-être pas hors de propos.

J'avois d'abord reconnu que la place où j'étois ne ſeroit pas propre pour mon établiſſement; en premier lieu, parce que le terrein en étoit bas & marécageux, & j'avois tout ſujet de croire qu'il n'étoit pas ſain; en ſecond lieu, parce qu'il n'y avoit point d'eau douce près de-là; c'eſt pourquoi je pris le parti de me chercher une pièce de terre plus convenable.

J'avois pluſieurs avantages à conſulter dans la ſituation que je jugeois qui me ſeroit propre; le premier étoit de jouir de ma ſanté, & par conséquent d'avoir de l'eau douce dont je viens de parler; le ſecond, d'être à l'abri des ardeurs du ſoleil; le troiſième, de me garantir contre les aſſauts de tous les animaux dévorans, fuſſent-ils hommes ou bêtes; & le quatrième, d'avoir vue ſur la mer, afin que ſi la providence permettroit qu'il vînt quelque vaisseau à ma portée, je n'omisse rien de ce qui pouvoit favoriser ma délivrance, dont l'attente n'étoit pas encore tout-à-fait bannie de mon cœur.

Comme j'étois en quête d'une place ainsi conditionnée, je trouvai une petite plaine située au pied d'une colline élevée, dont le front étoit roide, & sans talus, de même que le frontispice d'une maison, tellement que rien ne pouvoit venir sur moi du haut en bas: dans la façade de ce rocher, il y avoit un endroit creux, qui s'enfonçoit un peu avant, assez semblable à l'entrée ou à la porte d'une cave ; mais il n'y avoit en effet aucune caverne, ni aucun chemin qui allât dans le rocher.

C'est sur l'esplanade, justement devant cette enfonçure, que je résolus de planter le piquet. La plaine n'avoit pas plus de cent verges de largeur, elle s'étendoit environ une fois plus en long, & formoit devant mon habitation une espèce de tapis vert, qui se terminoit en descendant régulièrement de tous côtés dans les bas lieux vers la mer. Cette situation étoit au Nord-Nord-Ouest de la colline, tellement qu'elle me mettoit tous les jours à l'abri de la chaleur jusqu'à ce que j'eusse le soleil à l'Ouest quart au Sud-Ouest, ou environ, qui est à peu près l'heure de son coucher dans ces climats.

Avant de dresser ma tente, je tirai au-devant de l'enfonçure un demi-cercle, qui prenoit environ dix verges dans son demi-diamètre depuis le rocher à la circonférence, & vingt de diamètre depuis un bout jusqu'à l'autre.

Dans ce demi-cercle je plantai deux rangs de fortes palissades que j'enfonçai dans la terre, jusqu'à ce qu'elles fussent fermes comme des piliers, le gros bout sortant de terre de plus de la hauteur de cinq pieds & demi, & pointu par le haut : il n'y avoit pas plus de six pouces de distance de l'un à l'autre rang.

Ensuite je pris les pièces de cables, que j'avois coupées à bord du vaisseau, & les rangeai les unes sur les autres dans l'entre-deux du double rang, jusqu'au haut des palissades, ajoutant d'autres pieux d'environ deux pieds & demi, appuyés contre les premiers, & leur servant d'accoudoirs en dedans du demi-cercle. Cet ouvrage étoit si fort qu'il n'y avoit ni homme ni bête qui pût le forcer ou passer par-dessus ; il me coûta beaucoup de tems & de travail, principalement pour couper les palissades dans les bois, les porter sur la place, & les enfoncer dans la terre.

Je fis, pour entrer dans la place, non pas une porte, mais une petite échelle, avec laquelle je passois par-dessus mes fortifications : & quand j'étois dedans, j'enlevois & je retirois l'échelle après moi. De cette manière je me croyois parfaitement défendu & bien fortifié contre tous aggresseurs quelconques ; & par conséquent je dormois en toute sûreté pendant la nuit ; ce qu'autrement je n'aurois pu faire ; quoiqu'à la vérité la suite du tems fît assez voir qu'il n'étoit nullement besoin de tant de précautions contre les ennemis que je croyois devoir redouter.

C'est dans ce retranchement, ou, si vous voulez, dans cette forteresse, que je transportai mes provisions, mes munitions, en un mot, toutes mes richesses, dont je vous ai donné ci-devant un compte fidèle. Je m'y érigeai une grande tente, que je fis double pour me garantir des pluies, qui sont excessives dans cette région pendant certain tems de l'année. Je dressai donc premièrement une tente médiocre, secondement une plus grande par-dessus, & ensuite je couvris le tout d'une toile goudronnée, que j'avois sauvée avec les voiles.

Dès-lors je cessai pendant long-tems de coucher dans le lit que j'avois apporté à terre, aimant mieux dormir dans un branle qui étoit très-bon, c'étoit celui dont se servoit le Pilote de notre vaisseau.

Je portai dans ma tente toutes les provisions qui se pouvoient gâter à la pluie, & ayant de la sorte renfermé tous mes biens dans l'enceinte de

I iv

mon domicile, j'en bouchai l'entrée que j'avois laissée ouverte jusqu'ici; tellement que je passois & repassois avec une échelle, comme je l'ai écrit ci-dessus.

Quand j'eus fait cela, je commençai à creuser bien avant dans le roc, & portant la terre & les pierres que j'en tirois à travers ma tente; je les jetois ensuite au pied de la palissade, tellement qu'il en résulta une sorte de terrasse, qui éleva le terrein d'environ un pied & demi en dedans. Ainsi je me fis une caverne, qui étoit comme le celier de ma maison, justement derrière ma tente.

Il m'en coûta un long & pénible travail avant que je pusse mettre la dernière main à ces différens ouvrages; c'est ce qui m'oblige à reprendre quelques faits qui occupèrent mon esprit durant ce tems-là. Un jour, lorsque je ne m'étois encore que figuré le plan de ma tente & de ma cave, il arriva qu'un nuage sombre & épais, s'étant formé dans l'air, il en tomba un orage de pluie; soudain il fit un éclair, & bientôt après un grand coup de tonnerre; ce qui en est l'effet naturel; je ne fus pas tant frappé de l'éclair, que je le fus d'une pensée qui passa dans mon ame avec la promptitude de ce météore. ″ Ah! dis-je ″ en moi-même, que deviendra ma poudre? Sans ″ elle, avec quoi me défendrai-je? Comment

„ pourvoirai-je à ma nourriture sans elle ? « Enfin j'étois plus mort que vif, lorsque je fis réflexion que toute ma poudre pouvoit sauter en un instant ? Et il s'en falloit bien que j'eusse autant de souci concernant ma propre personne ; quoiqu'à la vérité, si la poudre eût pris feu, je n'aurois jamais su d'où partoit le coup fatal.

Cela fit tant d'impression sur mon esprit, que quand l'orage fut passé, je suspendis mes fortifications & mes travaux, pour me mettre à faire des sacs & des boîtes à resserrer ma poudre, afin qu'après en avoir fait plusieurs paquets dispersés çà & là, l'un ne fît pas prendre feu à l'autre, & que je ne pusse pas la perdre tout à la fois. Je mis bien quinze jours à finir cet ouvrage, & je crois que ma poudre, dont la quantité montoit à environ cent quarante livres, ne fut pas divisée en moins de cent paquets. Quant au baril qui avoit été mouillé, je n'en appréhendois aucun accident ; ainsi je le plaçai dans ma nouvelle caverne, que j'eus la fantaisie d'appeler ma cuisine ; & pour le reste, je le cachai dans des trous de rochers, que j'eus grand soin de remarquer, & où il étoit exempt d'humidité.

Durant le tems que je mis à faire ceci, je ne laissois passer aucun jour sans aller dehors au moins une fois, soit pour me divertir, soit pour tâcher de tuer quelque pièce de gibier, ou encore pour reconnoître, autant que je pourrois, ce que l'Isle produisoit. La première fois que je sortis, je reconnus bientôt qu'il y avoit des boucs, ce qui me causa beaucoup de joie ; mais cette joie fut tempérée par une circonstance mortifiante pour moi ; c'est que ces animaux étoient si sauvages, si rusés, & si légers à la course, qu'il n'y avoit rien au monde de plus difficile que de les approcher. Cette difficulté ne me découragea pourtant pas, ne doutant nullement que je n'en pusse tirer de tems en tems, comme il arriva en effet bientôt après ; car lorsque j'eus remarqué leurs allées & leurs venues, voici comment je m'y pris. J'observai que, lorsque j'étois dans les vallées, & que je les voyois sur les rochers, ils prenoient d'abord l'épouvante, & s'enfuyoient tous avec une vîtesse extrême : mais s'ils étoient à paître dans les vallées, & que je fusse sur les rochers, ils ne remuoient pas, ni ne prenoient pas seulement garde à moi. De-là je conclus que par la position de leur optique, ils avoient la vue tellement tournée en bas, qu'ils ne voyoient pas aisément les objets qui étoient élevés au-dessus d'eux : ce qui fut cause que dans la suite je pris la méthode de commencer ma chasse par monter toujours sur les rochers, afin d'être plus haut placé qu'eux, & alors j'en tirois souvent à plaisir. Du premier coup que je tirai sur ces animaux, je tuai une chèvre qui avoit auprès d'elle un petit chevreau encore tettant, dont je fus véritablement mortifié ; quand la mère fut tombée, le petit resta ferme auprès d'elle, jusqu'à ce que j'allasse la ramasser ; je la chargeai ensuite sur mes épaules, & tandis que je l'emportois, le petit me suivit jusqu'à mon clos : là je mis bas la chèvre, puis prenant le chevreau entre mes bras, je le portai par-dessus la palissade dans l'espérance de l'apprivoiser ; mais il ne voulut point manger, ce qui m'obligea à le tuer & le manger moi-même. Cette venaison me nourrit pendant long-tems ; car je vivois avec épargne & ménageois mes provisions, & sur-tout mon pain, autant qu'il étoit possible.

Voyant que j'avois fixé mon habitation, je trouvai qu'il étoit absolument nécessaire de me faire un endroit & des provisions pour du feu. Mais ce que je fis à cette fin-là, la manière dont j'élargis ma caverne, les aisances & commodités que j'y ajoutai ; c'est ce que je dirai amplement en son lieu. Il faut maintenant que je rende quelque compte de ce qui me regarde personnellement, & des pensées qui agitoient diversement mon esprit, comme on peut bien croire, au sujet d'un genre de vie si étrange.

Ma condition se présentoit à mes yeux sous une image terrible. Car comme je n'avois fait naufrage contre cette Isle, qu'après avoir dérivé par une violente tempête, & après avoir été à quelques centaines de lieues loin de la course ordinaire du commerce des hommes, j'avois grande raison d'attribuer cet événement à un arrêt particulier de la Justice Divine, qui me condamnoit à terminer une triste vie dans un si triste séjour. Tandis que j'étois à faire ces réflexions, un torrent de larmes ruisseloit le long de mes joues; quelquefois aussi je me plaignois à moi-même de ce que la Providence procuroit ainsi la ruine entière de sa créature, & qu'elle pût tellement retirer son secours, appesantir sa main, & l'accabler enfin entièrement, qu'à peine la raison vouloit-elle qu'une telle vie méritât aucune reconnoissance.

Mais ces pensées étoient toujours contre-balancées par d'autres qui leur succédoient, & qui faisoient voir que j'avois tort. Un jour, entr'autres, me promenant le long de la mer, ayant mon fusil sous le bras, j'étois fort pensif au sujet de ma condition présente; quand la raison, qui fait le pour & le contre, vint répliquer aux murmures qui m'étoient échappés. Eh bien! disois-
» je tout bas, je suis dans une misérable condi-
» tion, il est vrai; mais où sont mes compagnons?
» N'étions-nous pas onze dans le bateau? où
» sont les dix autres? D'où vient qu'ils n'ont pas

» été sauvés, & moi perdu ? Pourquoi ai-je été
» le seul épargné ? Lequel vaut mieux d'être ici
» ou d'être là ? (en même tems je montrois la
» mer avec le doigt). Ne faut-il pas considérer
» les choses du bon & du mauvais côté ? Et les
» biens dont nous jouissons ne doivent-ils pas
» nous consoler des maux qui nous affligent ?

Ensuite je considérois combien j'étois avantageusement pourvu pour ma subsistance; quel seroit mon sort, s'il ne fût pas arrivé, par un coup qui n'arrivera pas de cent fois une, que le vaisseau flottât du banc où il avoit premièrement donné pour dériver tellement vers la terre, que j'eusse le tems d'en tirer tout ce que j'avois par devers moi. Qu'aurois-je fait, si j'avois été obligé de demeurer dans la même condition dans laquelle j'avois abordé dans l'Isle, sans les choses nécessaires pour me procurer les besoins de la vie ? » Que
» deviendrois-je ? m'écriai-je tout haut dans
» ce soliloque, que deviendrois-je sans mon
» fusil, par exemple, sans munitions pour aller
» à la chasse, sans outils pour travailler, sans
» habits pour me couvrir, sans lit pour reposer,
» sans tente pour habiter ? Je jouissois alors de ces choses, j'en étois fourni d'une quantité suffisante, & j'avois en main le moyen de me pourvoir d'une manière à me passer un jour de mon fusil, quand une fois mes munitions seroient

consommées ; tellement que j'aurois, selon toutes les apparences, de quoi subsister tout le tems de ma vie. Car j'avois prévu, dès le commencement, comment je pourrois remédier à tous les accidens qui m'arriveroient, non seulement en cas que mes munitions vinssent à manquer, mais encore quand ma santé seroit ruinée, ou mes forces épuisées.

J'avoue cependant qu'il ne m'étoit pas encore venu dans l'esprit que je pouvois perdre mes munitions tout d'un coup, j'entends que ma poudre pouvoit sauter en l'air par le feu du ciel, & c'est pour cela que cette idée seule me consternoit si fort, toutes les fois que l'éclair ou le tonnerre la rappeloient, comme je l'ai dit plus haut.

A présent donc que je dois exposer sur la scène la représentation d'une vie taciturne, d'une vie telle qu'on n'a peut-être jamais ouï parler de rien de semblable en ce monde, je remonterai jusqu'au commencement, & je la continuerai par ordre. C'étoit le trentième de Septembre que je mis pied à terre pour la première fois, & de la façon que j'ai racontée ci-dessus, dans cette Isle affreuse, dans le tems que le soleil, étant dans l'équinoxe d'automne, dardoit presque perpendiculairement ses rayons sur ma tête ; car je comptois, suivant mon estime faite, être dans la latitude de neuf degrés & vingt-deux minutes au Nord de la ligne.

Quand j'eus demeuré là dix ou douze jours, il me vint dans l'esprit que je perdrois ma supputation de tems, faute de cahiers, de plumes, d'encre, & que je ne pourrois plus distinguer les Dimanches des jours ouvriers, si je n'y trouvois remède. Pour prévenir cette confusion, j'érigeai près du rivage, à l'endroit où j'avois pris terre la première fois, un grand poteau quarré & croisé avec cette inscription : *Je suis venu dans cette Isle le 30 Septembre 1659.* Sur les côtés de ce poteau, je marquois chaque jour un cran, tous les sept jours j'en marquois un doublement grand; & tous les premiers du mois, un autre, qui surpassoit doublement celui du septième jour. Et de cette matière, je tenois mon calendrier, ou mon calcul de semaines, de mois & d'années.

Il faut observer que dans ce grand nombre de choses que je tirai du vaisseau dans les différens voyages que j'y fis, & que j'ai déjà rapportés, il s'en trouva beaucoup de moins considérables à la vérité que celle que j'ai inférées, mais qui pour cela ne m'étoient point d'un moindre usage ; comme, par exemple, des plumes, de l'encre & du papier, plusieurs pièces que je trouvai dans les cabanes du Capitaine, du Pilote

& du Charpentier ; trois ou quatre compas, des instrumens de mathématiques, des cadrans, des lunettes d'approche, des cartes, & des livres de navigation, toutes lesquelles choses je mis pêle-mêle sans me donner le tems d'examiner ce qui pourroit me servir ou non : je trouvai aussi trois Bibles fort bonnes, que j'avois reçues avec ma cargaison d'Angleterre, & que j'avois pris soin de mettre parmi mes hardes lorsque je partis du Brésil : outre cela, quelques livres Portugais, & entr'autres deux ou trois livres de prières à la Catholique Romaine, & plusieurs autres, que j'eus grand soin de serrer. Il ne faut pas non plus oublier que nous avions dans le vaisseau deux chats & un chien, dont l'histoire fameuse pourra bien trouver quelque place, & donner du relief à celle-ci ; j'emportai les deux chats avec moi, & pour le chien il sauta de lui-même du vaisseau dans la mer, & vint me trouver à terre le lendemain que j'y eus amené ma première cargaison. Pendant plusieurs années il fit auprès de moi les fonctions d'un serviteur & d'un camarade fidèle ; il ne me laissoit jamais manquer de ce qu'il étoit capable d'aller chercher ; il employoit toutes les souplesses de l'instinct pour me faire bonne compagnie : il n'y a qu'une seule chose que j'aurois fort desiré, mais dont je ne pus point venir à bout, c'étoit de le faire parler.

J'ai

J'ai déjà observé que j'avois trouvé des plumes, de l'encre & du papier ; je ferai voir que je tins un compte exact de toutes choses, aussi long-tems que dura mon encre ; mais quand elle fut finie : la chose ne fut plus possible, parce que je ne pus trouver aucun moyen d'en faire de nouvelle, ou rien autre chose pour y suppléer.

Cela me fait songer que nonobstant ce gros magasin que j'avois amassé, il me manquoit encore quantité de choses : de ce nombre étoit premièrement l'encre, comme je viens de dire, ensuite une bêche, une pioche, & une pelle pour fouïr & pour transporter la terre, des aiguilles, des épingles, & du fil : pour ce qui est de la toile, j'appris en peu de tems à m'en passer sans beaucoup de peine.

Ce manquement d'outils étoit cause que je n'allois que lentement dans tout ce que je faisois, & il se passa près d'un an tout entier avant que j'eusse achevé ma petite palissade ou mon enclos. Les pieux, dont elle étoit formée, pesant si fort, que c'étoit tout ce que je pouvois faire que de les soulever ; il me falloit tant de tems pour les couper dans les bois, pour les façonner, & sur-tout pour les conduire jusqu'à ma demeure, qu'un seul me coûtoit quelquefois deux jours tant pour le couper que pour le tarnsporter, & un troisième pour l'enfoncer dans la terre. Pour ce dernier travail, je me servois au commencement, d'une grosse pièce de bois: dans la suite je m'imaginai qu'il seroit plus commode de me servir d'un lévier de fer; c'est ce qu'il me fut facile de trouver, & que j'employai en effet; mais malgré ce secours, je ne laissai pas de trouver que c'étoit un rude & long exercice que celui d'enfoncer les palissades.

Mais je n'avois pas sujet de me rebuter de la longueur d'un ouvrage quel qu'il fût: je ne devois aucunement être chiche de tems, & je ne vois pas à quoi je l'aurois pu employer si cet ouvrage eût été terminé; à moins que d'aller faire la visite de l'isle pour chercher de la nourriture; & c'est aussi ce que je faisois tous les jours.

Je commençai alors à considérer sérieusement ma condition, & à peser les circonstances dont elle étoit accompagnée. Je couchai par écrit l'état de mes affaires, non pas tant pour le laisser à mes successeurs (car il n'y avoit pas d'apparence que j'eusse beaucoup d'héritiers) que pour divertir de mon esprit les pensées différentes qui venoient en foule l'accabler tous les jours. La force de ma raison commençoit à se rendre maîtresse de l'abattement de mon cœur; & pour la seconder de tous mes efforts, je fis un état des biens & des maux qui m'environnoient, comparant les uns aux autres, afin de me convaincre qu'il y avoit des gens encore plus malheureux que moi. Je conduisis cet examen avec toute l'impartialité d'un homme qui voudroit faire un calcul fidèle de ce qu'il a déboursé & de ce qu'il a reçu.

LE MAL.

Je suis dans une isle affreuse, contre laquelle j'ai fait naufrage, & sans aucune espérance d'en sortir.

LE BIEN.

Mais je suis en vie, & je n'ai pas été noyé comme l'ont été tous les autres qui étoient avec moi sur le vaisseau.

LE MAL.

J'ai été décimé & séparé en quelque manière du reste du monde pour être misérable.

LE BIEN.

Mais j'ai été séparé du reste de l'équipage, pour être soustrait aux bras de la mort; & celui qui m'a délivré de la mort, peut aussi me délivrer de cette condition.

LE MAL.

Je suis dans une solitude horrible, & banni de toute société humaine.

LE BIEN.

Mais je ne souffre pas la famine, je ne suis pas en danger de périr dans un lieu stérile, & qui ne produit rien pour la nourriture.

LE MAL.

Je n'ai point d'habits pour me couvrir.

LE BIEN.

Je suis dans un climat chaud, où je ne pourrois point porter d'habits, quand même j'en aurois.

LE MAL.

Je suis sans défense, & je ne pourrois pas résister à la violence des hommes ou des bêtes.

LE BIEN.

Mais j'ai été jeté dans une isle où je ne vois

aucune bête sauvage, capable de me faire du mal, comme j'en ai vu sur la côte d'Afrique; & quel seroit mon sort, si j'avois échoué contre cette côte?

LE MAL.

Je n'ai pas une seule personne avec qui parler, ni dont je puisse attendre le moindre secours.

LE BIEN.

Mais la providence, par une espèce de miracle, a envoyé le vaisseau assez près de terre, pour que j'y pusse aller chercher quantité de choses qui non seulement me font subsister présentement, mais qui me mettent encore en état de pourvoir à mes besoins pour un long avenir, & même pour tout le tems de ma vie.

Enfin, le tout bien & dûment considéré, il en résultoit une conséquence dont la vérité est incontestable; c'est qu'il n'y a pas de condition si misérable dans la vie où il n'y ait quelque chose de positif ou de négatif, qui doit être regardé comme une faveur de la providence. Et l'expérience d'un état le plus affreux où l'homme puisse être réduit en ce monde, fournit à tous cette belle leçon, qu'il est toujours en notre pouvoir de trouver quelque sujet de consolation, qui, dans l'examen des biens & des maux, fasse pencher la balance du bon côté.

J'accoutumois déjà un peu mon esprit à supporter ma condition ; j'avois quitté l'habitude de regarder en mer pour voir si je ne découvrirois aucun vaisseau, & cessant de perdre mon tems en choses vaines, & souvent chagrinantes, je voulus désormais l'employer tout entier à m'accommoder, & à me procurer tous les adoucissemens possibles dans ce genre de vie.

J'ai déjà décrit mon habitation que j'avois placée au pied d'un rocher, & qui étoit une tente entourée d'un double rang de fortes palissades, fourrées de cables. Mais je pourrois bien maintenant donner à ma cloison le nom de muraille ; car je l'avois effectivement murée en dehors d'un renfort de gazon de deux pieds d'épaisseur ; & au bout d'un an & demi ou environ, j'ajoutai des chevrons, qui prenant du haut de la palissade, appuyoient contre le rocher, & que je garnis & entrelaçai de branches d'arbres & autres matériaux que je pus trouver, pour me garantir des pluies, qui, en certains tems de l'année, me paroissoient être bien violentes.

J'ai aussi raconté comment j'avois renfermé mes effets, tant dans cet enclos que dans la cave qui étoit derriere moi ; mais il faut encore observer que tout cela n'étoit dans le commencement qu'un tas confus de meubles & d'outils, qui, faute d'être bien arrangés, tenoient toute la place ; de sorte qu'il ne m'en restoit pas pour me remuer. C'est pourquoi je me mis à élargir ma caverne & à travailler sous terre ; car le rocher étoit large & graveleux, & cédoit assez facilement au travail que j'y faisois. Ainsi me voyant suffisamment en sûreté du côté des bêtes féroces, j'avançai mes travaux dans le roc à main droite ; & ensuite tournant encore une seconde fois à droite, je parvins à me faire jour à travers, pour pouvoir sortir par une porte qui fût indépendante de ma palissade ou de mes fortifications.

Cet ouvrage ne fournissoit pas seulement une espèce de porte de derrière à ma tente & à mon magasin pour y avoir une entrée & une sortie, mais encore il me donnoit de l'espace pour ranger mes meubles. C'est alors que je m'appliquai à fabriquer ceux qui m'étoient les plus nécessaires ; & je commençai par une chaise & une table ; sans ces deux commodités, je ne pouvois pas bien jouir du peu de douceurs qui me restoient encore dans la vie : je ne pouvois pas écrire, par exemple, si à mon aise, ni manger avec tant de satisfaction sans une table.

Je mis donc la main à l'œuvre ; & je ne puis m'empêcher de remarquer, que la raison est le principe & l'origine des mathématiques; aussi n'y a-t-il point d'homme qui, à force de mesurer chaque chose en particulier & d'en juger selon les règles de la raison, ne puisse avec le tems se rendre maître dans un art méchanique. Je n'avois manié de mes jours aucun outil, & cependant par mon travail, par mon application, par mon industrie, je trouvai à la fin qu'il n'y avoit aucune des choses qui me manquoient, que je n'eusse pu faire, si j'avois eu les outils propres pour cela; sans outils même je fis plusieurs ouvrages; & avec le secours d'une hache & d'un rabot seulement, je vins à bout de quelques-uns, ce qui n'étoit peut-être jamais arrivé auparavant: mais c'est aussi ce qui me coûta un travail infini. Si, par exemple, je voulois avoir une planche, je n'avois d'autre moyen que celui de couper un arbre, le poser devant moi, le tailler des deux côtés jusqu'à le rendre suffisamment mince, & l'applanir ensuite avec mon rabot. Il est bien vrai que par cette méthode je ne pouvois faire qu'une planche d'un arbre entier; mais à cela, non plus qu'au tems & à la peine prodigieuse que je mettois à la faire, il n'y avoit aucun remède que la patience. D'ailleurs, mon tems ou mon travail étoit si peu précieux, qu'autant valoit-il que je l'employasse d'une manière que de l'autre.

Néanmoins je me fis une chaise & une table,

comme je l'ai dit. C'est par-là que je commençai, & je me servis pour cela des morceaux de planches, que j'avois amenés sur mon radeau. Mais quand j'eus fait des planches, je fis de grandes tablettes de la largeur d'un pied & demi, que je plaçai l'une au-dessus de l'autre tout le long d'un côté de ma caverne, pour y mettre mes outils, mes clous, ma ferraille, en un mot, pour arranger séparément toutes choses, & les pouvoir trouver aisément. J'enfonçai pareillement des chevilles dans la muraille du rocher, pour pendre mes fusils & autres meubles qui pouvoient être suspendus. Tellement que quiconque auroit vu ma caverne, l'auroit prise pour un magasin général de toutes les choses nécessaires: le bon ordre qui y regnoit, faisoit d'abord trouver sous ma main ce que je cherchois; & cela, joint à la bonne quantité dont j'étois pourvu, me causoit beaucoup de satisfaction.

C'est pour lors que je commençai à tenir un journal de tout ce que je faisois; car il est certain que dans les commencemens j'étois trop accablé, non pas du travail, mais des troubles de l'esprit, pour faire un journal supportable, & qui ne fût pas rempli de choses fades & insipides. Par exemple, voici comment j'aurois débuté: le 30 Septembre je vomis d'abord à cause de la quantité d'eau salée que j'avois avalée; & ayant un peu recouvré mes esprits, je ne rendis point graces à Dieu de ma délivrance, comme j'aurois dû le faire, mais je me mis à courir çà & là, comme un perdu, tantôt serrant les mains l'une contre l'autre, tantôt me frappant la tête & le visage : en même tems je faisois de terribles lamentations sur mon malheur, & m'écriois tout haut : *je suis perdu, hélas ! je suis perdu.* Ce manège dura jusqu'à ce que m'étant bien tourmenté & épuisé, je fus obligé de m'étendre & de me coucher à terre pour me reposer ; mais je n'osois pas dormir, crainte d'être dévoré.

Quelques jours après ceci, que j'avois été à bord du vaisseau, & que j'en avois tiré tout ce que j'avois pu, il me prit encore envie de monter sur le sommet d'une petite montagne, & là de regarder en mer, dans l'espérance de découvrir quelque voile : il me sembla que j'en voyois une, je me berçai de cette espérance, & après avoir regardé si long-tems & si fixement que je ne pouvois plus voir, l'objet s'évanouit, & moi je m'assis à terre pour pleurer comme un enfant, & de la sorte augmenter ma misère par ma sottise. Mais enfin ayant surmonté en quelque façon toutes ces foiblesses, me voyant établi dans mon domicile, pourvu de meubles, avec une chaise & une table de surcroît, le tout aussi bien conditionné que j'avois pu, je commençai à tenir un journal que je continuai autant que dura mon encre.

Or ce début vous paroît sans doute assez fastidieux; & je ne doute pas que vous ne préfériez celui-ci; mais l'exactitude m'obligera à vous répéter plusieurs particularités dont je vous ai déjà parlé.

JOURNAL.

Le 30 *Septembre* de l'an 1659. Après avoir fait naufrage durant une horrible tempête, qui depuis plusieurs jours emportoit le bâtiment hors de sa route, moi malheureux *Robinson Crusoé*, seul échappé de tout l'équipage, que je vis périr devant mes yeux, étant plus mort que vif, je pris terre dans cette Isle infortunée; ce qui fut cause que j'ai cru pouvoir à juste titre l'appeler l'*Isle de désespoir*.

Je passai tout le reste du jour à m'affliger de l'état affreux où j'étois réduit, n'ayant ni alimens, ni retraite, ni habits, ni armes, dénué de toute espérance de recevoir du secours, m'attendant à être la proie des bêtes féroces, la victime des Sauvages, ou le martyre de la faim, ne voyant en un mot devant moi que l'image de la mort. A l'approche de la nuit, je montai sur un arbre de peur des animaux sauvages, de quelque espèce qu'ils puſſent être; mais la pluie qu'il fit toute la nuit ne m'empêcha pas de dormir d'un profond ſommeil.

Le premier Octobre, Je fus ſurpris de voir le matin que le vaiſſeau avoit flotté avec la marée, & qu'il avoit été porté beaucoup plus près du rivage qu'il n'étoit auparavant. D'un côté, c'étoit un ſujet de conſolation pour moi de le voir dreſſer ſur ſa quille, & tout entier; j'eſpérois que, ſi le vent venoit à s'abattre, je pourrois aller à bord, & trouver de quoi manger, & en tirer pluſieurs choſes pour fournir tant aux néceſſités, qu'aux commodités de la vie; d'un autre côté, ce ſpectacle renouveloit la douleur de la perte de mes camarades; je m'imaginois que, ſi nous fuſſions demeurés à bord, nous aurions pu ſauver le vaiſſeau, ou du moins une bonne partie de ceux qui le montoient & qui avoient été noyés, & que nous aurions peut-être conſtruit un bateau des débris, pour nous tranſporter en quelqu'autre région. Une partie de cette journée ſe paſſa à me tourmenter par mille réflexions; mais enfin voyant que le vaiſſeau étoit preſque à ſec, je marchai ſur le ſable auſſi loin que je pus, & je me mis à la nage pour aller à bord. Il continua de pleuvoir pendant ce jour; mais il ne faiſoit point de vent.

Depuis le premier Octobre juſqu'au vingt-quatre.

Tous ces jours furent employés à faire plusieurs voyages pour tirer du vaisseau ce que je pouvois & que je conduisois ensuite à terre sur des radeaux avec la marée montante. Il plut encore beaucoup pendant tout ce tems, quoiqu'avec plusieurs intervalles de beau tems ; mais, à ce qui paroît, c'étoit la saison des pluies.

Le 24, je renversai mon radeau, & tous les effets qui étoient dessus ; mais comme ce n'étoit pas un lieu profond, & que la charge étoit de choses pesantes pour la plupart, j'en recouvrai une grande partie dans la basse marée.

Le 25, il fit une pluie qui dura toute la nuit & tout le jour, accompagnée de tourbillon de vent, qui s'élevoient de tems en tems avec violence, & qui mirent le vaisseau en pièces, tellement qu'il n'en paroissoit plus rien que les débris ; encore n'étoit-ce que sur la fin du reflux. Je m'occupai cette journée à serrer les effets que j'avois sauvés, de crainte qu'ils ne se gâtassent à la pluie. *Le 26 Octobre*, je me promenai presque pendant tout le jour, cherchant une place propre à fixer mon habitation, ayant fort à cœur de me mettre en sûreté contre les attaques nocturnes des hommes cruels, ou des bêtes sauvages. Vers la nuit je plantai le piquet dans un endroit convenable au pied d'un rocher, & je tirai un demi-cercle pour marquer les limites de mon campement.

que je me résolus de fortifier d'un ouvrage composé de deux rangs de palissades, dont l'entredeux étoit comblé de cables, & le dehors de gazons.

Depuis le 26 jusqu'au 30, je travaillai fort & ferme à porter mes effets dans mon habitation nouvelle, quoiqu'il plût excessivement durant une partie de ce tems-là.

Le 31 au matin, je sortis avec mon fusil pour aller par l'Isle à la découverte & à la chasse. Je tuai une chèvre, dont le chevreau me suivit jusques chez moi ; mais comme il ne vouloit point manger, je fus obligé de le tuer pareillement.

Le premier Novembre, je dressai ma tente au pied d'un rocher, je la fis aussi spacieuse que je pus, la soutenant sur des piquets que je plantai, & auxquels je suspendis mon branle. J'y couchai pour la première nuit.

Le 2 Novembre, je plaçai tous mes coffres, toutes les planches, & toutes les pièces de bois dont j'avois composé mes radeaux, autour de moi, & je m'en fis un rempart, tant soit peu en dedans du cercle que j'avois marqué pour ma forteresse.

Le 3, je sortis avec mon fusil, & je tuai deux oiseaux semblables à des canards, & qui étoient un très-bon manger. L'après-dînée je me mis à travailler pour me faire une table.

Le 4 au matin, je continuai une régle, que je me fis une loi d'obferver déformais chaque jour: c'étoit d'avoir mon tems pour travailler, pour m'aller promener avec mon fufil, pour dormir, & pour mes petits divertiffemens; j'ordonnai la chofe de la manière qui fuit. Le matin j'allois dehors avec mon fufil pour deux ou trois heures, s'il ne pleuvoit pas; enfuite je m'employois à travailler jufqu'à environ onze heures, & après cela je mangeois ce que la providence & mon induftrie m'avoient préparé: à midi; je me couchois pour dormir lufqu'à deux heures, parce qu'il faifoit extrêmement chaud à cette heure-là; & enfin je retournois au travail fur le foir. Je mis le travail tout entier de cette journée & de la fuivante à faire une table; car je n'étois alors qu'un pauvre ouvrier, quoique dans la fuite le tems & la néceffité me rendirent bientôt parfaitement expert dans la méchanique; & c'eft mon fentiment, que tout homme qui fe feroit trouvé en ma place, ne feroit pas devenu moins habile fous ces deux grands maîtres.

Le 5 Novembre, j'allai dehors avec mon fufil & mon chien, & je tuai un chat fauvage: la peau en étoit douce, mais la chair ne valoit rien du tout à manger: j'écorchois tous les animaux que je tuois, & j'en confervois la peau. En m'en revenant le long de la côte je vis plufieurs oifeaux de mer, qui m'étoient inconnus, mais je fus surpris, & presque effrayé, à la vue de deux ou trois veaux marins, qui, pendant que j'étois à les considérer, ne sachant pas encore ce que c'étoit, se jetèrent dans la mer, & m'échappèrent pour lors.

Le 6, après ma promenade du matin, je me mis à travailler après ma table, & je la finis : il est vrai que je ne la trouvai pas faite à ma fantaisie, mais aussi je ne fus pas long tems sans apprendre à en corriger les défauts.

Le 7, le tems commença à se mettre au beau. Je ne travaillai à autre chose qu'à me faire une chaise durant les 7ᵉ, 8ᵉ, 9ᵉ, 10ᵉ, & une partie du 12ᵉ. Je ne parle pas du 11, parce que c'étoit le Dimanche, suivant mon Calendrier : j'eus bien de la peine à donner à cet ouvrage une forme reconnoissable, encore ne m'agréoit-il point du tout, quoique je l'eusse mis en pièces plusieurs fois avant d'y mettre la dernière main. Notez que dans peu je négligeai l'observation du Dimanche ; parce qu'ayant omis de graver le cran qui le désignoit, j'oubliai l'ordre des jours.

Le 13 Novembre, il fit une pluie qui me rafraîchit extrêmement, & qui fit un grand bien à la terre : mais le tonnerre & les éclairs dont elle étoit accompagnée, me causèrent des frayeurs terribles au sujet de ma poudre. Dès que ce fracas

cas fut passé, je pris la résolution de partager ma provision de poudre en tout autant de petits paquets que j'en pourrois faire, pour la mettre en toute sûreté.

Le 14, le 15 & le 16, j'employai ces trois jours à faire de petites boîtes carrées qui pouvoient tenir une livre de poudre ou deux tout au plus. Et après les avoir remplies, je les plaçai dans plusieurs endroits différens, les assurant & les éloignant les unes des autres autant qu'il étoit possible. Je tuai en l'un de ces trois jours, un oiseau qui étoit bon à manger; mais je ne sais comment l'appeler.

Le 17. Je commençai à creuser le rocher qui étoit derrière ma tente pour me mettre plus au large & plus à mon aise. Notez qu'il me manquoit trois choses fort nécessaires pour cet ouvrage; savoir, une pioche, une pelle & une brouette, ou bien un panier; c'est pourquoi je discontinuai mon travail : je me mis à ruminer comment je ferois pour suppléer à ce défaut, & pour me fabriquer des outils. Pour ce qui est de la pioche, je remédiois à son manquement avec les léviers de fer qui étoient assez propres pour cela quoiqu'un peu pesans ; mais quant à la pelle, qui étoit la seconde chose qui me manquoit, elle m'étoit d'un besoin si absolu, que sans cela je ne pouvois effectivement rien faire.

& pourtant je ne savois pas encore de quel stratagême user pour y pourvoir.

Le 18 Novembre. Le lendemain en cherchant dans les bois, je trouvai une espèce d'arbre, qui, s'il n'étoit pas le même que les Brasiliens appellent l'arbre de fer à cause de son extrême dureté, lui ressembloit beaucoup. J'en coupai une pièce avec beaucoup de difficulté, après avoir endommagé une hache; & ce ne fut pas à moins de frais que je la portai jusqu'au lieu de mon domicile; car elle étoit aussi extrêmement pesante.

La dureté excessive du bois, jointe à la manière dont j'étois obligé de m'y prendre, fut cause que je mis un long tems à construire cette machine. Mais enfin petit à petit je lui donnai la forme d'une pelle ou d'une bêche; elle avoit la queue exactement comme celles dont on se sert en Angleterre; mais comme le plat n'en étoit pas garni de fer tout autour, elle ne pouvoit pas tant durer; cependant elle ne laissa pas de suffire aux usages auxquels j'avois dessein de la faire servir : au reste je ne pense pas qu'on ait jamais employé ni de tels moyens, ni tant de tems à faire une pelle.

Il me manquoit encore une autre chose, qui étoit un panier, ou bien une brouette. Je ne pouvois en aucune manière faire un panier, n'ayant pas, ou ne sachant du moins pas qu'il y eût dans l'isle ni saule, ni osier, ni autre tel arbre dont les branches fussent propres à faire ces sortes d'ouvrages. Pour ce qui est de la brouette, il me sembloit que j'en viendrois bien à bout, excepté pourtant la roue dont je n'avois aucune notion, & pour la fabrication de laquelle je ne me sentois pas le moindre talent : d'ailleurs je n'avois rien pour forger l'essieu de fer qui doit passer dans le moyeu. ainsi je fus obligé de me désister de ce dernier moyen ; & pour porter hors de ma caverne la terre que j'abattois en bêchant, je me servis d'un instrument assez semblable à l'oiseau dont se servent les manœuvres pour porter le mortier.

La façon de ce dernier instrument ne me coûta pas tant de peine, que celle de la pelle ; mais l'un & l'autre, joints à l'essai inutile que je fis pour voir si je pourrois venir à bout d'une brouette, ne me tinrent pourtant pas moins de quatre jours tout entiers, excepté ma promenade du matin, que je manquois aussi rarement de faire avec mon fusil, qu'à en revenir sans apporter au logis quelque chose de bon à manger.

Le 23 Novembre. Mon autre travail ayant été interrompu jusqu'ici, parce que je m'étois occupé à faire des outils, je le repris dès qu'ils furent achevés, travaillant chaque jour autant que mes forces & les regles que je m'étois prescrites pour la distribution de mon tems me le permettoient. Je mis dix-huit jours à élargir & à allonger tellement ma caverne que je pusse y serrer commodément tous mes effets.

Notez que j'en fis un lieu assez spacieux pour me servir de magasin, de cuisine, de salle à manger, & de cellier : pour l'appartement où je logeois ; c'étoit ma tente, si vous en exceptez certains jours de la mauvaise saison, auxquels il pleuvoit si terriblement que je n'y étois pas bien à couvert. Et c'est ce qui m'obligea dans la suite à tendre, sur tout cet espace qui renfermoit ma palissade, de longues perches en guise de chevrons, accoudées contre le roc, & de les couvrir de glayeuls, & de larges feuilles ; ce qui ressembloit assez à du chaume.

Le 10 Décembre. Je regardois déjà ma voûte comme achevée, lorsqu'il se détacha tout-à-coup une grande quantité de terre du haut de l'un des côtés, laquelle fit un tel fracas, que j'en fus extrêmement effrayé ; & ce n'étoit pas sans raison ; car si je me fusse trouvé dessous, je n'aurois de mes jours eu besoin d'un autre enterrement. J'eus beaucoup à faire pour reparer ce désastre ; car il me falloit premièrement emporter la terre qui étoit tombée, & ensuite, ce qui étoit plus important, il falloit étançonner la voûte, pour prévenir un accident pareil.

Le 11. Je travaillai à cela, & je dreſſai deux étaies, qui portoient contre le faîte avec deux morceaux de planche en croix ſur chacune. Je finis cet ouvrage le lendemain ; & non content de ce que j'avois fait, je continuai pendant près d'une ſemaine d'ajouter d'autres étaies ſemblables aux premières, qui aſſurèrent tout-à-fait ma voûte, & qui, formant un rang de piliers, ſembloient partager ma maiſon en deux apppartemens.

Le 17. Dès ce jour, juſqu'au vingtième, je m'occupai à placer des tablettes, & à planter des cloux contre les étançons, pour ſuſpendre tout ce qui pouvoit être ſuſpendu ; & dès-lors je pus me vanter qu'il y avoit de l'ordre & de l'arrangement dans ma demeure.

Le 20 *Décembre.* Je commençai à porter mes meubles dans ma caverne, à garnir ma maiſon, & à faire une tablette de cuiſine pour apprêter mes viandes ; je me ſervis de planches pour cet effet ; mais cette marchandiſe commençoit à me manquer.

Le 24. Il plut beaucoup tout le jour & toute la nuit. Il n'y eut pas moyen de ſortir.

Le 25. Il plut encore tout le jour.

Le 26. Il ne fit point de pluie, & l'air & la terre, ayant été rafraîchis, ſembloient donner à la nature un viſage ſerein qu'elle n'avoit pas auparavant.

L iij

Le 27. Je tuai un chevreau, & j'en estropiai un autre, que j'attrapai après, & que j'amenai en lesse au logis : dès que je fus arrivé, je raccommodai sa jambe cassée, & la lui bandai. Notez que j'en pris un tel soin, qu'il survécut, & devint bientôt aussi fort de cette jambe-là que de l'autre : mais après l'avoir gardé long-tems, il s'apprivoisa avec moi, & il paissoit sur la verdure, qui étoit dans mon enclos, sans jamais s'enfuir. C'est alors que me vint la premiere pensée d'entretenir des animaux privés, afin d'avoir de quoi me nourir, quand une fois ma poudre & mon plomb seroient consommés.

Le 28, le 29, & le 30 Décembre. Il fit de grandes chaleurs qui n'étoient modérées par aucun vent ; il n'étoit pas possible d'aller dehors, sinon sur le tard, que j'allois chercher de quoi manger.

Le 1 Janvier 1660. Il fit encore grand chaud ; mais je sortis de grand matin & vers le soir avec mon fusil. Cette dernière fois, m'étant avancé dans les vallées qui sont à-peu-près au centre de l'Isle, je vis qu'il y avoit grande abondance de boucs ; mais ils étoient extrêmement sauvages & de difficile accès ; & je résolus d'essayer une fois d'amener mon chien, pour voir s'il ne les pourroit point chasser vers moi.

Le 2. Je me mis en campagne avec mon chien, selon que j'avois projeté la veille, & je le mis après les boucs: mais je vis que je m'étois trompé dans mon calcul; car ils se joignirent de tous côtés, faisant tête contre lui; & il fut assez prudent pour connoître le danger, & ne vouloir pas en approcher.

Le 3. Je commençai mes fortifications, ou, si vous voulez, mon mur; & comme j'avois toujours quelque soupçon d'être attaqué, je n'oubliai rien pour rendre l'ouvrage bien épais & bien fort.

Notez que, comme je vous ai déjà fait la description de cette muraille, j'omets exprèssément ici ce qui en étoit écrit dans le Journal. Il suffit seulement d'observer que je n'employai pas moins de tems que depuis le 3 de Janvier jusqu'au 14 Avril à la faire & à la rendre complette, quoiqu'elle n'eût plus pas vingt-quatre verges d'étendue, formant un demi-cercle, qui prenoit depuis un endroit du roc, & aboutissoit à un autre, & qui occupoit environ huit verges dans son diametre, à le tirer de l'entrée de ma cave jusqu'au point opposé de la circonférence.

Je me fatiguai beaucoup dans cet intervalle de tems durant lequel je me vis traversé par la pluie, je ne dirai pas par plusieurs jours, mais quelquefois des semaines entières & des mois. Il est vrai que je ne me croyois point en sûreté, jusqu'à ce que cette muraille fût finie, & il est aussi difficile de croire que d'exprimer avec quel travail j'étois obligé de faire chaque chose, mais surtout d'apporter les palissades de la forêt, & de les enfoncer dans la terre : car je les avois faites beaucoup plus grosses qu'il n'étoit nécessaire.

Quand cette muraille fut finie, & que je l'eus revêtue d'une autre, que j'élevai en dehors avec du gazon, je me persuadai que quand même il viendroit quelques gens aborder à cette isle, ils ne s'appercevroient pas qu'il y eût là une habitation. Et je fus bienheux de m'y être pris de la sorte, comme je le ferai voir dans la suite dans une occasion fort remarquable.

Cependant je faisois tous les jours ma tournée dans les bois pour tirer quelque gibier, à moins que la pluie ne m'en empêchât ; & dans ces promenades réitérées je faisois souvent des découvertes qui m'étoient avantageuses, tantôt d'une chose, tantôt d'une autre.

Je trouvai, par exemple, une espèce de pigeons fuyards, qui ne nichent point sur les arbres, comme font les ramiers, mais bien dans les trous de rochers, à la manière de ceux de colombier : je pris quelques-uns de leurs petits à dessein de les nourrir & de les apprivoiser ; j'en vins à bout, mais étant devenus vieux, ils s'envolèrent tous & ne revinrent plus, & peut être que ce qui donna lieu premièrement à cela, fut le défaut de nourriture, car je n'avois pas de quoi leur remplir le jabot.

Quoi qu'il en soit, je trouvois leurs nids aisément, & je prenois leurs petits, qui étoient des morceaux délicats.

Cependant je m'appercevois dans l'administration de mon ménage, qu'il me manquoit bien des choses, que je crus au commencement qu'il me seroit impossible de faire ; & cela étoit en effet vrai de quelques-unes, par exemple je ne pus jamais venir à bout d'achever un tonneau & d'y mettre des cercles ; j'avois un ou deux petits barils, comme je l'ai dit plus haut, mais je n'eus point de capacité pour en construire un modèle, malgré tous les efforts que je fis pour cela pendant plusieurs semaines : il me fut impossible de mettre les fonds, ou de joindre assez les douves ensemble pour y faire tenir l'eau ; ainsi j'abandonnai encore ce projet.

Une autre chose qui me manquoit, c'étoit de la chandelle, & il m'étoit si incommode de m'en passer, que je me voyois obligé d'aller au lit dès qu'il faisoit nuit : ce qui arrivoit ordinairement à sept heures. Et cela me fit souvenir de la masse de cire dont je fis des chandelles dans mon aventure d'Afrique ; mais je n'en avois pas alors un seul petit morceau. L'unique remède dont je pus m'aviser pour tempérer ce mal, fut que, quand j'avois tué un bouc, j'en conservois la graisse ; ensuite je fis sécher au soleil un petit plat de terre que je m'étois façonné ; & prenant du fil de car- relet pour me servir de mèche, je trouvai le moyen de me faire une lampe, dont la flame n'étoit point si lumineuse que celle de la chandelle, & répandoit une sombre lueur. Au milieu de tous mes travaux, il m'arriva que, fouillant parmi mes meubles, je trouvai un sac, dont j'ai fait quelque mention, & qui avoit été rempli de grain pour entretenir de la volaille, non pas pour ce voyage, mais pour un précédent, qui étoit, comme je pense, celui de Lisbonne au Brésil : ce qui restoit de blé avoit été rongé par les rats, & je n'y voyois plus rien du tout que des cosses & de la poussière. Or comme j'avois besoin du sac pour autre chose, (& c'étoit si je ne me trompe, pour y mettre de la poudre, lorsque je la partageai de crainte des éclairs) je l'allai vider, & en secouer les cosses & les restes au pied du rocher, à côté de mes fortifications.

Cela arriva peu de tems avant les grandes pluies, dont je viens de parler, & je fis si peu d'attention à ce que je faisois, lorsque je jetai dehors cette poussière, qu'après un mois de tems ou environ, il ne m'en restoit pas le moindre souvenir lorsque j'apperçus par ci par là quelques tiges qui sortoient de la terre : je les pris d'abord pour des plantes que je ne connoissois point. Mais quelque tems après je fus étonné de voir dix ou douze épis qui avoient pouffé, & qui étoient d'un orge vert, parfaitement bon, & de la même espèce que celui d'Europe, & qui plus est, aussi beau qu'il en croisse en Angleterre.

Il est impossible d'exprimer quel fut mon étonnement, & la diversité des pensées qui me vinrent dans l'esprit à cette occasion. Jusqu'ici la religion n'avoit pas eu plus de part dans ma conduite, que de place dans mon cœur ; je n'avois regardé tout ce qui m'étoit arrivé que comme un effet du hasard ; c'est tout au plus s'il m'échappoit quelquefois de dire à la légère, comme font naturellement bien des gens, que dieu étoit le maître, sans songer aux fins que se propose sa providence, ou à l'ordre qu'elle observe à régler en ce bas monde les événemens. Mais après que j'eus vu croître de l'orge dans un climat que je savois n'être nullement propre pour le bled, dans le tems sur-tout que j'ignorois la cause de cette production, je fus saisi d'étonnement, & je me mis dans l'esprit que dieu avoit fait croître ce bled miraculeusement, sans le concours d'aucune semence, & qu'il avoit opéré ce prodige uniquement pour me faire subsister dans ce misérable désert.

Cette idée toucha mon cœur, jusqu'à faire couler les larmes de mes yeux ; je me félicitois d'être si heureux, que la nature voulût bien faire de tels efforts en ma faveur : & ma surprise augmenta encore, lorsque je vis d'autres tiges nouvelles qui poussoient auprès des premières tout le long du rocher, & que je reconnus être des tiges de riz, parce que j'en avois vu croître en Afrique, dans le tems que j'y étois à terre.

Non seulement je crus que la providence m'envoyoit ce présent; mais ne doutant point que sa libéralité ne s'étendît encore plus loin, je m'en allai visiter tout le voisinage, & tous les coins des rochers, qui m'étoient deja suffisamment connus, pour chercher une plus grande quantité de ces productions miraculeuses : mais c'est ce que je ne trouvai point. Enfin, je rappelai dans ma mémoire que j'avois secoué en tel endroit un sac où il y avoit eu du grain pour les poulets; le miracle disparut. J'avoue que ma pieuse reconnoissance envers dieu s'évanouit, aussi-tôt que j'eus découvert qu'il n'y avoit rien que de naturel dans cet événement. Cependant il étoit extraordinaire & imprevu, & n'exigeoit pas moins de gratitude, que s'il eût été miraculeux ; car, que la providence eût dirigé les choses de manière qu'il restât douze grains entiers dans un petit sac abandonné aux rats, tous les autres grains ayant été mangés ; que je les eusse jetés précisément dans un endroit où l'ombre d'un grand rocher les fit germer d'abord, & que je n'eusse pas vidé le sac dans un lieu où ils auroient aussi-tôt été brûlés par le soleil, ou bien noyés par les pluies : c'étoit une faveur aussi réelle, que s'ils fussent tombés du ciel.

Je ne manquai pas, comme vous pouvez vous imaginer, de recueillir soigneusement ce bled dans la bonne saison, qui étoit à la fin du mois de Juin, & serrant jusqu'au moindre grain, je résolus de le tout semer, dans l'espérance qu'avec le tems j'en aurois assez pour faire mon pain. Quatre ans se passèrent avant que j'en puisse tâter : encore en usois-je sobrement, comme je le ferai voir en son lieu ; car celui que je semai la première fois, fut presque tout perdu, pour avoir mal pris mon tems, en le semant justement dans la saison séche; ce qui fut cause qu'il périt, ou du moins il n'en vint que très-peu à perfection : mais nous parlerons de cela en sa place.

Outre cet orge, il y eut encore une trentaine d'épis de riz, que je conservai avec le même soin, & pour un semblable usage, avec cette différence pourtant, que le dernier me servoit tantôt de pain, & tantôt de mets ; car j'avois trouvé le sécret de l'apprêter sans le mettre en pâte. Mais il est tems de reprendre notre journal.

Je travaillai bien constamment pendant trois ou quatre mois à bâtir ma muraille, & la fermai le 14 d'Avril, m'en ménageant l'entrée avec une échelle pour passer par-dessus, & non par une porte, de peur qu'on ne remarquât de loin mon habitation.

Le 16 Avril. Je finis mon échelle, avec laquelle je montai sur mes palissades; ensuite je l'enlevai & la mis à terre en dedans de l'enclos, qui étoit tel qu'il me le falloit : car il y avoit un espace suffisant, & rien n'y pouvoit entrer qu'en passant par-dessus la muraille.

Dès le lendemain que cet ouvrage fut achevé, je faillis à voir renverser subitement tous mes travaux, & à perdre moi-même la vie : voici comment la chose se passa. Comme je m'occupois derrière ma tente, je fus tout-à-coup épouvanté de voir que la terre s'ébouloit du haut de ma voûte, & de la cime du rocher qui pendoit sur ma tête; deux des piliers que j'avois placés dans ma caverne, craquèrent horriblement; & n'en sachant point encore la véritable cause, je crus qu'il n'y avoit rien de nouveau, mais qu'il pourroit bien tomber une bonne quantité de matériaux, comme il étoit déjà arrivé une fois. De peur d'être enterré dessous, je m'enfuis au plus vîte vers mon échelle, & ne m'y croyant pas encore en sûreté, je passai par-dessus ma muraille, pour m'éloigner & pour me dérober à des morceaux entiers du rocher, que je croyois à tout moment devoir fondre sur moi. A peine avois-je le pied à terre, de l'autre côté de ma palissade, que je vis clairement qu'il y avoit un tremblement de terre horrible. Trois fois le terrein où j'étois trembla sous mes pieds; entre chaque reprise il y eut un intervalle d'environ huit minutes; & les trois secousses furent si prodigieuses, que les édifices les plus solides & les plus forts qui soient sur la face de la terre, en auroient été renversés. Tout le côté d'un rocher, situé environ à un demi-mille de moi, tomba avec un bruit qui égaloit celui du tonnerre. L'Océan même me paroissoit ému de ce prodige, & je crois que les secousses étoient plus violentes sous les ondes que dans l'Isle.

Le mouvement de la terre m'avoit donné des soulevemens de cœur, comme auroit fait celui d'un vaisseau battu de la tempête, si j'avois été sur mer; je n'avois rien vu ni entendu dire de semblable; & l'étonnement dont j'étois saisi, glaçoit le sang dans mes veines, & suspendoit en quelque façon toutes les puissances de mon ame. Mais le fracas causé par la chûte du rocher vint frapper mes oreilles, & m'arracher de l'état insensible où j'étois plongé, pour me remplir d'horreur & d'effroi, en ne me laissant entrevoir que de terribles objets; une montagne, entr'autres, toute prête à s'abîmer sur ma tente & sous son propre poids, & à ensevelir dans ses ruines toutes mes richesses. Cette pensée rejeta mon ame dans sa première léthargie.

Voyant ensuite que trois secousses n'étoient suivies d'aucune autre, je commençai à reprendre courage, & néanmoins je n'osois pas encore passer par-dessus ma muraille de peur d'être enterré tout vif; mais je demeurai sans me bouger, assis à terre, dans l'affliction, & dans l'incertitude de ce que je devois faire. Durant tout ce tems, je n'avois aucune pensée sérieuse de religion, si ce n'est que je prononçois de tems en tems du bout des lèvres ce formulaire : *seigneur, ayez pitié de moi* ; encore cette ombre de religion ne dura-t elle guères, & s'évanouit aussi vîte que le danger.

L'air s'obscurcissoit, & le ciel se couvroit de nuages, comme s'il alloit pleuvoir. Bientôt après le vent s'éleva peu-à peu, & alla si fort en augmentant, qu'en moins d'une demi-heure, il souffla un ouragan furieux. A l'instant vous auriez vu la mer blanchie de son écume, le rivage inondé des flots, les arbres arrachés du sein de la terre, & tous les ravages d'une affreuse tempête. Elle dura près de trois heures, ensuite elle alla en diminuant; au bout de trois autres heures il fit calme, & il commença à pleuvoir extrêmement fort.

Cependant j'étois dans la même situation de corps & d'esprit, quand tout-à-coup je fis réflexion que ces vents & cette pluie étant une suite naturelle

relle du tremblement de terre, il falloit que ce dernier fût épuisé, & que je pouvois bien me hazarder à retourner dans ma demeure. Ces pensées réveillèrent mes esprits, & la pluie aidant encore à me persuader, j'allai m'asseoir dans ma tente; mais je n'y fus pas long-tems, que j'appréhendai qu'elle ne fût renversée par la violence de la pluie; ainsi je fus forcé de me retirer dans ma caverne, quoiqu'en même tems je tremblasse de peur qu'elle ne s'écroulât sur ma tête.

Ce déluge m'obligea à faire un trou au travers de mes fortifications, comme un ruisseau, pour faire écouler les eaux, qui, sans cela, auroient inondé ma caverne. Quand j'eus demeuré à l'abri pendant quelque tems, & que je vis que le tremblement de terre étoit passé, mon esprit commença à se trouver dans une meilleure assiette; & pour soutenir mon courage, qui en avoit assurément grand besoin, je m'en allai à l'endroit où étoit ma petite provision, pour me fortifier d'un trait de rum; mais alors, comme en toute autre occasion, j'en usai fort sobrement, sachant très-bien que, quand mes bouteilles seroient une fois à sec, il n'y auroit plus moyen de les remplir.

Il continua de pleuvoir toute la nuit & une partie du lendemain, tellement qu'il n'y eut pas moyen de mettre le pied dehors: mais comme je me possédois beaucoup mieux, je commençai aussi à réfléchir sur le meilleur parti que j'avois à prendre, concluant que, l'Isle étant sujette à des tremblemens, il ne falloit aucunement faire ma demeure dans une caverne; mais songer à me bâtir une cabane dans un lieu découvert & dégagé, où je me fortifierois d'une muraille telle que la premiere, pour me mettre en garde contre tous animaux, hommes ou bêtes, pleinement convaincu que, si je restois dans le même endroit, il ne manqueroit pas de me servir de sépulcre.

Ces raisonnemens me firent penser à ôter ma tente du lieu où je l'avois dressée, qui étoit au pied d'un rocher escarpé, lequel, s'il venoit à être secoué une seconde fois, tomberoit certainement sur moi. Les deux jours suivans, qui étoient les 19 & 20 Avril, je n'eus l'esprit occupé d'autre chose que de l'endroit que je choisirois pour y transférer ma demeure.

Cependant la crainte d'être enterré tout vif faisoit que je ne dormois jamais tranquillement; celle que j'avois de coucher hors de ma forteresse, dans un lieu tout ouvert & sans défense, étoit presque aussi grande : mais quand je regardois tout autour de moi, que je considérois le bel ordre où j'avois mis toutes choses, combien j'étois agréablement caché, combien j'avois peu à craindre les irruptions, certes je sentois beaucoup de répugnance à déménager.

De plus, je me repréfentois que je ferois long-tems à faire de nouveaux ouvrages, & qu'il me falloit rifquer de refter où j'étois, jufqu'à ce que j'euffe formé une efpèce de campement, & que je l'euffe fuffifamment fortifié pour y prendre mes logemens en toute sûreté. De cette manière, je me mis l'efprit en repos pour un tems, & je pris la réfolution de mettre inceffamment la main à l'œuvre pour me conftruire une muraille avec des paliffades & des cables comme j'avois fait la première fois, de renfermer mes travaux dans un petit cercle, & d'attendre, pour déloger jufqu'à ce qu'ils fuffent finis & perfectionnés. C'eft le 21 que cela fut arrêté dans mon confeil privé.

Le 22 *Avril.* Dès le grand matin, je fongeai aux moyens de mettre mon deffein à exécution: mais je me trouvai fort en arrière du côté de mes outils; j'avois trois bifaigues, & une multitude de haches; parce que nous en avions embarqué une provifion pour trafiquer avec les indiens; mais ces inftrumens, à force de charpenter & de couper du bois dur & noueux, avoient le taillant tout denté & émouffé; & quoique j'euffe une pierre à aiguifer, je n'avois cependant pas le fecret de la faire tourner pour m'en pouvoir fervir. Cet obftacle intrigua beaucoup mon efprit, & fut pour moi ce qui feroit un grand point de politique à l'égard d'un homme d'état, & la condam-

M ij

nation ou l'abſolution d'un criminel à l'égard d'un juge. A la fin pourtant j'inventai une roue attachée à un cordon pour donner le mouvement à la pierre avec mon pied, tandis que j'aurois les deux mains libres. Notez que je n'avois jamais vu une telle invention en Angleterre, ou du moins je n'avois point du tout remarqué comment elle étoit pratiquée, quoiqu'elle y ſoit fort commune, à ce que j'ai pu voir depuis. D'ailleurs, ma pierre étoit fort groſſe & fort lourde; & cette machine me coûta une ſemaine entière de travail pour la rendre parfaite & achevée.

Les 28 & 29 Avril. J'employai ces deux jours à aiguiſer mes outils, la machine que j'avois inventée pour tourner la pierre jouant à merveille.

Le 30. M'appercevant depuis long-tems que mon pain diminuoit conſidérablement, j'en fis la revue, & je me réduiſis à un biſcuit par jour; ce qui étoit pour moi un briſement de cœur.

Le 1 Mai. Regardant le matin vers la mer pendant la baſſe marée, je vis quelque choſe d'aſſez gros ſur le rivage, & cela reſſembloit aſſez à un tonneau : quand je me fus approché de l'objet, je vis qu'un petit baril & deux ou trois morceaux des débris du vaiſſeau, avoient été pouſſés à terre par le dernier ouragan. Je regardai du côté du vaiſſeau, & il me parut être beaucoup plus hors de l'eau qu'il n'étoit auparavant. J'examinai le baril qui étoit sur le rivage, & je trouvai que c'étoit un baril de poudre, mais qu'il avoit pris l'eau, & que la poudre étoit toute collée, & dure comme une pierre. Néanmoins je le roulai plus avant par provision, pour l'éloigner de l'eau, & j'allai ensuite aussi près du vaisseau que je le pouvois sur le sable.

Quand je fus proche, je trouvai qu'il avoit étrangement changé de situation. Le château d'avant, qui auparavant étoit enterré dans le sable, paroissoit pour lors élevé de plus de six pieds : la poupe qui avoit été mise en pièces, & séparée du reste par la tempête, dès que j'eus achevé d'y fouiller la dernière fois, sembloit avoir été balottée, & se montroit toute sur un côté, avec de si hauts monceaux de sable devant elle, qu'au lieu que ci-devant je n'en pouvois pas approcher d'un demi-mille qu'à la nâge, il m'étoit aisé d'aller au pied jusqu'au-dessus, quand le reflux s'étoit épuisé. D'abord je fus surpris d'une telle situation; mais bientôt je conclus qu'elle avoit été causée par le tremblement de terre, & comme par les secousses de ce tremblement le vaisseau s'étoit brisé & entr'ouvert beaucoup plus qu'il ne l'étoit auparavant, de même aussi il venoit tous les jours à terre quantité de choses que la mer détachoit,

& que les vents & les flots faisoient peu-à-peu rouler jusques sur le sable.

Ceci me fit entièrement quitter la pensée de changer d'habitation, & ma principale occupation, ce jour-là, fut d'essayer si je ne pourrois point pénétrer dans le vaisseau; mais je vis que c'étoit une chose à laquelle je ne devois pas m'attendre, parce que le ventre du bâtiment étoit comblé de sable jusqu'au bord. Néanmoins comme l'expérience m'avoit appris à ne désespérer de rien, je résolus de mettre en pièces tout ce que je pourrois des restes, me persuadant que ce que j'en tirerois, me serviroit à quelqu'usage.

Le 3 Mai. Je me mis à travailler avec ma scie, & je coupai de part en part un morceau de poutre, qui soutenoit une partie du demi-pont; après cela j'écartai & j'ôtai le plus de sable que je pus du côté le plus haut; mais la marée survint, & m'obligea de finir pour ce jour-là.

Le 4. J'allai à la pêche, mais je n'attrapai pas un seul poisson que j'osasse manger, ce qui me dégoûta de ce passe-tems: comme j'étois sur le point de quitter, j'attrapai un petit dauphin. J'avois une grande ligne faite de fil de corde; mais je n'avois point d'hameçon, & néanmoins je prenois assez de poissons, & tout autant que j'en pouvois consommer. Tout l'apprêt que j'y faifois, c'étoit de le fécher au foleil, après quoi je le mangeois.

Le 5. J'allai travailler fur les débris; je coupai une autre poutre, & tirai du pont trois groffes planches de fapin, que je liai enfemble, & fis flotter avec la marée jufqu'au rivage.

Le 6. Je travaillai fur les débris d'où j'enlevai plufieurs ferrailles : cela me coûta un long & pénible travail : j'arrivai fort las au logis, & j'avois quelqu'envie de renoncer à ces corvées.

Le 7. Je retournai aux débris fans avoir le deffein d'y travailler; mais je trouvai que la carcaffe s'étoit élargie & affaiffée fous le poids de fa charge, depuis que j'avois coupé fes deux poutres; que plufieurs endroits du bâtiment étoient détachés du refte, & que la cale étoit fi découverte que je pouvois voir dedans; mais elle regorgeoit de fable & d'eau.

Le 8. J'allai aux débris, & je portai avec moi un levier de fer pour démanteler le pont, qui pour lors étoit tout-à-fait exempt d'eau & de fable : j'enlevai deux planches, que je conduifis encore avec la marée. Je laiffai le levier fur la place pour le lendemain.

Le 9. Je me rendis aux débris avec le levier, je pénétrai plus avant dans le corps du bâtiment; je fentis plufieurs tonneaux, que je remuai bien, mais je ne pus point les défoncer. Je fentis pareillement le rouleau de plomb d'Angleterre, & je le foulevois bien un peu, mais il étoit un peu trop pefant pour l'emporter.

Les 10, 11, 12, 13, 14 *Mai.* J'allai tous ces jours aux débris, & j'en tirai plufieurs pièces de charpente, nombre de planches, & deux ou trois cents livres pefant de fer.

Le 15. Je portai avec moi deux haches pour effayer fi je ne pourrois point couper un morceau de plomb roulé, en y appliquant le taillant de l'une, que je tâcherois d'enfoncer en frappant avec la tête de l'autre. Mais comme il étoit environ un pied & demi enfoncé dans l'eau, je ne pouvois donner aucun coup qui portât & qui fît impreffion.

Le 16. Il fit beaucoup de vent la nuit, & la carcaffe du bâtiment en parut encore plus fracaffée qu'auparavant : mais je demeurai fi long-tems dans les bois à chercher des nids de pigeons pour ma cuifine, que je me laiffai prévenir par la marée ce jour-là, & elle m'empêcha d'aller aux débris.

Le 17. J'apperçus quelques morceaux des débris qui avoient été portés à terre, à une diftance de près de deux milles : je voulus aller voir de quoi il s'agiffoit ; il fe trouva que c'étoit une pièce de la poupe, mais trop pefante pour que je la puffe emporter.

Le 24 Mai. Je travaillai fur les débris, jufqu'à ce jour inclufivement, & à force de jouer du levier pendant tout cet intervalle, j'ébranlai fi fort la carcaffe, que la première marée qu'il y eut accompagné de vent, fit flotter plufieurs tonneaux, & deux coffres de matelots. Mais comme le vent fouffloit de terre, rien ne vint au rivage ce jour-là, excepté des morceaux de bois, & un tonneau plein de porc du Bréfil, que l'eau falée & le fable avoient entièrement gâté.

Je continuai ce travail jufqu'au quinzième Juin, fans pourtant déroger au tems néceffaire pour chercher ma nourriture, & que j'avois fixé à la haute marée durant ces allées & ces venues, afin que je puffe être toujours prêt pour la baffe. J'avois de cette manière amaffé du merrein, des planches & du fer en affez grande quantité pour conftruire un bateau, fi j'avois fu comment m'y prendre. J'avois encore enlevé, pièce par pièce, près de cent livres de plomb roulé.

Le 16 Juin. En marchant vers la mer, je trouvai une tortue qui étoit la première que j'euffe vue dans l'île : mais j'avois été fi longtems fans découvrir aucun de ces animaux, que c'étoit plutôt un effet du malheur que de la rareté de leur efpèce ; car je trouvai depuis, que je n'aurois eu qu'à aller de l'autre côté de l'île pour en voir des milliers chaque jour ; mais peut-être aussi que cette découverte m'auroit coûté bien cher.

Le 17 Juin. J'employai ce jour à apprêter ma tortue; je trouvai dedans soixante œufs; & comme depuis mon abord dans cet affreux séjour, je n'avois pas goûté d'autre viande que celle d'oiseau & de bouc, sa chair me parut la plus savoureuse & la plus délicate du monde.

Le 18. Il plut tout le jour, & je restai au logis. La pluie me sembloit froide, & je me sentois tout frilleux; chose que je savois n'être point ordinaire dans cette latitude.

Le 19. Je me trouvai fort mal, & frissonnant comme s'il eût fait un grand froid.

Le 20. Je n'eus point de repos toute la nuit; mais j'eus une fièvre accompagnée de grandes douleurs de tête.

Le 21. Je fus fort mal, & j'eus des frayeurs mortelles de me voir réduit à cette misérable condition, que d'être malade & destitué de tout secours humain. Je fis ce qui ne m'étoit pas encore arrivé depuis la tempête dont nous avions été accueillis à la sortie de la rivière d'Humber; ce fut de prier Dieu, mais d'une manière si sèche, qu'à peine savois-je ce que je disois, ni pourquoi je le disois, tant ma tête étoit brouillée.

Le 22. Je me trouvai dans une disposition meilleure; mais les craintes terribles que me donnoit ma maladie, portoient le trouble dans mon ame.

Le 23 Juin. Je fus derechef fort mal, ayant du froid, des tremblemens, & un violent mal de tête.

Le 24. Je fus beaucoup mieux.

Le 25. Je fus tourmenté d'une fièvre violente ; l'accès me tint sept heures ; il fut mêlé de froid & de chaud, & se termina par une sueur qui m'affoiblit beaucoup.

Le 26. Je fus mieux, & comme je n'avois point de vivres, je pris mon fusil pour en aller chercher : je me sentois extrêmement foible ; & néanmoins je tuai une chèvre que je traînai au logis avec beaucoup de difficulté : j'en grillai sur les charbons quelques morceaux que je mangeai : j'auroit bien été mon dessein d'en étuver pour me faire du bouillon ; mais il m'en fallut passer faute de pot.

Le 27. La fièvre me reprit si violemment, qu'elle me fit garder le lit tout le jour sans boire ni manger. Je mourois de soif ; mais j'étois si foible que je n'avois pas la force de me lever pour aller chercher de l'eau. Je priai Dieu de nouveau ; mais j'étois en délire ; & en me quittant, ce délire me laissa dans un tel abattement, que je fus obligé de me tenir couché, seulement m'écriois-je : *Seigneur, tourne ta face vers moi; Seigneur, prends pitié de moi.*

Je m'imagine que je ne fis autre chose durant deux ou trois heures, jusqu'à ce que l'accès m'ayant enfin quitté, je m'endormis, & ne me réveillai que bien avant dans la nuit. Quand je me réveillai, je me sentis fort soulagé, quoique bien foible & altéré : quoi qu'il en soit, il n'y avoit point d'eau dans toute ma demeure, & je fus forcé de rester au lit jusqu'au matin, que je me rendormis ; & dans ce sommeil, je fis le songe affreux que vous allez voir.

Il me sembloit que j'étois assis à terre, hors de l'enceinte de ma muraille, dans le même endroit où j'étois lors de la tempête qui suivit le tremblement, & que je voyois un homme qui, d'une noire & épaisse nuée, descendoit à terre au milieu d'un tourbillon de feu & de flâme. Depuis les pieds jusqu'à la tête, il étoit aussi éclatant que l'astre du jour, tellement que mes yeux n'en pouvoient supporter la vue sans être éblouis. Sa contenance portoit la terreur, mais une terreur que je pus bien sentir, & qu'on ne sauroit exprimer. La terre, quand il la toucha de ses pieds, me parut s'ébranler, comme elle avoit fait ci-devant pendant le tremblement; & la région de l'air, embrâsée, paroissoit n'être plus qu'une fournaise ardente.

A peine étoit il descendu sur ce bas élément, qu'il s'achemina vers moi, armé d'une longue pique pour me tuer : quand il fut parvenu à une certaine éminence distante de quelques pas, il me parla, & d'une voix terrible il proféra ces paroles encore plus terribles : *Parce que tu ne t'es pas converti à la vue de tant de signes, tu mourras.* A ces mots, il leva sa redoutable lance, & je le vis venir pour me frapper.

De toutes les personnes qui liront cette relation, aucun ne s'attendra que je sois capable de représenter les horreurs où cette vision plongea mon ame; horreurs d'autant plus étranges, que, même durant le songe, je sentois un accablement réel : l'impression que cela fit sur mon esprit, ne passa pas comme un songe; elle s'y grava profondément; & après mon réveil, elle se conserva dans toute sa force, malgré les lumières du jour & de la raison.

Hélas ! à peine avois-je quelque connoissance de la divinité; ce que j'avois appris sous mon père étoit oublié : les bonnes instructions qu'il m'avoit données autrefois avoient eu le tems de s'effacer par une débauche non interrompue de huit ans de tems, que j'avois passés à vivre & à converser avec des mariniers qui ne valoient pas mieux que moi; c'est-à-dire, scélérats & profanes au suprême degré. Je ne sache pas que, durant un si long espace, il me soit jamais venu la moindre pensée de m'élever vers Dieu, pour admirer sa sagesse, ou de descendre au-dedans de moi-même, pour y contempler ma misère : une certaine stupidité d'ame s'étoit emparée de moi, & en avoit banni tout desir du bien, & toute sensibilité au mal; j'avois tout l'endurcissement qu'il faut pour être un modèle de libertinage parmi les matelots de la plus méchante espèce; n'ayant aucun sentiment, ni de crainte de Dieu dans les dangers qui se présentoient, ni de gratitude envers lui dans les délivrances qu'il opéroit.

On n'aura pas de peine à croire ce que je viens de dire, si l'on réfléchit sur les traits précédens de mon histoire, & j'ajoute que, parmi cette foule de malheurs qui m'arrivèrent successivement, je ne m'avisai pas une seule fois que ce pouvoit être la main de dieu qui s'appesantissoit sur moi, que c'étoit une punition de mes crimes, de ma désobéissance envers mon père, ou du cours entier d'une méchante vie. Dans cette expédition désespérée que je fis sur les côtes désertes d'Afrique, il ne m'arriva nullement de réfléchir quelle seroit ma dernière fin, ni de m'adresser à dieu pour lui demander de diriger ma course, & de me couvrir du bouclier de sa providence, pour me mettre en garde contre la férocité des bêtes, & contre la cruauté des sauvages, dont j'étois entouré de toutes parts. L'être souverain n'étoit ni l'objet de mes pensées, ni la règle de ma conduite : j'agissois en pur animal, suivant l'instinct de la nature, & mettant à peine en usage les principes du sens commun.

Lorsque je fus délivré en pleine mer par le capitaine portugais, qui me reçut à son bord honorablement, & qui me traita avec équité, avec humanité, avec charité, je n'avois en moi nul sentiment de reconnoissance. Lorsque je fis naufrage sur la côte de l'isle où je fus submergé & englouti à plusieurs reprises, où je devois périr cent & cent fois, je ne sentis point ma conscience touchée, & ne regardai point la chose comme un jugement de dieu; mais je me contentois de croire qu'il y avoit dans cet évènement de la fatalité, & de me dire souvent à moi-même que j'étois une maudite créature, & que j'étois né pour être malheureux.

Il est bien vrai que, dès que j'eus pris terre pour la première fois, & que je trouvai que tout le reste de l'équipage avoit été noyé, & que j'étois le seul qui eût été sauvé, il est bien vrai, dis je, que j'eus alors une espèce d'extase & un ravissement de cœur, qui, assisté de l'efficace de la grace, auroit bien pu se terminer à une reconnoissance chrétienne; mais ce fut un fruit qui avorta dans sa naissance, un lumignon aussi-tôt éteint qu'allumé, un mouvement qui dégénéra en un transport de joie charnelle, & provenant uniquement de me voir encore en vie, sans que je considérasse que le bras du tout-puissant s'étoit signalé en ma faveur; qu'il m'avoit tiré moi seul du nombre des morts, pour me remettre à la terre des vivans : ma joie ne différoit en rien de celle que ressentent communément les matelots qui se voient à terre après avoir échappé du naufrage, qui consacrent ces premiers momens à la boisson, & qui se hâtent de noyer au plus vîte dans les verres le souvenir de tout le passé. Telle étoit ma disposition, & telle elle fut durant tout le cours de ma vie.

Quand la suite des tems & de mûres considérations m'eurent fait sentir tout le poids de ma misère, que je me représentois un naufrage étrange dans ses circonstances, affreux dans son issue; que je me voyois séparé de tout le genre humain sans nulle apparence d'y être incorporé; que j'envisageois mes maux parvenus à leur comble, sans en appercevoir dans l'avenir le moindre degré de diminution; dans cet état, s'il venoit à luire un petit rayon d'espérance de pouvoir substanter ma vie, & de la défendre

contre

contre la faim, c'en étoit assez pour charmer mes ennuis, pour servir de contre-poids à toutes mes afflictions; dès-lors je commençois à me mettre l'esprit en repos; j'étois bien éloigné de faire intervenir dans mes malheurs le courroux du ciel & la main vengeresse de dieu : mon esprit n'étoit guère accoutumé à remonter ainsi des effets à leur véritable cause.

Le bled dont j'ai fait mention dans mon journal, & que j'avois vu s'élever inopinément au pied du rocher, frappa mon ame aussi-tôt que ma vue; il lui inspira une attention sérieuse autant de tems que l'opinion du miracle s'y maintint; mais cette supposition ne fut pas plutôt éclipsée, qu'elle entraîna avec elle tous les bons mouvemens qu'elle avoit fait naître; c'est ce que j'ai déjà remarqué.

Le tremblement de terre, quoique la chose du monde la plus terrible en elle-même, & la plus capable de conduire à une puissance invisible, qui seule tient en sa main les choses de cet univers, le tremblement de terre, dis-je, n'eut pas plutôt cessé, que l'émotion, la crainte, & généralement toutes les impressions qu'il avoit faites en moi, s'évanouirent : je ne pensai plus aux jugemens de dieu : je ne le regardai plus comme le juste dispensateur de mes maux, ni plus, ni moins que si j'eusse été dans la plus douce & la plus fortunée condition de la vie.

Mais dès que je me vis malade, & que la mort accompagnée de toutes ses horreurs se présenta à mes yeux pour la contempler à loisir ; quand mes forces commençoient à succomber à la violence du mal, que la nature étoit épuisée par l'ardeur de la fiévre ; c'est alors que ma conscience, depuis si long-tems assoupie, se réveilla : je commençai à me reprocher une vie qui s'étoit signalée par le crime, qui avoit armé contre moi la justice divine, qui m'en avoit attiré les coups les plus inouis, & qui me faisoit actuellement gémir sous le poids de sa vengeance.

Ces réflexions m'accablèrent dès le second ou le troisième jour de ma maladie, &, jointes à la fiévre, aussi-bien qu'aux reproches de ma conscience, elles arrachèrent de ma bouche quelques mots de prières, qui, pour n'être pas accompagnées d'un desir sincère, & d'une espérance vive, méritoient moins le nom de prières, qu'elles n'étoient effectivement le langage de la frayeur & de l'angoisse. Une confusion de pensées agitoit mon esprit ; la grandeur de mes crimes bourreloit ma conscience ; la peur ou la seule idée de mourir dans un misérable état, me faisoit monter les vapeurs au cerveau; dans cette détresse de mon ame, ma langue articuloit je ne sais quoi d'une façon imparfaite & purement machinale; mais ce n'étoient qu'exclamations, comme qui diroit : *Grand dieu ! que je suis misérable ! si mon mal continue, je mourrai faute d'assistance : Mon dieu ! que deviendrai-je ?* Après ce peu de paroles, un ruisseau de larmes coula de mes yeux, & je tombai dans un long & profond silence.

Dans cet intervalle se présentèrent à mon esprit les leçons salutaires de mon père, & puis la prédiction rapportée au commencement de cette histoire, qui disoit que, si je faisois cette fausse démarche d'aller courir par le monde, Dieu ne me béniroit pas; & que j'aurois à l'avenir tout le loisir de réfléchir sur le mépris que j'aurois fait de ses conseils, quand peut-être il n'y auroit personne pour m'aider à en réparer la perte. « C'est
» à présent, *m'écriai-je tout haut*, c'est à présent
» que s'accomplissent les paroles de mon père :
» le bras d'un Dieu vengeur m'a atteint ; il n'y
» a personne pour m'assister ni pour m'entendre :
» j'ai rejetté la voie de la providence, qui, par
» sa bonté infinie, m'avoit placé dans un état de
» vie où je pouvois être heureux, & dont je n'ai
» pas voulu jouir, ni connoître le prix, malgré
» mes parens, que je laissai dans un deuil, qui

» n'avoit d'autre objet que ma folie : mais celui
» où je me vois aujourd'hui délaissé, n'est qu'une
» suite de cette même folie : j'ai refusé l'aide de
» mes parens, lorsqu'ils me vouloient établir
» dans le monde, & m'y mettre dans une position
» exempte de gêne & d'inquiétude ; & mainte-
» nant il me faut lutter contre des obstacles trop
» rudes, & peu proportionnés à la foiblesse de la
» nature, sans que j'aie ni assistance, ni conso-
» lation, ni conseil ». Alors je m'écriai : *Grand*
Dieu ! viens à mon aide ; car ma détresse est grande.

Cette prière, s'il est permis de me servir de ce nom, étoit la première que j'eusse faite depuis plusieurs années. Mais retournons à notre journal.

Le 28 Juin. Me sentant un peu soulagé par le sommeil que j'avois eu, & l'accès étant tout-à-fait fini, je me levai. La frayeur où m'avoit jeté le songe, ne m'empêcha pas de considérer, que l'accès de fièvre me reprendroit le jour suivant ; & qu'il falloit profiter de cet intervalle pour me refaire un peu, & préparer des rafraîchisse-mens, auxquels je pourrois avoir recours lorsque le mal seroit revenu. La première chose que je fis, ce fut de verser de l'eau dans une grande bouteille quarrée, & de la mettre sur ma table près de mon lit ; & pour ôter la crudité de l'eau, j'y ajoutai environ le quart d'une pinte de rum, in la siule tout ensemble ; j'allai couper un morceau de viande de bouc, que je grillai sur des charbons, mais je n'en pus manger que fort peu. Je sortis pour me promener, mais je me trouvai foible, triste, & le cœur serré à la vue de ma pitoyable condition, redoutant pour le lendemain le retour de mon mal. Le soir je fis mon souper de trois œufs de tortue, que je fis cuire dans la braise, & que je mangeai à la coque; & ce fut là, autant que je m'en puis ressouvenir, le premier morceau pour lequel j'eusse encore demandé à Dieu sa bénédiction durant tout le tems de ma vie.

Après avoir mangé, j'essayai de me promener, mais je me trouvai si foible, qu'à peine pouvois-je porter mon fusil, sans lequel je ne marchai jamais : ainsi je n'allai pas loin, je m'assis à terre, & me mis à contempler la mer, qui se présentoit devant moi, & qui étoit calme & unie; & dans cette posture il me vint à peu près dans l'esprit les pensées suivantes.

« Qu'est ce que la terre ? qu'est-ce que la mer,
» sur laquelle j'ai tant vogué? d'où cela a-t-il été
» produit ? que suis je moi-même ? que sont les
» autres créatures humaines & brutes, privées
» & sauvages ? quelle est notre origine ?
» Certainement nous avons été tous faits par
» une Puissance invisible, qui forma la terre, &

„ la mer, l'air & les cieux ; & quelle est cette
„ Puissance „ ?

Alors j'inférai naturellement : *C'est Dieu qui a créé toutes choses.* Fort bien, dis-je en moi-même, mais je n'en demeurai pas là, & par une suite nécessaire des antécédens, je continuai de la sorte : « Si Dieu a fait toutes choses, il guide
„ ces mêmes choses, & celles qui les concer-
„ nent : car assurément il faut que la Puissance
„ qui les a faites, ait le pouvoir de les gouverner
„ & de les diriger.

„ Cela étant, rien ne peut arriver dans la
„ vaste enceinte de ses ouvrages sans sa connois-
„ sance, ou sans son ordre.

„ Or, s'il n'arrive rien sans sa connoissance,
„ il sait que je suis ici, & que j'y suis dans un
„ état affreux, & s'il n'arrive rien sans son ordre,
„ il a ordonné que cela m'arrivât ».

Rien ne se présentoit à mon esprit qui pût contredire une seule de ces conclusions ; c'est pourquoi elles opérèrent en moi avec toute la force possible, & me convainquirent que Dieu avoit ordonné que toutes ces choses m'arrivassent, que c'étoit par une dispensation de sa Providence que je me voyois réduit à une extrême misère, parce que seul il avoit en sa puissance non pas seulement moi, mais encore tout ce qui exifte & tout ce qui arrive dans le monde. Incontinent je me fis cette queftion.

Pourquoi Dieu m'a-t-il mis à cette épreuve ? Qu'ai-je fait pour être ainfi traité ?

Dans cette recherche, je fentis foudain ma confcience fe foulever comme fi je venois de blafphêmer, & il me fembloit entendre une voix qui me faifoit ce reproche : « Miférable! tu » demandes ce que tu as fait; regarde en arrière » pour y contempler le paffé, & pour te retracer » une vie abandonnée au défordre : demande » plutôt qu'eft-ce que tu n'as pas fait ? demande » pourquoi tu n'as pas péri il y a long-tems ? » D'où vient, par exemple, que tu ne te noyas » pas dans la rade d'Yarmouth ? que tu ne fus » pas tué dans le combat où tu fus pris par le » corfaire de Salé ? que tu n'as pas été dévoré par » les bêtes fauvages fur les côtes de l'Afrique ; » & qu'en dernier lieu tu n'as pas été enfeveli » dans les flots comme le refte de l'équipage ? » Après cela oferas-tu bien encore demander ce » que tu as fait »?

Ces réflexions me rendirent muet, & bien loin d'avoir aucune réplique pour me juftifier auprès de moi-même, je me levai tout penfif & mélancolique, je marchai vers ma retraite, & je paffai par-deffus ma muraille comme pour m'aller coucher; mais je me fentois l'efprit dans une grande agitation, & j'étois peu difposé à dormir; ainfi je m'affis fur ma chaife, & comme il commençoit à faire noir, j'allumai ma lampe : déjà l'atteinte de la fièvre me donnoit de terribles inquiétudes; & dans ce moment il me vint dans l'efprit que les Brafiliens ne prennent prefque aucune autre médecine pour quelque forte de maladie que ce puiffe être, que leur tabac; & je favois qu'il y avoit dans un de mes coffres un morceau de rouleau, dont les feuilles étoient mûres pour la plûpart, quoiqu'il y en eût quelques-unes de vertes.

Je me levai de deffus ma chaife, & comme fi j'euffe été infpiré du ciel, j'allai droit au coffre qui renfermoit la guérifon de mon corps & de mon ame. J'ouvris le coffre, & j'y trouvai ce que je cherchois; favoir, le tabac; & comme le peu de livres que j'avois confervés y étoient auffi ferrés, je pris une des bibles dont il a été fait mention ci-deffus, & que je n'avois pas eu jufqu'ici le loifir, ou plutôt le defir d'ouvrir une feule fois; je la pris, dis-je, & la portai avec le tabac fur ma table.

Je ne favois ni comment employer ce tabac pour ma maladie, ni s'il lui étoit favorable ou contraire; mais j'en fis l'expérience de plufieurs manières différentes, comme fi je n'euffe pu manquer par cette voie de rencontrer la bonne, & de réussir. Premièrement, je pris un morceau de feuille que je mis dans ma bouche, & comme le tabac étoit vert & fort, & que je n'y étois pas accoutumé, il m'étourdit extraordinairement : secondement, j'en fis tremper une autre feuille dans du rum, pour en prendre une dose une heure ou deux après en me couchant ; & en troisième lieu, j'en grillai sur des charbons ardens, & je tins mon nez sur la fumée, aussi près & aussi longtems que la crainte de me brûler, ou de me suffoquer, le pouvoit permettre.

Dans l'intervalle de ces préparatifs, j'ouvris la Bible, & je commençai à lire : mais les fumées du tabac m'avoient trop ébranlé la tête pour continuer ma lecture : néanmoins, ayant jeté les yeux à l'ouverture du livre, les premières paroles qui se présentèrent furent celles-ci : *Invoquemoi au jour de ton affliction, & je te délivrerai, & tu me glorifieras.*

Ces paroles étoit fort propres pour l'état où je me trouvois, & elles firent impression sur mon esprit dans le tems de la lecture ; mais le mot de *délivrer* sembloit ne pas me concerner, & n'avoit aucune signification à mon égard : ma délivrance étoit une chose si éloignée, & même si impossible dans mon imagination, que je commençai à parler le langage des enfans d'Israël, qui disoient, lorsqu'on leur promit de la chair à manger : *Dieu pourroit-il dresser une table dans le désert ?* Et moi, aussi incrédule qu'eux, je me mis à dire : *Dieu lui-même pourroit-il me délivrer de cette place ?* Et comme ce ne fut qu'après bien des années qu'il se manifesta quelque sujet d'espérance, aussi ces défiances venoient-elles souvent me maîtriser; néanmoins, les paroles que j'avois lues me touchoient, & je les méditois très-souvent. Il se faisoit tard, & le tabac, comme j'ai déjà dit, m'avoit si fort appesanti la tête, qu'il me prit envie d'aller dormir : je laissai donc brûler ma lampe dans ma caverne, de peur que je n'eusse besoin de quelque chose pendant la nuit, ensuite je m'allai coucher ; mais auparavant je fis ce que je n'avois fait de mes jours ; je me mis à genoux, je priai Dieu, le suppliant d'accomplir la promesse qu'il m'avoit faite, que, si je l'invoquois au jour de mon affliction, il me délivreroit. Après que cette prière précipitée & imparfaite fut finie, je bus le rum dans lequel j'avois infusé le tabac, & qui en étoit si imbu & si fort que j'eus beaucoup de peine à pouvoir l'avaler : incontinent cette potion me donna brusquement à la tête; mais je m'endormis d'un si profond sommeil, que quand je me réveillai après cela, il ne pouvoit pas être moins de trois heures après midi : je dirai bien plus, c'est que je ne saurois encore m'ôter de la tête que je dormis tout le lendemain de ma médecine, toute la nuit d'après, & une partie du jour suivant; car autrement, je ne comprends pas comment j'aurois pu me trouver court d'un jour dans mon calendrier ou calcul de jours & de semaines, comme il parut quelques années ensuite que je l'étois effectivement.

Quelle que pût être la cause de ce mécompte, je me trouvai à mon réveil extrêmement soulagé, me sentant du courage & de la joie; quand je me levai, j'avois plus de force que le jour précédent: mon estomac s'étant fortifié, l'appétit m'étoit revenu; en un mot, le lendemain point de fièvre du tout, & j'allai toujours de mieux en mieux. Ce jour étoit le 23.

Le 30 Juin suivant même, le train de la maladie, étoit mon bon jour; ainsi je sortis avec mon fusil; mais je ne me souciai point de m'éloigner trop. Je tuai une couple d'oiseaux de mer, assez semblables à des oies sauvages, je les portai au logis; mais je ne fus point tenté d'en manger, & me contentai de quelques œufs de tortue qui étoient forts bons. Le soir je réitérai la médecine que je supposai m'avoir fait du bien, j'entends le rum, dans quoi il y avoit du tabac infusé; j'usai pourtant de quelque restriction cette fois-ci; c'est que la dose fut plus petite que la première, que je ne mâchai point de tabac, & que je ne tins point le nez sur la fumée comme auparavant. Quoi qu'il en soit, le lendemain qui étoit *le 1 Juillet*, je ne fus point aussi bien que je m'y étois attendu ; j'eus quelque espèce de frissonnement ; mais à la vérité ce n'étoit que peu de chose.

Le 2. Je réitérai la médecine des trois manières ; elle me donna dans la tête, comme il étoit arrivé la première fois, & je doublai la quantité de ma potion.

Le 3. La fièvre me quitta pour toujours ; mais il se passa quelques semaines avant que je recouvrasse tout-à-fait mes forces. Cependant, je réfléchissois extrêmement sur ces paroles de l'écriture, *je te délivrerai :* l'impossibilité de ma délivrance étoit si profondément gravée dans mon esprit, qu'elle y avoit coupé racine à tout espoir. Mais pendant que je me décourageois ainsi par de telles pensées, je fis réflexion que j'avois les yeux si assidûment tournés vers ma principale délivrance, que je les détournois de dessus celle que j'avois reçue. Sur le champ je me pris moi-même à partie, & me formai ces interrogations : « N'ai je » pas été délivré d'une maladie dangereuse ? l'état » pitoyable où j'étois, la peur terrible que j'en » avois, l'heureuse issue qui a terminé tout cela, » ne sont-ce pas des choses qui méritoient mon » attention ? Dieu m'a délivré ; mais je ne l'ai » pas glorifié : c'est-à-dire, je n'ai pas reconnu » son bienfait ; je ne lui ai pas rendu mes actions

» de graces : de quel front oferois-je attendre
» une plus grande délivrance ? »

Ces réflexions pénétrèrent mon cœur ; je me mis incontinent à genoux, & je remerciai Dieu à haute voix de ma convalefcence.

Le 4. Le matin je pris la Bible, & je commençai au nouveau teftament. Je m'appliquai férieufement à cette lecture, & me fis une loi d'y vaquer chaque matin & chaque foir, fans me fixer à un certain nombre de chapitres, mais fuivant la fituation de mon efprit. Je n'eus pas pratiqué cet exercice pendant long-tems, que je fentis naître en mon cœur un repentir plus profond & plus fincère de ma vie paffée : l'impreffion de mon fonge fe réveilla : J'étois fenfiblement ému du paffage conçu en ces paroles : *Toutes ces chofes ne t'ont point porté à repentance.* C'eft cette repentance que je demandois un jour à Dieu avec affection, lorfque, par un effet de fa providence, ayant ouvert l'Ecriture-Sainte, je tombai fur ces mots : *Il eft prince & fauveur ; il a été élevé pour donner repentance & rémiffion.* A peine eus-je achevé le paffage que je pofai le livre, & élevant mon cœur auffi-bien que mes mains vers le ciel, avec une efpèce d'extafe & un tranfport de joie indicible, je m'écriai tout haut : *Jéfus, fils de David, prince & fauveur, qui a été élevé pour donner repentance, donne-la-moi.*

Je puis dire que cette prière fut la première de ma vie qui mérita le nom de prière : car elle fut accompagnée d'un sentiment de ma misère, & d'une espérance vive puisée dans la Sainte-Ecriture, animée par la parole de Dieu même, & depuis ce tems-là je ne cessai point d'espérer que Dieu m'exauceroit un jour.

Dès-lors, le passage compris en ces termes : *Invoque-moi & je te délivrerai*, me parut renfermer un sens que je n'y avois pas encore trouvé. Car auparavant je n'avois l'idée d'aucune autre délivrance, que d'être affranchi de la captivité où j'étois détenu ; je veux dire l'île qui, quoique ce fût un lieu vaste & étendu, ne laissoit pas d'être pour moi une prison, & même une des plus terribles. Mais aujourd'hui je me vois éclairé d'une lumière nouvelle ; j'apprends une autre interprétation des paroles que j'avois lues : maintenant je repasse avec horreur sur une méchante vie ; l'image de mes crimes m'inspire l'épouvante, & je ne demande plus rien à Dieu, sinon qu'il délivre mon ame d'un poids sous lequel elle gémit. Quant à ma vie solitaire, elle ne m'afflige plus ; je ne prie pas seulement Dieu de vouloir m'en affranchir, je n'y pense pas, & tous les autres maux ne me touchent point en comparaison de celui-ci. J'ajoute cette dernière réflexion, pour insinuer en passant à quiconque lira cet endroit de mon ouvrage, qu'à prendre les choses dans leur vrai sens, c'est un bien infiniment plus grand de se soustraire au péché qu'à l'affliction : mais je n'étendrai pas cette matière, & je vais reprendre mon Journal.

Quoique ma condition fût encore la même, à parler physiquement, & à en juger par l'extérieur des choses, néanmoins elle étoit devenue bien plus douce & bien plus supportable aux yeux de mon esprit. Par une lecture constante des écrits sacrés, & par l'usage fréquent de la prière, mes pensées étoient dirigées vers ces objets d'une nature relevée : je sentois en secret des consolations intérieures qui m'avoient jusqu'alors été inconnues ; & comme ma santé & mes forces revenoient tous les jours, je m'employois sans cesse à me pourvoir de tout ce qui me manquoit, & à rendre ma manière de vivre autant régulière qu'il se pouvoit.

Du 4 Juillet jusqu'au 14. Mon occupation principale étoit de me promener avec mon fusil à la main : je réitérois souvent la promenade, mais je la faisois courte, comme un homme qui relevoit de maladie, & qui tâchoit peu-à-peu de se remettre : car il est difficile de comprendre combien j'étois épuisé, & à quel point de foiblesse je me voyois réduit. Le remède dont je me servis étoit tout-à-fait nouveau, & n'avoit peut-être jamais guéri de fièvre auparavant ; aussi l'expérience que j'en fis n'est pas un garant suffisant pour l'oser recommander à qui que ce soit, parce que, si d'un côté il emporta la fièvre, de l'autre il contribua extrêmement à m'affoiblir, & il m'en resta pendant quelque tems un ébranlement de nerfs, & de fortes convulsions par tout le corps.

Ces fréquentes promenades m'apprirent à mes dépens une particularité, qui est, qu'il n'y avoit rien de plus pernicieux à la santé que de se mettre en campagne pendant la saison pluvieuse, surtout si la pluie étoient accompagnée d'une tempête ou d'un ouragan. Or, comme la pluie qui survenoit quelquefois dans la saison sèche, ne tomboit jamais sans orage, aussi trouvois-je qu'elle étoit beaucoup plus dangereuse, & plus à craindre que celle de Septembre ou d'Octobre.

Il y avoit près de dix mois que j'étois dans cette île infortunée; toute possibilité d'en sortir sembloit m'être ôtée pour toujours, & je croyois fermement que jamais créature humaine n'avoit mis le pied dans ce lieu sauvage. Ma demeure se trouvoit, selon moi, suffisamment fortifiée : j'avois un grand desir de faire une découverte plus complette de l'île, & de voir si je ne pourrois point rencontrer des productions qui m'auroient été cachées jusqu'alors.

Ce fut le 15 *Juillet* que je commençai de faire
une

une visite de l'Isle, le plus exactement que j'eusse encore fait. J'allai premièrement à la petite baie, dont j'ai déjà fait mention, & où j'avois abordé avec tous mes radeaux. Je marchai le long de la rivière, & quand j'eus fait environ deux milles en montant, je trouvai que la marée n'alloit pas plus loin, & que ce n'étoit plus là qu'un petit ruisseau coulant, dont l'eau étoit fort douce & fort bonne. Mais comme l'Eté, ou la saison séche, régnoit en ce tems-là, il n'y avoit presque point d'eau en certains endroits; du moins n'en restoit-il point assez pour faire un courant un peu considérable & sensible.

Sur les bords de ce ruisseau, je trouvai plusieurs prairies agréables, unies & couvertes d'une belle verdure. En s'éloignant du lit, elles s'élevoient insensiblement; là où il n'y avoit pas d'apparence qu'elles fussent jamais inondées, c'est-à-dire, près des côteaux qui les bordoient, je trouvai quantité de tabac vert, & croissant sur une tige extrêmement haute. Il y avoit plusieurs autres plantes, que je ne connoissois point, & dont je n'avois jamais entendu parler, qui pouvoient renfermer des qualités occultes.

Je me mis à chercher de la cassave, qui est une racine dont les Américains font leur pain dans tous ces climats; mais je n'en pus point trouver. Je vis de belles plantes d'Aloës; mais je n'en savois pas encore l'usage : je vis plusieurs cannes de sucre, mais sauvages & imparfaites faute de culture. Je me contentai de cette découverte pour cette fois; & je m'en revins en considérant mûrement quels moyens je pourrois prendre pour m'instruire de la vertu des plantes & des fruits que je découvrirois à l'avenir : mais après y avoir bien pensé, je ne formai aucune conclusion. Car, sans mentir, j'avois été si peu soigneux de faire mes observations, dans le tems que j'étois au Brésil, que je ne connoissois guères les plantes de la campagne, ou que du moins la connoissance que j'en avois ne pouvoit pas m'être d'un grand secours dans l'état misérable où j'étois.

Le lendemain 16 *du mois*, je repris le même chemin; & m'étant avancé un peu plus loin que je n'avois fait la veille, je trouvai que le ruisseau & les prairies ne s'étendoient pas plus loin, & que la campagne commençoit à être plus couverte de bois. Là je trouvai plusieurs sortes de fruits, & particulièrement des melons qui couvroient la terre, des raisins qui pendoient sur les arbres, & dont la grape riante & pleine étoit prête pour la vendange. Cette découverte me donna autant de surprise que de joie.

Mais je voulus modérer mon appétit, & profiter d'une expérience qui avoit été funeste à d'autres : car je me ressouvenois d'avoir vu mou-

…ir en Barbarie plusieurs de nos esclaves Anglois, qui, à force de manger des raisins, avoient gagné la fièvre & la dyssenterie. J'eus pourtant le secret d'obvier à des suites si terribles, & de préparer ce fruit d'une manière excellente, en l'exposant & en le faisant sécher au soleil après l'avoir coupé, & je le gardai comme on garde en Europe ce qu'on appelle des raisins secs; je me persuadois qu'après l'Automne ce seroit un manger aussi agréable que sain; & mon espérance ne fut point déçue.

Je passai là toute la journée; sur le tard je ne jugeai pas à propos de m'en retourner au logis, & je me déterminai pour la première fois de ma vie solitaire, à découcher. La nuit étant venue, je choisis un logement tout semblable à celui qui m'avoit donné retraite à mon premier abord dans l'Isle: ce fut un arbre bien touffu, sur lequel m'étant placé commodément, je dormis d'un profond sommeil. Le lendemain au matin je procédé à la continuation de ma découverte en marchand près de quatre milles, & jugeant de la longueur du chemin par celle de la vallée que je parcourois: j'allois droit au Nord, & laissois derrière & à ma droite une chaîne de monticules.

Au bout de cette marche je me trouvai dans un pays découvert, qui sembloit porter sa pente à l'Occident, un petit ruisseau d'eau fraîche, qui sortoit d'une colline, dirigeoit son cours à l'opposite, c'est-à-dire, à l'Orient : toute cette contrée paroissoit si tempérée, si verte, si fleurie, qu'on l'auroit prise pour un jardin planté par artifice, & il étoit aisé de voir qu'il y régnoit un printems perpétuel.

Je descendis un peu sur la croupe de cette vallée délicieuse ; & après, je fis une station pour la contempler à loisir. D'abord l'admiration se saisit de mes sens ; elle suspendit quelque tems mes soucis rongeurs, pour me faire savourer en secret le plaisir de voir que tout ce que je contemplois étoit mon bien ; que j'étois le Seigneur & le Roi absolu de cette région ; que j'y avois un droit de possession ; & que, si j'avois des héritiers, je pourrois la leur transmettre aussi incontestablement qu'on feroit d'un fief en Angleterre. J'y vis une grande quantité de cacaos, d'orangers, de limoniers, & de citronniers, qui tous étoient sauvages, & dont il n'y en avoit que peu qui portassent du fruit, du moins dans la saison présente. Néanmoins les limons verts, que je cueillis, étoient non-seulement agréables à manger, mais encore très-sains ; & dans la suite j'en mêlois le jus avec de l'eau, qui en recevoit beaucoup de relief, devenant par-là & plus fraîche & plus salutaire.

Je me voyois maintenant assez d'ouvrage sur les bras : il s'agissoit de cueillir du fruit & de le transporter ensuite dans mon habitation ; car j'avois résolus d'amasser une provision de raisins & de citrons pour me servir pendant la saison pluvieuse, que je savois bien qui approchoit.

Pour cet effet je fis trois monceaux, dont deux étoient de raisins & l'autre de limons & de citrons mêlés ensemble. Je tirai de chacun une petite portion pour l'emporter, & avec cela je pris le chemin de la maison, résolu de revenir au plutôt, & de me munir d'un sac ou de quelqu'autre meuble, tel que je pourrois trouver, pour enlever le reste.

Après mon voyage de trois jours, je me rendis chez moi : c'est ainsi que j'appellerai désormais ma tente & ma caverne. Mais avant que d'y arriver, mes raisins s'étoient brisés & écrasés à cause de leur grande maturité & de leur pesanteur, ensorte qu'ils ne valoient plus que peu de chose, pour ne pas dire rien du tout. Pour ce qui est des limons, ils se trouvèrent très bons; mais il n'y en avoit qu'un petit nombre.

Le jour suivant, qui étoit le 1b, je retournai avec deux petits sacs, que j'avois faits, pour aller chercher ma récolte. Mais je fus surpris de voir que mes raisins que j'avois laissés la veille si appétissans & bien amoncelés, étoient aujourd'hui tous gâtés ; tous par morceaux, traînés & dispersés çà & là, & qu'une partie en avoit été rongée & dévorée. De-là je conclus qu'il y avoit dans le voisinage quelques animaux sauvages qui avoient fait tout ce dégât.

Enfin voyant qu'il n'y avoit pas moyen de les laisser en un monçeau, ni de les emporter dans un sac, parce que d'un côté ils seroient pressés & exprimés sous leur propre poids, & que de l'autre, ce seroit les livrer en proie aux bêtes sauvages, je trouvai une troisième méthode qui me réussit ; je cueillis donc une grande quantité de raisins, & les suspendis au bout des branches des arbres pour les sécher & les cuire au soleil ; mais quant aux limons & aux citrons, j'en emportai au logis autant qu'il en falloit pour plier sous ma charge.

En chemin faisant pour m'en retourner de ce voyage, je contemplois avec admiration la fécondité de cette vallée, les charmes de sa situation, l'avantage qu'il y auroit de s'y voir à l'abri des orages du vent d'Est, derrière ces bois & ces côteaux ; & je conclus que l'endroit où j'avois fixé mon habitation étoit sans contredit le plus mauvais de toute l'Isle. Ainsi je pensai dès-lors à déménager, & à me choisir, s'il étoit possible, dans ce séjour fertile & agréable, une place aussi forte que celle que je méditois de quitter.

J'eus long-tems ce projet en tête, & la beauté du lieu étoit cause que j'en repaissois mon imagination avec plaisir ; mais quand je vins à considérer les choses de plus près, & à réfléchir que ma vieille demeure étoit proche de la mer, je trouvai que ce voisinage pourroit donner lieu à quelque évenement favorable pour moi ; que la même destinée qui m'avoit poussé où j'étois, pourroit m'y envoyer des compagnons de mon malheur ; & que, bien qu'il n'y eût pas beaucoup d'apparence à une telle époque, néanmoins si je venois à me renfermer dans les collines & dans les bois, au centre de l'Isle, ce seroit redoubler mes entraves, & rendre mon affranchissement non-seulement peu probable, mais même impossible ; & que par conséquent je ne devois aucunement changer de demeure.

Mais pourtant j'étois devenu si amoureux d'un si bel endroit, que j'y passai presque tout le reste de Juillet : & quoiqu'après m'être ravisé j'eusse conclu à ne point changer de domicile, je ne pus m'empêcher de m'y faire une petite métairie au milieu d'une enceinte assez spacieuse, laquelle enceinte étoit composée d'une double haie bien palissadée, aussi haute que pouvois atteindre, & toute remplie en dedans de menu bois. Je couchois quelquefois deux ou trois nuits consécutives dans cette seconde forteresse, passant &

repassant par-dessus la haie une échelle, comme je faisois dans la première; & dès-lors je me regardai comme un homme qui avoit deux maisons, l'une sur la côte pour veiller au commerce & à l'arrivée des vaisseaux; l'autre à la campagne, pour faire la moisson & la vendange. Les ouvrages & le séjour que je fis dans cette dernière, me tinrent *jusqu'au premier Août*.

Je ne faisois que de finir mes fortifications, & de commencer à jouir de mes travaux, quand les pluies vinrent m'en déloger, & me chasser dans ma première habitation, pour n'en pas sortir si-tôt. Car quoique dans ma nouvelle je me fusse fait une tente avec une pièce de voile, & que je l'eusse fort bien tendue, comme j'avois déjà fait dans la vieille, toutefois je n'étois pas au pied d'un rocher haut & sans pente, qui me servît de boulevart contre le gros tems, & je n'avois pas derrière moi une caverne pour me retirer quand les pluies étoient extraordinaires.

J'ai déjà dit que j'avois achevé ma métairie au commencement d'Août, & que dès ce tems-là je commençois à en goûter les douceurs. Je dirai maintenant, pour continuer mon journal, qu'au troisième jour du même mois, je trouvai les raisins que j'avois suspendus, parfaitement secs, bien cuits au soleil, & en un mot, excellens; c'est pourquoi je commençai à les ôter de dessus les arbres;

& je fus bien avifé de m'y prendre auffi-tôt : autrement les pluies qui furvinrent les auroient entièrement gâtés, & m'auroient fait perdre mes meilleures provifions d'hiver ; car j'avois plus de deux cens grappes. Il me fallut du tems pour les dépendre, pour les tranfporter chez moi, & pour les ferrer dans ma caverne. Je n'eus pas plutôt fait toutes ces chofes que les pluies commencèrent & durèrent depuis le quatorzième d'Août jufqu'à la mi-Octobre : il eft bien vrai qu'elles fe relâchoient quelquefois ; mais auffi elles étoient de tems en tems fi violentes, que je ne pouvois point bouger de ma caverne durant plufieurs jours.

Dans cette même faifon l'accroiffement foudain de ma famille me donna bien de la furprife. Il y avoit du tems que j'avois eu le chagrin de perdre un de mes chats, & je le croyois mort ; lorfqu'à mon grand étonnement il vint à mon logis efcorté de trois petits, fur la fin du mois d'Août. Il eft bien vrai que j'avois tué avec mon fufil une efpèce d'animal, que j'ai appelé chat fauvage ; mais il me paroiffoit tout différent de ceux que nous avons en Europe ; & mes petits chats étoient tout-à-fait femblables aux autres chats domeftiques, & à mes deux vieux en particulier, qui n'étant qu'un couple de femelles, ne fourniffoient à mon efprit que d'étranges difficultés fur cette multiplication. Mais cette race qui m'avoit intrigué dès sa naissance, faillit à m'empester dans la suite par une trop féconde postérité dont je fus bientôt si infecté, que je me vis obligé de leur donner la chasse, & même de les exterminer comme une vermine dangereuse, ou comme des bêtes sauvages.

Depuis le 14 du mois d'Avril jusqu'au 26, il plut sans aucune intermission, tellement que je ne pus point sortir tout ce tems-là; j'étois devenu fort soigneux de me garantir de la pluie. Durant cette longue retraite, je commençai à me trouver un peu court de vivres; mais m'étant hasardé deux fois à aller dehors, je tuai à la fin un bouc, & trouvai une tortue fort grosse qui fut pour moi un grand régal. La manière dont je réglois mes repas étoit celle-ci; je mangeois une grappe de raisin pour mon déjeûner, un morceau de bouc ou de tortue grillé pour mon dîner, car par malheur je n'avois aucun vaisseau propre à bouillir ou à étuver quoi que ce soit; & puis à souper deux ou trois œufs de tortue faisoient mon affaire.

Pour me désennuyer, & faire en même tems quelque chose d'utile dans cette espèce de prison où me confinoit la pluie, je travaillois régulièrement deux ou trois heures par jour, à aggrandir ma caverne, & conduisant ma sappe, peu-à-peu, vers un des flancs du rocher, je parvins à le percer de part en part, & à me faire une entrée & une sortie libre derrière mes fortifications : mais je conçus d'abord quelque inquiétude de me voir ainsi exposé : car de la manière dont j'avois ménagé les choses auparavant, je m'étois vu parfaitement bien enclos : au lieu qu'à présent je me voyois en butte au premier aggresseur qui viendroit. Il faut pourtant avouer que j'aurois de la peine à justifier la crainte qui me vint sur cet article; & que j'étois trop ingénieux à me tourmenter, puisque la plus grosse créature que j'eusse encore vue dans l'isle, c'étoit un bouc.

Le 30 Septembre étoit l'anniversaire de mon funeste débarquement. Je calculai les crans marqués sur mon poteau, & je trouvai qu'il y avoit trois cent soixante-cinq jours que j'étois à terre. J'observai ce jour comme un jour de jeûne solemnel, le consacrant tout entier à des exercices religieux, me prosternant à terre avec une humilité profonde, confessant mes péchés à Dieu, reconnoissant la justice de ses jugemens sur moi, & implorant enfin sa compassion en vertu de notre divin médiateur. Je m'abstins de toute nourriture pendant douze heures, & jusqu'au soleil couchant; après quoi, je mangeai un biscuit avec une grappe de raisin; & terminant cette journée avec dévotion, comme je l'avois commencée, je m'allai coucher.

Jusqu'ici je n'avois observé aucun Dimanche,

parce que n'ayant du commencement nul sentiment de religion dans le cœur, j'omis au bout de quelque tems de distinguer les semaines en marquant pour le dimanche un cran plus long que pour les jours ouvriers; ainsi je ne pouvois véritablement plus discerner l'un de l'autre. Mais quand j'eus une fois calculé les jours par le nombre des crans, comme je viens de dire, je reconnus que j'avois été dans l'Isle pendant un an. Je divisai cet an en semaines, & je pris le septième de chacune pour mon dimanche : il est pourtant vrai qu'à la fin de mon calcul, je trouvai un ou deux jours de mécompte.

Peu de tems après ceci, je m'apperçus que mon encre me manqueroit bientôt; c'est pourquoi je fus obligé de la ménager extrêmement, me contentant d'écrire les circonstances les plus remarquables de ma vie, sans faire un détail journalier des autres choses.

Je m'appercevois déjà de la régularité des saisons : je ne me laissois plus surprendre ni par la pluvieuse, ni par la sèche : & je savois me pourvoir & pour l'une & pour l'autre. Mais avant d'acquérir une telle expérience, j'avois été obligé d'en faire les frais; & l'essai que je vais rapporter, étoit un des plus chers auxquels j'en fusse venu. J'ai dit ci-dessus, que j'avois conservé le peu d'orge & de riz, qui avoit crû d'une manière inattendue, & où je m'imaginois trouver du miracle; il pouvoit bien y avoir trente épis de riz & vingt d'orge; or je croyois que c'étoit le tems propre à semer ces grains, parce que les pluies étoient passées, & que le soleil étoit parvenu au midi de la Ligne.

Conformément à ce dessein, je cultivai une pièce de terre le mieux qu'il me fut possible, avec une pelle de bois, & après l'avoir partagée en deux parts, je semai mon grain. Mais tandis que j'étois à semer, il me vint en pensée que je ferois bien de ne pas tout employer cette première fois, parce que je ne savois quelle saison étoit la plus propre pour les semailles; c'est pourquoi je risquai environ les deux tiers de mon grain, réservant à-peu-près une poignée de chaque sorte.

Je me sus bon gré dans la suite de m'y être pris avec cette précaution. De tout ce que j'avois semé, il n'y eut pas un seul grain qui crût à un point de maturité, parce qu'aux mois suivans, qui composoient la saison séche, la terre n'ayant aucune pluie après avoir reçu la semence, elle manquoit aussi de l'humidité nécessaire pour la faire germer, & ne produisit rien du tout, jusqu'à ce que, la saison pluvieuse étant revenue, elle poussa de foibles tiges qui dépérirent.

Voyant que ma première semence ne croissoit point, & devinant aisément qu'il n'en falloit pas demander d'autre cause que la séchéresse, je cherchai un autre champ pour faire un autre essai. Je fouïs donc une pièce de terre près de ma nouvelle métairie, & je semai le reste de mon grain en Février, un peu avant l'équinoxe du printems. Cette semence ayant les mois de Mars & d'Avril, pour être humectée, poussa fort heureusement, & fournit la plus belle récolte que je pusse attendre; mais comme cette seconde semaille n'étoit plus qu'un reste de la première, & que, ne l'osant toute risquer, j'en avois épargné pour une troisième, elle ne donna enfin qu'une petite moisson, laquelle pouvoit monter à deux picotins, l'un de riz, l'autre d'orge.

Mais l'expérience que je venois de faire me rendit maître consommé dans cette affaire, m'apprenant précisément quand il falloit semer, & qu'aussi je pouvois faire deux semailles & recueillir deux moissons.

Pendant que mon blé croissoit, je fis une découverte, dont je sus bien profiter. Dès que les pluies furent passées, & que le tems commença à se mettre au beau, ce qui arriva vers le mois de Novembre, j'allai faire un tour à ma maison de campagne, où, après une absence de quelques mois, je trouvai les choses dans le même état où je les avois laissées, & même en quelque façon améliorées. Le cercle ou la double haie que j'avois formée, étoit non-seulement entière, mais encore les pieux que j'avois faits avec des branches d'arbres que j'avois coupées là autour, avoient tous poussé & produit de longues branches, comme auroient pu faire des saules, qui repoussent généralement la première année, après qu'on les a élagués depuis la cime du tronc. Mais je ne vous saurois dire comment appeler ces arbres dont les branches m'avoient fourni des pieux. J'étois bien étonné de voir croître ces jeunes plantes ; je les taillai & les cultivai de façon qu'elles pussent toutes venir à un même niveau, s'il étoit possible. Vous ne sauriez croire combien elles prospérèrent, ni la belle figure qu'elles faisoient au bout de trois ans ; puisqu'encore que mon enceinte eût environ vingt-cinq verges de diamètre, néanmoins elles la couvrirent bientôt toute entière, & firent enfin un ombrage si épais qu'on auroit pu loger dessous durant toute la saison sèche.

Ceci me fit résoudre à couper encore d'autres pieux de la même espèce, & à en faire une haie en forme de demi-cercle, pour enfermer ma muraille : j'entends celle de ma première demeure ; & c'est aussi ce que j'exécutai. Car ayant planté un double rang de ces pieux, qui devenoient des arbres, à la distance d'environ huit verges de ma vieille palissade, ils crûrent bien vîte, &

servirent premièrement de couverture pour mon habitation, & dans la suite même de rempart & de défense, comme je le raconterai en son lieu.

Je trouvois dès-lors qu'on pouvoit en général diviser les saisons de l'année, non pas en été & en hiver, comme on fait en Europe; mais en tems de pluie & de secheresse, qui, se succédant alternativement deux fois l'un à l'autre, occupent ordinairement les mois de l'année selon l'ordre suivant :

La moitié de Février, Mars, La moitié d'Avril;	Tems de pluie, le soleil étant ou dans l'équinoxe, ou bien proche.
La moitié d'Avril, Mai, Juin, Juillet, La moitié d'Août;	Tems sec, le soleil étant alors au nord de la ligne.
La moitié d'Août, Septembre, La moitié d'Octobre;	Tems de pluie, le soleil étant retourné au voisinage de l'équinoxe.
La moitié d'Octobre, Novembre, Décembre, Janvier, La moitié de Février;	Tems sec, le soleil étant au sud de la ligne.

Voilà le train ordinaire des saisons, quoiqu'à
la

la vérité il souffrît quelques altérations de tems en tems, parce que la pluie duroit plus ou moins long-tems, selon la qualité ou la violence des vents qui souffloient. J'ai déjà dit que j'avois appris, à mes depens, combien les pluies étoient contraires à la santé; & c'est à cause de cela que je faisois toutes mes provisions d'avance, de crainte d'être obligé d'aller dehors pendant les mois pluvieux. Mais il ne faut pas s'imaginer que je fusse oisif dans ma retraite. J'y trouvois assez d'occupations, & je manquois encore d'une infinité de choses, dont je ne pouvois me pourvoir que par un travail rude, & une application continuelle. Par exemple, je me voulus fabriquer un panier; je m'y pris de plusieurs manières; mais toujours les verges que j'employois pour cela étoient si aisées à casser, que je n'en pouvois rien faire. J'eus lieu dans cette conjoncture de me savoir bon gré de ce qu'étant encore petit garçon, je m'étois fait un plaisir sensible de fréquenter la boutique d'un vanier, qui travailloit dans la ville où mon père faisoit son domicile, & de lui voir faire ses ouvrages d'osier : semblable à la plûpart des enfans, je lui rendois de petits services; je remarquois soigneusement la manière dont il travailloit; je mettois quelquefois la main à l'œuvre; & enfin j'avois acquis une pleine connoissance de la méthode ordinaire de cet art. Il ne manquoit plus que des matériaux, lorsqu'il me vint dans l'esprit, que les menues branches de l'arbre sur lequel j'avois coupé mes pieux qui avoient poussé, pourroient bien être aussi flexibles que celles du saule ou de l'osier d'Angleterre, & je résolus de l'essayer.

Dans ce dessein, je m'en allai le lendemain à ma maison de campagne, & ayant coupé quelques verges de l'arbre dont je viens de parler, je les trouvai aussi propres que je le pouvois souhaiter pour ce que je voulois faire. Ainsi je retournai bientôt après avec une hache pour couper une grande quantité de ces menues branches; ce que je n'eus point de peine à faire, parce que l'arbre qui les produit étoit fort commun dans ce canton. Je les plaçai & les étendis dans mon enclos pour les sécher; & dès qu'elles furent propres à mettre en œuvre, je les portai dans ma caverne, où je m'employai pendant la saison suivante, à faire, le mieux que je pus, un bon nombre de paniers, soit pour transporter de la terre ou autre chose, soit pour serrer du fruit; ou pour d'autres usages; & quoique je ne les achevasse pas dans la dernière perfection, ils étoient pourtant d'assez bon service pour ce à quoi je les destinois. J'eus soin depuis ce tems-là de ne m'en laisser jamais manquer,

& à mesure que les vieux dépérissoient, j'en faisois de nouveaux. Je m'attachai sur-tout à faire quelques paniers forts & profonds, pour serrer mon blé, au lieu de le mettre dans des sacs, pour le tems où je ferois une bonne récolte.

Quand je fus venu à bout de cete difficulté, je mis en mouvement les ressorts de mon imagination pour voir s'il ne seroit pas possible de suppléer au besoin extrême que j'avois de deux choses. Premièrement, je manquois de vaisseaux propres à contenir des choses liquides, n'ayant que deux petits barils, dans lesquels il y avoit encore actuellement beaucoup de rum ; ajoutez à cela quelques bouteilles de verre médiocrement grandes, les unes carrées, les autres rondes, dans lesquelles il y avoit de l'eau-de-vie ou autres liqueurs. Je n'avois pas seulement un pot à faire cuire la moindre chose, excepté une grosse marmite que j'avois sauvée du vaisseau, mais qui, à raison de sa grandeur, n'étoit point propre pour y faire du bouillon, ou étuver quelquefois un petit morceau de viande tout seul : la seconde chose que j'aurois bien voulu avoir, c'étoit une pipe à fumer du tabac ; mais cela me parut impossible pendant quelque tems, quoiqu'à la fin je trouvai une invention fort bonne pour y suppléer.

Je m'occupois tantôt à planter mon second rang de palissades, tantôt à faire des ouvrages d'osier; & j'allois ainsi voir la fin de mon été, lorsqu'une autre affaire vint me prendre une partie de mon tems, qui m'étoit très-précieux. J'ai dit ci-dessus que j'avois un grand désir de parcourir toute l'île; que je m'étois avancé jusqu'à la source du ruisseau, & que de-là j'avois poussé jusqu'au lieu où étoit située ma métairie, & d'où rien ne s'opposoit à la vue jusqu'à l'autre côté de l'île, & au rivage de la mer. Je voulus traverser jusques-là. Pour cet effet je pris mon fusil, une hache & mon chien, avec cela, une quantité plus qu'ordinaire de plomb & de poudre, & deux ou trois grapes de raisins, que je mis dans mon sac, & je me mis en chemin. Quand j'eus traversé toute la vallée dont j'ai déjà parlé, je découvris la mer à l'ouest, & comme il faisoit un tems fort clair, je vis distinctement la terre : je ne pouvois dire si c'étoit une île ou un continent ; mais je voyois qu'elle étoit très-haute, s'étendant de l'ouest à l'ouest-sud-ouest, & ne pouvant pas être éloignée de moins de quinze lieues.

Tout ce que je pouvois savoir de la situation de cette terre, c'est qu'elle étoit dans l'Amérique ; &, suivant toutes les estimes que j'avois pu faire, elle devoit confiner avec les pays espagnols, pouvant être toute habitée par des sauvages qui, fi j'y eufle abordé, m'auroient fans doute fait fubir un fort plus dur que n'étoit le mien. C'eft pourquoi j'acquiefçai aifément aux difpofitions de la providence, que je reconnoiffois & croyois déjà régler toutes chofes pour le mieux. Cette découverte ne donna nulle atteinte à mon repos; & je me donnai bien garde de me tourmenter l'éfprit par des fouhaits impuiffans.

Outre cela, quand j'eus mûrement confidéré la chofe, je trouvai que, fi cette côte faifoit une partie des conquêtes efpagnoles, je verrois infailliblement paffer & repaffer de tems à autre quelques vaiffeaux; que, fi au contraire je n'en voyois jamais un feul, il falloit que ce fût la côte qui fépare la nouvelle Efpagne du Bréfil, & qui eft une retraite de fauvages, mais des plus cruels, puifqu'ils font antropophages, ou mangeurs d'hommes, & qu'ils ne manquent point de maffacrer & de dévorer tous ceux qui tombent entre leurs mains.

J'avançois tout à loifir, en faifant ces réflexions. Ce côté de l'île me parut tout différent du mien: les payfages en étoient beaux, les champs ou les plaines toutes verdoyantes & émaillées de fleurs, les bois hauts & toufflus. Je vis quantité de Perroquets, & j'aurois bien voulu en attraper un, pour l'appriviofer & pour lui apprendre à parler.

Je me donnai bien du mouvement pour cela, & à la fin j'en attrapai un jeune, que j'abattis d'un coup de bâton ; mais l'ayant relevé, j'eus soin de le mettre dans mon sein, & à force de le dorloter, je le remis & le fortifiai si bien que je l'emportai chez moi. Il se passa quelques années avant que je le pusse faire parler ; mais enfin, je lui appris à m'appeler par mon nom, d'une façon tout-à-fait familière. Il arriva dans la suite un accident, qui n'est au fond qu'une bagatelle, mais qui ne laissera pas de divertir le lecteur, & que je rapporterai en sa place.

Ce voyage me donna beaucoup de plaisir : je trouvai dans les lieux bas des animaux que je prenois les uns pour des lièvres, les autres pour des renards ; mais ils avoient quelque chose de bien différent de tous ceux que j'avois vus jusqu'alors ; & quoique j'en tuasse plusieurs, je ne succombai point à la tentation d'en vouloir manger : aussi n'avois-je pas lieu de rien risquer du côté du manger, puisque j'en avois à foison, & d'une grande bonté, nommément ces trois sortes, des boucs, des pigeons, & des tortues : à quoi, si l'on ajoute mes raisins, je défie tous les marchés de *Léaden-Hall* de mieux fournir une table que je le pouvois faire, à proportion de la compagnie. Et, si d'un côté mon état étoit assez déplorable, je devois de l'autre m'estimer fort heureux de ce que., bien loin d'être réduit à la difette & à la nécessité de jeûner, je jouissois d'une parfaite abondance assaisonnée de délicatesse.

Durant ce voyage je ne faisois jamais plus de deux milles ou environ par jour, à prendre par le plus court ; mais je faisois tant de tours & de détours, pour voir si je ne ferois point quelque belle découverte, que j'étois suffisamment las & fatigué toutes les fois que j'arrivois au lieu où je voulois choisir mon gîte pour toute la nuit ; & alors je m'allois nicher sur un arbre, ou bien je me logeois entre deux arbres, plantant un rang de pieux à chacun de mes côtés, pour me servir de barricades, ou du moins pour empêcher que les bêtes sauvages ne pussent venir sur moi, sans auparavant m'éveiller.

Dès que je fus venu au bord de la mer, mon admiration augmenta pour ce côté de l'île ; tout ce qui se présentoit à ma vue me confirmoit dans l'opinion où j'étois déjà, que le plus mauvais lot m'étoit échu en partage. Le rivage que j'habitois ne m'avoit fourni que trois tortues en un an & demi de tems ; au lieu que celui que j'étois à contempler en étoit couvert d'un nombre innombrable : tout y fourmilloit d'oiseaux de plusieurs sortes, dont les uns m'étoient connus de vue, les autres inconnus, la plûpart très-bons à manger, sans toutefois que j'en pusse dire le nom, excepté ceux qu'on appelle dans l'Amérique *Penguins*.

J'en aurois pu tuer autant que j'aurois voulu; mais j'étois chiche de ma poudre & de mon plomb; & je souhaitois plutôt de tuer une chèvre s'il étoit possible, parce qu'il y avoit beaucoup plus à manger. Mais quoique cette partie de la côte fût beaucoup plus abondante en boucs, que celle où j'habitois, néanmoins il étoit bien plus difficile de les approcher, parce que ce canton étoit plat & uni, ils pouvoient m'appercevoir bien plus aisément, que lorsque j'étois sur les rochers & sur les collines.

Toute charmante que fût cette contrée, je ne sentois cependant pas la moindre inclination à changer d'habitation : j'étois accoutumé à celle où je m'étois fixé dès le commencement; & dans ce tems même auquel j'admirois mes belles découvertes, il me sembloit que j'étois éloigné de chez moi, & dans un pays étranger. Enfin, je pris ma route le long de la côte, tirant à l'est, & je crois que je parcourus bien environ douze milles: alors je plantai une grande perche sur le rivage, pour me servir de marque, & je conclus de m'en retourner au logis; mais que la première fois que je me mettrois en chemin, pour faire un autre voyage, je prendrois à l'est de mon domicile, & qu'ainsi je ferois le tour avant de parvenir à ma marque.

Je pris pour m'en retourner un autre chemin que celui par où j'étois venu, croyant que je pourrois aisément avoir l'aspect de toute l'île, & que je ne pourrois pas manquer, en jetant la vue çà & là, de trouver mon ancienne demeure. Mais je me trompois dans ce raisonnement; car quand je me fus avancé l'espace de deux ou trois milles dans le pays, je me trouvai dans une vallée spacieuse, mais environnée de collines tellement couvertes de bois, que je ne pouvois à nulle enseigne deviner mon chemin, à moins que ce n'eût été au cours du soleil ; encore auroit-il fallu pour cela que je susse la position de cet astre, ou l'heure du jour.

Il arriva pour surcroît d'infortune qu'il fit un tems sombre durant trois ou quatre jours que je séjournai dans cette vallée; comme je ne pouvois point voir le soleil tout ce tems-là, j'eus le déplaisir d'y être errant & vagabond, & de me voir enfin obligé de gagner le bord de la mer, où je cherchai ma perche, & d'enfiler le même chemin que j'avois déjà fait. Ainsi je m'en retournai au logis à petites journées, supportant & le poids de la chaleur qui étoit excessive, & celui de mon fufil, de ma munition, de ma hache, & d'autres provifions.

Mon chien, dans cette caravane, furprit un jeune chevreau & le faifit : j'accourus d'abord, & fus affez diligent pour fauver ce petit animal de la gueule du chien, & de le prendre tout en vie. Je fouhaitois paffionnément de le tranfporter au logis s'il étoit poffible, car j'avois fouvent ruminé s'il n'y auroit pas moyen de prendre une couple de ces jeunes animaux, & de les nourrir pour former un troupeau de boucs privés, lequel, au défaut de ma poudre & de mon plomb, pourroit un jour fubvenir à ma nourriture.

Je fis un collier pour cette petite bête, que je lui mis autour du col; & avec une corde que j'y attachai, je le menai à ma fuite : ce ne fut pas fans peine que je m'en fis fuivre jufqu'à ma métairie ; mais quand j'y fus arrivé, je l'y renfermai, & le laiffai-là ; car il me tardoit bien d'être de retour, & de me revoir chez moi après un mois d'abfence.

On ne fauroit croire qu'elle fatisfaction ce fut pour moi de revoir mon ancien foyer, & de repofer mes os dans mon lit fufpendu. Le voyage que je venois de faire, fans tenir de route certaine pendant le jour, fans avoir de retraite affurée pour la nuit, m'avoit fi fort laffé fur fa fin, que ma vieille maison me paroissoit après cela comme un établissement parfait où rien ne manquoit. Tout ce qui étoit autour de moi m'enchantoit, & je résolus de ne jamais plus m'éloigner pour un tems considérable, tandis que ma destinée me retiendroit dans l'île.

Je gardai la maison pendant une semaine, pour goûter les douceurs du repos, & pour me refaire de mon long voyage. Cependant, une affaire de grande conséquence m'occupoit sérieusement ; c'étoit une cage que je faisois pour mon perroquet ; il commençoit déjà à être de la famille, & nous nous connoissions parfaitement lui & moi. Ensuite je pensai au pauvre chevreau, que j'avois renfermé dans l'enceinte de ma métairie, & je trouvai bon de l'aller chercher, ou du moins de lui porter à manger. Quand il eut mangé, je l'attachai comme la première fois, & je me mis à l'emmener. La faim qu'il avoit soufferte l'avoit si fort matté, & rendu si souple, qu'il me suivoit comme un chien ; & j'aurois bien pu me dispenser de le tenir attaché. J'en pris un soin particulier, ne cessant de lui donner à manger, & de le caresser tous les jours. En peu de tems il devint si familier, si gentil, si caressant, qu'il ne voulut jamais me quitter depuis, & fut aggrégé au nombre de mes autres domestiques.

La saison pluvieuse de l'équinoxe d'Automne

étoit revenue. *Le 30 Septembre* étant l'anniversaire de mon abord dans l'Isle où j'étois depuis deux ans, & d'où je n'avois pas plus d'espérance de pouvoir sortir que le premier jour que j'y avois passé, je l'observai d'une manière aussi solemnelle que je l'avois fait l'année précédente. Je m'occupai tout le jour à m'humilier devant Dieu, & à reconnoître sa miséricorde infinie, qui vouloit bien donner à ma vie solitaire des adoucissemens sans lesquels elle m'auroit été insupportable. Je remerciois humblement & de bon cœur sa divine providence de s'être manifestée à moi, & de m'avoir fait connoître que dans cette solitude je pouvois être heureux, & même plus heureux que dans une vie libre, où j'aurois à souhait le plaisir du monde & de la société ; de ce qu'il me dédommageoit abondamment des maux que je souffrois & qu'il suppléoit aux biens qui me manquoient, par la présence, par la communication de sa grace, m'assistant, me consolant, m'encourageant à attendre sa protection pour la vie présente, & une félicité sans bornes pour celle qui est à venir.

C'est alors que je reconnus plus sensiblement que je n'avois encore fait, que la vie que je menois, étoit, avec ces circonstances, plus heureuse que celle que j'avois menée pendant tout le cours de ma vie passée, durant laquelle je m'étois abandonné à toutes sortes de méchancetés &

d'abominations. Mes chagrins & ma joie commençoient à changer d'objets : je concevois d'autres desirs & d'autres affections ; je faisois mes délices de choses toutes nouvelles, & différentes de celles qui m'auroient charmé au commencement de mon séjour dans l'Isle, pour ne pas dire depuis tout le tems que j'y étois.

Ci-devant, quand j'allois chasser, ou visiter la campagne, j'étois sujet à tomber dans des angoisses à la vue de ma condition, & à me pâmer subitement de douleur lorsque je considérois les forêts, les montagnes & les déserts, où, sans compagnon, & sans ressource, je me voyois renfermé par les barrières éternelles de l'Océan. Ces pensées me surprenoient souvent au milieu de mon plus grand calme : comme un orage, elles me jetoient dans le trouble & le désordre, me faisoient entrelacer mes mains l'une dans l'autre, & pleurer comme un enfant. Quelquefois ces mouvemens me prenoient au milieu de mon travail : alors je m'asseyois tout aussi-tôt, soupirant amèrement, les yeux attachés à la terre durant deux ou trois heures de suite. Et cela empiroit ma condition : car si j'avois pu lâcher la bonde à mes larmes, & exhaler ma douleur en paroles & en plaintes, j'aurois soulagé la nature en la déchargeant par-là d'un pesant fardeau.

Mais à cette heure mon esprit se repaissoit d'au-

tres choses : la parole de Dieu avoit part à mes occupations journalières ; & de cette source émanoient toutes les consolations dont mon état présent avoit besoin. Un matin que j'étois fort triste, je pris la Bible ; & à l'ouverture du livre, je lus ces paroles : *Non, non, je ne te délaisserai ni ne t'abandonnerai jamais.* Il me sembla d'abord que ces paroles s'adressoient à moi ; & je ne voyois pas autrement que de telles paroles pussent être tirées d'un volume immense, & à point nommé, dans le tems que je deplorois mon sort comme une personne abandonnée de Dieu & des hommes. » Eh bien ! *dis-je alors*, si Dieu ne me
» délaisse point, que m'importe-t il que tout le
» monde me délaisse ou non ; puisque, d'un
» côté, si je possédois tout le monde & que je
» vinsse à perdre la faveur & la grace de Dieu,
» mon gain, hélas ! seroit un néant, & ma
» perte irréparable » ?

Dès ce moment-là, je conclus en moi-même, qu'il étoit possible que je vécusse plus heureux dans cet état de solitude, que je ne ferois probablement dans le commerce du monde, & dans quelque profession que ce pût être. Dans la chaleur de cette réflexion, j'allois me disposer à rendre grace à Dieu, comme d'un bienfait singulier, de m'avoir bien voulu amener en un tel lieu.

Mais je ne sais quelle puissance secrette vint heurter à ma conscience, me retint, & m'ôta la hardiesse de proférer les paroles que j'avois préméditées, pour me mettre dans la bouche cette apostrophe, que je me fis à moi-même à haute voix : « Quoi donc ! serois-je assez hypo-
» crite pour prétendre remercier Dieu d'une
» chose à laquelle je puis tout au plus me sou-
» mettre & me résigner ; mais dont je le prierois
» volontiers de vouloir bien me délivrer. Il faut
» donc corriger un mouvement peu réglé, &
» ramener la chose à un juste milieu : je ne
» puis pas témoigner de la reconnoissance d'être
» ici, il est vrai ; mais je puis rendre mes très-
» humbles actions de graces à la Providence,
» de ce qu'il lui a plû m'ouvrir les yeux par la
» voie des afflictions, pour me découvrir la
» turpitude de ma vie passée ; pour me faire
» détester ma méchanceté, & pour me conduire
» dans les sentiers de la pénitence. « Je n'ou-vrois jamais la Bible ni ne la fermois, que je ne bénisse ardemment le Ciel d'avoir autrefois inspiré à mon ami, qui étoit en Angleterre, & à qui je n'en avois rien mandé, d'empaqueter ce saint Livre dans mes marchandises ; & de ce que depuis j'avois eu le bonheur de le sauver du naufrage.

J'étois dans cette disposition d'esprit ; quand

je commençai ma troisième année, & quoique je n'importune pas le lecteur pour donner une relation aussi exacte de mes travaux durant cette année que de ceux de la première, néanmoins il faut observer en général, que je fus rarement oisif; mais que je partageois mon tems en autant de parties que je m'étois obligé de vaquer à différentes fonctions; tels étoient premièrement le service de Dieu, & la lecture de l'Ecriture Sainte à laquelle je vaquois régulièrement, & quelquefois trois fois par jour; secondement, les courses que je faisois avec mon fusil, pour tuer de quoi manger, lesquelles duroient ordinairement trois heures lorsqu'il ne pleuvoit pas; en troisième lieu, les peines qu'il falloit que je me donnasse pour apprêter, pour cuire ce que j'avois tué, ou bien pour le conserver & en faire provision: ce qui m'occupoit une bonne partie de la journée. Outre cela, il faut remarquer, que pendant tout le tems que le soleil étoit dans son apogée ou dans le voisinage de ce point, les chaleurs étoient excessives, qu'il n'étoit pas praticable de sortir; ainsi on doit supposer que je ne pouvois pas avoir plus de trois ou quatre heures l'après-dînée; avec cette exception cependant, que quelquefois je diversifiois mes heures de chasse par celles du travail; ensorte que je travaillois le matin & sortois avec mon fusil sur le tard.

A cette briéveté du tems destiné pour le travail, je vous prie d'ajouter la pénible difficulté de ce même travail, & les heures que le manquement d'outils, de commodités, d'habileté, m'obligeoit souvent de retrancher de mes autres occupations pour faire la moindre chose. Je vous dirai, pour preuve de cela, que je mis quarante-deux jours entiers à fabriquer une planche pour me servir de tablette dans ma caverne; au lieu que deux scieurs, avec leurs outils & un attelier convenable, en auroient fait six d'un seul tronc & en une journée.

Voici, par exemple, comme je m'y prenois. J'allois dans les bois choisir un gros arbre, parce que la planche devoit être large. J'étois trois jours à couper cet arbre par le pied, & deux autres à l'ébranler & à le réduire à une pièce de merrein. A force de hacher, de trancher & de charpenter, j'en réduisis les deux côtés en coupeaux, jusqu'à ne lui laisser que trois pouces d'épaisseur. Il n'y a personne qui ne convienne avec moi qu'un tel ouvrage devoit être un rude exercice pour mes mains; mais le travail & la patience m'en firent venir à bout comme de bien d'autres choses. J'ai seulement été bien aise de vous mettre devant les yeux cette particularité, pour montrer en même tems la raison pour laquelle tant de tems se consumoit en de si petites cho-

Tome I. Q

ses, & qu'en effet tel ouvrage n'est qu'une bagatelle & un jeu quand on a de l'assistance & des outils, qui sans ces deux choses demanderoit un tems & un travail infini.

Mais je le répéterai encore une fois, le travail & la patience réparoient toutes les bréches, suppléoient à tous mes besoins, & me fournissoient copieusement tout ce qui m'étoit nécessaire. C'est ce qui paroîtra clairement dans la suite du discours.

Le mois de Novembre étant venu, j'attendois ma récolte d'orge & de riz. Le terrein que j'avois cultivé pour recevoir ces grains, n'étoit pas grand : la quantité que j'avois semée de chaque espèce ne montoit pas, comme j'ai déjà remarqué, à plus d'un demi-picotin, parce que j'avois perdu le fruit d'une saison, pour avoir semé pendant la sécheresse. Mais pour le présent je me promettois une bonne récolte, lorsque je m'apperçus tout d'un coup que je serois en danger de tout perdre, & de me le voir enlever par des ennemis de plusieurs sortes, dont il n'étoit presque pas possible de défendre mon champ. Les premières hostilités furent commises par les boucs, & ces autres animaux auxquels j'ai donné ci-dessus le nom de liévre, qui tous ayant une fois goûté la saveur du bled en herbe, y demeuroient campés nuit & jour, le mangeant à mesure qu'il pousoit, & cela si près du pied, qu'il étoit impossible qu'il eût le tems de se former en épis.

Je ne vis point d'autre remède à ce mal, que de fermer mon bled d'une haie qui régnât tout à l'entour. Je le fis avec beaucoup de peine & de sueur, d'autant plus que la chose étoit pressée & demandoit une grande diligence. Cependant comme la terre labourée étoit proportionnée à la semence que j'y avois mise, & par conséquent de petite étendue, je l'eus close & mise hors d'insulte dans environ trois semaines de tems. Et pour mieux donner la chasse à ces maraudeurs, j'en tirois quelques-uns pendant le jour, & leur opposois mon chien pendant la nuit, le laissant attaché à un poteau justement à l'entrée de mon enclos, d'où il s'élançoit ça & là & leur aboyoit continuellement de toutes ses forces. De cette manière les ennemis furent obligés d'abandonner la place & bientôt je vis mon bled croître, prospérer & mûrir à vue d'œil.

Mais si les bêtes féroces avoient fait du dégât dans ma moisson, dès qu'elle avoit été en herbe, les oiseaux la menaçoient d'une ruine entière au moment qu'elle paroissoit couronnée d'épis; car me promenant un jour le long de la haie pour voir comment mon bled s'avançoit, je vis que la place étoit entourée d'une multitude d'oiseaux de je ne fais combien de fortes, qui étoient aux aguets & n'attendoient pour faire la picorée que le moment auquel je ferois parti. Je fis une décharge fur eux ; car je n'allois jamais fans mon fufil. Dès que le coup fut tiré, vous auriez vu dans l'air une épaiffe nuée d'oifeaux que je n'avois point remarqués, & qui s'étoient tenus cachés au fond du bled.

Ce fpectacle fut pour moi bien douloureux; car il me préfageoit la diffipation de mes efpérances, la difette où j'allois tomber, la perte totale de ma récolte ; & ce qu'il y avoit de pis, c'eft qu'en prévoyant ce malheur, je ne favois pas encore comment le prévenir. Toutefois je réfolus de ne rien oublier pour fauver mon grain, & de faire même fentinelle nuit & jour, s'il étoit befoin. Avant toutes chofes, je me portai fur les lieux pour voir le dommage qui m'avoit été fait. Ces harpies avoient à la vérité fait du dégât; mais non pas auffi confidérablement que je m'y étois attendu : la verdure des épis avoit tempéré leur avidité, & fi je pouvois fauver les reftes, ils me promettoient encore une bonne & abondante moiffon.

Je reftai là quelques momens pour recharger mon fufil ; après quoi, me retirant un peu à l'écart, rien n'étoit plus aifé que de voir mes voleurs poftés en embufcade fur tous les arbres d'alentour, comme s'ils n'épioient, pour faire leur irruption, que l'heure de mon départ. L'événement ne me permit point d'en douter : je m'éloignai de quelques pas, comme pour m'en aller tout-à-fait. A peine avois-je disparu, qu'ils descendirent derechef l'un après l'autre dans le champ de bled. J'en fus si irrité, que je n'attendis pas qu'ils y fussent assemblés en un plus grand nombre, d'autant plus qu'il me sembloit qu'on me rongeât les entrailles, & que chaque grain qu'ils avaloient me coûtoit bien la valeur d'un pain entier. Je m'avançai donc aussi-tôt près de la haie, tirai sur eux un second coup, & j'en tuai trois. C'étoit justement ce que je souhaitois passionnément ; car je les ramassai d'abord, pour rendre leur punition exemplaire, & les traiter comme on fait les insignes voleurs en Angleterre, que l'on condamne à rester attachés au gibet après leur exécution, pour donner de la terreur aux autres. Il n'est presque pas possible de s'imaginer quel bon effet cela produisit. Les oiseaux depuis ce tems-là non-seulement ne venoient pas dans mon bled, mais encore ils abandonnèrent tout ce canton de l'Isle, & je n'en vis plus aucun dans le voisinage tout le tems que demeura l'épouvantail. J'en eus une joie extrême, vous pouvez bien croire ; & je fis ma récolte sur la fin de Décembre, qui

Q iij

est dans ce climat la saison propre pour la seconde moisson.

Avant de commencer cette corvée, je n'étois pas peu intrigué pour savoir comment je suppléerois à une faucille; car il m'en falloit une pour couper le bled. Je n'eus pas d'autre parti à prendre que de m'en fabriquer une du mieux que je pus avec un des sabres, ou des coutelas que j'avois sauvés parmi les autres armes restées dans le vaisseau. Comme ma récolte avoit été peu de chose, celle-ci me coûta moins de peine à recueillir. D'ailleurs je n'y cherchai pas d'autre façon que les épis seuls; & ensuite je les égrainai entre mes mains. Ma moisson étant achevée, je trouvai que de mon demi-picotin que j'avois semé, il m'étoit provenu près de deux boisseaux & demi d'orge; du moins autant que je pouvois conjecturer, parce que je n'avois alors aucune mesure.

Ceci ne laissa pas de me donner beaucoup de courage; c'en étoit assez pour me faire connoître que la divine Providence voudroit bien un jour ne me pas laisser manquer de pain : néanmoins je me voyois encore dans un grand embarras ; car je ne savois ni comment moudre ce grain pour en faire du pain, ni comment cuire ce pain quand même je serois parvenu à le pétrir. Toutes ces difficultés jointes au desir que j'avois d'amasser une bonne quantité de provisions, & d'avoir par devers moi un grenier qui m'aſſurât du pain pour l'avenir, je réſolus de ne point tâter de cette récolte, mais de la conſerver, & de l'employer toute entière en ſemence, la ſaiſon prochaine : en attendant je voulus mettre toute mon induſtrie & toutes les heures de mon travail à exécuter le grand deſſein que j'avois de perfectionner l'art de labourer, auſſi-bien que celui de goûter avec uſure les fruits de mon labourage.

Je pouvois bien dire alors dans un ſens propre & littéral, que je travaillois pour ma vie. Mais c'eſt une choſe étonnante, & à laquelle je ne crois pas que beaucoup de gens faſſent réflexion, que les préparatifs qu'il faut faire, le travail qu'il faut ſubir, les formes différentes qu'il faut donner à ſon ouvrage, avant de pouvoir produire dans ſa perfection ce qu'on appelle un morceau de pain.

C'eſt ce que je reconnus à mon grand dommage, moi qui étois réduit à un état de pure nature ; & chaque jour aidoit à m'en convaincre de plus en plus, même depuis que j'eus recueilli le peu de bled qui avoit crû d'une manière ſi extraordinaire & ſi inattendue au pied du rocher.

Premièrement je n'avois point de charrue pour labourer la terre, point de bêche pour la foſſoyer. Il eſt vrai que je ſuppléai à cela en me faiſant une pelle de bois, dont j'ai déjà parlé : mais auſſi, dans mon ouvrage, reconnoiſſoit-on aiſément l'imperfection de cet outil. Et quoiqu'il m'eût coûté plusieurs jours à faire, néanmoins comme il n'étoit point garni de fer tout au tour, non-seulement il s'usa plutôt, mais encore cela étoit cause que j'en faisois mon ouvrage avec plus de difficulté, & moins de succès.

Mais je me résignois à tout cela, & supportois avec une patience égale, & la difficulté du travail, & le peu de succès dont il étoit suivi. Après que mon bled étoit semé, j'aurois eu besoin d'une herse; mais n'en ayant point, je me voyois obligé de passer par-dessus ma terre avec une grosse branche d'arbre, que je traînois derrière moi, avec laquelle je grattois, pour ainsi dire plutôt que je ne hersois.

Quand mon grain étoit en herbe, ou en épis, ou en nature, de combien de choses n'avois-je pas besoin, comme je l'ai déjà insinué, pour le fermer d'un enclos, en écarter les bêtes & les oiseaux, le faucher, le sécher, le voiturer, le battre, le vanner, & le serrer! Après cela il me falloit un moulin pour moudre, un tamis pour passer la farine, un levain & du sel pour faire fermenter, un four pour cuire mon pain. Voilà bien des instrumens d'un côté, & de l'autre bien des ouvrages différens : je ferai pourtant voir que tous ceux-là me manquèrent, & que je ne manquai à aucun de ceux-ci. Mon blé m'exerçoit beaucoup; mais aussi il m'étoit d'un plus grand secours & je le regardois comme le plus précieux de tous mes biens. Cependant tant de choses à faire & tant d'autres dont j'avois un besoin extrême, m'auroient fait perdre patience si ce n'eût été qu'il n'y avoit point de remède à cela : d'ailleurs la perte de mon tems ne devoit pas tant me tenir au cœur, parce, que de la manière dont je l'avois divisé, il y avoit une certaine partie du jour affectée à ces sortes d'ouvrages, & comme je ne voulois employer aucune portion de mon blé à faire du pain jusqu'à ce que j'en eusse une plus grande provision, j'avois par devers moi les six mois prochain pour tâcher de me fournir par mon travail & par mon industrie de tous les ustensiles propres à tourner à profit les grains que je recueillerois.

Mais auparavant il me falloit préparer un plus grand espace de terre, parce que j'avois déjà une assez bonne quantité de semence pour ensemencer plus d'un arpent. Je ne pouvois préparer la terre sans me faire une bêche. C'est aussi par où je commençai; & il ne se passa pas moins d'une semaine entière avant que je l'eusse achevée, encore étoit-elle fort rude & mal figurée; ensorte que mon ouvrage en devint une fois plus pénible. Mais tout cela ne fut point capable de me décourager, ni de m'empêcher de passer outre : & enfin je jetai ma semence en deux pièces de terre plates

& unies, les plus proches de ma maison que je puisse trouver; je les entourai d'une bonne haie. Cette haie étoit composée du même bois que celle de ma maison: ainsi je savois qu'elle croîtroit, & que dans un an de tems elle formeroit une haie vive, qui ne demanderoit que peu de réparations. Cet ouvrage m'occupa bien durant trois mois, parce qu'une partie de ce tems étoit la saison pluvieuse, qui ne me permettoit de sortir que rarement.

Pendant tout le tems que j'étois confiné dans ma maison par la continuation des pluies, je m'occupai de la manière que je raconterai tout à l'heure; mais en même tems que je travaillois, je ne laissois pas de m'amuser à parler à mon perroquet: ainsi il apprit à parler lui-même, & à dire son nom & son surnom, qui étoient *Perroquet mignon*; & qui furent aussi les premières paroles que j'eusse entendu prononcer dans l'isle par d'autres bouches que la mienne. Ce petit animal me servoit de compagnon dans mon travail; & les entretiens que j'avois avec lui me délassoient souvent de mes occupations, qui étoient graves & importantes comme vous l'allez voir. Il y avoit déjà longtems que je considérois à part moi si je ne pourrois point me faire quelques vaisseaux de terre, parce que j'en avois un besoin extrême; mais j'ignorois la méthode qu'il falloit prendre pour pourvoir à ce besoin. Néanmoins quand je considérois la chaleur du climat, je ne doutois presque pas que si je pouvois seulement trouver de l'argile propre, je ne pusse former un pot; lequel étant séché au soleil, seroit assez dur & assez fort pour être manié, & pour y mettre des choses qui seroient sèches de leur nature, & voudroient être tenues telles : & comme je m'attendois bientôt à avoir une assez grande quantité de blé, de farine, & autres choses, je me proposois aussi de les serrer de la manière que je viens de dire; & pour cet effet je résolus de me façonner quelques pots; mais de les faire aussi grands qu'il me seroit possible, afin qu'ils pussent se tenir fermés comme des jarres, & qu'ils fussent tout prêts à recevoir les différentes choses que je voulois mettre dedans.

Le lecteur auroit pitié de moi, ou plutôt il s'en moqueroit, si je lui disois de combien de manières bizarres je m'y pris pour former ma matière: combien étrange & difforme fut la figure donnée à mes ouvrages, qui tombèrent par morceaux, les uns en dedans, les autres en dehors, parce que l'argile n'étoit pas assez ferme pour soutenir son propre poids; combien qui fêlèrent à la trop grande ardeur du soleil, pour y avoir été exposés trop précipitamment; combien enfin se brisèrent en les changeant de place, & avant qu'ils fussent secs, & après qu'ils le furent! tellement que quand je me fus donné bien de la peine pour apprêter ma matière, pour la mettre en œuvre, je ne pus pas faire plus de deux vastes & vilaines machines de terre, que je n'oserois appeler jarres; mais qui me coutèrent pourtant près de deux mois de travail.

Néanmoins comme ces deux vases s'étoient bien cuits & durcis au soleil, je les soulevai adroitement, & les mis dans deux grands paniers d'osier que j'avois faits exprès, pour les empêcher de se casser : & comme il y avoit du vide entre le pot & le panier, je le remplis tout-à-fait avec de la paille de riz & d'orge, comptant que ces deux pots se tiendroient toujours secs, que j'y pourrois premièrement serrer mon bled & peut-être aussi ma farine après l'avoir moulue.

Si j'avois mal réussi dans la combinaison des grands vases, je fus assez content du succès que j'eus à en faire bon nombre de petits, comme des pots ronds, des plats, des cruches, des terrines. L'argile prenoit sous ma main toutes fortes de figures, & elle recevoit du soleil une dureté surprenante.

Mais tout cela ne répondoit pas encore à la fin que je m'étois proposée, qui étoit d'avoir un pot de terre, capable de renfermer les choses liquides & de souffrir le feu : ce que ne pouvoit faire aucun des uftenfiles dont j'étois déjà pourvu. Au bout de quelque tems il arriva, qu'ayant un bon feu pour apprêter mes viandes, je trouvai en fourgonnant dans mon foyer un morceau de ma vaiffelle de terre, lequel étoit cuit, dur comme une pierre, & rouge comme une tuile. Je fus agréablement furpris de voir cela; & je dis en moi-même, qu'affurément mes pots fe pourroient très-bien cuire étant entiers, puifqu'il s'en cuifoit des morceaux féparés dans une fi grande perfection.

Cette découverte fut caufe que je me mis à confidérer comment je ferois pour difpofer tellement mon feu que j'y puiffe cuire des pots. Je n'avois aucune idée ni du genre de fourneau dont fe fervent les potiers, ni du vernis dont ils enduifent leur vaiffelle, ne fcachant pas que le plomb que j'avois étoit bon pour cela. Mais à tout hafard, je plaçai trois grandes cruches, fur lefquelles je mis trois pots, le tout en forme de pile, avec un gros tas de cendres par-deffous. Je fis alentour un feu de bois, qui flamboit fi bien aux côtés & par deffus, qu'en peu de tems je vis mes vafes tout rouges de part en part, fans qu'il en parut aucun de fêlé. Je les laiffai demeurer dans ce degré de chaleur environ cinq ou fix heures, jufqu'à ce que j'en apperçus un, qui n'étoit pas fendu à la vérité, mais qui commençoit à fondre & à couler; car le gravier qui se trouva mêlé parmi l'argile, se liquéfioit par la violente ardeur du feu, & se seroit tourné en verre, si j'eusse continué. Ainsi je tempérai mon brasier par degrés, jusqu'à ce que les vases commençassent à perdre un peu de leur rouge; & je fus debout toute la nuit, pour avoir l'œil dessus, de peur que le feu ne s'abattît trop soudainement. A la pointe du jour, je me vis enrichi de trois cruches, qui étoient, je ne dirai pas belles, mais très bonnes, & de trois autres pots de terre, aussi bien cuits qu'on le sauroit souhaiter, l'un desquels avoit reçu un parfait vernis de la fonte du gravier.

Je n'ai pas besoin de dire, qu'après cette expérience je ne me laissai plus manquer d'aucun vase de terre, qui me pût être utile. Mais je puis bien dire une chose, que tout le monde n'est pas obligé de savoir; c'est que leur forme étoit extrêmement difforme. Et c'est de quoi l'on ne s'étonnera point, si l'on considère que je n'avois aucun secours, ni aucune méthode fixe pour un tel travail; me trouvant à-peu près dans le cas des enfans, qui font des pâtés avec de la terre grasse; ou si vous voulez, d'une femme qui s'érigeroit en pâtissière sans avoir jamais appris à manier la pâte.

Une chose si petite en elle même, ne causa

jamais de joie qui égalât celle que je reſſentis, lorſque je vis que j'avois fait un pot qui ſouffriroit le feu. Et à peine avois-je eu la patience d'attendre que mes vaſes fuſſent refroidis, lorſque j'en mis un ſur le feu avec de l'eau dedans, pour faire bouillir de la viande; ce qui me réuſſit parfaitement bien ; car un morceau de bouc que j'avois mis dans le pot, me fit un bon bouillon, quoique je manquaſſe de gruau, & de pluſieurs autres ingrédiens ſemblables, pour le rendre auſſi parfaitement bon que je l'aurois ſouhaité.

La choſe que je deſirois avec le plus d'ardeur après celle-là, c'étoit de me pourvoir d'un morceau de pierre, où je puſſe piler ou battre du blé : car pour ce qui eſt d'un moulin, c'eſt une choſe qui requiert tant d'art, qu'il ne m'entra pas ſeulement dans l'eſprit d'y pouvoir atteindre. J'étois bien intrigué pour trouver comment je ſuppléerois à un beſoin ſi indiſpenſable ; en effet le métier de tailleur de pierre, eſt de tous les métiers celui pour lequel je me ſentois le moins de talent ; outre que je n'avois aucun des outils qu'on y emploie. Je cherchai pendant pluſieurs jours une pierre qui fût aſſez groſſe, & qui eût aſſez de diamètre pour la pouvoir creuſer, ou pour en faire un mortier, mais je n'en trouvai aucune dans toute l'iſle, excepté ce que renfermoit le corps des rochers, où faute d'inſtrumens, je ne pouvois ni creuſer, ni tailler, ni par conſéquent en tirer quoi que ce ſoit. Ajoutez à cela que les rochers de l'Iſle n'étoient pas d'une dureté convenable, mais d'une pierre graveleuſe qui s'émiétoit aiſément, & qui n'auroit pu ſouffrir les coups d'un peſant pilon, & où le blé n'auroit pu ſe briſer ſans qu'il s'y mêlât beaucoup de gravier. Ainſi ayant perdu beaucoup de tems à chercher une pierre, je déſeſperai d'y réuſſir, & pris le parti de me mettre aux champs, pour trouver quelque gros billot qui fût d'un bois bien dur. C'eſt ce qu'il me fut aiſé de trouver ; & prenant le plus gros que je fuſſe capable de remuer, je l'arrondis, & le façonnai en dehors avec ma hache & ma doloire ; enſuite je le creuſai avec un travail infini, en y appliquant le feu, qui eſt le ſtratagême dont ſe ſervent les ſauvages pour former leurs canots. Après cela je fis un gros & peſant pilon du bois qu'on appelle bois de fer. Je mis à part ces préparatifs, en attendant le tems de ma ſeconde récolte, après laquelle je me propoſois de moudre, ou plutôt de broyer mon blé pour le réduire en farine & me faire du pain.

Cette difficulté ſurmontée, la première qui ſe préſentoit, c'étoit de me faire un ſas ou un tamis,

tamis, pour préparer ma farine, & la séparer des coffes & du fon; fans quoi je ne voyois pas qu'il fût poffible d'avoir du pain. La chofe étoit fi difficile en elle-même, que je n'avois prefque pas le courage d'y penfer. En effet j'étois bien éloigné d'avoir les chofes requifes pour faire un tamis; car il ne me falloit pas moins qu'un beau canevas ou bien quelqu'autre étoffe tranfparente pour paffer la farine. Ce fut-là pour moi une vraie enclouûre qui me retint dans l'inaction & dans l'incertitude pendant plufieurs mois. Tout ce qui me reftoit de toile, n'étoit que des guenilles: j'avois à la vérité du poil de bouc; mais je ne favois ni comment le filer, ni le travailler au métier; & quand même je l'aurois fu, il me manquoit les inftrumens propres. Tout ce que je pus faire pour remédier à ce mal, fut que je me rappelai enfin dans la mémoire qu'il y avoit parmi les hardes de nos mariniers que j'avois fauvées du vaiffeau, quelques cravates faites de toile de coton. C'eft à quoi j'eus recours, & avec quelques morceaux de cravates je me fis trois petits fas, mais affez propres pour mon travail. Je m'en fervis pendant plufieurs années, & nous verrons en fa place ce que je leur fubftituai quand la néceffité ou l'occafion fe préfentèrent.

Enfuite venoit la boulangerie, dont les fonctions devoient s'étendre tant à pétrir, qu'à cuire au four. Mais premièrement je n'avois point de levain, & même je n'entrevoyois aucune possibilité d'acquérir une chose de cette nature : c'est pourquoi je résolus de ne m'en mettre plus en peine, & d'en rejeter jusqu'à la moindre pensée. Pour ce qui est du four, mon esprit étoit en travail pour imaginer les moyens de m'en fabriquer un. A la fin je trouvai une invention qui répondoit assez à mon dessein, & la voici. Je fis quelques vases de terre fort larges, mais peu profonds; c'est à-dire qu'ils pouvoient avoir deux bons pieds de diamètre, sans fournir plus de neuf pouces de profondeur : je les cuisis au feu, comme j'avois fait les autres, & les mis ensuite à part. Or quand je voulois enfourner mon pain, mon début étoit de faire un grand feu sur mon foyer qui étoit pavé de briques carrées, formées & mises à ma façon : j'avoue qu'elles n'étoient pas équarries selon les règles de géométrie. Lorsque mon feu de bois étoit à-peu-près réduit en charbons au long & au large sur mon âtre, en sorte qu'il en fût couvert tout entier; j'attendois que l'âtre fût extrêmement chaud : alors j'en écartois les charbons & les cendres en les balayant bien proprement, puis je posois ma pâte que je couvrois d'abord du vase de terre dont vous avez vu la description,

& autour duquel je ramaſſois les charbons avec les cendres, pour y concentrer, ou même en augmenter la chaleur. De cette manière je cuiſois mes pains d'orge tout auſſi-bien que dans le meilleur four du monde ; & non content de faire le boulanger, je tranchois encore du pâtiſſier, car je me fis pluſieurs gâteaux & *poudins* de riz. A la vérité je n'allai pas juſqu'à ce point de perfection que de faire des pâtés : mais quand même je l'aurois entrepris, je ne ſache pas ce que j'aurois pu mettre dedans, à moins que ce ne fût de la chair de bouc ou de volatile : or l'une & l'autre auroient fait triſte figure dans un pâté, à moins d'être dûment aſſaiſonnées.

On ne doit point s'étonner ſi j'avance que toutes ces choſes m'occupèrent pendant la plus grande partie de la troiſième année de mon ſéjour dans l'iſle : car il eſt à remarquer qu'il y eut pluſieurs intervalles de tems que j'employois à vaquer aux moiſſons & à l'agriculture. En effet je coupai mon blé dans la même ſaiſon, le transportai au logis du mieux que je pus, en conſervai les épis dans mes grands paniers, juſqu'à ce que j'euſſe le loiſir de les égréner entre mes mains, parce que je n'avois ni aire ni fléau pour les battre.

Mais à présent que la quantité de mes grains augmentoit, j'avois véritablement besoin d'élargir ma grange pour les loger, car mes semailles avoient été suivies d'un si grand rapport, que ma dernière récolte monta à vingt boisseaux d'orge, & tout au moins à une pareille quantité de riz : si bien que dès-lors je me voyois en état de vivre à discrétion, moi qui depuis longtems faisois abstinence de pain; c'est à-dire depuis que je n'avois plus de biscuit. Je voulus voir aussi quelle quantité de blé me suffiroit pour une année, & si je ne pourrois pas me passer avec une seule semaille.

Tout bien considéré, je trouvai que quarante boisseaux étoient tout autant que j'en pouvois consommer dans un an. Ainsi je résolus de semer chaque année la quantité que j'avois semée la dernière fois, espérant qu'elle me fourniroit du pain en assez grande abondance.

Tandis que ces choses se passoient, vous pouvez bien vous imaginer que mes pensées roulèrent souvent sur la découverte que j'avois faite de la terre située vis-à-vis de l'île; & je ne pouvois la voir que je ne sentisse quelque secrette impulsion de m'y voir débarqué, considérant que le pays où je me voyois étoit inhabité; que celui auquel j'aspirois étoit dans le continent; & que de quelque nature qu'il fût, je pourrois de-là paſſer outre, & trouver quelque moyen de m'affranchir de ma miſère.

Dans tous ces raiſonnemens je ne faiſois point entrer en ligne de compte les dangers auxquels m'expoſeroit une telle entrepriſe ; celui entre autres, de tomber entre les mains des ſauvages, mais des ſauvages plus cruels que les tigres & les lions d'Afrique ; parce que ce ſeroit un miracle, s'ils ne me maſſacroient point pour me dévorer. Je me reſſouvenois encore d'avoir ouï dire que les habitans des côtes des Caribes étoient antropophages, ou mangeurs d'hommes, & je ſavois par la latitude, que je ne pouvois pas être fort éloigné de ce pays-là. Suppoſé que ces peuples ne fuſſent point antropophages, je n'encourrois pas moins le danger d'en être tué, s'ils venoient à m'attraper ; puiſque ç'avoit été le ſort de pluſieurs Européens avant moi, quoiqu'ils fuſſent au nombre de dix, quelquefois même de vingt perſonnes : à plus forte raiſon devois je craindre pour moi, qui me voyois ſeul, & incapable par conſéquent de faire une longue défenſe. Toutes ces choſes, dis-je, que j'aurois dû conſidérer mûrement, & qui dans la ſuite me firent bien faire des réflexions, ne m'entrèrent pas dans l'eſprit au commencement. Mais j'étois entièrement poſſédé du deſir de traverſer a mer pour prendre terre de l'autre côté.

C'est alors que je regrettai mon garçon Xuri, & le grand bateau qui cingloit avec une voile latine, ou triangulaire, & sur lequel j'avois navigé environ onze cent milles, le long des côtes d'Afrique: mais ces regrets n'aboutissoient à rien: & il me vint en pensée d'aller visiter la chaloupe de notre bâtiment, laquelle après notre naufrage avoit été portée par la tempête bien avant sur le rivage, comme je l'ai déjà dit. Je la trouvai cette seconde fois, à-peu-près dans la même situation, quoiqu'un peu plus loin que la première; & elle étoit presque tournée sans dessus dessous, flanquée contre une longue éminence de gros sable, où la violence des vents & des flots l'avoit portée, & laissée tout-à-fait à sec.

Si j'avois eu quelqu'un pour m'aider à la radouber, & la lancer ensuite dans la mer, elle m'auroit bien pu servir, & me porter aisément au Brésil; mais j'aurois dû prévoir qu'il m'étoit aussi impossible de la retourner & de la poser sur sa quille, que de remuer l'île. Quoi qu'il en soit, je m'en allai dans les bois, où je coupai des léviers & des rouleaux que j'apportai à l'endroit du bateau, résolu d'essayer ce que je pouvois faire, me persuadant que si je le pouvois une fois dégager de là, il ne me seroit pas difficile de réparer les dommages qu'il avoit reçus, & d'en faire un bon bateau, avec lequel je pourrois sans scrupule me hasarder sur mer.

A la vérité je ne m'épargnai aucunement dans ce travail infructueux, & je pense que je n'y employai pas moins de trois ou quatre semaines de tems. Mais enfin, voyant que mes forces étoient trop petites pour relever un si pesant fardeau, je me mis à creuser par dessous, & à employer la voie de la sape pour la faire tomber, plaçant en même tems plusieurs pièces de bois pour le ménager tellement dans sa chûte, qu'il pût tomber sur son fond.

Mais j'eus beau faire tous mes efforts, il ne me fut point possible de le redresser, ni même de me pouvoir glisser dessous, bien éloigné de l'avancer vers l'eau : ainsi, je me vis contraint de me désister de mon petit projet : & cependant, chose étrange ! tandis que les espérances que j'avois conçues de mon bateau s'évanouissoient, la démangeaison de m'exposer sur mer, pour gagner le continent, m'aiguillonnoit de plus en plus, à mesure que la chose paroissoit le moins possible.

Sur cela je me mis à faire réflexion, si, sans le concours d'instrumens & de personnes, il ne me seroit point possible de me faire, avec le tronc d'un arbre, un canot ou une gondole semblable à celles que font les habitans originaires de ce pays-là. La chose me parut non seulement praticable, mais encore facile : & l'idée seule d'un tel projet, jointe à ce que je m'imaginai d'avoir plus de commodité que les Nègres & les Américains, pour une telle exécution, me repaissoit agréablement. Mais d'un côté je ne faisois nulle attention aux inconvéniens particuliers qui me viendroient à la traverse de plus qu'aux Américains : entre autres, par exemple, le défaut de secours de qui que ce fût, pour remuer mon canot, quand une fois il seroit achevé, & pour le transporter à la mer : obstacle beaucoup plus difficile pour moi à surmonter, que le manquement de tous les outils ne l'étoit pour ces sauvages. Car à quoi me serviroit-il, qu'après avoir choisi dans les bois un arbre d'une vaste grosseur, je pusse l'abattre avec un travail infini, ensuite le charpenter & façonner en dehors avec mes outils, pour lui donner la figure d'un bateau; de plus, le brûler ou le tailler en dedans, pour le rendre creux & complet; à quoi, dis-je, me serviroit tout cela, s'il me falloit à la fin précisément le laisser dans l'endroit où je l'avois trouvé, faute de le pouvoir lancer à l'eau ? Mais le désir ardent de me mettre dessus, pour traverser jusqu'à la terre ferme, qui paroissoit de l'autre côté, captivoit tellement tous mes sens, que je n'eus pas le loisir de songer une seule fois aux moyens de l'ôter de dessus la terre où il étoit. Et sans doute qu'il m'auroit été incomparablement plus aisé de lui faire faire l'espace de quarante-cinq milles sur mer, que celui d'environ quarante-cinq brasses qu'il y avoit du lieu où il étoit sur terre, à celui où il auroit pu être à flot.

Je fis l'action la plus insensée qu'un homme puisse faire, à moins d'avoir perdu le sens commun, lorsque je me mis à travailler à ce bateau. Je m'applaudissois de former un tel dessein, sans déterminer si je serois capable de l'exécuter, non que je ne pensasse quelquefois à la difficulté de lancer mon bateau ; mais c'étoit une matière que je n'approfondissois point ; & je terminois tous mes doutes par cette solution extravagante : *çà, çà*, me disois-je en moi-même, *faisons-le seulement, & quand une fois il sera achevé, nous trouverons dans notre imaginative le moyen de le mouvoir, & de le mettre à flot.*

Cette méthode étoit diamétralement opposée aux règles du bon-sens ; mais enfin, mon entêtement avoit pris le dessus ; & je me mis à travailler. Je commençai par couper un cèdre. Je doute si le Liban en fournit jamais un pareil à Salomon, lorsqu'il bâtissoit le temple de Jérusalem. Le diamètre de cet arbre étoit par le bas, & près du tronc, de cinq pieds & dix pouces ; de là, il prenoit quatre pieds & onze pouces sur la longueur de vingt-deux pieds ; ensuite il alloit en diminuant jusqu'au branchage. Ce ne fut pas fans un travail immenfe que j'abattis cet arbre ; car je fus affidu pendant vingt jours à hacher & à tailler au pied. Je fus quinze jours de plus à l'ébrancher & en trancher le fommet vafte & fpacieux ; à quoi j'employai haches & bifaigues, & tout ce que la charpenterie me pouvoit fournir de plus puiffant, joint à toute la vigueur dont j'étois capable. Il me coûta un mois de travail à le façonner, & à le raboter avec mefure & proportion, afin d'en faire quelque chofe de femblable au dos d'un bateau, tellement qu'il pût flotter droit & comme il faut. Je ne mis guères moins de trois mois à travailler le dedans, & à le creufer jufqu'au point d'en faire une parfaite chaloupe. Je vins même à bout de ce dernier article, fans me fervir de feu & d'aucune autre voie que celle du marteau, du cifeau, & d'une affiduité que rien ne pouvoit ralentir, jufqu'à ce que je me viffe poffeffeur d'un canot fort beau, & affez grand pour porter vingt fix hommes, & par conféquent fuffifant pour moi & toute ma cargaifon.

Quand j'eus achevé cet ouvrage, j'en reffentis une joie extrême ; & à la vérité c'étoit le plus grand canot, ou la plus belle gondole que j'euffe vue de ma vie, bâtie d'une feule pièce. Mais auffi je vous laiffe à penfer combien de rudes coups j'avois été obligé de frapper. La feule chofe qui me reftoit à faire, c'étoit de le mettre en mer ; & s'il m'eût été possible d'exécuter ce dernier point, je ne fais nul doute que je n'eusse entrepris le voyage du monde le plus téméraire, & où il y auroit eu le moins d'apparence de pouvoir réussir.

Mais toutes les mesures que je pris pour le lancer à l'eau, avortèrent ; quoiqu'après m'avoir coûté un travail infini. Il n'étoit cependant pas éloigné de la mer de plus de deux cents verges ; mais le premier inconvénient qui intervenoit, c'est qu'il y avoit une éminence sur mon chemin de là à la baie. Cet obstacle ne m'arrêta point ; je résolus de le lever entièrement avec la bêche, & même de faire tant, que de réduire la hauteur en pente. J'entrepris la chose, & je ne saurois dire combien je me pénai prodigieusement pour cela : il ne falloit pas avoir en vue un trésor moins précieux que celui de ma liberté, pour me soutenir dans une telle rencontre. Mais quand j'eus applani cette difficulté, je ne m'en vis pas plus avancé, car il m'étoit aussi impossible de remuer ce canot-ci, que l'autre bateau dont j'ai déjà parlé.

Alors je mesurai la longueur du terrein, & formai le projet de creuser un bassin ou un canal, pour faire venir la mer jusqu'à mon canot, puisque je ne pouvois pas faire aller mon canot jusqu'à la mer. Je commençai l'ouvrage sans délai, & dès le commencement, venant à calculer quelle en devoit être la profondeur, quelle largeur, & quelle seroit ma méthode pour le vider, je trouvai qu'avec toutes les aides que je pouvois avoir, & que je ne devois pas aller chercher hors de moi-même, il me faudroit bien dix ou douze ans de peine & de travail avant de l'avoir achevé, car le terrein étoit si élevé, que mon bassin projeté auroit dû être profond de vingt-deux pieds pour le moins dans l'endroit le plus distant de la mer. Ainsi, je me désistai encore de ce projet, quoiqu'avec bien de la répugnance.

Cela me donna un chagrin sensible, & me fit sentir, mais un peu trop tard, quelle folie il y a à entreprendre un ouvrage avant d'en avoir calculé les frais, & sans peser avec justesse si les difficultés qui se rencontrent dans l'exécution ne sont pas au-dessus de nos forces.

Au milieu de cette dernière entreprise je finis la quatrième année de mon séjour dans l'île ; & j'en célébrai l'anniversaire avec la même dévotion, & avec autant de consolation que je l'avois fait les années précédentes. Car par une étude constante de la parole de Dieu, par l'application que j'en faisois à moi & à ma condition, par le secours de la grace, j'acquis une science différente de celle que je possédois auparavant : déjà je m'entretenois de toutes autres notions des choses. Je regardois le monde comme une terre étrangère, où il n'étoit rien qui pût être l'objet de mes espérances, non plus que de mes desirs: en effet, je n'avois plus de commerce avec ce monde; &, selon toutes les apparences, je n'en devois jamais plus avoir. Il me sembloit que je le pouvois regarder dès-lors comme nous le regarderons peut-être en l'autre monde; je veux dire comme un lieu où j'avois autrefois vécu, mais d'où j'étois sorti; & véritablement je pouvois bien dire ce qu'Abraham disoit au mauvais riche dans la parabole de l'évangile: *Il y a un abîme de séparation entre toi & moi.*

En premier lieu, je croyois me pouvoir féliciter à bon droit de ce qu'une puissante barrière me garantissoit suffisamment des maux contagieux du siècle. Je ne redoutois *ni la convoitise des yeux, ni l'orgueil de la vie.* Je n'avois rien à convoiter, parce que je possédois déjà toutes les choses dont j'étois actuellement capable de jouir: j'étois le seigneur du lieu: je pouvois même, si bon me sembloit, me donner le titre de roi, ou, si vous voulez, d'empereur de tout le pays; car tout étoit soumis à ma puissance: par-tout j'exerçois un empire despotique; point de rival, point de compétiteur pour me disputer le commandement, ou la souveraineté: j'aurois pu amasser des magasins de bled; mais ils ne m'auroient été d'aucun usage;

& c'est pour cela que je n'en faisois croître qu'autant que j'en avois besoin. Je pouvois avoir des tortues à discrétion ; mais il me suffisoit d'en prendre une de tems en tems, pour fournir abondamment à mon nécessaire. J'avois assez de merrein pour construire une flotte entière ; & quand ma flotte auroit été bâtie, j'aurois pu faire d'assez copieuses vendanges pour la charger de vin, & de raisins secs : mais les choses dont je pouvois faire usage, étoient les seules qui eussent de la valeur chez moi. Il ne me manquoit rien de tout ce qui étoit nécessaire pour ma nourriture & pour mon entretien : eh ! de quoi m'auroit servi le surplus ? Si j'eusse tué plus de viande que je n'en pouvois manger, il l'auroit fallu abandonner au chien ou aux vers. Si j'eusse semé plus de bled que je n'en pouvois consommer, il se seroit gâté. Les arbres que j'avois abattus restoient épars sur la terre pour y pourrir ; car je n'avois besoin de feu que pour faire ma cuisine.

En un mot, la nature des choses, & l'expérience même, me convainquirent, après de justes réflexions, qu'en ce monde-ci les choses ne sont bonnes par rapport à nous, que suivant l'usage que nous en faisons, & que nous n'en jouissons qu'autant que nous nous en servons, à la réserve néanmoins de ce que l'on peut amasser en tems

& lieu pour exercer la libéralité envers les autres. Qu'on mette à la place où j'étois, par exemple, l'Harpagon du monde le plus avide, je soutiens qu'il sera bientôt guéri de la passion d'avarice. En effet, j'avois du bien par-dessus les yeux, & je ne savois qu'en faire. Je ne pouvois rien desirer de plus, excepté seulement quelques petites bagatelles qui me manquoient, & qui m'auroient été néanmoins d'un grand secours. J'ai déjà fait mention d'une somme que j'avois par devers moi, tant en or qu'en argent, & qui montoit à-peu-près à trente-six livres sterling : hélas ! que ce meuble étoit inutile pour moi ! qu'il attiroit peu mon attention ! c'étoit à mes yeux quelque chose de moindre que de la boue; & je n'en faisois pas plus de cas que d'usage. Je me disois souvent à moi-même, que je donnerois volontiers une poignée de cet argent pour un nombre de pipes à fumer, du tabac, ou pour un moulinet à moudre mon bled. Que dis-je ? j'aurois donné le tout pour autant de semence de carottes qu'on en a pour six sols en Angleterre; & j'aurois cru faire un excellent marché, si j'avois pu changer ces espèces contre une poignée de pois & de feves, & une bouteille d'encre : car dans la conjoncture où je me trouvois, il ne m'en revenoit pas le moindre avantage ni la moindre douceur ; mais elles croupissoient dans un tiroir où elles moisissoient à cause de l'humidité des saisons pluvieuses. Et même si le tiroir avoit été tout plein de diamans, ç'auroit encore été le même cas, & ils n'auroient été de nulle valeur pour moi, ne me pouvant être d'aucun service.

SECONDE PARTIE.

JE menois alors une vie beaucoup plus belle en elle-même, que je n'avois fait au commencement; & cet accommodement avoit une influence égale sur l'esprit & sur le corps. Souvent lorsque j'étois assis pour prendre mon repas, je rendois mes très-humbles actions de graces à la divine providence, & je l'admirois en même tems de m'avoir ainsi dressé une table au milieu du désert. J'appris à donner plus d'attention au bon côté de ma condition qu'au mauvais; à considérer ce dont je jouissois, plutôt que ce dont je manquois, & à trouver quelquefois dans cette méthode une source de consolations secrettes, dont je ne puis exprimer la force par mes foibles paroles. C'est ce que j'ai été bien aise de remarquer ici, afin d'en graver l'image dans la mémoire de certaines gens qui, toujours mécontens, n'ont point de goût pour savourer les biens que Dieu leur a accordés, parce qu'ils tournent leurs desirs vers des choses qu'il ne leur a pas départies. Enfin il me paroissoit que les déplaisirs qui nous rongent au sujet de ce que nous n'avons pas, émanent tous du défaut de reconnoissance pour ce que nous avons.

Tome I. S

Une autre réflexion qui m'étoit encore d'un grand usage, & qui sans doute ne le seroit pas moins à toute personne qui auroit le malheur de tomber dans un pareil cas que le mien, c'étoit de comparer ma condition présente à celle à laquelle je m'étois attendu dans le commencement, & dont j'aurois très-certainement subi toute la rigeur, si Dieu, par sa providence admirable, n'eût procuré mon salut dans les suites de mon naufrage, en ordonnant que le vaisseau fût porté si près de terre, que je pusse non-seulement aller à bord, mais encore en rapporter & débarquer quantité de choses qui m'étoient d'une grande utilité & d'un grand secours : sans quoi j'aurois manqué d'outils pour travailler, d'armes pour me défendre, de poudre & de plomb pour aller à la chasse, & par ce moyen pourvoir à ma nourriture.

Je passois les heures, & quelquefois les jours entiers à me représenter avec les couleurs les plus vives la manière dont j'aurois agi si je n'eusse rien tiré du bâtiment : comment je n'aurois pas seulement pu attraper quoi que ce soit pour ma nourriture, si ce n'est peut-être quelques poissons & quelques tortues ; & comme il se passa un longtems avant de découvrir aucune de ces dernières, il y a toute apparence que j'aurois péri sans faire cette découverte ; que si j'eusse subsisté, j'aurois vécu comme un véritable sauvage, si j'eusse tué un bouc ou un oiseau par quelque nouveau stratagême, je n'aurois pas su comment écorcher le premier, ni comment éventrer l'un & l'autre; ensorte qu'il m'auroit fallu employer & mes ongles & mes dents, à la façon des animaux de proie.

Ces réflexions me rendoient très-sensible à la bonté de la providence à mon égard; & très reconnoissant envers elle pour ma condition présente, quoique non exempte de peines & de misère. Je ne puis m'empêcher de recommander cet endroit de mon histoire aux méditations de ceux qui, dans leur malheur, sont sujets à faire cette exclamation: *Y a-t-il une affliction semblable à la mienne?* Que ces gens-là, dis-je, considèrent combien pire est le sort de tant d'autres, & combien pire pourroit être le leur, si la providence l'avoit jugé à propos.

Je faisois encore une autre réflexion qui contribuoit beaucoup à fortifier mon esprit, & à remplir mon cœur d'espérances; c'étoit le parallèle de l'état où je me voyois, à ce que j'avois mérité, & à quoi par conséquent j'aurois dû m'attendre, comme à un juste salaire que j'aurois reçu de la main vengeresse de Dieu. J'avois mené une vie détestable, sans connoissance ni crainte de mon Créateur. Mes parens m'avoient donné de bonnes inſtructions; ils n'avoient rien épargné dès ma plus tendre jeuneſſe pour inſinuer dans mon ame des ſentimens de religion & de chriſtianiſme, une ſainte vénération pour tout mes devoirs, une connoiſſance parfaite de la fin à laquelle j'avois été deſtiné par l'auteur de la nature dans ma création. Mais pour mon malheur j'avois embraſſé trop tôt la vie de marinier, qui eſt de tous les états du monde celui où l'on a moins la crainte de Dieu en vue, quoiqu'on y ait plus de ſujet de le craindre. Je dis donc que la mer & les matelots que je fréquentai dès ma première jeuneſſe, les railleries profanes & impies de mes commenſaux, le mépris des dangers, leſquels j'affrontois de gaieté de cœur, la vue de la mort, avec laquelle je m'étois familiariſé par une longue habitude, l'éloignement de toute occaſion, ou de converſer avec d'autres perſonnes que celles de ma trempe, ou d'entendre dire quelque choſe qui fût bon ou qui tendît au bien; tant de choſes, dis-je, compliquées enſemble, étouffèrent en moi toute ſemence de religion.

Je ſongeois ſi peu, ſoit à ce que j'étois actuellement, ſoit à ce que je devois être un jour, & mon endurciſſement étoit tel, que dans les plus merveilleuſes délivrances dont le ciel me favoriſoit, comme lorſque je m'échappai de Salé, lorſque je fus reçu en haute mer par le capitaine

Portugais dans son bord, lorsque je possédois une belle plantation dans le *Bresil*, lorsque je reçus ma cargaison d'Angleterre, & en plusieurs autres occasions, je ne rendis jamais à Dieu les actions de graces que je lui devois. Dans mes plus grandes calamités je ne songeai jamais à l'invoquer. Je ne parlois de cet être suprême que pour avilir son nom, que pour jurer, que pour blasphêmer.

J'avois vécu en scélerat, dans l'iniquité & le crime, & néanmoins ma conservation étoit l'effet de la providence. Dieu avoit déployé à mon égard des bontés sans nombre : il m'avoit puni au-dessous de ce que mes iniquités méritoient, & avoit pourvu libéralement à ma subsistance. Toutes ces réflexions me donnèrent lieu d'espérer que Dieu avoit accepté ma repentance, & que je n'avois pas encore épuisé les trésors infinis de sa miséricorde.

Elles me portèrent non-seulement à une entière résignation à la volonté de Dieu ; mais encore elles m'inspirèrent à son égard de vifs sentimens de reconnoissance. J'étois encore au nombre des vivans, je n'avois pas reçu la juste punition de mes crimes ; au contraire je jouissois de plusieurs avantages auxquels je n'aurois pas dû m'attendre ; ainsi je n'avois pas à me plaindre ni à murmurer davantage de ma condition ; j'avois tout lieu au contraire de me réjouir, & de remercier Dieu de ce que par une suite continuelle de prodiges j'avois du pain. Le miracle qu'il avoit opéré en faveur d'*Elie*, à qui les corbeaux apportoient à manger, n'étoit pas aussi grand que celui qu'il avoit opéré à mon égard. Ma conservation n'étoit qu'une longue suite de miracles. Je considérois d'ailleurs qu'il n'y avoit peut-être aucun lieu dans tout le monde habitable où j'eusse pu vivre avec autant de douceur.

Il est vrai que j'étois privé de tout commerce avec les hommes; mais aussi je n'avois rien à craindre, ni des loups, ni des tigres furieux, ni d'aucune bête féroce ou venimeuse, ni de la cruauté barbare des Cannibales. Mes jours étoient en sureté à tous ces égards là.

En un mot, si ma vie étoit d'un côté une vie de tristesse & d'affliction, il faut avouer que de l'autre j'y ressentois des effets bien sensibles de la miséricorde divine. Il ne me manquoit rien pour vivre avec douceur que d'avoir un sentiment vif & continuel de la bonté de Dieu & de ses soins envers moi. Ces pensées, quand j'y réfléchissois, me consoloient entièrement, & faisoient évanouir mon chagrin & ma mélancolie.

Il y avoit déjà long-tems, ainsi que j'ai dit ci-dessus, qu'il ne me restoit plus qu'un peu d'encre; je tâchois de la conserver, en y mettant de l'eau de tems en tems; mais enfin elle devint si pâle qu'à peine pouvois-je remarquer sa noirceur sur le papier. Tant qu'elle dura je marquai les jours où il m'étoit arrivé quelque chose de considérable. Il me souvient que ces jours extraordinaires tomboient presque tous sur les mêmes jours de l'année. Si j'avois eu quelque penchant superstitieux pour le sentiment qu'*il y a des jours heureux & des jours malheureux*, je n'aurois pas manqué d'appuyer mon opinion sur un concours si curieux.

Le même jour de l'année que je m'enfuis de chez mon père, que j'arrivai à *Hull* & que je me fis matelot, je fus pris par un vaisseau de guerre de *Salé* & fait esclave.

Le même jour de l'année que j'échappai d'un naufrage dans la rade de *Yarmouth*, je me sauvai aussi de *Salé* dans un bateau.

Le même jour que je naquis, & qui étoit le 30 *Septembre*, 36 ans après, je fus miraculeusement sauvé, lorsque la tempête me jeta sur cette Isle. Ainsi ma vie dépravée & ma vie solitaire ont commencé par le même jour de l'année.

La première chose qui me manqua après l'encre, fut le pain, ou plutôt le biscuit que j'avois apporté du vaisseau. Bien que je l'eusse ménagé avec la dernière frugalité, ne m'en étant accordé pendant l'espace d'une année qu'un petit gâteau par jour ; cependant il me manqua tout-à-fait un an avant que je pusse faire du pain du bled que j'avois semé.

Mes habits commençoient aussi à dépérir. Il y avoit long-tems que je n'avois plus de linge, hors quelques chemises bigarrées que j'avois trouvées dans les coffres des matelots, & que je conservois autant qu'il m'étoit possible, parce que très-souvent je ne pouvois supporter d'autre habit qu'une chemise. Ce fut un grand bonheur pour moi de ce que parmi les habits des matelots j'en trouvai trois douzaines. Je sauvai aussi quelques surtouts grossiers ; mais ils me furent de peu d'usage, ils étoient trop chauds.

Quoique les chaleurs fussent si violentes que je n'avois aucun besoin d'habits, cependant quoique je fusse seul, je ne pus jamais me résoudre à aller nud. Je n'y avois aucune inclination, je n'en pouvois pas même supporter la pensée. D'ailleurs la chaleur du soleil m'étoit plus insupportable quand j'étois nud, que lorsque j'avois quelques habits sur moi. La chaleur me causoit souvent des vessies sur toute la peau ; au lieu que lorsque j'étois en chemise, l'air entrant par-dessous, l'agitoit de façon que j'en étois deux fois plus au frais. De même, je ne pus jamais m'accoutumer à m'exposer au soleil sans avoir la tête couverte : le soleil dardoit ses rayons avec une telle violence, que lorsque j'étois sans chapeau, je ressentois à l'instant de grands maux de tête, mais qui me quittoient dès que je me couvrois.

L'expérience de toutes ces choses me fit songer à employer les haillons que j'avois, & que j'appelois des habits, à un usage conforme à l'état où j'étois. Toutes mes vestes étoient usées ; je m'appliquai donc à faire une espèce de robe des gros surtouts, & de quelques autres matériaux de cette nature que j'avois sauvés du naufrage. J'exerçois donc le métier de tailleur, ou de ravaudeur ; car mon travail étoit pitoyable, & je vins à bout, après bien des peines, de faire deux où trois nouvelles vestes, des culottes ou des caleçons ; mais, comme j'ai dit, mon travail étoit massacré d'une étrange façon.

J'ai dit que j'avois conservé les peaux de toutes les bêtes que j'avois tuées, j'entends les bêtes à quatre pieds : mais comme je les avois étendues au soleil, la plupart devinrent si séches & si dures, que je ne pus les employer à aucun usage. Mais de celles dont je pus me servir, j'en fis premièrement, un grand bonnet en tournant le poil en dehors, afin de me mettre mieux à couvert de la pluie, & ensuite je m'en fabriquai un habit entier, je veux dire, une veste lâche & des culottes ouvertes ; car mes habits devoient me servir plutôt contre la chaleur que contre le froid. Au reste si j'entendois peu le métier de charpentier, j'entendois moins encore celui de tailleur. Néanmoins ces habits me servirent très-bien : la pluie ne pouvoit pas les percer.

Tous ces travaux finis, j'employai beaucoup de tems & bien des peines à faire un *parasol*. J'en avois vu faire un dans le *Bréfil*, où ils sont d'un grand usage contre les chaleurs extraordinaires. Or comme le climat que j'habitois étoit tout aussi chaud, ou même davantage, car j'étois plus près de l'Equateur ; comme d'ailleurs la nécessité m'obligeoit souvent de sortir par la pluie je ne pouvois me passer d'une aussi grande commodité que celle-là. Ce travail me coûta infiniment ; il se passa bien du tems avant que je pusse faire quelque chose qui fût capable de me préserver de la pluie & des rayons du soleil ; encore cet ouvrage ne put-il me satisfaire, ni deux ou trois autres que je fis ensuite. Je pouvois bien les étendre, mais je ne pouvois pas les plier ni les porter autrement que sur ma tête ; ce qui me causoit trop d'embarras. Enfin pourtant j'en fis un qui répondit assez à mes besoins : je le couvris de peaux en tournant le poil du côté d'en haut. J'y étois à l'abri de la pluie comme si j'eusse été sous un auvent, & je marchai par les chaleurs les plus brûlantes avec plus d'agrément que je ne faisois auparavant dans les jours les plus frais. Quand je n'en avois pas besoin, je le fermois & le portois sous mon bras.

Je vivois auſſi avec beaucoup de douceur. Mon eſprit étoit tranquille. Je m'étois réſigné à la volonté de Dieu. Je m'étois entièrement ſoumis aux ordres de la Providence. Je préférois cette vie à celle que j'aurois pu mener dans le commerce du monde ; car s'il m'arrivoit quelquefois de regretter la converſation des hommes, je me diſois auſſi-tôt : *Ne converſes-tu pas avec toi-même ? &, pour parler ainſi, ne converſes-tu pas avec Dieu lui-même par des éjaculations vers lui ? La ſociété peut-elle te procurer d'auſſi grands avantages ?*

Après avoir fini les ouvrages dont j'ai parlé, il ne m'eſt arrivé rien d'extraordinaire pendant l'eſpace de cinq ans. Je menois le train de vie que j'ai ci-deſſus repréſenté. Ma principale occupation, outre celle de ſemer mon orge & mon riz, d'accommoder mes raiſins, & d'aller à la chaſſe, fut pendant ces cinq années, celle de faire un canot. Je l'achevai, & en creuſant un canal profond de ſix pieds & large de quatre, je l'amenai dans la baie. Pour le premier qui étoit d'une prodigieuſe grandeur, & que j'avois fait inconſidérément, je ne pus jamais ni le mettre à l'eau, ni faire un canal aſſez grand pour y conduire l'eau de la mer. Je fus obligé de le laiſſer dans ſa place, comme s'il eût dû me ſervir de leçon, afin d'être plus circonſpect à l'avenir. Mais, comme on vient de voir, ce mauvais succès ne me rebuta point: je profitai de ma première inadvertance: & bien que l'arbre que j'avois coupé pour faire un second canot fût à un demi-mille de la mer, & qu'il étoit bien difficile d'y amener l'eau de si loin, cependant comme la chose n'étoit pas impraticable, je ne désespérai pas de la porter à son exécution. J'y travaillai pendant deux ans: je ne plaignois point mon travail, tant étoit grand l'espoir de me remettre en mer!

Voilà donc mon petit canot fini; mais sa grandeur ne répondit point au dessein que j'avois lorsque je commençai à y travailler: c'étoit de hasarder un voyage en terre ferme, & qui auroit été de 40 milles. Je quittai donc mon travail; je me résolus au moins de faire le tour de l'Isle. Je l'avois déjà traversée par terre, comme j'ai dit; & les découvertes que j'avois faites alors me donnoient un violent desir de voir les autres parties de mes côtes. Je ne songeai donc plus qu'à mon voyage; & afin d'agir avec plus de précaution, j'équipai mon canot le mieux qu'il me fut possible; j'y fis un mât & une voile. J'en fis l'essai, & trouvant que mon canot feroit très-bien voile, je fis des boulins ou des layettes dans ses deux extrémités, afin d'y préserver mes provisions & mes munitions de la pluie & de l'eau de la mer qui pourroient entrer dans le canot. J'y fis encore un grand trou pour mes armes, je le couvris du mieux que je pus, afin de le conserver sec.

Je plantai ensuite mon parasol à la poupe de mon canot pour m'y mettre à l'ombre. Je me promenois de tems en tems dans mon canot sur la mer; mais néanmoins sans m'écarter jamais de ma petite baie. Enfin impatient de voir la circonférence de mon royaume, je me résolus d'en faire entièrement le tour. J'avitaillai pour cet effet mon bateau. Je pris deux douzaines de mes pains d'orge, (je devois plutôt les appeler des gâteaux,) un pot de terre plein de riz sec, dont j'usois beaucoup, une petite bouteille de rum, la moitié d'une chèvre, de la poudre & de la dragée pour en tuer d'autres; enfin deux des gros surtouts dont j'ai parlé ci-dessus, l'un pour me coucher dessus, & l'autre pour me couvrir pendant la nuit.

C'étoit le six de Novembre, & l'an sixième de mon regne ou de ma captivité, (vous l'appellerez comme il vous plaira,) que je m'embarquai pour ce voyage, qui fut plus long que je ne m'y étois attendu. L'Isle en elle-même n'étoit pas fort large; mais elle avoit à son est un grand rebord de rochers qui s'étendoient deux lieues avant dans la mer; les uns s'élevoient au-dessus de l'eau, & les autres étoient cachés: il y avoit outre cela au bout de ces rochers un grand fond de sable qui étoit à sec & avancé dans la mer d'une demi-lieue; tellement que pour doubler cette pointe, j'étois obligé d'aller bien avant dans la mer.

A la première vue de toutes ces difficultés j'allois renoncer à mon entreprise, fondé sur l'incertitude soit du grand chemin qu'il me faudroit faire, soit de la manière dont je pourrois revenir sur mes pas. Je revirai même mon canot, & me mis à l'ancre : car j'ai oublié de dire que je m'en étois fait une d'une pièce rompue d'un grapin que j'avois sauvée du vaisseau.

Mon canot étant en sûreté, je pris mon fusil & je débarquai, puis je montai sur une petite éminence, d'où je découvris toute cette pointe & toute son étendue : ce qui me fit résoudre à continuer mon voyage.

Entr'autres observations néanmoins que je fis sur la mer de ces endroits, j'observai un furieux courant qui portoit à l'est, & qui touchoit la pointe de bien près. Je l'étudiai donc autant que je pus; car j'avois raison de craindre qu'il ne fût dangereux, & que, si j'y tombois, il ne me portât en pleine mer, d'où j'aurois eu peine à regagner mon Isle. La vérité est que les choses seroient arrivées comme je le dis, si je n'eusse eu la précaution de monter sur cette petite éminence; car le même courant régnoit de l'autre côté de l'Isle, avec cette différence cependant qu'il s'en écartoit de beaucoup plus loin. Je remarquai auſſi qu'il y avoit une grande barre au rivage ; d'où je conclus que je franchirois aiſément toutes ces difficultés ſi j'évitois le premier courant; car j'étois ſûr de pouvoir profiter de cette barre.

Je couchai deux nuits ſur cette colline, parce que le vent qui ſouffloit aſſez fort étoit à l'eſt ſud-eſt, & que d'ailleurs comme il portoit contre le courant, & qu'il cauſoit divers briſemens de mer ſur la pointe, il n'étoit pas ſûr pour moi, ni de me tenir trop au rivage, ni de m'écarter loin en mer, car alors je riſquois de tomber dans le courant.

Mais au troiſième jour, le vent étant tombé, & la mer étant calme, je recommençai mon voyage. Que les pilotes téméraires & ignorans profitent de ce qui m'eſt arrivé en cette rencontre. Je n'eus pas plutôt atteint la pointe que je me trouvai dans une mer très-profonde, & dans un courant auſſi violent que le pourroit être une écluſe de moulin. Je n'étois pourtant pas plus éloigné de terre que de la longueur de mon canot. Ce courant m'emporta moi & mon canot avec une telle violence, que je ne pus jamais retenir mon bateau auprès du rivage. Je me ſentois emporter loin de la barre qui étoit à gauche. Le grand calme qui regnoit ne me laiſſoit rien à eſ-pérer des vents, & toute ma manœuvre n'aboutissoit à rien. Je me considérai donc comme un homme mort; car je savois bien que l'Isle étoit entourée de deux courants, & que par conséquent à la distance de quelques lieues ils devoient se rejoindre. Je crus donc être irrévocablement perdu : je n'avois plus aucune espérance de vie, non que je craignisse d'être noyé, la mer étoit calme, mais je ne voyois pas que je pusse m'exempter de mourir de faim. Toutes mes provisions ne consistoient qu'en un pot de terre plein d'eau fraîche, & une grande tortue; mais ces provisions ne pouvoient pas me suffire. Je prévoyois que ce courant me jeteroit en pleine mer, où je n'avois pas d'espérance de rencontrer, après un voyage peut-être de plus de mille lieues, rivage, isle ou continent.

Qu'il est facile à la providence, disois-je en moi-même, de changer la condition la plus triste en une autre encore plus déplorable! Mon Isle me paroissoit alors le lieu du monde le plus délicieux. Toute la félicité que je souhaitois étoit d'y rentrer. « Heureux désert, *m'écriai-je, en y tournant la vue*, heureux désert, je ne te verrai
» donc plus! Que je suis misérable! je ne sais où
» je suis porté! Malheureuse inquiétude! tu m'as
» fait quitter ce séjour charmant, souvent tu
» m'as fait murmurer contre ma solitude; mais
» maintenant que ne donnerois-je point pour
» m'en

» m'en retourner » ? Telle est en effet notre nature : nous ne sentons les avantages d'un état qu'en éprouvant les incommodités de quelque autre.

Nous ne connoissons le prix des choses que par leur privation. Personne ne concevra jamais la consternation où j'étois de me voir emporté de ma chère île dans la haute mer. J'en étois alors éloigné de deux lieues, & je n'avois plus d'espérance de la revoir. Je travaillois cependant avec beaucoup de vigueur ; je dirigeois mon canot vers le nord autant qu'il m'étoit possible, c'est-à-dire vers le côté du courant où j'avois remarqué une barre. Sur le midi, je crus sentir une bise qui me souffloit au visage, & qui venoit du sud sud-est. J'en ressentis quelque joie ; & qui s'augmenta de beaucoup une demi heure après, lorsqu'il s'éleva un vent qui m'étoit très-favorable. J'étois alors à une distance prodigieuse de mon île. A peine pouvois-je la découvrir ; & si le tems eût été chargé, c'en étoit fait de moi : j'avois oublié mon compas de mer : Je ne pouvois donc la rattraper que par la vue. Mais le tems continuant au beau, je mis à la voile portant vers le nord, & tâchant de sortir du courant.

Je n'eus pas plutôt mis à la voile que j'apperçus par la clarté de l'eau, qu'il alloit arriver quelque altération au courant. Car lorsqu'il étoit dans toute sa force, les eaux en étoient sales, & elles devenoient claires à mesure qu'il diminuoit. Je rencontrai à un demi-mille plus loin (c'étoit à l'est), un brisement de mer causé par quelques rochers. Ces rochers partageoient le courant en deux. La plus grande partie s'écouloit par le sud, laissant les rochers au nord-est; l'autre étant repoussée par les rocs, portoit avec force vers le nord-ouest.

Ceux qui ont éprouvé ce que c'est que recevoir sa grace dans le tems qu'on alloit les exécuter, ou d'être sauvés de la main des brigands qui alloient les égorger, sont les seuls capables de concevoir la joie que je ressentis alors. Il est difficile de comprendre l'empressement avec lequel je mis à la voile, & profitai du vent qui m'étoit favorable, & du courant de la barre dont j'ai parlé.

Ce courant me servit pendant une heure de tems; il portoit droit vers mon île, c'est-à-dire deux lieues plus au nord que le courant qui m'en avoit auparavant éloigné. Ainsi, lorsque j'arrivai près de l'île, j'étois à son nord; je veux dire que j'étois dans la partie de l'île qui étoit opposée à celle d'où j'étois parti.

J'étois présentement entre deux courans, l'un du côté du sud, c'est celui qui m'avoit emporté; & l'autre du côté du nord, qui en étoit éloigné de la distance d'une lieue, & qui portoit d'un autre côté. La mer où j'étois, étoit entièrement morte, ses eaux étoient tranquilles & ne se mouvoient nulle part. Mais profitant de la bise fraîche qui souffloit vers mon île, j'y fis voile & m'en approchai, quoiqu'avec plus de lenteur que lorsque j'étois aidé par le courant.

Il étoit alors quatre heures du soir, & j'étois éloigné d'une lieue de mon île, quand je trouvai la pointe des rochers qui causoient tout ce désastre. Ils s'étendoient au sud, & comme ils y avoient formé ce furieux courant, ils y avoient aussi fait une barre qui portoit au nord. Elle étoit forte, & ne me conduisoit pas directement à bord de mon île ; mais profitant du vent, je traversai cette barre le moins obliquement que je pus, & après une heure de tems j'arrivai à un mille du bord ; l'eau y étoit tranquille, & peu de tems après je gagnai le rivage.

Dès que je fus abordé, me jetant à genoux, je remerciai Dieu pour ma délivrance, & résolus de ne plus courir les mêmes risques en vue de me sauver. Je me rafraîchis du mieux que je pus; je mis mon canot dans un petit caveau que j'avois remarqué sous des arbres, & las comme j'étois du travail & des fatigues de mon voyage, je m'endormis peu de tems après.

Étant éveillé, j'étois fort en peine comment je

T ij

pourrois transporter mon canot dans la baie qui étoit près de ma maison; l'y conduire par mer, c'étoit trop risquer; je connoissois les dangers qu'il y avoit du côté de l'est, & je n'osois me hasarder à prendre la route de l'ouest: je résolus donc de côtoyer les rivages de l'ouest; j'espérois d'y rencontrer quelque baie pour y mettre mon canot, afin que je le pusse retrouver en cas de besoin. J'en trouvai une après avoir côtoyé l'espace d'une lieue; elle me paroissoit fort bonne, & alloit en se retrécissant jusqu'à un petit ruisseau qui s'y déchargeoit. J'y mis mon canot: je ne pouvois pas souhaiter de meilleur havre pour ma frégate. On auroit dit qu'il avoit été travaillé exprès pour la contenir.

Je m'occupai ensuite à reconnoître où j'étois: je vis que je n'étois pas éloigné de l'endroit où j'avois été lorsque je traversai mon île. Ainsi, laissant toutes mes provisions dans le canot, hors le fusil & le parasol, car il faisoit fort chaud, je me mis en chemin. Quoique je fusse très-fatigué, je marchai néanmoins avec assez de plaisir: j'arrivai sur le soir à la vieille treille que j'avois faite autrefois. Tout y étoit dans le même état; je l'ai depuis toujours cultivée avec beaucoup de soin; c'étoit, comme j'ai dit, ma maison de campagne.

Je sautai la haie, & me couchai à l'ombre, car

j'étois d'une lassitude extraordinaire : je m'endormis d'abord. Lecteurs qui lirez cette histoire, jugez quelle fut ma surprise de me voir réveiller par une voix qui m'appeloit à diverses fois par mon nom : *Robinson, Robinson, Robinson Crusoé, pauvre Robinson Crusoé, où avez-vous été ; Robinson Crusoé, où êtes-vous ; Robinson, Robinson Crusoé, où avez-vous été ?*

Comme j'avois ramé tout le matin, & marché tout l'après-midi, j'étois tellement fatigué, que je ne m'éveillai pas entièrement. J'étois assoupi, moitié endormi & moitié éveillé, & croyois songer que quelqu'un me parloit. Mais la voix continuant de répéter *Robinson Crusoé, Robinson Crusoé*, je m'éveillai enfin tout à fait, mais tout épouvanté & dans la dernière consternation. Je me remis un peu néanmoins, après avoir vu mon perroquet perché sur la haie : je connus d'abord que c'étoit lui qui m'avoit parlé, car je l'avois ainsi instruit. Souvent il venoit se reposer sur mon doigt, & approchant son bec de mon visage, il se mettoit à crier : *pauvre Robinson Crusoé, où êtes-vous, où avez-vous été, comment êtes-vous venu ici ?* & autres choses semblables.

Mais quoique je fusse certain que personne ne pouvoit m'avoir parlé, que mon perroquet, j'eus pourtant quelque peine à me remettre. "Com-
» ment, disois-je, est-il venu dans cet endroit

plutôt que dans tout autre ? » Comme néanmoins il n'y avoit que lui qui pût m'avoir parlé, je quittai ces réflexions, & l'appelant par son nom, cet aimable oiseau vint se reposer sur mon pouce, & me disoit, comme s'il eût été ravi de me revoir : *Pauvre Robinson Crusoé, où avez-vous été ?* &c. Je l'emportai ensuite au logis.

J'avois maintenant assez couru sur mer, & j'avois grand besoin de me reposer & de réfléchir sur les dangers par où j'avois passé. J'aurois été ravi d'avoir mon canot dans la baie qui étoit près de ma maison : mais je ne voyois pas que cela fût possible. Je ne voulois plus me hazarder à faire le tour de l'île du côté de l'est. A cette seule pensée mon cœur se resserroit, & mes veines devenoient toutes glacées. Pour l'autre côté de l'île je ne le connoissois point, mais j'avois tout lieu de croire que le courant dont j'ai parlé, y régnoit aussi bien que vers l'est, & qu'ainsi je courrois risque d'y être précipité, & d'être emporté bien loin de mon île. Je me passai donc de canot, & me résolus ainsi à perdre les fruits d'un travail de plusieurs mois.

Dans cet état je vécus plus d'un an, dans une vie retirée, comme on peut bien se l'imaginer. J'étois tranquille par rapport à ma condition : je m'étois résigné aux ordres de la providence, &

hors la société, il ne me manquoit rien pour être parfaitement heureux.

Durant cet intervalle de tems, je me perfectionnai beaucoup dans les professions mécaniques auxquelles mes nécessités m'obligeoient, & particulièrement je conclus, vu le manque où j'étois de plusieurs outils, que j'avois des dispositions toutes particulières pour la charpenterie.

Je devins un excellent maître potier ; j'avois inventé une roue admirable par laquelle je donnai à mes vaisselles, auparavant d'une étrange grossiereté, un tour & une forme très-commodes. Je trouvai aussi le moyen de faire une pipe ; cette invention me causa une joie extraordinaire, & si je l'ose dire, une si grande vanité, que je n'en ai jamais senti de pareille dans toute ma vie. Bien qu'elle fût grossière & de la même couleur & de la même matière que mes autres ustensiles de terre, cependant elle tiroit la fumée, & servoit assez bien à mon plaisir. J'aimois à fumer, & dans la croyance qu'il n'y avoit point de tabac dans mon île, j'avois négligé de prendre avec moi les pipes qui étoient dans le vaisseau.

Je fis aussi des progrès très-considérables dans la profession de vanier ; je trouvai moyen de faire plusieurs corbeilles qui, bien qu'elles fussent mal tournées, ne laissoient pas de m'être très-utiles. Elles étoient aisées à porter, & propres à y res-

T iv

serrer plusieurs choses, & à en aller chercher d'autres. Si, par exemple, je tuois une chèvre, je la pendois à un arbre, je l'écorchois, l'accommodois, & la découpois, & l'apportois ainsi au logis. J'en faisois de même à l'égard de la tortue; je l'éventrois, en prenois les œufs & quelques morceaux de sa chair que j'apportois au logis dans ma corbeille, laissant tout l'inutile. De profondes corbeilles me servoient de greniers pour mon bled, que j'accommodois dès qu'il étoit sec.

Ma poudre commençoit à diminuer : si elle m'avoit manqué, j'étois tout-à-fait hors de pouvoir d'y suppléer de nouveau. Cette pensée me fit craindre pour l'avenir. Qu'aurois-je fait sans poudre ? Comment aurois-je pû tuer des chèvres ? Je nourrissois à la vérité une chevrette depuis huit ans : je l'avois apprivoisée dans l'espérance que j'attraperois peut-être quelque bouc ; mais je ne pus le faire que lorsque ma chevrette fut devenue une vieille chèvre. Je n'eus jamais le courage de la tuer ; je la laissai mourir de vieillesse.

Mais étant dans l'onzième année de ma résidence, & mes provisions étant fort racourcies, je commençai à songer aux moyens d'avoir les chèvres par adresse. Je souhaitois fort d'en attraper qui fussent en vie ; & s'il étoit possible, d'avoir des chevrettes qui portassent.

Pour cet effet je tendis des filets, & je suis

persuadé qu'il y en eut quelques-unes qui s'y prirent ; mais comme le fil en étoit très-foible, elles s'en échappèrent aisément. La vérité est que je trouvai toujours mes filets rompus & les amorces mangées ; je n'en pouvois pas faire de plus forts ; je manquois de fil d'archal.

J'essayai de les prendre par le moyen d'un trébuchet. Je fis donc plusieurs creux dans les endroits où elles avoient coutume de paître ; je couvris ces creux, de claies, que je chargeai de beaucoup de terre, en y parsemant des épis de riz & de bled. Mais mon projet ne réussit point : les chèvres venoient manger mon grain, s'enfonçoient même dans le trébuchet ; mais ensuite elles trouvoient le moyen d'en sortir. Je m'avisai donc enfin de tendre une nuit trois trappes : je les allai visiter le lendemain matin, & je trouvai qu'elles étoient encore tendues, mais que les amorces en avoient été arrachées. Tout autre que moi se seroit rebuté ; mais au contraire, je travaillai à perfectionner ma trappe ; & pour ne vous pas arrêter plus long tems, mon cher lecteur, je vous dirai qu'allant un matin pour visiter mes trappes, je trouvai dans l'une un vieux bouc d'une grandeur extraordinaire, & dans l'autre trois chevreaux, l'un mâle, & les deux autres femelles.

Le vieux bouc étoit si farouche que je n'en savois que faire. Je n'osois ni entrer dans son trébuchet, ni par conséquent l'emmener en vie; ce que j'aurois néanmoins souhaité avec beaucoup d'ardeur. Il m'auroit été facile de le tuer; mais cela ne répondoit point à mon but. Je le dégageai donc, & le laissai dans une pleine liberté. Je ne crois pas qu'on ait jamais vu d'animal s'enfuir avec plus de frayeur. Il ne me revint pas dans l'esprit alors que par la faim, on pouvoit apprivoiser même les lions: car autrement je l'aurois laissé dans son trébuchet, & là, le faisant jeûner pendant trois ou quatre jours, & lui apportant ensuite à boire, & un peu de bled, je l'aurois apprivoisé avec la même facilité que les trois autres chevreaux. Ces animaux sont forts dociles lorsqu'on leur donne leur nécessaire.

Pour les chevreaux, je les tirai de leur fosse un à un; & les attachant tous trois à un même cordon, je les amenai chez moi avec pourtant beaucoup de difficulté.

Il se passa quelque tems avant qu'ils voulussent manger; mais enfin, tentés par le bon grain que je mettois devant eux, ils commencèrent à manger & à s'apprivoiser. J'espérai pouvoir me nourrir de la chair de chèvre, quand même la poudre & la dragée me manqueroient. Selon toutes les apparences, dis-je, j'aurai dans la suite, & autour de ma maison, un troupeau de boucs à ma disposition.

Il me vint dans la pensée que je devrois enfermer mes chevreaux dans un certain espace de terrein, que j'entourerois d'une haie très-épaisse, afin qu'ils ne pussent pas se sauver, & que les chèvres sauvages ne pussent pas les approcher non plus ; car j'appréhendois que par ce mêlange mes chevreaux ne devinssent sauvages.

Le projet étoit grand pour un seul homme ; mais l'exécution en étoit d'une nécessité absolue. Je cherchai donc une pièce de terre propre au pâturage, où il y eût de l'eau pour les abreuver, & de l'ombre pour les garantir des chaleurs extraordinaires du soleil.

Ceux qui entendent la manière de faire cette espèce d'enclos, me traiteront sans doute d'homme peu inventif après qu'ils auront ouï qu'ayant trouvé un lieu tel que je le desirois, c'étoit une plaine de pâturage que deux ou trois petits filets d'eau traversoient, & qui d'un côté étoit toute ouverte, & de l'autre aboutissoit à de grands bois : ils ne pourront, dis-je, s'empêcher de se jouer de ma grande prévoyance, quand je leur dirai que, selon mon plan, je devois faire une haie d'une circonférence au moins de deux milles. Le ridicule de ce plan n'étoit pas en ce que la haie étoit disproportionnée à son enclos; mais en ce que faisant un enclos d'une si grande étendue, les chèvres y auroient pu devenir sauvages presque ni plus ni moins que si je leur eusse donné la liberté de courir dans l'île : & d'ailleurs je n'aurois jamais pu les attraper.

Ma haie étoit déjà avancée d'environ cinquante aunes, lorsque cette pensée me vint. Je changeai donc le plan de mon enclos, & je résolus que sa longueur ne seroit que d'environ 120 aunes, & sa largeur d'environ 200. Cela me suffisoit ; cet espace étoit assez grand pour qu'un troupeau médiocre de boucs pût s'y maintenir. Que s'il devenoit fort grand, il m'étoit aisé d'étendre mon enclos.

Comme ce projet me paroissoit bien inventé, j'y travaillai avec beaucoup de vigueur : & pendant tout cet intervalle, je faisois paître mes chevreaux auprès de moi, avec des entraves aux jambes, de crainte qu'ils ne s'échappassent. Je leur donnois souvent des épis d'orge, & quelques poignées de riz. Ils les prenoient dans ma main, & de cette manière je les rendis tellement apprivoisés, que, lorsque mon enclos fut fini, & que je les eus débarrassés de leurs entraves, ils me suivoient partout bêlant pour quelques poignées d'orge ou de riz.

Dans l'espace d'un an & demi, j'eus un troupeau de douze, tant boucs que chèvres & chevreaux ; deux ans après j'en eus 43, quoique j'en eusse tué plusieurs pour mon usage. Je travaillai après cela à faire cinq nouveaux enclos, mais plus petits que le premier. J'y fis plusieurs petits parcs, pour y chasser les chèvres, enfin de les prendre plus commodément ; & des portes, afin qu'elles pussent passer d'un enclos dans un autre.

Ce ne fut qu'assez tard que je songeai à profiter du lait de mes chèvres. La première pensée que j'en eus, me causa un très-grand plaisir. Ainsi, sans balancer long-tems, je fis une laiterie. Mes chèvres me rendoient quelquefois huit ou dix pintes de lait par jour : je n'avois jamais trait ni vache, ni chèvre, & n'avois jamais vu faire le beurre, ni le fromage ; mais comme la nature, en fournissant aux animaux tous les alimens qui leur sont nécessaires, leur dicte en même tems les moyens d'en faire usage, ainsi moi je vins à bout, après néanmoins bien des essais & plusieurs fausses tentatives, de faire du beurre & du fromage : & depuis je n'en ai jamais manqué.

Que la bonté de dieu paroît bien visiblement, en ce qu'il tempère les conditions qui semblent les plus affreuses, par des marques toutes particulières de son affection & de sa protection ! En combien de manières ne peut-il pas adoucir l'état le plus fâcheux, & fournir à ceux-là même qui sont dans les plus noirs cachots de puissans motifs pour lui rendre leurs plus sincères actions de graces ! Quelle apparence pour moi que dans ce défert, où je croyois périr de faim, j'y duſſe trouver une table auſſi abondante !

Il n'y a point de ſtoïcien qui ne ſe fût diverti de me voir dîner avec toute ma famille. J'étois le roi & le ſeigneur de toute l'iſle : maître abſolu de tous mes ſujets, j'avois en ma puiſſance leur vie & leur mort. Je pouvois les pendre, les écarteler, les priver de leur liberté, & la leur rendre. Point de rebelles dans mes états.

Je dînois comme un roi à la vue de toute ma cour : mon perroquet, comme s'il eût été mon favori, avoit ſeul la permiſſion de parler. Mon chien, qui alors étoit devenu vieux & chagrin, & qui n'avoit pas d'animaux de ſon eſpèce pour la multiplier, étoit toujours aſſis à ma droite. Mes deux chats étoient l'un à un bout de la table, & l'autre à l'autre bout, attendant que, par une faveur ſpéciale, je leur donnaſſe quelques morceaux de viande.

Ces deux chats n'étoient pas les mêmes que ceux que j'apportai avec moi du vaiſſeau : il y avoit long-tems qu'ils étoient morts & enterrés de mes propres mains. Mais l'un ayant fait des petits, de je ne ſais quelle eſpèce d'animal, j'apprivoiſai ces deux ; car les autres s'enfuirent dans les bois & devinrent ſauvages. Ils s'étoient tellement multipliés, qu'il me devinrent très-incommodes. Ils pilloient tout ce qu'ils pouvoient attraper de mes provisions; je ne pus m'en défaire qu'en les tuant.

Je souhaitois fort d'avoir mon canot; mais je ne pouvois me résoudre à m'exposer à de nouveaux hasards. Quelquefois je songeois aux moyens de l'amener, en côtoyant, dans ma baie; & d'autres fois je m'en consolois. Mais il me prit un jour une si violente envie de faire un voyage à la pointe de l'isle où j'avois déjà été, & d'observer de nouveau les côtes en montant sur la petite colline dont j'ai parlé ci-dessus, que je ne pus résister à mon penchant. Je m'y acheminai donc. Si dans la province d'*Yorck* on rencontroit un homme dans l'équipage où j'étois alors, ou l'on s'épouvanteroit, ou l'on feroit des éclats de rire extraordinaires. Formez-vous une idée de ma figure sur ce crayon abrégé que j'en vais faire.

Je portois un chapeau d'une hauteur effroyable, & sans forme, fait de peaux de chèvres. J'y avois attaché par derrière la moitié d'une peau de bouc, qui me couvroit tout le col; c'étoit afin de me préserver des chaleurs du soleil, & que la pluie n'entrât pas sous mes habits; car dans ces climats rien n'est plus dangereux.

J'avois une espèce de robe courte, faite de même que mon chapeau, de peaux de chèvres. Les bords en descendoient jusques sous mes genoux; mes culottes étoient toutes ouvertes; c'étoit la peau d'un vieux bouc. Le poil étoit d'une longueur si extraordinaire, qu'il defcendoit, comme les pantalons, jufqu'au milieu de ma jambe. Je n'avois ni bas ni fouliers; mais je m'étois fait pour mes jambes une paire de je ne fais quoi, qui reffembloit néanmoins affez à des bottines: je les attachois comme on fait les guêtres. Elles étoient de même que tous mes autres habits, d'une forme étrange & barbare.

J'avois un ceinturon fait de la même étoffe que mes habits. Au lieu d'une épée & d'un fabre, je portois une fcie & une hache, l'une d'un côté, & l'autre de l'autre. Je portois un autre ceinturon, mais qui n'étoit pas auffi large; il pendoit par-deffus mon cou; & à fon extrémité qui étoit fous le bras gauche, pendoient deux poches faites de la même matière que le refte, dans l'une je mettois ma poudre, & dans l'autre ma dragée. Sur mon dos je portois une corbeille, fur mes épaules un fufil, & fur ma tête un parafol affez groffièrement travaillé; mais qui, après mon fufil, étoit ce dont j'avois plus de befoin.

Pour mon vifage, il n'étoit pas auffi brûlé qu'on l'auroit pu croire d'un homme qui n'en prenoit aucun foin, & qui n'étoit éloigné de la ligne équinoxiale que de huit à neuf degrés. Pour ma barbe, je l'avois une fois laiffé croître jufques à

la

la longueur d'un quart d'aune ; mais comme j'avois des ciseaux & des rasoirs, je me la coupois ordinairement d'assez près, hors celle qui me croissoit sur la lèvre inférieure. Je m'étois fait un plaisir d'en faire une moustache à la mahométane, & telle que la portoient les turcs que j'avois vus à Salé : car les maures n'en portent point. Je ne dirai pas ici que mes moustaches étoient si longues que j'y aurois pu pendre mon chapeau : mais j'ose bien dire qu'elles étoient d'une longueur & d'une conformation si monstrueuse, qu'en Angleterre elles auroient paru effroyables.

Mais ceci soit dit en passant. Je reviens au récit de mon voyage ; j'y employai cinq ou six jours, marchant d'abord le long des côtes, droit vers le lieu où j'avois mis autrefois mon canot à l'ancre. De-là je découvris bien aisément la colline où j'avois fait mes observations. J'y montai, & quel fut mon étonnement, de voir la mer calme & tranquille ! Point de mouvement impétueux, point de courant, non plus que dans ma petite baie.

Je donnai la torture à mon esprit, afin de pénétrer les raisons de ce changement. Je me résolus à observer la mer pendant quelques tems ; car je conjecturois que le furieux courant dont j'ai parlé, n'avoit d'autre cause que le reflux de la marée. Je ne fus pas long-tems sans être au fait de cette étrange mutation de la mer: car je vis, à n'en pouvoir pas douter, que le reflux de la marée, partant de l'Ouest, & se joignant au cours de quelque rivière, étoit la cause du courant qui m'avoit emporté avec tant de violence. Et, selon que les vents de l'Ouest & du Nord étoient plus ou moins violens, le courant, aussi élevé, s'étendoit jusques sur l'isle, ou se perdoit à une moindre distance dans la mer. C'étoit avant midi que je faisois toutes ces observations; mais celles que je fis le soir me confirmèrent dans mon opinion. Je revis le courant, de même que je l'avois vu autrefois, avec cette différence pourtant, qu'il ne portoit pas directement à mon isle; il s'en éloignoit d'une demi-lieue.

De toutes ces observations, je conclus, qu'en remarquant le tems du flux & du reflux de la marée, il me seroit très-aisé d'amener mon canot auprès de ma maison. Mais le souvenir des dangers passés me causoit une frayeur si extraordinaire, que je n'osai jamais porter ce projet à son exécution. J'aimai mieux prendre une autre résolution, qui étoit plus sûre, quoique plus laborieuse; c'étoit de faire un autre canot. Ainsi j'en aurois eu deux, l'un pour ce côté de l'isle, & l'autre pour l'autre côté.

J'avois donc à présent deux plantations, s'il est permis de m'exprimer ainsi. L'une étoit ma tente ou ma petite forterefſe, entourée de ſa paliſſade & creuſée dans le roc : j'y avois pluſieurs chambres. Celle qui étoit la moins humide & la plus grande, & qui avoit une porte pour ſortir hors de la paliſ-ſade, j'y tenois les grands pots de terre dont j'ai fait ci-deſſus la deſcription, & 14 ou 15 grandes corbeilles dont chacune contenoit cinq ou ſix boiſſeaux. Dans ces corbeilles je mettois mes proviſions & particulièrement mes grains; les uns encore dans leurs épis; & les autres tous nuds, les ayant froiſſés hors de leurs épis avec les mains.

Les pieux de ma paliſſade étoient devenus de grands arbres, & tellement touffus, qu'il étoit comme impoſſible d'appercevoir qu'ils renfermaſſent dans leur centre aucune eſpèce de lieu habité.

Tout auprès, mais dans un lieu moins élevé, j'avois comme une petite terre pour y ſemer mes grains. Et comme je la tenois toujours fort bien cultivée, j'en tirai chaque année une abondante récolte. S'il y avoit eu de la néceſſité pour moi d'avoir plus de grains, j'aurois pu l'aggrandir ſans beaucoup de peine.

Outre cette plantation, j'en avois une autre aſſez conſidérable; je l'appelois ma maiſon de campagne. J'y avois un petit berceau, que j'entretenois avec beaucoup de ſoin, c'eſt-à-dire, que j'émondois la haie qui fermoit ma plantation, de manière qu'elle n'excédât pas sa hauteur ordinaire. Les arbres qui au commencement n'étoient que des pieux, mais qui étoient devenus hauts & fermes, je les cultivois de façon qu'ils pussent étendre leurs branches, devenir touffus, & par-là jeter un agréable ombrage. Au milieu de ce circuit, j'avois ma tente. C'étoit une pièce d'une voile que j'avois étendue sur des perches. Sous cette tente je plaçai un lit de repos, ou une petite couche faite de la peau des bêtes que j'avois tuées, & d'autres choses molles. Une couverture de lit que j'avois sauvée du naufrage & un gros surtout servoient à me couvrir. Voilà quelle étoit la maison de campagne où je me retirois lorsque mes affaires ne me retenoient point dans ma capitale.

A côté, & tout aux environs de mon berceau, étoient les pâturages de mon bétail, c'est-à-dire, de mes chèvres: & comme j'avois pris des peines inconcevables à partager ces pâturages en divers enclos, j'étois aussi fort soigneux d'en préserver les haies. Je portai même mon travail sur cet article jusqu'à planter tout autour de mes haies de petits pieux en très grand nombre & fort serrés. C'étoit une palissade plutôt qu'une haie. On n'y pouvoit pas fourrer la main; & dans la suite ces pieux ayant pris racine, & étant crûs, comme ils firent par le premier tems pluvieux, rendirent mes haies aussi fortes & même plus fortes que les meilleures murailles.

Tous ces travaux témoignoient bien que je n'étois pas paresseux, & que je n'épargnois ni soins ni peines pour me procurer de quoi vivre avec quelque aisance. » Le troupeau de boucs, disois-
» je en moi-même, est pour toute ma vie, fût-elle
» de quarante années, un magasin vivant de
» viande, de lait, de beurre & de fromage. Je
» ne dois donc rien négliger pour ne pas les
» perdre. ».

Mes vignes étoient aussi dans ces quartiers : j'en tirois des provisions de raisins pour tout l'hiver. Je les ménageois avec toute la précaution possible. C'étoient mes mets les plus délicieux. Ils me servoient de médecine, de nourriture & de rafraîchissemens.

D'ailleurs cet endroit étoit justement à mi-chemin de ma forteresse & de la baie où j'avois mis mon canot. Lorsque j'allois le visiter, je m'arrêtois ici, & j'y couchois une nuit. J'ai toujours eu grand soin de mon canot : je prenois beaucoup de plaisir à me promener sur la mer ; mais ce n'étoit que sur ses bords. Je n'osois m'en éloigner tout au plus que de deux jets de pierre. J'appréhendois que le vent, quelque courant, ou quelqu'autre hasard ne m'emportât bien loin de mon île. Mais me voici insensiblement arrivé à une condition de vie bien différente de celle que j'ai dépeinte jufqu'ici.

Un jour, que j'allois à mon canot, je découvris très-diftinctement fur le fable les marques d'un pied nud d'homme. Je n'eus jamais une plus grande frayeur ; je m'arrêtai tout court, comme fi j'eufle été frappé de la foudre, ou comme fi j'eufle eu quelque apparition. Je me mis aux écoutes, je regardai tout autour de moi ; mais je ne vis rien & je n'entendis rien : je montai fur une petite éminence pour étendre ma vue ; j'en defcendis & j'allai au rivage, mais je n'apperçus rien de nouveau, ni aucun autre veftige d'homme que celui dont j'ai parlé. J'y retournai, dans l'efpérance que ma crainte n'étoit peut-être qu'une imagination fans fondement ; mais je revis les mêmes marques d'un pied nud, les orteils, le talon & tous les autres indices d'un pied d'homme. Je ne favois qu'en conjecturer : je m'enfuis à ma fortification, tout troublé, regardant derrière moi prefque à chaque pas, & prenant tous les buiffons que je rencontrois pour des hommes. Il n'eft pas poffible de décrire les diverfes figures qu'une imagination effrayée trouve dans tous les objets. Combien d'idées folles & de penfées bifarres ne m'eft-il pas venu dans l'efprit, pendant que je m'enfuyois à ma forterefle !

Je n'y fus pas plutôt arrivé que je m'y jetai

comme un homme qu'on pourſuit. Je ne me ſouviens pas ſi j'y entrai par l'échelle, ou par le trou qui étoit dans le roc, & que j'appelois une porte. J'étois trop effrayé pour en garder le ſouvenir. Jamais lapin ni renard ne ſe terra avec plus de frayeur que je me ſauvai dans mon château; car c'eſt ainſi que je l'appellerai dans la ſuite.

Je ne pus dormir de toute la nuit : à meſure que je m'éloignois de la cauſe de ma frayeur, mes craintes s'augmentoient auſſi : bien oppoſé à cet égard, à ce qui arrive ordinairement à tous les animaux qui ont peur. Mais mes idées effrayantes me troubloient tellement, que, bien qu'éloigné de l'endroit où j'avois pris cette crainte, mon imagination ne me repréſentoit rien qui ne fût triſte & affreux. Je m'imaginois quelquefois que c'étoit le Diable : j'en avois cette raiſon, qu'il étoit impoſſible pour un homme d'être venu dans cet endroit. Où étoit le vaiſſeau qui l'avoit amené ? Y avoit-il quelqu'autre marque d'aucun pied d'homme dans toute l'île ? Mais cependant, dis-je, quelle apparence que Satan ſe revête dans cette île d'une figure humaine ? Quel pourroit être en cela ſon but ? Pourquoi laiſſer une marque de ſon pied ? Etoit-il ſûr que je le rencontraſſe ? Le Diable n'avoit-il pas d'autres moyens de m'effrayer ? Je vivois dans l'autre quartier de l'île, & s'il eût eu le deſſein de me donner de la terreur, il n'auroit pas été si simple que de laisser des vestiges si équivoques dans un lieu où il y avoit dix mille à parier contre un, que je ne le verrois pas; dans un lieu qui, sablonneux, ne pouvoit pas conserver long-tems ces marques qui y étoient imprimées. En un mot, la conjecture que Satan avoit fait cette marque, ne pouvoit pas s'accorder avec les idées que nous avons de sa subtilité & de son adresse.

Toutes ces preuves étoient plus que suffisantes pour détourner mon esprit de la crainte du diable, & pour me faire conclure que des êtres encore plus dangereux étoient la cause de ce que je venois d'appercevoir: je m'imaginois que ce ne pouvoit être que des sauvages du Continent, qui ayant mis en mer avec leurs canots, avoient été portés dans l'île par les vents contraires, ou par les courans & qui avoient eu aussi peu d'envie de rester sur ce rivage désert, que j'en avois de les y voir.

Pendant que ces réflexions rouloient dans mon esprit, je rendois graces au ciel de ce que je n'avois pas été alors dans cet endroit de l'île, & de ce qu'ils n'avoient pas remarqué ma chaloupe, d'où ils auroient certainement conclu, que l'île étoit habitée; ce qui les auroit pu porter à me chercher & à me découvrir.

Dans certains momens je m'imaginois que ma

chaloupe avoit été trouvée, & cette pensée m'agitoit de la manière la plus cruelle ; je m'attendois de les voir revenir en plus grand nombre, & je craignois que quand même je pourrois me dérober à leur barbarie, ils ne trouvassent mon enclos, ne détruisissent mon bled, n'emmenassent mon troupeau, & ne me forçassent à mourir de disette.

C'est alors que mes appréhensions bannirent de mon cœur toute ma confiance en Dieu, fondée sur l'expérience merveilleuse que j'avois faite de ses bontés pour moi : comme si celui qui jusqu'à ce jour m'avoit nourri par une espèce de miracle, manquoit de pouvoir pour me conserver les choses que j'avois reçues de ses mains paternelles. Dans cette situation, je me reprochois la paresse de n'avoir semé qu'autant de grain qu'il m'en falloit jusqu'à la saison nouvelle, & je trouvois ce reproche si juste, que je pris la résolution de me pourvoir toujours pour deux ou trois années, afin de n'être pas exposé à périr de faim, quelqu'accident qui pût m'arriver.

De combien de sources secrettes opposées les unes aux autres, les différentes circonstances ne font-elles pas sortir nos passions ? Nous haïssons le soir ce que nous avions chéri hier : nous désirons un objet avec passion, & quelques momens après nous ne saurions seulement en soutenir l'idée. J'étois alors un triste & vif exemple de cette vérité. Autrefois je m'affligeois mortellement de me voir entouré du vaste Océan, condamné à la solitude, banni de la société humaine: je me regardois comme un homme que le ciel trouvoit indigne d'être au nombre des vivans, & de tenir le moindre rang parmi les créatures. La seule vue d'un homme m'auroit paru une espèce de résurrection, & la plus grande grace, après le salut, que je pusse obtenir de la bonté divine. A présent, je tremble à la seule idée d'un être de mon espèce; l'ombre d'une créature humaine, un seul de ses vestiges me cause les plus mortelles frayeurs.

Telles sont les vicissitudes de la vie humaine: source féconde de réflexions pour moi, lorsque je me trouve dans une assiette plus calme.

Dès que je fus un peu remis de mes allarmes, je considérai que ma triste situation étoit l'effet d'une Providence infiniment bonne, infiniment sage; qu'incapable d'un côté de pénétrer dans les vues de la sagesse suprême à mon égard, je commettois de l'autre la plus haute injustice, en prétendant me souftraire à la souveraineté d'un Être qui, comme mon créateur, a un droit absolu de disposer de mon sort, & qui comme mon juge, est le maître de me punir comme il le trouve à propos; puisque je m'étois attiré son indignation par mes péchés, c'étoit à moi à plier sous ses châtimens. Je songeois que Dieu, aussi puissant que juste, ayant trouvé bon de m'affliger, avoit le pouvoir de me tirer de mes malheurs; & que s'il continuoit à appésantir sa main sur moi, j'étois obligé à attendre dans une résignation parfaite, les directions de sa providence, en continuant d'espérer en lui, & de lui adresser mes prières.

Ces réflexions m'occupèrent des heures, des jours, & même des semaines & des mois; & je ne saurois m'empêcher d'en rapporter une particularité qui me frappa beaucoup. Un matin étant dans mon lit, inquiété par mille pensées touchant le danger que j'avois à craindre des sauvages du continent, je me trouvai dans l'accablement le plus triste; quand tout d'un coup ce passage me vint dans l'esprit : *Invoque-moi au jour de ta détresse, & je t'en délivrerai, & tu me glorifieras.*

Là-dessus je me lève, non seulement rempli d'un nouveau courage, mais encore porté à demander à Dieu ma délivrance par les plus ferventes prières; quand elles furent finies, je pris la Bible, & en l'ouvrant, les premières paroles qui frappèrent mes yeux, étoient celles-ci : *Attends-toi au Seigneur, & aies bon courage, & il fortifiera ton cœur; attends-toi, dis-je, au Seigneur.* La consolation que j'en tirai est inexprimable. Elle remplit mon ame de reconnoissance pour la Divinité, & dissipa absolument mes frayeurs.

Par ce flux & reflux de pensées & d'inquiétudes, je me mis dans l'esprit un jour que le sujet de ma crainte n'étoit peut-être qu'une chimère, & que le vestige que j'avois remarqué pourroit bien être la marque de mon propre pied. Peut-être, dis je, en sortant de ma chaloupe ai-je pris le même chemin qu'en y entrant ; mes propres vestiges m'ont effrayé, & j'ai joué le rôle de ces fous qui font des histoires de spectres & d'apparitions, & qui ensuite sont plus allarmés de leurs fables que ceux devant qui ils les débitent.

Là-dessus je repris courage, & je sortis de ma retraite pour aller fureter par-tout à mon ordinaire. Je n'étois pas sorti de mon château pendant trois jours & autant de nuits, & je commençois à languir de faim, n'ayant rien chez moi que quelques biscuits & de l'eau ; je songeai d'ailleurs que mes chèvres avoient grand besoin d'être traites, ce qui étoit d'ordinaire mon amusement du soir. Je n'avois pas tort d'en être en peine ; les pauvres animaux avoient beaucoup souffert, plusieurs en étoient gâtés absolument, & le lait de la plupart étoit desséché.

Encouragé donc par la pensée que je n'avois eu peur que de ma propre ombre, je fus à ma maison de campagne pour traire mon troupeau ; mais on m'auroit pris pour un homme agité par la plus mauvaise conscience, à voir avec quelle crainte je marchois, combien de fois je regardois derrière moi, à me voir de tems en tems poser à terre mon seau à lait, & courir comme s'il s'agissoit de sauver ma vie.

Cependant, y ayant été de cette manière-là pendant deux ou trois jours, je devins plus hardi, & je me confirmai dans le sentiment que j'avois été la dupe de mon imagination. Je ne pouvois pas pourtant en être pleinement convaincu avant que de me transporter sur les lieux, & de mesurer le vestige qui m'avoit donné tant d'inquiétude. Dès que je fus dans l'endroit en question, je vis évidemment qu'il n'étoit pas possible que je fusse sorti de ma barque près de-là : qui plus est, je trouvai le vestige dont il s'agit bien plus grand que mon pied, ce qui remplit mon cœur de nouvelles agitations, & mon cerveau de nouvelles vapeurs : un frisson me saisit comme si j'avois eu la fièvre, & je m'en retournai chez moi, persuadé que des hommes étoient descendus sur ce rivage, ou bien que l'île étoit habitée, & que je courois risque d'y être attaqué à l'improviste, sans savoir de quelle manière me précautionner.

Dans quelles bisarres résolutions les hommes ne donnent-ils pas, quand ils sont agités par la crainte ? Cette passion les détourne de se servir des moyens que la raison même leur offre pour les secourir. Je me proposai d'abord de jeter à bas mes enclos, de faire rentrer dans les bois mon troupeau apprivoisé, & d'aller chercher dans un autre coin de l'île des commodités pareilles à celles que je voulois sacrifier à ma conservation. Je résolus encore de renverser ma maison de campagne & ma hutte, & de bouleverser mes deux terres couvertes de bled, afin d'ôter aux sauvages jusqu'aux moindres soupçons capables de les animer à la découverte des habitans de l'île.

C'étoit-là le sujet de mes réflexions pendant la nuit suivante, quand les frayeurs qui avoient saisi mon ame étoient encore dans toute leur force. C'est ainsi que la peur du danger est mille fois plus effrayante que le danger lui-même, quand on le considère de près ; c'est ainsi que l'inquiétude que cause un mal éloigné, est souvent infiniment plus insupportable que le mal même. Ce qu'il y avoit de plus affreux dans ma situation, c'est que je ne tirai aucun secours de la résignation qui m'avoit été autrefois si familière. Je me considérai comme un autre Saül, qui se plaignoit non-seulement que les Philistins étoient sur lui, mais encore que Dieu l'avoit abandonné : je ne songeois point à me servir des véritables moyens de me tranquilliser, en criant à Dieu dans les inquiétudes, & en me reposant sur sa providence, comme j'avois fait autrefois. Si j'avois pris ce même parti, je me serois roidi avec plus de fermeté contre mes nouvelles appréhensions, & je m'en serois débarrassé avec une résolution plus grande.

Cette confusion de pensées me tint éveillé pendant toute la nuit; mais à l'approche du jour je m'endormis, & la fatigue de mon ame, & l'épuisement de mes esprits, me procurèrent un sommeil très-profond. Quand je me réveillai, je me trouvai beaucoup plus tranquille, & je commençai à raisonner sur mon état d'une manière calme. Après un long plaidoyer avec moi-même, je conclus qu'une île si agréable, si fertile, si voisine du continent, ne devoit pas être tellement abandonnée que je l'avois cru: qu'à la vérité il n'y avoit point d'habitans fixes; mais qu'apparemment on y venoit quelquefois avec des chaloupes, ou de propos délibéré, ou par la force des vents contraires. De l'expérience de quinze années, dans lesquelles j'avois toujours vécu, & n'avois pas apperçu seulement l'ombre d'une créature humaine, je croyois pouvoir inférer que si de tems en tems les gens du continent étoient forcés d'y prendre terre, ils se rembarquoient dès-qu'ils pouvoient, puisque jusqu'ici ils n'avoient pas trouvé à propos de s'y établir.

Je vis parfaitement bien que tout ce que j'avois à craindre, c'étoient ces descentes accidentelles, contre lesquelles la prudence vouloit que je cherchasse une retraite sûre.

Je commençai alors à me repentir d'avoir percé ma caverne si avant, de lui avoir donné une sortie dans l'endroit où ma fortification joignoit le rocher. Pour remédier à cet inconvénient, je résolus de me faire un second retranchement dans la même figure d'un demi-cercle, à quelque distance de mon rempart, justement là où douze ans avant j'avois planté une double rangée d'arbres. Je les avois mis si serrés, qu'il ne me falloit qu'un petit nombre de palissades entre deux pour en faire une fortification suffisante.

De cette manière j'étois retranché dans deux remparts : celui de dehors étoit rembarré de pièces de bois, de vieux cables, & de tout ce que j'avois jugé propre à le renforcer & je le rendis épais de plus de dix pieds à force d'y apporter de la terre, & de lui donner de la consistance en marchant dessus. J'y fis cinq ouvertures assez larges pour y passer le bras, dans lesquelles je mis les cinq mousquets que j'avois tirés du vaisseau, comme j'ai dit auparavant, & je les plaçai en guise de canons sur des espèces d'affuts, de telle manière que je pouvois faire feu de toute mon artillerie en deux minutes de tems : je me fatiguai pendant
plusieurs

plusieurs mois à mettre ce retranchement dans sa perfection; je n'eus point de repos avant de le voir fini.

Cet ouvrage étant achevé, je remplis un grand espace de terre, hors du rempart, de rejetons d'un bois semblable à de l'osier, propre à s'affermir & à croître de tems en tems. Je crois que j'en fichai dans la terre, en une seule année, plus de vingt mille, de manière que je laissois un vide assez grand entre ces bois & mon rempart, afin de pouvoir découvrir l'ennemi, & qu'il ne pût me dresser des embuscades au milieu de ces jeunes arbres.

Deux ans après ils formoient déjà un bocage épais; & dans six ans, j'avois devant ma demeure une forêt d'une telle épaisseur & d'une si grande force, qu'elle étoit absolument impénétrable, & qu'ame qui vive ne se seroit mis dans l'esprit qu'elle cachât l'habitation d'une créature humaine.

Comme je n'avois point laissé d'avenue à mon château, je me servois pour y entrer & pour en sortir de deux échelles; avec la première je montois jusqu'à un endroit du roc, où il y avoit place pour poser la seconde, & quand je les avois retirées l'une & l'autre, il n'étoit pas possible à ame vivante de venir à moi, sans courir les plus grands dangers. D'ailleurs quand quelqu'un auroit

Tome I.   X

eu assez de bonheur pour descendre du roc, il se seroit encore trouvé au-delà de mon retranchement extérieur.

C'est ainsi que je pris pour ma conservation toutes les mesures que la prudence humaine étoit capable de me suggérer, & l'on verra bientôt que ces précautions n'étoient pas absolument inutiles, quoique ce ne fût alors qu'une crainte vague qui me les inspirât.

Pendant ces occupations, je ne laissois pas d'avoir l'œil sur mes autres affaires, je m'intéressois surtout à mon petit troupeau de chèvres, qui commençoit non-seulement à être d'une grande ressource pour moi dans les occasions présentes, mais qui, pour l'avenir, me faisoit espérer l'épargne de mon plomb, de ma poudre, & de mes fatigues, que sans elles j'aurois dû employer dans la chasse des chèvres sauvages. J'aurois été au désespoir de perdre un avantage si considérable, & d'être obligé à la peine d'assembler & d'élever un troupeau nouveau.

Après une mûre délibération, je ne trouvai que deux moyens de les mettre hors d'insulte. Le premier étoit de creuser une autre caverne sous terre, & de les y faire entrer toutes les nuits, & la seconde, de faire deux ou trois autres petits enclos, éloignés les uns des autres, & les plus cachés qu'il fût possible, dans chacun desquels je puſſe renfermer une demi-douzaine de jeunes chèvres, afin que ſi quelque déſaſtre arrivoit au troupeau en général, je puſſe le remettre ſur pied en peu de tems & avec peu de peine. Quoique ce dernier parti demandât beaucoup de fatigue & de tems, il me parut le plus raiſonnable.

Pour exécuter ce deſſein, je me mis à parcourir tous les recoins de l'iſle & je trouvai bientôt un endroit auſſi détourné que je le ſouhaitois. C'étoit une pièce de terre unie au beau milieu des bois les plus épais, où comme j'ai dit, j'avois failli à me perdre un jour en revenant de la partie orientale de l'iſle. C'étoit déjà une eſpèce d'enclos dont la nature avoit preſque fait tout les frais, & qui par conſéquent n'exigeoit pas un travail ſi rude que celui que j'avois employé à mes autres enclos.

Je mis auſſi-tôt la main à l'œuvre, & en moins d'un mois j'avois ſi bien aidé la nature, que mes chèvres, qui étoient paſſablement bien apprivoiſées, pouvoient être en ſûreté dans cet aſyle. J'y conduiſis d'abord deux femelles & deux mâles; après quoi je me mis à perfectionner mon ouvrage à loiſir.

Le ſeul veſtige d'un homme me coûta tout ce travail, & il y avoit déjà deux ans que je vivois dans ces tranſes mortelles, qui répandoient une grande amertume ſur ma vie, comme s'imagineront sans peine tous ceux qui savent ce que c'est que d'être engagé perpétuellement dans les pièges d'une terreur panique. Je dois remarquer ici avec douleur que les troubles de mon esprit dérangeoient extrêmement ma piété ; car la crainte de tomber entre les mains des antropophages, occupoit tellement mon imagination, que je me trouvois rarement en état de m'adresser à mon créateur avec ce calme & cette résignation qui m'avoient été autrefois ordinaires. Je ne priois dieu qu'avec l'accablement d'un homme environné de dangers, & qui doit s'attendre chaque soir à être mis en pièces, & mangé avant la fin de la nuit ; & ma propre expérience m'oblige d'avouer qu'un cœur rempli de tranquillité, d'amour & de reconnoissance pour son créateur, est beaucoup plus propre à cet exercice de piété, qu'une ame saisie & troublée par de continuelles appréhensions. A mon avis, le dérangement d'esprit causé par la crainte d'un malheur prochain, nous rend aussi incapables de former une bonne prière, qu'une maladie qui nous atterre dans un lit de mort nous rend peu disposés à une véritable repentance.

La prière est un acte de l'esprit, & un esprit malade doit avoir bien de la peine à s'en accquitter comme il faut.

Après avoir mis de cette manière en sûreté

une partie de ma provifion vivante, je parcourus toute l'ifle pour chercher un fecond lieu propre à recevoir un pareil dépôt. Un jour, m'avançant davantage, vers la pointe occidentale de l'ifle, que je n'avois encore fait, je crus voir, d'une hauteur où j'étois, une chaloupe bien avant dans la mer. J'avois trouvé quelques lunettes d'approche dans un des coffres que j'avois fauvés du vaiffeau; mais, par malheur, je n'en avois pas alors fur moi, & je ne pus pas diftinguer l'objet en queftion, quoique j'euffe fatigué mes yeux à force de les y fixer. Ainfi je reftai dans l'incertitude fi c'étoit une chaloupe ou non, & je pris la réfolution de ne plus fortir jamais fans une de mes lunettes.

Etant defcendu de la colline, & me trouvant dans un endroit où je n'avois pas été auparavant, je fus pleinement convaincu qu'un veftige d'homme n'étoit pas une chofe fort rare dans mon ifle, & que fi une providence particulière ne m'avoit jeté du côté où les fauvages ne venoient jamais, j'aurois fu qu'il étoit très-ordinaire aux canots du continent de chercher une rade dans cette ifle, quand ils fe trouvoient par hafard trop avant dans la haute mer. J'aurois appris encore qu'après quelque combat naval, les vainqueurs menoient leurs prifonniers fur mon rivage pour les tuer & pour les manger en vrais cannibales comme ils étoient.

Ce qui m'inftruifit de ce que je viens de dire, étoit un fpectacle que je vis alors fur le rivage du côté du fud-oueft, fpectacle qui me remplit d'étonnement & d'horreur. J'aperçus la terre parfemée de crânes, de mains, de pieds & d'autres offemens d'hommes : j'obfervai près de-là les reftes d'un feu, & un banc creufé dans la terre en forme de cercle, où fans doute ces abominables fauvages s'étoient placés pour faire leur affreux feftin.

Cette cruelle vue fufpendit pour quelque tems les idées de mes propres dangers ; toutes mes appréhenfions étoient étouffées par les impreffions que me donnoit cette brutalité infernale. J'en avois entendu parler fouvent, & cependant la vue m'en choqua comme fi la chofe ne m'étoit jamais entrée dans l'imagination. Je détournai mes yeux de ces horreurs ; je fentois naître de cruelles penfées, & je ferois tombé en foibleffe fi la nature ne m'avoit foulagé par un vomiffement très-violent. Quoique revenu à moi-même, je ne pus me réfoudre à refter dans cet endroit, & je tournai mes pas du côté de ma demeure.

Quand je fus éloigné de ce lieu horrible,

je m'arrêtai tout court comme un homme frappé de la foudre; & quand j'eus repris mes sens, j'élevai mes yeux au ciel, & le cœur attendri, les yeux pleins de larmes, je rendis graces à dieu de ce qu'il m'avoit fait naître dans une partie du monde éloignée d'un si abominable peuple. Je le remerciai de ce que dans ma condition que j'avois trouvée misérable, il m'avoit donné tant de différentes consolations, surtout celle de le connoître, & d'avoir lieu d'espérer en ses bontés ; félicité qui contrebalançoit abondamment toute la misère que j'avois soufferte, & que je pouvois souffrir encore.

L'ame pleine de ces sentimens de reconnoissance, je revins chez moi plus tranquille que je n'avois été auparavant, parce que je remarquois que ces misérables n'abordoient jamais l'isle dans le dessein de s'y mettre en possession de quelque chose, n'ayant pas besoin d'y rien chercher, ou ne s'attendant pas apparemment d'y trouver grand chose, en quoi ils étoient peut-être confirmés par les courses qu'ils pouvoient avoir faites dans les forêts.

J'avois déjà passé dix-huit ans sans rencontrer personne, & je pouvois espérer d'en passer encore avec le même bonheur, à moins de me découvrir moi-même, (ce qui n'étoit nullement mon dessein,) & de trouver l'occasion de faire

X iv

connoissance avec une meilleure espèce d'hommes que les cannibales.

Cependant l'horreur qui me resta de leur brutale coutume, me jeta dans une espèce de mélancolie, qui me tint pendant deux ans renfermé dans mes propres domaines, j'entends par là mon château, ma maison de campagne, & mon nouvel enclos dans les bois; je n'allois dans ce dernier lieu, qui étoit la demeure de mes chèvres, que quand il le falloit absolument; car la nature m'inspiroit une si grande aversion pour ces abominables sauvages, que j'avois aussi peur de les voir que de voir le diable en personne. Je n'avois garde non plus d'aller examiner l'état de ma chaloupe, & je résolus plutôt d'en construire une autre; car de faire le tour de l'île avec la vieille, afin de l'approcher de mon habitation, il n'y falloit pas songer; c'étoit le vrai moyen de les rencontrer en mer, & de tomber entre leurs mains.

Le tems & la certitude où j'étois que je ne courois aucun risque d'être déterré, me remirent peu-à-peu dans ma manière de vivre ordinaire, excepté que j'avois l'œil plus alerte qu'auparavant, & que je ne tirois plus mon fusil, de peur d'exciter la curiosité des sauvages, si par hasard ils se trouvoient dans l'île. C'étoit par conséquent un grand bonheur pour moi de m'être pourvu d'un troupeau de chèvres apprivoisées, & de n'être pas contraint d'aller à la chasse des chèvres sauvages; si j'en attrapois quelqu'une, ce n'étoit que par le moyen de piéges & de trappes. Je ne sortois pourtant jamais sans mon mousquet, & comme j'avois sauvé trois pistolets du vaisseau, j'en avois toujours deux pour le moins, que je portois dans ma ceinture de peau de chèvre. J'y ajoutois un de mes grands coutelas que je m'étois mis à fourbir, & pour lequel j'avois fait de la même peau un porte-épée. On croira facilement que dans mes sorties j'avois l'air formidable, si l'on ajoute à la description que j'ai faite auparavant de ma figure, les deux pistolets & ce large sabre qui pendoit à mon côté sans fourreau.

Ces précautions nécessaires étoient la seule chose qui m'inquiétoit en quelque sorte, & considérant ma condition d'un œil tranquille, je commençai à ne la trouver guères misérable en comparaison de bien d'autres. En refléchissant là-dessus, je vis qu'il y auroit peu de murmures parmi les hommes, dans quelque état qu'ils pussent se trouver, s'ils se portoient à la reconnoissance, par la considération d'un état plus déplorable, plutôt que de nourrir leurs plaintes en portant leurs yeux sur ceux qui sont plus heureux.

Quoique peu de choses me manquassent, j'étois sûr pourtant que mes frayeurs, & les soins que j'avois eus de ma conservation, avoient émoussé ma subtilité ordinaire dans la recherche de mes commodités; entr'autres choses j'avois négligé un bon dessein qui m'avoit occupé autrefois, savoir de sécher une partie de mon grain, & de le rendre propre à faire de la bière.

Cette pensée me paroissoit fort bisarre à moi-même, à cause d'un grand nombre de moyens qui me manquoient pour parvenir à mon but; je n'avois point de tonneaux pour conserver ma bière, &, comme j'ai déjà observé, j'avois autrefois employé le travail de plusieurs mois pour en construire, sans en venir à bout; d'ailleurs j'étois dépourvu de houblon pour la rendre durable, de levure pour la faire fermenter, & de chaudière pour la faire bouillir : nonobstant tous ces inconvéniens, je suis persuadé que sans les appréhensions que m'avoient causés les sauvages, je l'aurois entrepris, & peut-être avec succès; puisque rarement j'abandonnois un dessein, quand je me l'étois une fois fourré dans la tête, & que j'avois commencé à y mettre la main.

Mais à présent mon esprit inventif s'étoit tourné tout d'un autre côté, & je ne faisois que ruminer nuit & jour sur les moyens de détruire quelques-uns de ces monstres au milieu de leurs divertissemens sanguinaires, & de sauver leurs victimes s'il étoit possible. Je remplirois un plus grand volume que celui ci de toutes les pensées qui me rouloient dans l'esprit sur la manière de tuer une troupe de ces sauvages, ou du moins de leur donner une allarme assez chaude pour les détourner de remettre jamais les pieds dans l'isle; mais tout n'aboutissoit à rien, toute ma ressource étoit en moi-même; & que pouvoit faire un seul homme au milieu d'une trentaine de gens armés de javelots, de dards & de flèches dont les coups étoient aussi sûrs que ceux des armes à feu?

Quelquefois je songeois à creuser une mine sous l'endroit où ils faisoient leur feu, & à y placer cinq ou six livres de poudre à canon, qui, s'allumant dès que leur feu y pénétreroit, feroit sauter en l'air tout ce qui se trouveroit aux environs. Mais j'étois fâché de perdre tout-d'un-coup tant de poudre de ma provision, qui ne consistoit plus que dans un seul baril; de plus, je ne pouvois avoir aucune certitude du bon effet de ma mine qui, peut-être, n'auroit fait que leur griller les oreilles, sans leur donner assez de frayeur pour abandonner l'île pour toujours. Je renonçai donc à cette entreprise, & je me proposai plutôt de me mettre en embuscade dans un lieu convenable avec mes trois fusils chargés à double charge, & de tirer sur eux au milieu de leur cérémonie sanguinaire, sûr d'en tuer ou d'en blesser, du moins, deux ou trois à chaque coup, & de venir facilement à bout du reste, quand ils seroient une vingtaine, en tombant sur eux avec mes trois pistolets & mon sabre.

J'employai plusieurs jours à chercher un endroit propre à mon entreprise, & je descendis même fréquemment vers le lieu de leur festin, avec lequel je commençai à me familiariser; sur-tout dans le tems que mon esprit étoit plein d'idées de vengeance & de carnage, je n'étois que plus animé à l'exécution de mon dessein, par les marques de la barbarie de ces cruels antropophages.

A la fin je trouvai un lieu dans un des côtés de la colline où je pouvois attendre en sûreté l'arrivée de leurs barques, & d'où, pendant qu'ils débarqueroient, je pouvois me glisser dans le plus épais du bois; j'y avois découvert un arbre creux, capable de me cacher entièrement; de là je pouvois épier toutes leurs actions, & viser sur eux, quand, en mangeant, ils seroient si serrés, qu'il seroit presque impossible de n'en pas mettre trois ou quatre hors de combat, du premier coup.

Content de cet endroit, & résolu d'exécuter

mon entreprise tout de bon, je préparai deux mousquets & mon fusil de chasse ; je chargeai chacun des premiers de ferraille, & de quatre ou cinq balles de pistolet ; & l'autre, d'une poignée de la plus grosse dragée : je laissai couler aussi quatre balles dans chaque pistolet, & dans cette posture, fourni de munitions pour une seconde & troisième décharge, je me préparai au combat.

Dans cette résolution je ne manquai pas de me trouver tous les matins au haut de la colline, éloignée de mon château d'un peu plus d'une lieue ; mais je fus plus de deux mois en sentinelle de cette manière, sans faire la moindre découverte, & sans voir la moindre barque, non-seulement auprès du rivage, mais même dans tout l'océan, autant que ma vue, aidée par mes lunettes, pouvoit s'étendre.

Pendant tout ce tems-là, mon dessein subsistoit dans toute sa vigueur, & je continuai à être dans toute la disposition nécessaire pour massacrer une trentaine de ces sauvages, pour un crime dans lequel je n'étois intéressé que par la chaleur d'un faux zèle animé par la coutume inhumaine de ces barbares. Il ne me venoit pas seulement dans l'esprit, que la providence, dans sa direction infiniment sage, avoit souffert que ces pauvres gens n'eussent pas d'autre guide pour leur conduite, que leurs propres passions corrompues, & que par une tradition malheureuse, ils s'étoient familiarisés avec une coutume affreuse, où rien n'auroit pu les porter que la corruption humaine, abandonnée du ciel, & soutenue par des instigations infernales.

A la fin, la fatigue de tenter si long-tems en vain la même entreprise, me fit raisonner avec justesse sur l'action que j'allois faire; quelle autorité, dis-je, quelle vocation ai-je pour m'établir juge & bourreau sur ces gens, que depuis plusieurs siècles le ciel a permis d'être les exécuteurs de sa justice les uns envers les autres ? Quel droit ai-je de venger le sang qu'ils répandent tour-à-tour ? Sais-je ce que la divinité elle même juge de cette action, qui me paroît si criminelle ? Du moins est-il certain que ces peuples, en la commettant, ne péchent point contre les lumières de leurs consciences, & qu'ils sont fort éloignés de la considérer comme un crime : ils n'ont pas le moindre dessein de braver la justice divine comme nous faisons nous autres dans la plûpart de nos péchés : ils ne se font pas une plus grande affaire de tuer un prisonnier, & de le manger, que nous de tuer un bœuf, ou de manger un mouton.

Il suivoit de-là que mon entreprise n'étoit rien moins que légitime, & que ces sauvages ne devoient non plus passer pour meurtriers que les chrétiens qui dans un combat font passer sans quartier au fil de l'épée des troupes entières de leurs ennemis, quoiqu'ils aient mis bas les armes.

Enfin, supposé que rien ne soit plus criminel que la brutalité de ces peuples, ce n'étoit pas mon affaire ; ils ne m'avoient jamais offensé personnellement : & ce que j'entreprenois, ne pouvoit être excusé que par la nécessité de me défendre moi-même contre leurs attaques, desquelles je n'avois rien à craindre, ces gens ne me connoissant pas seulement, bien loin de former des desseins contre ma vie ; en former contre la leur, c'étoit justifier la barbarie par laquelle les Espagnols avoient détruit des millions d'Africains qui, bien que barbares & idolâtres, coupables des cérémonies les plus horribles, comme celle, par exemple, d'immoler des hommes à leurs idoles, étoient pourtant un peuple fort innocent par rapport à leurs bourreaux.

Aussi est-il très-certain que les Espagnols eux-mêmes conspirèrent avec tous les autres chrétiens à parler de cette destruction, comme d'un carnage abominable qu'il n'est pas possible de justifier, ni devant Dieu, ni devant les hommes. Le nom même d'*Espagnol* est devenu par-là terrible à tous les peuples ; comme si le royaume d'Espagne produisoit une race particulière d'hommes dépourvus de ces principes de tendresse & de pitié, qui forment le caractère d'une ame généreuse.

Ces considérations calmèrent ma fureur, & peu-à-peu je renonçai à mes mesures, en concluant qu'elles étoient injustes, & qu'il falloit attendre à les exécuter jusqu'à ce qu'ils eussent commencé les hostilités.

Je repris cette résolution, d'autant plus que le premier parti, loin d'être un moyen de me conserver, tendoit absolument à ma ruine : car c'étoit assez qu'un seul sauvage de toute une troupe échappé à mes mains, pût donner de mes nouvelles à tout un peuple, pour l'attirer dans l'île à venger la mort de leurs compatriotes; & je pouvois fort bien me passer d'une pareille visite.

Je conclus donc que la raison & la politique devoient me détourner également de me mêler des actions des sauvages, & que mon unique affaire étoit de me tenir à l'écart, & de ne pas faire soupçonner par la moindre marque, qu'il y eût des êtres raisonnables dans l'île.

Cette prudence étoit soutenue par la religion, qui me défendoit de tremper mes mains dans le sang innocent; innocent, dis-je, par rapport à moi : car pour les crimes que l'habitude avoit rendus communs à tous ces peuples, je devois les

abandonner

abandonner à la justice de Dieu, qui est le roi des nations, & qui fait punir les crimes des nations entières par des punitions nationales.

Je trouvois tant d'évidence dans toutes ces différentes réflexions, que j'eus une satisfaction inexprimable de n'avoir pas commis une action que la raison me dépeignoit aussi noire qu'un meurtre volontaire, & je rendis graces à Dieu à genoux d'avoir délivré mes mains du sang, en le suppliant de me sauver par sa providence de celles des barbares, & de m'empêcher de rien attenter contre eux, sinon dans la nécessité d'une défense légitime.

Je restai dans cette disposition pendant une année entière, si éloigné de chercher le moyen d'attaquer les sauvages, que je ne daignai pas une seule fois monter sur la colline pour examiner s'ils s'étoient débarqués ou non, toujours craignant d'être tenté par quelque occasion avantageuse de renouveler mes desseins contre eux. Je ne fis qu'éloigner de-là ma barque, & la mener du côté oriental de l'île, où je la plaçai dans une cavité que je trouvai sous des rochers élevés, & que les courans rendoient impraticable aux canots des sauvages.

Je vécus depuis ce tems-là plus retiré que jamais, en ne sortant que pour m'acquitter de mes devoirs ordinaires; savoir, pour traire mes chèvres

Tome I.   X

femelles, & pour nourrir le petit troupeau que j'avois caché dans le bois, qui, étant tout-à-fait de l'autre côté de l'île, étoit entièrement hors d'insulte ; car, selon toutes les apparences, les cannibales n'étoient pas d'humeur à abandonner jamais le rivage ; & ils y avoient été souvent, aussi-bien, avant que j'eusse pris toutes mes précautions, qu'après. Quand j'y pensois, je réfléchissois avec horreur sur la situation où j'aurois été si je les avois rencontrés autrefois, quand nud & désarmé, je n'avois pour ma défense qu'un seul fusil chargé de dragée. Je parcourois dans ce tems-là toute l'île sans cesse, & quelle auroit été ma frayeur, si, au lieu de voir un seul vestige, j'avois trouvé une vingtaine de sauvages, qui n'auroient pas manqué de me donner la chasse, & de m'atteindre bientôt par la vîtesse extraordinaire de leur course.

Je frissonnois, en songeant qu'il n'y auroit eu aucune ressource pour moi dans cette occasion, & que même je n'aurois pas eu la présence d'esprit nécessaire pour m'aider des moyens qui auroient pû être en mon pouvoir ; moyens bien inférieurs à ceux que mes précautions m'avoient fournis à la fin. Ces idées me jetoient souvent dans un profond abattement qui étoit suivi de sentimens de reconnoissance pour Dieu, qui m'avoit délivré de tant de dangers inconnus, & de tant de malheurs dont j'aurois été incapable de me sauver, n'ayant pas la moindre connoissance de leur possibilité.

Tout ceci renouvela dans mon esprit une réflexion que j'avois souvent faite, quand je commençai à remarquer les bénignes dispositions du ciel à l'égard des dangers qui nous environnent dans cette vie. Combien de fois en sommes-nous délivrés, comme par miracle, sans le savoir! Combien de fois n'arrive-t-il pas qu'en hésitant si nous irons par un chemin ou par un autre, un motif secret nous détermine vers une autre route que celle où nous portoient notre dessein, notre inclination & nos affaires! Nous ignorons quel pouvoir nous dirige de cette manière; mais nous découvrons ensuite que, si nous avions pris le chemin où notre intérêt apparent sembloit nous appeler, nous aurions pris le chemin de notre ruine.

Après plusieurs expériences de cette vérité, je me suis fait une règle de suivre constamment les ordres de ce pouvoir inconnu, sans en avoir d'autre raison que l'impression même que je sens alors dans mon ame. Je pourrois donner plusieurs exemples du succès de cette conduite dans tout le cours de ma vie, tirés sur-tout des dernières années de mon séjour dans cette île; j'y aurois plus réfléchi, si je les avois contemplées de l'œil dont je les regarde à présent: mais il n'est jamais trop tard pour devenir sage, & je ne puis qu'avertir tout homme capable de prudence, dont la vie est sujette à des accidens extraordinaires, de ne pas négliger de pareils avertissemens secrets de la providence. Pour moi je les regarde comme une preuve certaine du commerce & de la communication secrette des esprits purs avec ceux qui sont unis à des corps; preuve incontestable que j'aurai occasion de confirmer par plusieurs exemples dans le récit du reste de mes aventures dans cette solitude.

Le lecteur ne trouvera pas étrange si je confesse que les inquiétudes & les dangers dans lesquels je passois ma vie, m'avoient détourné entièrement du soin de mes commodités, & que je songeois plus à vivre, qu'à vivre agréablement. Je ne me souciois plus de mettre quelque part un clou, ou d'affermir un morceau de bois, crainte de faire du bruit; beaucoup moins avois-je le cœur de tirer un coup de fusil, & ce fut avec toute l'inquiétude possible que je me hasardai à allumer du feu, dont la fumée, visible à une grande distance, auroit pu aisément me trahir. Pour cette raison, je transportai mes affaires qui demandoient du feu du côté de mon appartement dans le bois, où je trouvai enfin, après plusieurs allées & venues, avec tout le ravissement imaginable, une cave naturelle d'une grande étendue, dont je suis sûr que jamais sauvage n'avoit vu l'ouverture, bien loin d'être assez hardi pour y entrer ; ce que peu d'hommes eussent osé hasarder, à moins que d'avoir, comme moi, un besoin extrême d'une retraite assurée.

L'entrée de cet antre étoit derrière un grand rocher, & je la découvris par hasard, ou, pour parler plus sagement, par un effet particulier de la providence, en coupant quelques grosses branches d'arbre pour les brûler & pour en conserver le charbon : moyen dont je m'étois avisé pour éviter de faire de la fumée en cuisant mon pain, & en préparant mes autres mets.

Dès que j'eus trouvé cette ouverture derrière quelques broussailles épaisses, ma curiosité me porta à y entrer ; ce que je fis avec peine. J'en trouvai le dedans suffisamment large pour m'y tenir debout ; mais j'avoue que j'en sortis avec plus de précipitation que je n'y étois entré, après que, portant mes regards plus loin dans cet antre obscur, j'y eus apperçu deux grands yeux brillans comme deux étoiles, sans savoir si c'étoient les yeux d'un homme ou d'un démon.

Après quelques momens de délibération, je revins à moi, & je me reprochai la foiblesse de craindre le diable, moi qui avois vécu depuis vingt ans dans ce désert, & qui avois l'air plus effroyable peut-être que tout ce qu'il pouvoit y avoir de plus affreux dans la caverne. Là-dessus je repris courage, & me saisissant d'un tison enflammé, je rentrai dans l'antre d'une manière brusque; mais à peine eus-je fait trois pas en avant, que ma frayeur redoubla par un grand soupir que j'entendis, suivi d'un son semblable à des paroles mal articulées, & d'un autre soupir encore plus terrible. Une sueur froide sortit de mon corps de tous côtés, & si j'avois eu un chapeau sur la tête, je crois que mes cheveux, à force de se dresser, l'auroient fait tomber à terre. Je fis cependant tous mes efforts pour dissiper ma crainte par la pensée que la puissance divine, qui étoit présente ici comme ailleurs, étoit capable de me protéger contre les plus grands périls; & avançant avec intrépidité, je découvris une vieille chèvre mâle d'une extraordinaire grandeur, couchée à terre, & prête à mourir de vieillesse.

Je la poussai un peu pour essayer si je pourrois la faire sortir de-là, & elle fit quelques efforts pour se lever, sans y pouvoir réussir. Je m'en mettois peu en peine, persuadé que tant qu'elle seroit en vie elle feroit la même peur à quelque sauvage, s'il étoit assez hardi pour se fourrer dans cet antre.

Pleinement tranquillisé, alors je portai mes yeux de tout côtés & je trouvai la caverne assez étroite & sans figure régulière, puisque la nature seule y avoit travaillé, sans aucun secours de l'industrie humaine. Je découvris dans l'enfoncement une seconde ouverture, mais si basse qu'il étoit impossible d'y entrer qu'à quatre pieds; ce que je différai jusqu'à ce que je pusse tenter l'aventure, muni de chandelle & d'un fusil à faire du feu. J'y revins le jour d'après avec une provision de six grosses chandelles que j'avois faites de graisse de chèvre; & après avoir rampé par cette ouverture étroite l'espace de dix aunes, je me vis beaucoup plus au large. Je me trouvai sous une voûte élevée à peu-près à la hauteur de vingt pieds, & je puis protester que dans toute l'isle il n'y avoit rien de si beau & de si digne d'être considéré que ce souterrain; la lumière des deux chandelles que j'avois allumées, étoit réfléchie de plus de cent mille manières, par les murailles qui étoient alentour. Je ne saurois dire ce qui étoit la cause d'un objet si brillant; si c'étoient des diamans, d'autres pierres précieuses, ou bien de l'or; le dernier me paroît le plus vraisemblable.

En un mot, c'étoit la plus charmante grotte qu'on puisse imaginer; quoique parfaitement obscure, le fond en étoit uni & sec, couvert d'un gravier fin & délié, on n'y voyoit aucune trace de quelqu'animal venimeux; aucune vapeur, aucune humidité ne paroissoit sur les murailles.

Le seul désagrément qu'il y avoit, c'étoit la

difficulté de l'entrée ; mais ce désagrément même en faisoit la sûreté. J'étois charmé de ma découverte, & je résolus d'abord de porter dans cette grotte tout ce dont la conservation m'inquiétoit le plus, sur-tout mes munitions & mes armes de réserve.

Ce dessein me donna occasion d'ouvrir mon baril de poudre que j'avois sauvé de la mer. Je trouvai que l'eau y avoit pénétré de tous côtés à-peu près à la profondeur de trois ou quatre pouces, & que la poudre mouillée avoit formé une espèce de croûte qui avoit conservé le reste, comme une noix est conservée dans sa coque ; de cette manière il me restoit au centre du baril environ 60 livres de fort bonne poudre à canon, que je portai toute dans ma grotte avec tout le plomb que j'avois encore, & je n'en gardai dans mon château que ce qui m'étoit nécessaire pour me défendre en cas de surprise.

Dans cette situation je me comparois aux géans de l'antiquité qui habitoient des antres inaccessibles, persuadé que lorsque les sauvages me donneroient la chasse, en quelque nombre qu'ils fussent, ils ne m'attrapperoient pas, ou du moins n'oseroient pas m'attaquer dans ma nouvelle grotte.

La vieille chèvre mourut le jour d'après ma découverte, à l'entrée de ma caverne, où je trouvai plus à propos de l'enterrer, que de m'efforcer à en tirer le cadavre dehors.

J'étois alors dans la vingt-troisième année de ma résidence dans cette isle, & si accoutumé à ma manière d'y vivre, que, sans la crainte des sauvages, j'aurois été content d'y passer le reste de mes jours, & de mourir dans la grotte où j'avois donné la sépulture à la chèvre. Je m'étois même ménagé de quoi m'amuser & me divertir, ce qui m'avoit manqué autrefois : j'avois enseigné à parler à mon perroquet, comme j'ai dit auparavant, & il s'en acquittoit si bien, que sa conversation a été un grand agrément pour moi pendant vingt-six ans que nous avons vécu ensemble. On débite dans le Brésil, que ces animaux vivent un siècle entier : il vit donc peut être encore, & il appelle, selon la coutume, le *pauvre Robinson-Crusoé*. Certainement, si quelque anglois avoit eu le malheur d'aborder cette isle, & l'entendoit causer, il le prendroit pour le diable. Mon chien me fut encore un agréable & fidéle compagnon pendant seize ans, après lesquels il mourut de pure vieillesse. Pour mes chats, ils s'étoient tellement multipliés, comme j'ai déjà dit, que de peur qu'ils ne me dévorassent avec tout ce que je possédois, j'avois été obligé d'en tuer plusieurs à coup de fusils; mais j'eus du repos de ce côté-là, dès que j'eus forcé les vieux à déserrer faute d'alimens, & à se jeter dans les bois avec toute leur race. Je n'en avois gardé auprès de moi que deux ou trois favoris, dont j'avois grand soin de noyer les petits, dès qu'ils venoient au monde; le reste de mon domestique consistoit en deux chevreaux que j'avois accoutumés à manger de ma main, & deux autres perroquets qui jasoient assez bien pour prononcer *Robinson Crusoé*, mais qui étoient bien éloignés de la perfection de l'autre, pour lequel j'avois pris aussi beaucoup de peine. J'avois encore quelques oiseaux de mer, dont j'ignorois les noms; je les avois attrappés sur le rivage, & leur avois coupé les aîles; ils habitoient & pondoient dans le jeune bois que j'avois planté devant le retranchement de mon château, & ils contribuoient beaucoup à mon divertissement. J'étois content encore un coup, pourvu que les sauvages ne vinssent pas troubler ma tranquillité.

Mais le ciel en avoit ordonné autrement, & je conseille à tous ceux qui liront mon histoire, d'en tirer la réflexion suivante : combien de fois n'arrive-t-il pas dans le cours de notre vie que le mal que nous évitons avec le plus grand soin, & qui nous paroît le plus terrible quand nous y sommes tombés, soit, pour ainsi dire, la porte de notre délivrance & l'unique moyen de finir nos malheurs? Cette vérité a été sur-tout remarquable dans les dernières années de ma vie solitaire dans cette isle; comme le lecteur le verra bientôt.

C'étoit dans le mois de Décembre, le tems ordinaire de ma moisson, qui m'obligeoit à être presque les jours entiers en campagne, que sortant du matin, un peu avant le lever du soleil, je fus surpris par la vue d'une lumière sur le rivage, à une grande demi-lieue de moi. Ce n'étoit pas du côté où j'avois observé que les sauvages abordoient d'ordinaire; je vis avec la dernière douleur que c'étoit du côté de mon habitation.

La peur d'être surpris me fit entrer bien vîte dans ma grotte, où j'avois beaucoup de peine à me croire en sûreté, parce que mon grain à moitié coupé pouvoit découvrir aux sauvages que l'île étoit habitée, & les porter à me chercher par-tout jusqu'à ce qu'ils m'eussent déterré.

Dans cette appréhension, je retournai vers mon château, & ayant retiré mon échelle après moi, je me préparois à la défense; je chargeai tous mes pistolets aussi-bien que l'artillerie que j'avois placée dans mon nouveau retranchement, résolu de me battre jusqu'à mon dernier soupir, sans oublier d'implorer la protection divine, & dans cette posture j'attendis l'ennemi pendant deux heures, fort impatient de savoir ce qui se passoit au-dehors.

Mais n'ayant personne pour aller reconnoître, incapable de soutenir plus long-tems une si cruelle incertitude, je m'enhardis à monter sur le haut du rocher par le moyen de mes deux échelles, & à me mettre ventre à terre; je me servis de ma lunette d'approche pour découvrir de quoi il s'agissoit. Je vis d'abord neuf sauvages assis en rond autour d'un petit feu, non pas pour se chauffer, car il faisoit une chaleur extrême, mais apparemment pour préparer quelque mets de chair humaine qu'ils avoient apportée avec eux.

Ils avoient avec eux deux canots qu'ils avoient tirés sur le rivage; & comme c'étoit alors le tems du flux, ils paroissoient attendre le reflux pour s'en retourner; ce qui calma mon trouble, puisque je concluois de-là qu'ils venoient & retournoient toujours de la même manière; & que je pouvois battre la campagne sans danger durant le flux, pourvu que je n'en eusse pas été découvert auparavant sur le rivage. Observation qui me fit continuer ma moisson dans la suite avec assez de tranquillité.

La chose arriva précisément comme je l'avois conjecturé; dès que la marée commença à aller du côté de l'occident, je les vis se jeter dans leurs barques, & faire force de rames; ce n'étoit pas sans s'être divertis auparavant par des danses, comme je remarquai par leurs postures, & par leurs gesticulations. Quelque forte que fût mon attention à les examiner, ils m'avoient paru absolument nuds; mais il me fut impossible de distinguer leur sexe.

Aussi-tôt que je les vis embarqués, je sortis avec deux fusils sur mes épaules, deux pistolets à ma ceinture, & mon large sabre à mon côté, & avec tout l'empressement possible, je gagnai la colline d'où j'avois vu pour la première fois les marques des festins horribles de ces cannibales, & là, je m'apperçus qu'il y avoit eu de ce côté trois autres canots qui étoient tous en mer aussi-bien que les autres pour regagner leur continent.

Descendu sur le rivage, je vis de nouveau les marques horribles de leur brutalité, & j'en conçus tant d'indignation, que je résolus pour la seconde fois de tomber sur la première troupe que je rencontrerois, quelque nombreuse qu'elle pût être.

Les visites qu'ils faisoient dans l'isle devoient être fort rares, puisqu'il se passa plus de quinze mois avant que j'en revisse le moindre vestige. Je vivois pourtant pendant tout ce tems dans les plus cruelles appréhensions, dont je ne voyois aucun moyen de me délivrer.

Je continuois cependant toujours dans mon humeur meurtrière, & j'employois presque toutes les heures du jour, dont j'aurois pu faire un meilleur usage, à dresser le plan de mon attaque, la première fois que j'en aurois l'occasion, sur-tout si je trouvois leurs forces divisées comme la dernière fois. Je ne considérois pas seulement qu'en tuant tantôt un peu de leurs partis, tantôt quelques autres, ce seroit toujours à recommencer, & qu'à la fin je deviendrois un plus grand meurtrier que ceux-là mêmes dont je voulois punir la barbarie.

Mes inquiétudes renouvelées par cette dernière rencontre répandoient beaucoup d'amertume sur ma vie ; quand je me hasardois à sortir de ma retraite, c'étoit avec toute la précaution possible, & en tournant continuellement les yeux sur tous les objets dont j'étois environné. Quel bonheur pour moi d'avoir mis mon troupeau en sûreté, & d'être dispensé de faire feu sur les chèvres sauvages ! Il est vrai que le bruit auroit pu mettre en fuite un petit nombre de sauvages effrayés ; mais je devois être convaincu qu'ils reviendroient avec plusieurs centaines de canots, & je savois ce que j'avois alors à attendre de leur inhumanité. Cependant je fus assez heureux pour n'en voir plus jusqu'au mois de Mai de la vingt-quatrième année de ma vie solitaire, dans lequel j'eus avec eux une rencontre très-surprenante, que je rapporterai dans son lieu.

Durant ces quinze mois, je passois les jours dans des pensées inquiettes, & les nuits j'avois des songes effrayans, qui me réveilloient en surfaut; je rêvois que je tuois des sauvages, & que je pesois les raisons qui m'autorisoient à ce carnage.

C'étoit à-peu-près le milieu du mois de Mai, (selon le poteau où je marquois chaque jour, qui me servoit de calendrier,) lorsqu'il fit une tempête terrible, accompagnée de tonnerre & d'éclairs. La nuit suivante ne fut pas moins épouvantable, & dans le tems que j'étois occupé à lire dans la bible, & à faire de sérieuses réflexions sur ma lecture, je fus surpris d'un bruit semblable à celui d'un coup de canon tiré en mer.

Cette surprise étoit bien différente de toutes celles qui m'avoient saisi jusqu'alors; je me levai avec tout l'empressement possible, & en moins de rien je parvins au haut du rocher, par le moyen de mes échelles. Dans le même moment une lumière me prépara à entendre un second coup de canon, qui frappa mes oreilles une demi-minute après, & dont le son devoit venir de ce côté de la mer, où j'avois été emporté dans ma chaloupe par les courans.

Je jugeai d'abord que ce devoit être quelque vaisseau en péril, qui, par ces signaux, demandoit du secours à quelqu'autre bâtiment qui alloit avec lui de conserve. Je songeai là-dessus que, si j'étois incapable de lui donner du secours, il m'en pouvoit donner peut-être à moi, & dans cette vue je ramaſſai tout le bois ſec qui étoit aux environs ; j'y mis le feu au haut de la colline, & quoique le vent fût violent, il ne laiſſa pas de s'enflammer à merveille, & j'étois ſûr qu'il devoit être apperçu par ceux du vaiſſeau, ſi mes conjectures là-deſſus étoient juſtes. Ils le virent ſans doute : car à peine mon feu étoit-il dans toute ſa force, que j'entendis un troiſième coup de canon, ſuivi de pluſieurs autres, venant tous du même endroit. J'entretins mon feu toute la nuit, & quand il fit jour & que l'air ſe fut éclairci, je vis quelque choſe à une grande diſtance à l'eſt de l'iſle, ſans pouvoir le diſtinguer même avec mes lunettes.

J'y fixai mes yeux conſtamment pendant tout le jour, & comme je voyois l'objet dans le même lieu, je crus que c'étoit un vaiſſeau à l'ancre. Ayant grande envie de ſatisfaire pleinement ma curioſité là-deſſus, je pris mon fuſil à la main, & je m'avançai en courant du côté de la partie méridionale de l'iſle, où les courans m'avoient porté autrefois au pied de quelques rochers : je montai ſur le plus haut de tous, & le tems étant alors ſerein, je vis, à mon grand regret, le corps du vaiſſeau, qui s'étoit briſé dans la nuit ſur des rocs cachés, que j'avois trouvés quand je me mis en mer avec ma chaloupe, & qui, réſiſtant à la violence de la marée, faiſoient une eſpèce de con-
tremarée,

tremarée, par laquelle j'avois été délivré du plus grand danger que je courus de ma vie.

C'est ainsi que ce qui cause la délivrance de l'un est la destruction de l'autre ; car il semble que ces gens n'ayant aucune connoissance de ces rochers entierement cachés sous l'eau, y avoient été portés pendant la nuit par un vent qui étoit tantôt est, & tantôt est-nord-est. S'ils avoient découvert l'île, ce qu'apparemment ils ne firent point, ils auroient sans doute tâché de se sauver à terre dans leur chaloupe ; mais les coups de canon qu'ils avoient donnés en voyant mon feu, firent naître un grand nombre de différentes pensées dans mon imagination : tantôt je croyois qu'appercevant cette lumière, ils s'étoient mis dans leur chaloupe, pour gagner le rivage ; mais que les ondes extrêmement agitées, les avoient emportés. Tantôt je m'imaginois qu'ils avoient commencé par perdre leur chaloupe ; ce qui arrive souvent quand les flots entrant dans le vaisseau, forcent les matelots à mettre la chaloupe en pièces, ou à la jeter dans la mer. D'autres fois je trouvois vraisemblable que les vaisseaux qui alloient avec celui-ci de conserve, avertis par ces signaux, en avoient sauvé l'équipage. Dans d'autres momens je pensois qu'ils étoient entrés dans la chaloupe tous ensemble, & que les courans les avoient emportés dans le vaste océan, où il n'y avoit aucun bonheur à attendre pour eux, & où ils mourroient peut-être de faim, à moins que de se manger les uns les autres.

Tout cela n'étoit que conjectures, & dans l'état où j'étois, tout ce que je pouvois faire, c'étoit de jeter un œil pitoyable sur la misère de ces pauvres gens, dont je tirois, par rapport à moi, cet avantage, que j'en devins de plus en plus reconnoissant envers Dieu, qui m'avoit donné tant de consolations dans ma situation déplorable, & qui, des deux équipages qui étoient péris sur ces côtes, avoit trouvé bon de sauver ma vie seule. J'appris par-là à remarquer de nouveau qu'il n'y a pas d'état si bas, point de misère si grande où l'on ne trouve quelque sujet de reconnoissance en voyant au-dessous de soi des situations encore plus déplorables.

Telle étoit la condition de ce malheureux équipage, dont la conservation me sembloit hors de toute vraisemblance, à moins qu'il ne fût sauvé par quelque autre bâtiment. Mais ce n'étoit-là tout au plus qu'une possibilité destituée, par rapport à moi, de toute certitude.

Je ne trouve point de paroles assez énergiques pour exprimer le désir que j'avois d'en voir au moins un seul homme sauvé, afin de trouver un compagnon unique, du commerce duquel je pusse jouir dans ma solitude; je n'avois jamais tant langui après la société des hommes, ni senti si vivement le malheur d'en être privé.

Il y a, dans nos passions, certaines sources secretes, qui vivifiées, pour ainsi dire, par des objets absens réellement, seulement présens à l'imagination, se répandent vers cet objet avec tant de force, que l'absence en devient la chose du monde la plus insupportable.

De cette nature-là étoient mes souhaits pour la conservation d'un seul de ces hommes. Je répétai mille fois de suite : Plût à Dieu qu'un seul fût échappé ! &, en prononçant ces mots, mes passions étoient si vives, que mes mains se joignoient avec une force terrible; mes dents se serroient tellement dans ma bouche, que je fus un tems considérable avant de les pouvoir séparer.

Que les naturalistes expliquent de pareils phénomènes; pour moi je me contente d'exposer le fait dont j'ai été surpris moi-même, & qui étoit sans doute causé par les fortes idées qui représentoient à mon imagination comme réelle & présente, la consolation que j'aurois tirée du commerce de quelque chrétien.

Mais ce n'étoit pas là le sort de ces malheureux, ni le mien, car jusqu'à la dernière année de mon séjour dans cette île, j'ai ignoré si quelqu'un s'étoit sauvé de ce naufrage. Quelques jours après, j'eus seulement la douleur de voir sur le sable le cadavre d'un mousse noyé. Il avoit pour son habillement une veste de matelot, une mauvaise paire de culottes & une chemise de toile blanche, de manière qu'il m'étoit impossible de deviner de quelle nation il pouvoit être : tout ce qu'il avoit dans ses poches consistoit en deux pièces de huit, & une pipe à tabac, qui étoit pour moi d'une valeur infiniment plus considérable que l'argent.

La mer étoit cependant devenue calme, & j'avois grande envie de visiter le vaisseau, moins pour y trouver quelque chose d'utile pour moi, que pour voir s'il n'y avoit pas quelque créature vivante dont je pusse sauver la vie, & rendre par-là la mienne infiniment plus agréable.

Cette pensée faisoit de si fortes impressions sur moi, que je n'avois repos ni jour ni nuit avant que d'exécuter mon dessein ; je ne doutois point qu'elle ne me vînt du ciel, & que ce ne fût m'opposer à mon propre bonheur que de ne pas y obéir.

Dans cette persuasion je préparai tout pour mon voyage. Je pris une bonne quantité de pain, un pot rempli d'eau fraîche, une bouteille de ma liqueur forte, dont j'étois encore suffisamment pourvu, & un panier plein de raisins secs. Chargé de ces provisions, je descendis vers ma chaloupe, je la nétoyai, je la mis à flot ; & j'y portai toute cette cargaison ; ensuite je retournai pour chercher le reste de ce qui m'étoit nécessaire ; savoir, du riz, un parasol, deux douzaines de mes gâteaux, un fromage, & un pot de lait de chèvre. Mon petit bâtiment ainsi chargé, je priai Dieu de bénir mon voyage, & rasant le rivage, je vins à la dernière pointe de l'île du côté du nord-est, d'où il falloit entrer dans l'océan, si j'étois assez hardi pour poursuivre mon entreprise. Je regardai avec beaucoup de frayeur, les courans qui avoient autrefois failli à me perdre, & ce souvenir ne pouvoit que me décourager, car si j'avois le malheur d'y donner, ils m'emporteroient certainement bien avant dans la mer, hors de la vue de mon île, & si un vent un peu gaillard se levoit, c'étoit fait de moi.

J'en étois si effrayé, que je commençai à abandonner ma résolution, & ayant tiré ma chaloupe dans une petite sinuosité du rivage, je me mis sur un petit tertre, flottant entre la crainte & le désir d'achever mon voyage ; j'y restai aussi long-tems que je vis que la marée changeoit, & que le flux commençoit à venir, ce qui rendoit mon dessein impraticable pendant quelques heures. Là-dessus je me mis dans l'esprit de monter sur la dune la plus élevée, pour observer quelle route prenoient les courans pendant le flux, pour juger si, emporté par un des courans en me mettant en mer, il n'y en avoit pas un autre qui pût me ramener avec la même rapidité. Je trouvai bientôt une hauteur, d'où l'on pouvoit observer la mer de côté & d'autre, & de-là je vis clairement que comme le courant du reflux sortoit du côté de la pointe méridionale de l'île; ainsi, le courant du flux rentroit du côté du nord, & qu'il étoit fort propre à me reconduire chez moi.

Enhardi par cette observation, je résolus de sortir le lendemain avec le commencement de la marée, & je le fis après avoir reposé la nuit dans ma barque. Je dirigeai d'abord mon cours vers le nord, jusqu'à ce que je commençai à sentir la faveur du courant qui m'emporta bien avant du côté de l'est, sans me maîtriser assez pour m'ôter toute la direction de mon bâtiment qui avoit un bon gouvernail que j'aidois encore par ma rame; de cette manière j'allois droit vers le vaisseau, & j'y arrivai en moins de deux heures.

C'étoit un fort triste spectacle; le vaisseau qui paroissoit espagnol par sa structure, étoit comme cloué entre deux rocs: la poupe & une partie du corps de ce vaisseau étoient fracassées par la mer, & comme la proue avoit donné contre les rochers avec une grande violence, le grand mât & le mât d'artimon s'étoient brisés par la base ; mais le beaupré étoit resté en bon état, & paroissoit ferme vers la pointe de l'éperon.

Lorsque j'en étois tout près, un chien parut sur le tillac, me voyant venir, il se mit à crier & à aboyer. Dès que je l'appelai, il sauta dans la mer, & je l'aidai à entrer dans ma barque : le trouvant à moitié mort de faim & de soif, je lui donnai un morceau de mon pain qu'il engloutit comme un loup qui auroit langui pendant quinze jours dans la neige ; je lui fis boire ensuite de mon eau fraîche, & si je l'avois laissé faire, il se seroit crevé.

Le premier spectacle qui s'offrit à mes yeux dans le vaisseau, étoient deux hommes noyés dans la chambre de proue, qui se tenoient embrassés l'un l'autre. Il est probable que lorsque le bâtiment toucha, la mer y étoit entrée si abondamment, & avec tant de violence, que ces pauvres gens en avoient été étouffés, de même que s'ils eussent été continuellement sous l'eau.

Excepté le chien, il n'y avoit rien de vivant dans tout le bâtiment, & presque toute la charge me parut abîmée par l'eau : je vis pourtant quelques tonneaux remplis apparemment de vin ou d'eau-de-vie ; mais ils étoient trop gros pour en tirer le moindre usage. Il y avoit encore plusieurs coffres ; j'en mis deux dans ma chaloupe, sans examiner ce qui y étoit contenu Je jugeai ensuite par ce que j'y trouvai, que le vaisseau devoit être richement chargé; & si je puis tirer quelques conjectures par le cours qu'il prenoit, il y a de l'apparence qu'il étoit destiné pour Buenos-Ayres, ou bien pour Rio de la Plata, dans le sud de l'Amérique au-delà du Brésil; de-là pour la Havane, & ensuite pour l'Espagne.

Outre ces deux coffres, j'y trouvai un petit tonneau rempli environ de vingt pots, & je le mis dans ma chaloupe avec bien de la peine. J'apperçus dans une des chambres plusieurs fusils & un grand cornet à poudre, où il y en avoit à-peu-près quatre livres: je m'en saisis; mais je laissai-là les armes, puisque j'en avois suffisamment; je m'appropriai encore une pelle à feu & des pincettes dont j'avois un extrême besoin, comme aussi deux chaudrons de cuivre, un gril & une chocolatière. Je m'en fus avec cette charge & avec le chien, voyant venir la marée qui devoit me ramener chez moi, &, le même soir, je revins à l'île extrêmement fatigué de ma course.

Après avoir reposé cette nuit dans la chaloupe, je résolus de porter mes nouvelles acquisitions dans ma grotte, non dans mon château; mais je trouvai bon d'en faire auparavant l'examen. Le petit tonneau étoit rempli d'une espèce de rum qui n'étoit point de la bonté de celui qu'on trouve dans le Brésil. Pour les deux coffres, ils étoient pleins de plusieurs choses d'un grand usage pour moi; j'y trouvai, par exemple, un petit cabaret plein de liqueurs cordiales excellentes, & en grande quantité; elles étoient dans des bouteilles ornées d'argent, & qui contenoient chacune trois pintes. J'y vis encore deux pots de confitures si bien fermés, que l'eau n'avoit pu y pénétrer, & deux autres qui étoient gâtés par la mer : il y avoit de plus de fort bonnes chemises, quelques cravates de différentes couleurs, une demi-douzaine de mouchoirs de toile blanche fort rafraîchissans pour essuyer mon visage dans les grandes chaleurs : toute cette trouvaille m'étoit extraordinairement agréable.

Quand je vins au fond du coffre, j'y trouvai trois grands sacs de pièces de huit, au nombre à-peu-près de onze cents, outre un petit papier qui renfermoit six doubles pistoles, & quelques autres petits joyaux d'or qui pouvoient peser ensemble environ une livre.

Dans l'autre coffre il y avoit quelques habits, mais de peu de valeur, & trois flacons pleins d'une poudre à canon fort fine, destinée apparemment pour en charger les fusils de chasse dans l'occasion. A tout compter, je tirai peu de fruit de mon voyage ; l'argent m'étoit de peu de valeur, & j'aurois donné tout ce que j'en avois trouvé pour trois ou quatre paires de bas & de souliers; j'en avois bon besoin, & il y avoit un grand nombre d'années que j'avois été obligé de m'en passer.

Il est vrai que je m'étois approprié deux paires de souliers des pauvres matelots que j'avois trouvés noyés dans le vaisseau ; mais ils ne valoient pas nos souliers anglois, ni pour la commodité, ni pour le service. Pour finir, je trouvai encore dans le second coffre une cinquantaine de pièces de huit, mais point d'or, d'où je pouvois facilement inférer qu'il avoit appartenu à un plus pauvre maître que le premier, qui doit avoir été quelque officier apparemment.

Je ne laissai pas de porter tout cet argent dans ma grotte, auprès de celui que j'avois sauvé de notre propre vaisseau. C'étoit dommage que je n'eusse pas trouvé accessible le fond du bâtiment, j'en aurois pu tirer de quoi charger plus d'une fois ma chaloupe, & j'aurois amassé un trésor considérable qui auroit été dans ma grotte en grande sûreté, & que j'aurois pu aisément faire venir dans ma patrie, si la bonté du ciel permettoit un jour de me tirer de l'île.

Après avoir mis de cette manière toutes mes acquisitions en lieu sûr, je remis ma barque dans sa rade ordinaire, & je m'en revins à ma demeure, où je trouvai tout dans l'état où je l'avois laissé. Je me remis à vivre à ma manière accoutumée, & à m'appliquer à mes affaires domestiques. Pendant un tems, je jouis d'un assez grand repos, excepté que j'étois toujours fort sur mes gardes, & que je sortois rarement, toujours avec beaucoup d'inquiétude, à moins que de tourner mes pas du côté de l'ouest, où j'étois sûr que les sauvages ne venoient jamais, ce qui m'exemptoit de me charger dans cette promenade de ce fardeau d'armes qui m'accabloit toujours dans les autres routes.

Ce fut ainsi que je vécus deux ans de suite passablement heureux, si mon esprit, qui paroissoit être fait pour rendre mon corps misérable, ne s'étoit rempli de mille projets de me sauver de mon île. Quelquefois je voulois faire un second tour au vaisseau échoué, où je ne devois plus m'attendre à rien trouver qui valût la peine du voyage : tantôt je songeois à m'échapper d'un côté, tantôt d'un autre : & je crois fermement que, si j'avois eu en ma possession la chaloupe avec laquelle j'avois quitté Salé, je me ferois mis en mer à tout hasard.

J'ai été dans toutes les circonstances de ma vie un exemple de la misère qui se répand sur les hommes, du mépris qu'ils ont pour leur état présent où Dieu & la nature les ont placés ; car, sans parler de ma condition primitive, & des excellens conseils de mon père, que j'avois négligés avec tant d'opiniâtreté, n'étoit-ce pas une folie de la même nature qui m'avoit jeté dans ce triste désert ? Si la providence, qui m'avoit si heureusement établi dans le Brésil, m'eût donné des desirs limités ; si je m'étois contenté d'aller à la fortune pas à pas, ma plantation seroit devenue sans doute une des plus considérables de tout le pays, & auroit pu monter dans quelques années jusqu'à la valeur de cent mille Moidores.

J'avois bien affaire, en vérité, de laisser là un établissement sûr, pour aller dans la Guinée chercher moi-même les nègres qui m'auroient pu être amenés chez moi par des gens qui en font leur seul négoce ! Il est vrai qu'il m'en auroit coûté un peu davantage, mais cette différence valoit-elle la peine de m'exposer à de pareils hasards ?

La folie est le fort de la jeunesse, & celui d'un âge plus mûr, est la réflexion sur les folies passées achetée bien cher par une longue & triste expérience. J'étois alors dans ce cas, & cependant l'extravagance particulière dont je viens de parler, avoit jeté de si profondes racines dans mon cœur, que toutes mes pensées rouloient sur les désagrémens de ma situation présente, & sur les moyens de m'en délivrer.

Pour que le reste de mon histoire donne plus de plaisir au lecteur, il sera bon, je crois, d'entrer ici dans un détail de tous les plans ridicules que je formois alors pour sortir de l'île, & des motifs qui m'y excitoient. Qu'on me suppose à présent retiré dans mon château, ma barque est mise en sûreté, & ma condition est la même qu'elle étoit avant mon voyage vers le vaisseau échoué ; mon bien s'est augmenté ; mais je n'en suis pas plus riche, & mon or m'est aussi inutile qu'il l'étoit aux habitans du Pérou, avant l'arrivée des Espagnols.

Pendant une nuit du mois de Mars, de la vingt-quatrième année de ma vie solitaire, j'étois dans mon lit, me portant fort bien de corps & d'esprit, & cependant il m'étoit impossible de fermer l'œil. Après que mille idées eûrent roulé dans ma tête, mon imagination se fixa à la fin sur les événemens de ma vie passée, avant que d'arriver à mon île, desquels je me représentois l'histoire comme en miniature.

De-là, passant à ce qui m'étoit arrivé dans l'île même, j'entrai dans une comparaison affligeante des premières années de mon exil avec celles que j'avois passées dans la crainte, l'inquiétude & la précaution, depuis le moment que j'avois vû le pied d'un homme imprimé dans le sable. Les sauvages pouvoient y être venus avant ce moment-là, comme après : je n'en doutois point ; mais alors je n'en avois rien sû, & ma tranquillité avoit été parfaite au milieu des plus grands dangers ; les ignorer, auroit été pour moi un bonheur égal à celui de n'y être point exposé du tout.

Cette vérité me donna lieu de réfléchir sur la bonté que Dieu a pour l'homme, même en limitant sa vue & ses connoissances. A la faveur de ce double aveuglement, il est calme & tranquille au milieu de mille périls qui l'environnent, & qu'il ne pourroit envisager sans horreur, & sans tomber dans le désespoir, s'il perdoit l'heureuse ignorance qui les dérobe à ses yeux.

Ces pensées tournèrent naturellement mes réflexions sur les dangers où j'avois été moi-même exposé, à mon insçu, pendant un si grand nombre d'années, lorsqu'avec la plus grande sûreté, je m'étois promené par tout, dans le tems qu'entre moi & la mort la plus terrible, il n'y avoit bien souvent que la pointe d'une colline, un gros arbre, une légère vapeur ; c'étoient des moyens si peu considérables, si dépendans du hasard, qui m'avoient préservé de la fureur des cannibales, qui ne se seroient pas fait un plus grand crime de me tuer & de me dévorer, que je m'en faisois de manger un pigeon tué de mes propres mains. Cet affreux souvenir me remplit de sentimens de reconnoissance pour Dieu, & je reconnus avec humilité, que c'étoit à sa seule protection que je devois attribuer tant de secours qui m'avoient délivré, sans que je m'en apperçusse, de la brutalité des sauvages.

Cette brutalité même devint alors le sujet de mon raisonnement; j'avois de la peine à comprendre par quel motif le sage directeur de toutes choses avoit pu livrer des créatures raisonnables à un excès d'inhumanité qui les met au-dessous des brutes mêmes, dont la faim épargne les animaux de leur propre espèce. Ayant peine à sortir de cet embarras, je me mis à examiner dans quelle partie du monde ces malheureux peuples pouvoient vivre; combien leur demeure étoit éloignée de l'île; par quelle raison ils se hasardoient à y aborder, de quelle structure étoient leurs bâtimens, & si je ne pouvois pas aller à eux aussi facilement qu'ils venoient à moi.

Je ne daignois pas songer seulement au sort qui m'attendoit dans le continent, si j'étois assez heureux pour y parvenir sans tomber parmi les canots des sauvages; il ne me venoit pas même dans l'esprit de penser comment en ce cas je trouverois des provisions, & de quel côté je dirigerois mon cours; tout ce qui m'occupoit, c'étoit de gagner le continent. Je considérois mon état présent comme tellement misérable, qu'il m'étoit impossible de faire un mauvais troc, à moins que de le changer contre la mort. Je me flattois d'ailleurs de trouver quelque secours inespéré au continent, ou de réussir comme j'avois fait en Afrique, en suivant le rivage, à trouver quelque terre habitée, & la fin de mes misères. Peut-être, dis je, rencontrerai-je quelque vaisseau chrétien qui voudra bien me prendre : en tout cas, le pis qui peut arriver, c'est de mourir & de finir tout d'un coup mes malheurs.

Cette résolution bisarre étoit l'effet d'un esprit naturellement impatient, poussé jusqu'au désespoir par une longue & continuelle souffrance, & sur-tout par le malheur d'avoir été trompé dans mon espérance de trouver à bord du vaisseau quelque homme vivant qui auroit pu m'informer où étoit situé l'endroit de ma demeure, & par quels moyens je pouvois me tirer de mon triste état.

Toutes ces pensées m'agitèrent d'une telle force, qu'elles suspendirent pour un tems la tranquillité que m'avoit donnée autrefois ma résignation à la providence. Il n'étoit pas dans mon pouvoir de détourner mon esprit du projet de mon voyage, qui excitoit dans mon ame des desirs si impetueux, que ma raison étoit incapable d'y résister.

Pendant deux heures entières cette passion m'emporta avec tant de violence, qu'elle fit bouillonner mon sang dans mes veines, comme si j'avois eu la fièvre; mais un épuisement d'esprit, succédant à cette agitation, me jeta dans un profond sommeil.

Il est naturel de penser que mes songes doivent avoir roulé sur le même sujet; cependant à peine y avoit-il la moindre circonstance qui s'y rapportât. Je rêvai que, quittant le matin mon château à mon ordinaire, je voyois près du rivage deux canots d'où sortoient onze sauvages avec un prisonnier destiné à leur servir de nourriture. Ce malheureux, dans le moment qu'il alloit être tué, s'échappe & se met à courir de mon côté dans le dessein de se cacher dans le bocage épais qui couvroit mon retranchement, le voyant tout seul sans être poursuivi, je me découvre, & le regardant d'un visage riant, je lui donne courage, je l'aide à monter mon échelle, je le mène avec moi dans mon habitation, & il devient mon esclave. J'étois charmé de cette rencontre, persuadé que j'avois trouvé un homme capable de me servir de pilote dans mon entreprise, & de me donner les conseils nécessaires pour éviter toutes sortes de dangers.

Voilà mon songe, qui, pendant qu'il dura, me remplit d'une joie inexprimable, mais qui fut suivi d'une douleur extravagante, dès que je me fus réveillé.

Tome I. Aa

J'inférai pourtant de mon songe que le seul moyen d'exécuter mon dessein avec succès, étoit d'attraper quelque sauvage, sur-tout, s'il étoit possible, quelque prisonnier qui me sût gré de de sa délivrance : mais j'y voyois cette terrible difficulté, que pour réussir, il falloit absolument massacrer une caravane entière ; entreprise désespérée, qui pouvoit très-facilement manquer. D'un autre côté, je frissonnois en songeant aux raisons dont j'ai déjà parlé, & qui me faisoient considérer cette action comme extrêmement criminelle. Il est vrai que j'avois dans l'esprit d'autres raisons qui plaidoient pour l'innocence de mon projet; savoir, que ces sauvages étoient réellement mes ennemis, puisqu'il étoit certain qu'ils me dévoreroient dès qu'il leur seroit possible ; que par conséquent les attaquer, c'étoit proprement travailler à ma propre conservation, sans sortir des bornes d'une défense légitime, d'autant plus que c'étoit l'unique moyen de me délivrer d'une manière de vivre qu'on pouvoit appeler une espèce de mort. Ces argumens pourtant ne me tranquillisoient pas, & j'avois de la peine à me familiariser avec la résolution de me procurer ma délivrance au prix de tant de sang.

Néanmoins, après plusieurs délibérations inquiettes, après avoir pesé long-tems le pour &

le contre, ma passion prévalut sur mon humanité, & je me déterminai à faire tout mon possible pour m'emparer de quelque sauvage à quelque prix que ce fût. La question étoit de quelle manière en venir à bout ; mais, comme il ne m'étoit pas possible de prendre là-dessus des mesures plausibles, je résolus seulement de me mettre en sentinelle pour découvrir mes ennemis quand ils débarqueroient, & de former alors mon plan conformément aux circonstances qui s'offriroient à mes yeux.

Dans cette vue, je ne manquois pas un jour d'aller reconnoître : mais je ne découvris rien dans l'espace de dix-huit mois, quoique pendant tout ce tems j'allasse sans relâche tantôt du côté de l'ouest de l'isle, tantôt du côté du sud-ouest, les deux parties les plus fréquentées par les sauvages. La fatigue que me donnoient ces sorties inutiles, bien loin de me dégoûter, comme autrefois, de mon entreprise, & d'émousser ma passion, ne fit que l'enflammer davantage ; je souhaitois aussi ardemment de rencontrer les cannibales, que j'avois autrefois desiré de les éviter.

J'avois même alors tant de confiance en moi-même, que je me faisois fort de me ménager assez bien jusqu'à trois de ces sauvages, pour me les assujettir entièrement, & pour leur ôter tout

A a ij

moyen de me nuire; je me plaisois fort dans cette idée avantageuse de mon savoir faire, & rien ne me manquoit, selon moi, que l'occasion de l'employer.

Elle parut à la fin se présenter un matin que je vis sur le rivage jusqu'à six canots, dont les sauvages étoient déjà à terre, & hors de la portée de ma vue. Je savois qu'ils venoient d'ordinaire du moins cinq ou six dans chaque barque, & par conséquent leur nombre rompoit toutes mes mesures. Quelle possibilité pour un seul homme d'en venir aux mains avec une trentaine? Cependant après avoir été irrésolu pendant quelques momens, je préparai tout pour le combat; j'écoutai avec attention si j'entendois quelque bruit; ensuite laissant mes deux fusils au pié de mon échelle, je me plaçai d'une telle manière, que ma tête n'en passoit pas le sommet. De-là j'apperçus, par le moyen de mes lunettes, qu'ils étoient trente tout au moins, qu'ils avoient allumé du feu pour préparer leur festin, & qu'ils dansoient à l'entour avec mille postures & mille gesticulations bisarres, selon la coutume du pays.

Un moment après, je les vis qui tiroient d'une barque deux misérables, pour les mettre en pièces. Un des deux tomba bientôt à terre, assommé, à ce que je crois, d'un coup de massue, ou d'un sabre de bois; & sans délai, deux ou trois de ces bourreaux se jetèrent dessus, lui ouvrirent le corps & en préparèrent tous les morceaux pour leur infernale cuisine ; tandis que l'autre victime se tenoit là auprès, en attendant que ce fût son tour à être immolé. Ce malheureux se trouvant alors un peu en liberté, la nature lui inspira quelque espérance de se sauver, & il se mit à courir avec toute la vîtesse imaginable, directement de mon côté, je veux dire du côté du rivage qui menoit à mon habitation.

J'avoue que je fus terriblement effrayé en le voyant enfiler ce chemin, sur-tout parce que je m'imaginois qu'il étoit poursuivi par toute la troupe, & je m'attendis à voir vérifier mon songe en cherchant un asyle dans mon bocage, sans avoir lieu de croire que le reste de mon songe se vérifieroit aussi, & que les sauvages ne l'y trouveroient pas. Je restai néanmoins dans le même endroit, & j'eus bientôt de quoi me rassurer, en voyant qu'il n'y avoit que trois hommes qui le poursuivoient, & qu'il gagnoit considérablement de terrein sur eux, de manière qu'il devoit leur échapper indubitablement, s'il soutenoit seulement cette course pendant une demi-heure.

Il y avoit dans le rivage, entre lui & mon château, une petite baie, où il devoit être attrapé de nécessité, à moins que de la passer à la nâge; mais quand il fut venu jusques là, il ne s'en mit pas fort en peine, & quoique la marée fut haute alors, il s'y jeta à corps perdu, gagna l'autre bord dans une trentaine d'élans tout au plus, après quoi il se remit à courir avec la même force qu'auparavant. Quand ses trois ennemis vinrent dans le même endroit, je remarquai qu'il n'y en avoit que deux qui sussent nâger, & que le troisième, après s'être arrêté un peu sur le bord, s'en retourna à petits pas vers le lieu du festin, ce qui n'étoit pas un petit bonheur pour celui qui fuyoit. J'observai encore que les deux qui nâgeoient mettoient à passer cette eau le double du tems que leur prisonnier y avoit employé.

Je fus alors pleinement convaincu que l'occasion étoit favorable pour m'acquérir un compagnon & un domestique, & que j'étois appelé évidemment par le ciel à sauver la vie du misérable en question. Dans cette persuasion je descendis précipitamment du rocher, pour prendre mes fusils, & remontant avec la même ardeur, je m'avançai vers la mer; je n'avois pas grand chemin à faire, & bientôt je me jetai entre les poursuivans, & le poursuivi, en tâchant de lui faire entendre par mes cris de s'arrêter. Je lui fis encore signe de la main; mais je crois qu'au commencement il avoit tout auſſi grande peur de moi que de ceux à qui il tâchoit d'échapper. J'avançai cependant ſur eux à pas lents, & enſuite me jetant bruſquement ſur le premier, je l'aſſommai d'un coup de croſſe ; j'aimois mieux m'en défaire de cette manière-là, que de faire feu ſur lui, de peur d'être entendu des autres, quoique la choſe fût fort difficile à une ſi grande diſtance, & qu'il eût été impoſſible aux ſauvages de ſavoir ce que ſignifioit ce bruit inconnu.

Le ſecond voyant tomber ſon camarade, s'arrête tout court comme effrayé ; je continue d'aller droit à lui ; mais en approchant, je le vois armé d'un arc, & qu'il y met la flèche ; ce qui m'oblige à le prévenir, & je le jette à terre roide mort du premier coup. Pour le pauvre fuyard, quoiqu'il vît ſes deux ennemis hors de combat, il étoit ſi épouvanté du feu & du bruit qui l'avoient frappé, qu'il s'arrêta tout court ſans bouger du même endroit, & je vis dans ſon air effaré, plus d'envie de s'enfuir de plus belle, que d'approcher. Je lui fais ſigne de nouveau de venir à moi ; il fait quelques pas, puis il s'arrête encore, & continue ce même manège pendant quelques momens. Il s'imaginoit ſans doute qu'il étoit devenu priſonnier une ſeconde fois, & qu'il alloit être tué comme ſes deux ennemis. Enfin, après lui avoir fait ſigne d'approcher pour la troiſième fois, de la manière la plus propre à le rassurer, il s'y hasarda en se mettant à genoux à chaque dix ou douze pas, pour me témoigner sa reconnoissance. Pendant tout ce tems je lui souriois aussi gracieusement qu'il m'étoit possible. Enfin, étant arrivé auprès de moi, il se jette à mes genoux, il baise la terre, il prend un de mes pieds & le pose sur sa tête, pour me faire comprendre sans doute qu'il me juroit fidélité, & qu'il me faisoit hommage en qualité de mon esclave. Je le levai de terre en lui faisant des caresses pour l'encourager de plus en plus; mais l'affaire n'étoit pas encore finie; je vis bientôt que le sauvage, que j'avois fait tomber d'un coup de crosse, n'étoit pas mort, & qu'il n'avoit été qu'étourdi; je le fis remarquer à mon esclave qui, là-dessus, prononça quelques mots que je n'entendis pas, & qui ne laissèrent point de me charmer, comme le premier son d'une voix humaine qui avoit frappé mes oreilles depuis vingt-cinq ans.

Mais il n'étoit pas tems encore de m'abandonner à ce plaisir; le sauvage en question avoit déjà assez repris de forces pour se mettre sur son séant, & la frayeur recommença à paroître dans l'air de mon esclave; mais dès qu'il me vit faire mine de lâcher mon second fusil sur ce malheureux, il me fit entendre par signes qu'il souhaitoit de m'emprunter mon sabre, ce que je lui accordai. A peine

s'en est-il saisi, qu'il se jette sur son ennemi, & lui tranche la tête d'un seul coup, aussi vîte & aussi adroitement que pourroit le faire le plus habile bourreau de toute l'Allemagne. C'étoit pourtant la première fois de sa vie qu'il avoit vu une épée, à moins qu'on ne veuille donner ce nom aux sabres de bois, qui sont les armes ordinaires de ces peuples. J'ai pourtant appris dans la suite, que ces sabres sont d'un bois si dur & si pesant, & qu'ils savent si bien les affiler, que d'un seul coup ils font voler de dessus un corps, la tête avec les épaules.

Après avoir fait cette expédition, il revint à moi en sautant, & en faisant des éclats de rire pour célébrer son triomphe, & avec mille gestes dont j'ignorois le sens, il mit mon sabre à mes pieds, avec la tête du sauvage.

Ce qui l'embarrassa extraordinairement, c'étoit la manière dont j'avois tué l'autre Indien à une si grande distance, & me le montrant, il me demanda par signes la permission de le voir de près. En étant tout proche, sa surprise augmente, il le regarde, le tourne tantôt d'un côté, tantôt de l'autre ; il examine la blessure que la bale avoit faite justement dans la poitrine, & qui ne paroissoit pas avoir saigné beaucoup, à cause que le sang s'étoit répandu en dedans. Après avoir considéré cela assez de tems, il revint à moi avec l'arc

& les flèches du mort ; & moi, résolu de m'en aller, je lui ordonne de me suivre, en lui faisant entendre que je craignois que les sauvages ne fussent bientôt suivis d'un plus grand nombre.

Il me fit signe ensuite qu'il alloit les enterrer, de peur qu'ils ne nous découvrissent ; je le lui permis, & dans un instant il eut creusé deux trous dans le sable, où il les enterra l'un après l'autre. Cette précaution prise, je l'emmenai avec moi, non dans mon château, mais dans la grotte que j'avois plus avant dans l'île ; ce qui démentit mon songe, qui avoit donné mon bocage pour asyle à mon esclave.

C'est dans cette grotte que je lui donnai du pain, une grappe de raisins secs, & de l'eau dont il avoit sur-tout grand besoin, étant fort altéré par la fatigue d'une si longue & si rude course. Je lui fis signe d'aller dormir, en lui montrant un tas de paille de riz, avec une couverture qui me servoit de lit assez souvent à moi-même.

C'étoit un grand garçon bien découplé, de vingt-cinq ans à-peu-près ; il étoit parfaitement bien fait : tous ses membres, sans être fort gros, marquoient qu'il étoit adroit & robuste ; son air étoit mâle, sans aucun mélange de férocité : au contraire, on voyoit dans ses traits, sur-tout quand il sourioit, cette douceur & cet agrément qui est particulier aux Européens. Il n'avoit pas les cheveux semblables à de la laine frisée, mais longs & noirs; son front étoit grand & élevé, ses yeux brillans & pleins de feu. Son teint n'étoit pas noir, mais fort basanné; sans avoir rien de cette désagréable couleur tannée des habitans du Brésil & de la Virginie, il approchoit plutôt d'une légère couleur d'olive, dont il n'est pas aisé de donner une idée juste, mais qui me paroissoit avoir quelque chose de fort revenant. Il avoit le visage rond & le nez bien fait, la bouche belle, les lèvres minces, les dents bien rangées & blanches comme de l'ivoire.

Après avoir plutôt sommeillé que dormi pendant une demi-heure, il se réveille, sort de la grotte pour me rejoindre; car dans cet intervalle j'avois été traire mes chèvres, qui étoient dans mon enclos tout près de-là. Il vient à moi en courant, il se jette à mes pieds avec toutes les marques d'une ame véritablement reconnoissante, il renouvelle la cérémonie de me jurer fidélité, posant mon pied sur sa tête; en un mot, il fait tous les gestes imaginables pour m'exprimer son desir de s'assujettir à moi pour toujours. J'entendois la plupart de ses signes, & je fis de mon mieux pour lui faire connoître que j'étois content de lui. Dans peu de tems je commençai à lui parler, & il apprit à me parler à son tour; je lui enseignai d'abord qu'il s'appelleroit *Vendredi*, nom que je lui donnai en mémoire du jour duquel il étoit tombé en mon pouvoir. Je lui appris encore à me nommer son *Maître*, & à dire à propos *oui* & *non*. Je lui donnai ensuite du lait dans un pot de terre; j'en bus le premier, & j'y trempai mon pain; en quoi m'ayant imité, il me fit signe qu'il le trouvoit bon.

Je restai avec lui toute la nuit suivante dans la grotte; mais, dès que le jour parut, je lui fis comprendre de me suivre, & que je lui donnerois des habits: ce qui parut le réjouir, car il étoit absolument nud. En passant par l'endroit où il avoit enterré le sauvage, il me le montra exactement, aussi-bien que les marques qu'il avoit laissées pour le reconnoître, en me faisant signe qu'il falloit déterrer ces corps & les manger. Je me donnai là-dessus l'air d'un homme fort en colère; je lui exprimai l'horreur que j'avois d'une pareille pensée, en faisant comme si j'allois vomir, & je lui ordonnai de s'en aller, ce qu'il fit dans le moment avec beaucoup de soumission. Je le menai ensuite avec moi au haut de la colline, pour voir si les ennemis étoient partis, & en me servant de ma lunette je ne découvris que la place où ils avoient été, sans appercevoir ni eux, ni leurs bâtimens, marque certaine qu'ils s'étoient embarqués.

Je n'étois pas encore satisfait de cette découvert, & me trouvant à préſent plus de courage, & par conſéquent plus de curioſité, je pris mon eſclave avec moi, armé de mon épée, & l'arc avec les flèches ſur le dos ; je lui fis porter un de mes mouſquets ; j'en gardai deux moi-même, & de cette manière nous marchâmes vers le lieu du feſtin.

En y arrivant mon ſang ſe glaça par l'horreur du ſpectacle, qui ne fit pas le même effet ſur Vendredi ; tout l'endroit étoit couvert d'oſſemens & de chairs à moitié mangées ; en un mot, de toutes les marques du repas de Triomphe, par lequel les ſauvages avoient célébré la victoire qu'ils avoient obtenue ſur leurs ennemis. Je vis à terre trois crânes, cinq mains, & les os de deux ou trois jambes ; autant de pieds ; & Vendredi me fit entendre par ſes ſignes, qu'ils avoient emmené avec eux quatre priſonniers, dont ils en avoient mangé trois, lui-même étant le quatrième ; qu'il y avoit eu une grande bataille entre eux, & le roi, dont il étoit ſujet, & qu'il y avoit eu beaucoup de priſonniers de part & d'autre, qui avoient été deſtinés au même ſort que ceux dont je voyois les reſtes.

Je fis enſorte que mon eſclave les ramaſſât tous dans un monceau, & que, mettant un grand feu à l'entour, il les réduiſît en cendres ; je voyois bien que ſon eſtomac étoit avide de cette chair,

& que dans le cœur il étoit encore un vrai cannibale ; mais je lui marquai tant d'horreur pour un appétit si dénaturé, qu'il n'ofoit pas le découvrir de crainte que je ne le tuaffe.

La chofe étant faite, nous nous en retournâmes dans mon château, où je me mis à travailler aux habits de Vendredi. Je lui donnai d'abord une culotte de toile que j'avois trouvée dans le coffre d'un des matelots, & qui, changée un peu, lui alloit paffablement bien. J'y ajoutai une vefte de peau de chèvre, & comme j'étois devenu tailleur dans les formes, je lui fis encore un bonnet de la peau d'un lièvre, dont la façon n'étoit pas tant mauvaife. Il étoit charmé de fe voir prefque tout auffi brave que fon maître, quoique dans le commencement il eût un air fort grotefque dans ces habillemens, auxquels il n'étoit pas accoutumé. Sa culotte l'incommoda fort, & les manches de la vefte lui faifoient mal aux épaules & fous les bras ; mais tout cela étant élargi un peu dans les endroits néceffaires, commença bientôt à lui devenir familier.

Le jour d'après je me mis à délibérer où je logerois mon domeftique d'une manière commode pour lui, fans que j'en euffe rien à craindre pour moi, s'il étoit affez méchant pour attenter quelque chofe fur ma vie. Je ne trouvai rien de plus convenable que de lui faire une hutte entre mes deux retranchemens, & je pris toute la précaution nécessaire pour l'empêcher de venir dans mon château malgré moi; de plus, je résolus d'emporter toutes les nuits avec moi, dans ma demeure, tout ce que j'avois d'armes en ma possession.

Heureusement toute cette prudence n'était pas fort nécessaire; jamais homme n'eut un valet plus fidèle, plus rempli de candeur & d'amour pour son maître: il s'attachoit à moi avec une tendresse véritablement filiale; il étoit sans fantaisies, sans opiniâtreté, incapable d'emportement, & en toute occasion il auroit sacrifié sa vie pour sauver la mienne. Il m'en donna en peu tems un si grand nombre de preuves, qu'il me fut impossible de douter de son mérite & de l'inutilité de mes précautions à son égard.

Les bonnes qualités de mon esclave me faisoient remarquer souvent que s'il avoit plu à Dieu dans sa sagesse de priver un si grand nombre d'hommes du véritable usage de leurs facultés naturelles, il leur avoit pourtant donné les mêmes principes de raisonnement qu'aux autres hommes, les mêmes desirs, les mêmes sentimens de probité & de reconnoissance, la même sincérité, la même fidélité, & que ces pauvres barbares employoient toutes ces facultés tout aussi-bien que nous, dès qu'il plaisoit à la divinité de leur donner l'occasion de s'appercevoir eux-mêmes de l'excellence de leur nature.

Cette réflexion me rendoit fort mélancolique, quand je songeois jusqu'à quel point nous nous servons nous-mêmes de toutes les facultés de notre raison, quoiqu'éclairés par l'esprit de Dieu & par la connoissance de sa parole ; & je ne pouvois pas comprendre pourquoi la providence avoit refusé le même secours à tant de millions d'ames qui en auroient fait un meilleur usage que nous, si j'en puis juger par la conduite de mon sauvage. Ma raison étoit quelquefois assez égarée pour s'en prendre à la souveraineté de Dieu même, ne pouvant pas concilier, avec la justice divine, cette disposition arbitraire de la providence, qui éclaire l'esprit des uns, laisse celui des autres dans les ténèbres, & exige pourtant de tous les deux les mêmes devoirs. Tout ce que je pouvois imaginer pour me tirer de cette difficulté embarrassante, c'est que Dieu étant infiniment saint & juste, ne puniroit ses créatures que pour avoir péché contre les *lumières qui leur servent de loi* ; & qu'il ne les condamneroit que par des règles de justice qui passent pour telles dans leurs propres consciences ; qu'enfin, nous sommes comme l'argile entre les mains du potier, à qui aucun vaisseau n'a droit de dire : pourquoi m'as-tu fait ainsi ?

Mais

Mais pour revenir à mon nouveau compagnon, j'étois charmé de lui; & je me faisois une affaire de l'instruire & lui enseigner à parler, & je le trouvai le meilleur écolier du monde; il étoit si gai, si ravi quand il pouvoit m'entendre, ou faire en sorte que je l'entendisse, qu'il me communiquoit sa joie, & me faisoit trouver un plaisir piquant dans nos conversations. Mes jours s'écouloient alors dans une douce tranquillité, & pourvu que les sauvages me laissassent en paix, j'étois content de finir ma vie dans ces lieux.

Trois ou quatre jours après que j'avois commencé à vivre avec Vendredi, je résolus de le détourner de son appétit cannibale, en lui faisant goûter de mes viandes; je le conduisis donc un matin dans le bois où j'avois dessein de tuer un de mes propres chevreaux pour l'en régaler; mais en y entrant, je découvris par hasard une chèvre femelle couchée à l'ombre, & accompagnée de deux de ses petits: là-dessus j'arrêtai Vendredi, en lui faisant signe de ne point bouger, & en même tems je fis feu sur un des chevreaux & le tuai. Le pauvre sauvage qui m'avoit vu terrasser de loin un de ses ennemis, sans pouvoir comprendre la possibilité de la chose, effrayé de nouveau, trembloit comme la feuille, sans tourner les yeux du côté du chevreau, pour voir si je l'avois tué ou non; il ne songea qu'à ouvrir sa veste pour examiner s'il n'étoit pas blessé lui-même. Il croyoit sans doute que j'avois résolu de m'en défaire, car il vint se mettre à genoux devant moi, & embrassant les miens, il me tint d'assez longs discours où je ne comprenois rien, sinon qu'il me supplioit de ne le pas tuer.

Pour le désabuser, je le pris par la main en souriant, je le fis lever, & lui montrant du doigt le chevreau, je lui fis signe de l'aller chercher, ce qu'il fit, & dans le tems qu'il étoit occupé à découvrir comment cet animal avoit été tué, je chargeai mon fusil de nouveau. Dans le moment même j'apperçus sur un arbre, à la portée du fusil, un oiseau, que je pris d'abord pour un oiseau de proie, mais qui dans la suite se trouva être un perroquet. Là-dessus j'appelle mon sauvage, & lui montrant du doigt mon fusil, le perroquet & la terre qui étoit sous l'arbre, je lui fais entendre mon dessein d'abattre l'oiseau : je le fis tomber effectivement, & je vis mon sauvage effrayé de nouveau, malgré tout ce que j'avois tâché de lui faire comprendre. Ne m'ayant rien vu mettre dans mon fusil, il le regarda comme une source inépuisable de ruine & de destruction. De long-temps il ne put revenir de sa surprise, & si je l'avois laissé faire, je crois qu'il auroit adoré mon fusil, aussi-bien que moi. Il n'osa pas y toucher pendant plusieurs jours ; mais il lui parloit, comme si cet instrument eût été capable de lui répondre : c'étoit, comme j'ai appris dans la suite, pour le prier de ne lui pas ôter la vie.

Quand je le vis un peu revenu de sa frayeur, je lui fis signe d'aller chercher l'oiseau, ce qu'il fit : mais voyant qu'il avoit de la peine à le trouver, parce que la bête n'étant pas tout-à-fait morte, s'étoit traînée assez loin de-là : je pris ce temps pour recharger mon fusil, à l'insçu de mon sauvage. Il revint bientôt après avec ma proie, & moi ne trouvant plus l'occasion de l'étonner encore, je m'en retournai avec lui dans ma demeure.

Le même soir j'écorchai le chevreau, je le coupai en pièces, & j'en mis quelques morceaux sur le feu, dans un pot que j'avois : je les fis étuver, j'en fis un bouillon, & je donnai une partie de cette viande ainsi préparée à mon valet, qui voyant que j'en mangeois, se mit à la goûter aussi. Il me fit signe qu'il y prenoit plaisir ; mais ce qui lui parut étrange, c'est que je mangeois du sel avec mon bouilli. Il me fit comprendre que le sel n'étoit pas bon, & après en avoir mis quelques grains dans sa bouche, il les cracha, & fit une grimace comme s'il en avoit mal au cœur, & ensuite se lava la bouche avec de l'eau fraîche. Pour moi, au contraire, je fis les mêmes grimaces en prenant une bouchée de viande sans sel ; mais

Bb ij

je ne pus pas le porter à en faire de même, & il fut fort long-tems sans pouvoir s'y accoutumer.

Après l'avoir ainsi apprivoisé avec cette nourriture, je voulus le jour d'après le régaler d'un plat de rôti, ce que je fis en attachant un morceau de mon chevreau à une corde, & en le faisant tourner continuellement devant le feu, comme je l'avois vu pratiquer quelquefois en Angleterre. Dès que Vendredi en eût goûté, il fit tant de différentes grimaces pour me dire qu'il le trouvoit excellent & qu'il ne mangeroit plus de chair humaine, qu'il y auroit eu bien de la stupidité à ne le pas entendre.

Le jour d'après, je l'occupai à battre du bled & à le vanner à ma manière, ce qu'en peu de tems il fit aussi bien que moi ; il apprit de même à faire du pain ; en un mot, il ne lui fallut que peu de jours d'apprentissage pour être capable de me servir de toutes les manières.

J'avois à présent deux bouches à nourrir, & j'avois besoin d'une plus grande quantité de grain que par le passé. C'est pourquoi je choisis un champ plus étendu, & je me mis à l'enclorre, comme j'avois fait par rapport à mes autres terres; en quoi Vendredi m'aida non-seulement avec beaucoup d'adresse & de diligence, mais encore avec beaucoup de plaisir, sachant que c'étoit pour augmenter mes provisions, & pour être en état de les partager avec lui. Il parut fort sensible à mes soins, & il me fit entendre que sa reconnoissance l'animeroit à travailler avec d'autant plus d'assiduité. C'est-là l'année la plus agréable que j'aie passée dans l'île. Vendredi commençoit à parler fort joliment ; il savoit déjà les noms de presque toutes les choses dont je pouvois avoir besoin, & de tous les lieux où j'avois à l'envoyer ; ce qui me rendoit l'usage de ma langue qui m'avoit été si long-tems inutile, du moins par rapport au discours. Ce n'étoit pas seulement par sa conversation qu'il me plaisoit, j'étois charmé de plus en plus de sa probité, & je commençois à l'aimer avec passion, voyant que, de son côté, il avoit pour moi tout l'attachement & toute la tendresse possible.

Un jour j'eus envie de savoir de lui s'il regrettoit beaucoup sa patrie ; & comment il savoit assez l'Anglois pour répondre à la plupart de mes questions ; je lui demandai si sa nation n'étoit jamais victorieuse dans les combats ; & se mettant à sourire, *oui*, me dit-il, *nous toujours combattre le meilleur*, c'est-à-dire, nous remportons toujours la victoire. Là-dessus nous eûmes l'entretien suivant, que je range ici en forme de dialogue.

Le Maître. Votre nation combat toujours le

meilleur? D'où vient donc que vous avez été fait prisonnier ?

Vendredi. Ma nation pour combattre beaucoup.

Le Maître. Mais comment donc avez-vous été pris ?

Vendredi. Eux plus beaucoup que ma nation, où moi être. Eux prendre un, deux, trois, & moi. Ma nation battre eux dans l'autre place, où moi n'être pas ; là ma nation prendre un, deux, grand mille.

Le Maître Pourquoi donc vos gens ne vous ont pas repris sur les ennemis ?

Vendredi. Eux porter un, deux, trois & moi dans le canot. Ma nation n'avoir point canots alors.

Le Maître. Eh bien ! Vendredi, dites-moi que fait votre nation des prisonniers qu'elle fait : les emmene-t-elle pour les manger ?

Vendredi. Oui, ma nation aussi manger hommes, manger tout-à-fait.

Le Maître. Où les mene-t-elle ?

Vendredi. Les mener partout où trouve bon.

Le Maître. Les mene-t-elle quelquefois ici ?

Vendredi. Oui, ici & beaucoup autres places.

Le Maître. Avez-vous été ici avec vos gens ?

Vendredi. Oui, moi venir ici, dit-il, en montrant du doigt le nord-ouest de l'île.

Par-là je compris que mon sauvage avoit été par le passé dans l'île à l'occasion de quelque festin cannibale sur le rivage le plus éloigné de moi ; & quelque tems après lorsque je hasardai d'aller de ce côté-là avec lui, il reconnut d'abord l'endroit, & me conta qu'il avoit aidé un jour à manger vingt hommes, deux femmes & un enfant. Il ne savoit pas compter jusqu'à vingt, mais il mit autant de pierres sur le sable, & me pria de les compter.

Ce discours me donna occasion de lui demander combien il y avoit de l'île au continent, & si dans ce trajet les canots ne périssoient pas souvent ? Il me répondit qu'il n'y avoit point de danger, & qu'un peu avant dans la mer on trouvoit les matins le même vent & le même courant, & toutes les après-dînées un vent & un courant directement opposés.

Je crus d'abord que ce n'étoit autre chose que le flux & le reflux ; mais je compris dans la suite que ce phénomène étoit causé par la grande rivière Oroonoque, dans l'embouchure de laquelle mon île étoit située, & que la terre que je découvrois à l'ouest, & au nord-ouest, étoit la grande île de la Trinité, située au septentrion de la rivière. Je fis mille questions à Vendredi touchant le pays, les habitans, la mer, les côtes & les peuples qui en étoient voisins, & il me donna sur tout cela toutes les ouvertures qu'il pouvoit ; mais j'avois beau lui demander les noms des différens peuples des environs, il ne me répondit rien, sinon *Caribs*; d'où j'inférois que c'étoit Caribes, que nos cartes placent du côté de l'Amérique, qui s'étend de la rivière Oroonoque, vers Guiana & Sainte-Marthe. Il me dit encore, que bien loin derrière la lune, (il vouloit dire vers le couchant de la lune, ce qui doit être à l'ouest de leur pays,) il y avoit des hommes blancs & barbus comme moi, & qu'ils avoient tué *grand beaucoup hommes* : c'étoit-là sa manière de s'exprimer. Il étoit aisé à comprendre qu'il désignoit par-là les Espagnols, dont les cruautés se sont répandues par tous ces pays, & que les habitans détestent par tradition.

Je m'informai de lui là-dessus comment je pourrois faire pour venir parmi ces hommes blancs. Il me répartit que j'y pouvois aller *en deux canots*, ce que je ne compris pas d'abord ; mais quand il se fut expliqué par signes, je vis qu'il entendoit par-là un canot aussi grand que deux autres.

Cet entretien me fit grand plaisir, & me donna l'espérance de me tirer quelque jour de l'île, & de trouver pour cela un secours considérable dans mon fidèle sauvage.

Je ne négligeois pas parmi ces différentes converſations de poſer dans ſon ame les baſes de la religion chrétienne. Un jour, entr'autres, je lui démandai, qui l'avoit fait? Le pauvre garçon ne me comprenant pas, crut que je lui demandois qui étoit ſon père. Je donnai donc un autre tour à ma queſtion, & je lui demandai qui avoit fait la mer, la terre, les collines, les forêts. Il me dit que c'étoit un vieillard nommé Benakmukée, *qui ſurvivoit à toutes choſes*. Tout ce qu'il en ſavoit dire, c'eſt qu'il étoit fort âgé, plus âgé que la mer, la lune & les étoiles. Je lui demandai encore, pourquoi, puiſque ce vieillard avoit fait toutes choſes, toutes les choſes ne l'adoroient pas? Il me répartit avec un air de ſimplicité, que toutes créatures lui diſoient *Oh!* c'eſt-à-dire, dans ſon ſtyle, lui rendoient hommage. Mais lui dis-je, où vont les gens de votre pays après leur mort? Ils vont tous chez Benakmukée, me répliqua-t-il, & il me donna la même réponſe à la même queſtion que je lui fis touchant leurs ennemis qu'ils mangeoient.

Je tirai de-là occaſion de l'inſtruire dans la connoiſſance du vrai Dieu; je lui dis que le grand créateur de tous les êtres vit dans le ciel, qu'il gouverne tout par le même pouvoir, & par la même ſageſſe, par leſquels il a tout formé; qu'il eſt tout puiſſant, capable de faire tout pour nous; de nous donner tout, de nous ôter tout;

& de cette manière-là je lui ouvris les yeux par degrés. Il m'écoutoit avec attention, & paroissoit recevoir avec plaisir la notion de Jesus-Christ envoyé au monde pour nous racheter, & de la véritable manière d'adresser nos prières à Dieu, qui pouvoit les entendre, quoiqu'il fût dans le ciel.

Il me dit là-dessus, que, puisque notre Dieu pouvoit nous entendre quoiqu'il demeurât au-delà du soleil, il devoit être un plus grand Dieu que leur Benakmukée, qui n'étoit pas si éloigné d'eux, & qui cependant ne pouvoit les entendre, à moins qu'ils ne vinssent lui parler sur les hautes montagnes où il avoit sa demeure. Y avez-vous été quelquefois, lui dis-je, pour avoir une pareille conférence? Il me répondit que les jeunes gens n'y alloient jamais, & que c'étoit l'affaire des Ookakée, qui lui vont dire *Oh!* & qui leur rapportent sa réponse. Par ces Ookakée, il entendoit certains vieillards qui leur tiennent lieu de Prêtres.

Je compris par-là qu'il y a des fraudes pieuses même parmi les aveugles payens, & que la politique de se réserver certains mystères du culte religieux, ne se trouve pas seulement chez le clergé du papisme, mais encore chez le clergé de toutes les religions, quelque absurdes & quelque barbares qu'elles puissent être.

Je fis mes efforts pour rendre sensible à mon sauvage la fraude de leurs prêtres, en lui disant, que leur prétention d'aller parler à Benakmukée & d'en rapporter les réponses, étoit une fourberie, ou bien s'ils avoient réellement de pareilles conférences, que ce ne devoit être qu'avec quelque mauvais génie. J'eus par-là occasion d'entrer dans un discours détaillé concernant le diable, son origine, sa rébellion contre dieu, sa haîne pour les hommes, qui le porte à se placer parmi les peuples les plus ignorans pour s'en faire adorer, les stratagêmes qu'il emploie pour nous duper, la communication secrette qu'il se ménage avec nos passions & nos penchans, & sa subtilité à accommoder si bien ses piéges à nos inclinations naturelles, que nous devenons nos propres tentateurs, & que nous courons à notre perte de notre propre gré.

Les idées justes que je m'efforçois à lui donner du diable, ne faisoient pas sur son esprit les mêmes impressions que les notions de la divinité. La nature même l'aidoit à sentir l'évidence de mes argumens, touchant la nécessité d'une première cause & d'une providence, comme aussi touchant la justice qu'il y a à en rendre hommage à celui à qui nous devons notre existence & notre conservation. Mais il étoit fort éloigné de trouver les mêmes secours pour se former l'idée du démon, de son origine, de son inclination à faire du mal, & à porter le genre humain à l'imiter.

Le pauvre garçon m'embarrassa un jour terriblement sur cette matière, par une question qu'il me fit sans malice, & à laquelle pourtant je ne sus que lui répondre. En voici l'occasion :

Je venois de lui parler d'une manière étendue de la toute-puissance de dieu, de son aversion pour le péché, par laquelle il devient un feu consumant pour des ouvriers d'iniquité, & de son pouvoir de nous détruire dans un moment, comme dans un moment il nous a créés. Il avoit écouté tout cela d'un air fort serieux & fort attentif.

J'en étois venu ensuite à lui conter que le diable étoit l'ennemi de dieu dans les cœurs des hommes, & qu'il se servoit de toute sa subtilité malicieuse pour détruire les bons desseins de la providence, & pour ruiner le royaume de Jésus-Christ. *Comment!* dit là-dessus Vendredi, *dieu être si grand, si puissant, n'être pas lui plus grand, plus puissant que le diable?* Certainement, il est plus puissant que le diable, lui dis-je ; & c'est pour cette raison que nous prions dieu de pouvoir fouler le diable sous nos pieds, résister à ses tentations, & éteindre ses dards enflammés. Mais, répliqua-t-il, *dieu plus puissant, plus grand que le diable, pourquoi dieu ne pas tuer le diable, pour le diable non plus faire mauvais ?*

La question me surprit : j'étois un homme d'âge, mais fort jeune docteur, & peu qualifié pour résoudre les difficultés. Comme je ne savois que dire, je fis semblant de ne pas l'entendre, & je lui demandai ce qu'il vouloit dire. Mais il souhaitoit trop sérieusement une réponse, pour oublier sa question, & il la répéta dans le même mauvais style. Pour moi, ayant eu le tems de me reconnoître, je lui répondis que dieu puniroit le diable à la fin sévèrement, qu'il étoit réservé pour le jugement dernier, où il le condamneroit au feu éternel. Ma solution ne satisfit pas mon sauvage, & répétant mes paroles, *à la fin*, dit il, *réservé pour le jugement ? moi non entendre : pourquoi non tuer le diable à présent, pourquoi non tuer grand auparavant ?* Il vaudroit autant me demander, répartis-je, pourquoi dieu ne nous tue pas vous & moi, quand nous l'offensons. Il nous conserve, pour que nous nous repentions, & qu'il puisse nous pardonner. Après avoir un peu ruminé là-dessus, *bon, bon*, dit-il avec une espèce de passion, *ainsi vous, moi, diable, tous mauvais, tous préserver, tous repentir, dieu tout pardonner à la fin.*

Me voilà atterré pour la seconde fois ; marque certaine que les simples notions de la nature peuvent conduire les créatures raisonnables à connoître la divinité, & à lui adresser un culte religieux; mais que la révélation seule nous peut mener à la connoissance d'un christ, rédempteur du genre humain, médiateur de la nouvelle alliance, & notre intercesseur devant le trône de Dieu. Il n'y a, dis-je, qu'une révélation divine qui puisse imprimer de telles notions dans notre ame, & par conséquent la sainte écriture seule, accompagnée de l'esprit de Dieu, nous peut instruire dans la science du salut.

Cette réflexion me fit interrompre mon entretien avec Vendredi, & me levant avec précipitation, je fis semblant d'avoir des affaires; je trouvai même moyen de l'envoyer bien loin de-là sous quelque prétexte, &, dans cet intervalle, je priai Dieu ardemment de préparer le cœur de ce malheureux sauvage par son saint-esprit, pour le rendre accessible à la connoissance de l'évangile, qui seul pouvoit le reconcilier avec son créateur; je le suppliai de guider tellement ma langue, quand je lui parlerois de sa sainte parole, que ses yeux pussent s'ouvrir, son esprit être convaincu, & son ame sauvée.

Dès qu'il fut de retour, je me mis à lui parler fort au long de la rédemption du genre humain par notre divin sauveur, de la doctrine de l'évangile qui nous a été prêchée par le ciel même, dont les principaux points sont la repentance & la foi en Jésus-Christ. Je lui expliquai de mon mieux pourquoi il n'avoit pas revêtu la nature d'un ange, mais celle d'un homme, & comment pour cette raison la rédemption ne regardoit pas les anges tombés, mais uniquement *les brebis égarées de la maison d'Israël.*

Il y avoit beaucoup plus de bonne volonté que de connoissance dans ma méthode d'instruire mon pauvre Vendredi, & j'avoue qu'il m'arriva ce qui arrive en pareil cas à bien d'autres; en travaillant à son instruction, je m'instruisois moi-même sur plusieurs points qui m'avoient été inconnus auparavant, ou du moins que je n'avois pas considérés avec assez d'attention, mais qui se présentoient naturellement à mon esprit lorsque j'en avois besoin. Je me trouvois même plus animé à la recherche des vérités salutaires que je l'avois été de ma vie; ainsi, que j'aye réussi avec mon sauvage, ou non, du moins est il sûr que j'avois de fortes raisons pour rendre grâces au ciel de me l'avoir fait rencontrer. Quel bonheur pour moi dans l'exil auquel j'avois été condamné, d'être non-seulement porté par les châtimens de Dieu, à tourner mes yeux du côté du ciel pour chercher la main qui me frappoit, mais sur-tout de me trouver un instrument de la providence pour sauver le corps d'un malheureux sauvage, & peut-

être auſſi ſon ame, en le conduiſant à la connoiſſance de Jeſus-Chriſt, qui eſt la vie éternelle!

Quand je réfléchiſſois ſur toutes ces choſes, une
joie ſecrette & calme s'emparoit de mon cœur,
& j'étois ravi d'être conduit par la providence
dans un lieu que j'avois ſi ſouvent regardé comme
la ſource de mes plus cruels malheurs.

Dans cette agréable diſpoſition de mon cœur,
entretenue par les converſations de mon cher ſauvage, je paſſai trois années entières parfaitement
heureux, s'il eſt permis d'appeler bonheur parfait
aucune ſituation de l'homme dans cette vie. Mon
eſclave étoit déjà auſſi bon chrétien que moi, &
peut-être meilleur; nous pouvions jouir enſemble
de la lecture de la parole de Dieu, & ſon eſprit
n'étoit pas plus éloigné de nous, que ſi nous nous
étions trouvés en Angleterre.

Je m'appliquai ſans relâche à cette lecture, & à lui
en expliquer le ſens ſelon mes foibles lumières; &
à ſon tour il animoit mon eſprit par ſes demandes
ſenſées, & me rendoit plus habile dans les vérités
ſalutaires, que je ne le ſerois devenu en liſant ſeul.
L'expérience m'apprit alors que, par une bénédiction inexprimable, la connoiſſance de Dieu &
la doctrine néceſſaire au ſalut ſont ſi clairement ex-
poſées dans la ſainte écriture, que la ſimple lecture en ſuffit pour nous faire comprendre nos
devoirs, pour nous exciter à nous mettre en poſ-
ſeſſion

fession d'un sauveur, & à réformer entièrement notre vie, en nous soumettant avec obéissante à tous les commandemens de Dieu. Tel étoit mon sort, je n'avois aucun secours; du moins aucun secours humain, pour contribuer à mon instruction; & les mêmes moyens se trouvèrent suffisans pour éclairer mon sauvage, & pour en faire un aussi bon chrétien que j'en aie jamais rencontré.

Pour la connoissance des disputes & des controverses qui sont si fréquentes dans le monde, & qui roulent sur le gouvernement ecclésiastique, ou sur quelque subtilité en matière de doctrine, elle nous étoit parfaitement inutile, comme, à mon avis, elle l'est à tout le reste du genre-humain. Nous avions un guide sûr pour le salut, savoir la parole de Dieu; &, grâces au seigneur, nous sentions d'une manière très-consolante les grâces de son saint-esprit, qui nous menoit en toute vérité, & qui nous rendoit soumis aux ordres & aux préceptes de sa parole. A quoi nous auroit servi de démêler l'embarras des *points disputés*, qui ont produit tant de désordres dans le monde, quand même nous aurions eu assez d'habileté pour y parvenir? Mais il est tems de revenir aux suites de mon histoire.

Dès que Vendredi & moi fûmes en état de conférer ensemble, & qu'il commença à parler mauvais anglois, je lui fis le récit de mes aven-

Tome I.   C c

tures, au moins de celles qui avoient quelque relation avec mon séjour dans cette île, & avec la manière dont j'y avois vécu; je le fis entrer dans le mystère de la poudre à canon & des balles, & je lui enseignai la manière de tirer; de plus, je lui donnai un couteau, dont il se faisoit un plaisir extraordinaire, & je lui fis un ceinturon avec une gaine suspendue, comme celle où l'on met en Angleterre les couteaux de chasse; mais appropriée pour y mettre une hache, dont l'utilité est beaucoup plus générale.

Je lui fis encore une description de l'Europe, & principalement de l'Angleterre ma patrie; je lui dépeignis notre manière de vivre, notre culte religieux, le commerce que nous faisons par tout l'univers par le moyen de nos vaisseaux; je n'oubliai pas de lui donner une idée du vaisseau que j'avois été visiter, & l'endroit où il avoit échoué. Il est vrai que cette particularité étoit peu nécessaire, puisque selon toutes les apparences, la mer l'avoit si bien ruiné, qu'il n'en restoit pas la moindre trace.

Je lui fis remarquer aussi les restes de la chaloupe que nous perdîmes quand je m'échappai du naufrage: à peine y eut-il jeté les yeux, qu'il se mit à penser avec un air d'étonnement sans dire un seul mot. Je lui demandai quel étoit le sujet de sa méditation : à quoi il ne répondit rien, sinon : *moi voir telle chaloupe ainsi chez ma nation.*

Je ne savois pas ce qu'il vouloit dire pendant assez longtems ; mais après un plus mûr examen, je compris qu'il vouloit me faire entendre qu'une semblable chaloupe avoit été portée par un orage sur le rivage de sa nation. Je conclus de-là que quelque vaisseau européen devoit avoir fait naufrage sur ces côtes ; & que peut-être les vents ayant détaché la chaloupe, l'avoient poussée sur le sable : mais je fus assez stupide pour ne pas me mettre dans l'esprit seulement que des hommes s'étoient sauvés du naufrage par ce moyen. La seule chose où je songeois, c'étoit de demander à mon sauvage une description de la chaloupe en question.

Il s'en acquitta assez bien ; mais il me fit entrer tout-à-fait dans sa pensée, en y ajoutant : *nous sauver les blancs hommes de noyer.* Je lui demandai d'abord s'il y avoit donc quelques hommes blancs dans cette chaloupe. *Oui*, dit-il, *la chaloupe pleine d'hommes blancs.* Et en comptant par ses doigts, il me fit comprendre qu'il y en avoit eu jusqu'à dix-sept, & qu'ils demeuroient chez sa nation.

Ce discours remplit mon cerveau de nouvelles chimères ; je m'imaginai d'abord que c'étoit les gens du vaisseau échoué à la vue de mon île, qui, d'abord que le bâtiment avoit donné contre des rochers, & qu'ils s'étoient crus perdus, s'étoient jetés dans la barque, & que par bonheur ils s'étoient sauvés sur les côtes des sauvages. Cette imagination m'excita à demander avec plus d'exactitude ce que ces gens étoient devenus. Il m'assura qu'ils étoient encore là; qu'ils y avoient demeuré pendant quatre ans, subsistant par les vivres qui leur ont été fournis par sa nation; & lorsque je lui demandai, pourquoi ils n'avoient pas été mangés, il me répondit: *ils firent frère avec eux; non manger hommes que quand la guerre faire battre.* C'est-à-dire, que sa nation avoit fait la paix avec eux, & qu'elle ne mangeoit que les prisonniers de guerre.

Il arriva, assez longtems après, qu'étant au haut d'une colline, du côté de l'est, d'où, comme j'ai dit, on pouvoit découvrir dans un tems serein le continent de l'Afrique, après avoir attentivement regardé de ce côté-là, il parut tout extasié : il se mit à sauter & à gambader. Je lui en demandai le sujet; il commença à crier de toutes ses forces: *O joie! ô plaisant! là voir mon pays, là ma nation.*

Le sentiment de sa joie étoit répandu sur tout son visage, & je crus lire dans le feu de ses yeux un desir violent de retourner dans sa patrie. Cette découverte me rendit moins tranquille sur son chapitre; & je ne doutai point que, si jamais il trouvoit une occasion d'y venir, il n'oubliât & ce que je lui avois enseigné sur la religion, & toutes les obligations qu'il pouvoit m'avoir. Je craignois même qu'il ne fût capable de me découvrir à ses compatriotes, & d'en amener dans l'île quelques centaines pour les régaler de ma chair, avec la même gaieté qui lui avoit été ordinaire autrefois en mangeant quelqu'un de ses ennemis.

Mais je faisois grand tort au pauvre garçon, ce dont je fus fort mortifié après. Cependant, durant quelques semaines que la jalousie me possédoit, je fus plus circonspect à son égard, & je lui fis moins de caresses, dans le tems que cet honnête sauvage fondoit toute sa conduite sur les plus excellens principes du christianisme, & d'une nature bien dirigée.

On croira facilement que je ne négligeois rien pour pénétrer les desseins dont je le soupçonnois; mais je trouvai dans toutes ses paroles tant de candeur, tant de probité, que mes soupçons devoient nécessairement tomber à la fin faute de nourriture. Il ne s'appercevoit pas seulement que mes manières étoient changées à son égard; preuve évidente qu'il ne songeoit à rien moins qu'à me tromper.

Un jour me promenant avec lui sur la colline dont j'ai déjà fait plusieurs fois mention, dans un

C c iij

tems trop chargé pour découvrir le continent, je lui demandois s'il ne se souhaitoit pas dans son pays au milieu de sa nation. *Oui*, répondit-il, *moi fort joyeux voir ma nation*. Eh! qu'y feriez-vous, lui dis-je? voudriez-vous redevenir sauvage, & manger encore de la chair humaine? Il parut chagrin à cette question, & branla la tête: *non*, répliqua-t-il, *Vendredi leur conter vivre bons, prier Dieu, manger pain de blé, chair de bêtes, lait, non plus manger hommes*. Mais ils vous mangeront, répartis-je, *Non*, dit-il, *eux non tuer moi, volontiers aimer apprendre*; à quoi il ajouta qu'ils avoient appris beaucoup de choses des hommes barbus qui y étoient venus dans la chaloupe. Je lui demandai alors s'il avoit envie d'y retourner, & lorsqu'il m'eût répondu en souriant qu'il ne pouvoit pas nâger jusques-là, je lui promis de lui faire un canot. Il me dit alors qu'il le vouloit bien, pourvu que je fusse de la partie, & il m'assura que bien loin de me manger, ils feroient grand cas de moi, lorsqu'il leur auroit conté que j'avois sauvé sa vie, & tué ses ennemis. Pour me tranquilliser là-dessus, il me fit un grand détail de toutes les bontés qu'ils avoient eues pour les hommes barbus, que la tempête avoit jetés sur le rivage.

Depuis ce tems-là je pris la résolution de hasarder le passage, dans le dessein de joindre ces étrangers, qui devoient être, selon moi, des Espagnols, ou des Portugais, ne doutant point que je ne regagnasse ma patrie, si j'avois une fois le bonheur de me trouver sur le continent avec une si nombreuse compagnie; ce que je ne pouvois plus espérer, si je demeurois dans une île éloignée de la terre ferme de plus de quarante lieues.

Dans cette vue je résolus de mettre Vendredi au travail, & je le menai de l'autre côté de l'île, pour lui montrer ma chaloupe; & l'ayant tirée de l'eau sous laquelle je la conservois, je la mis à flot, & nous y entrâmes tous deux. Voyant qu'il la manioit avec beaucoup d'adresse & de force, & qu'il la faisoit avancer le double de ce que j'étois capable de faire: eh bien! lui dis-je, Vendredi, nous en irons-nous chez votre nation? Mais quand je le vis tout stupéfait par la crainte que la barque ne fût trop foible pour ce voyage, je lui fis voir l'autre que j'avois faite autrefois, & qui étant demeurée à sec pendant vingt-trois ans, étoit fendue partout & presque entièrement pourrie. Il me fit entendre que ce bâtiment étoit grand de reste pour passer la mer avec toutes les provisions qui nous étoient nécessaires.

Déterminé à exécuter mon dessein, je lui dis que nous devions aller nous en faire un de cette grandeur-là, pour qu'il pût s'en retourner chez lui. A cette proposition il baissa la tête d'un air fort chagrin sans répondre un seul mot : & quand je lui demandai la raison de son silence, il me dit d'un ton lamentable : *Pourquoi vous en colère contre Vendredi ? quoi moi faire contre vous ?* Je lui répondis qu'il se trompoit, & que je n'étois point du tout en colère. *Point colère ?* répliqua-t-il en répétant plusieurs fois les mêmes paroles, *point colère ? Pourquoi donc envoyer Vendredi auprès ma nation ?* Quoi ! dis-je, ne m'avez-vous pas dit que vous souhaitiez y être ? Oui, répartit-il, *souhaiter tous deux là ; non Vendredi là, & point maître là.* En un mot il ne vouloit pas entendre par-là d'entreprendre le passage sans moi.

Après l'avoir questionné sur l'utilité qui lui reviendroit d'un pareil voyage, il me répondit avec vivacité : *Vous faire grand beaucoup bien, vous enseigner hommes sauvages être bons hommes apprivoisés, leur enseigner connoître Dieu, prier Dieu, vivre nouvelle vie.* Hélas ! mon enfant, lui dis-je, vous ne savez pas ce que vous dites, je ne suis moi-même qu'un ignorant : *oui, oui,* répliqua-t-il, *vous moi enseigner bonnes choses, vous enseigner eux bonnes choses aussi.*

Nonobstant ces marques de son attachement pour moi, je fis semblant de continuer dans mon dessein de le renvoyer, ce qui le désespéra si fort, que courant à une des haches qu'il portoit d'ordinaire, il me la présenta, en me disant :

Vous prendre, vous tuer Vendredi, non envoyer Vendredi chez ma nation. Il prononça ces mots les yeux pleins de larmes, & d'une manière si touchante, que je fus convaincu de sa constante tendresse pour moi, & que je lui promis de ne le renvoyer jamais contre son gré.

Tout ce qui portoit mon sauvage au desir de me mener avec lui dans sa patrie, c'étoit son amour pour ses compatriotes, auxquels il croyoit mes instructions utiles. Pour moi, mes vues étoient d'une autre nature; je ne songeois qu'à joindre les hommes; & sans différer davantage, je me mis à choisir un grand arbre pour en faire un grand canot propre pour notre voyage. Il y en avoit assez dans l'île : mais je souhaitois d'en trouver un assez près de la mer pour pouvoir le lancer sans beaucoup de peine, dès qu'il seroit transformé en barque.

Mon sauvage en trouva bientôt un d'un bois qui m'étoit inconnu, mais qu'il connoissoit propre pour notre dessein. Il étoit d'avis de le creuser en brûlant le dedans ; mais après que je lui eus enseigné la manière de le faire par le moyen de coins de fer, il s'y prit fort adroitement ; & après un mois d'un rude travail, il perfectionna son ouvrage ; la barque étoit fort bien tournée, sur-tout quand, par le moyen de nos haches, nous lui eûmes donné par dehors la véritable tournure d'une chaloupe; après quoi, nous fûmes encore occupés une quinzaine de jours à la mettre à l'eau; ce que nous fîmes pouce après pouce, par le moyen de quelques rouleaux.

J'étois surpris de voir avec quelle adresse mon sauvage savoit la manier & la tourner, quelque grande qu'elle fût. Je lui demandai si elle étoit assez bonne pour y hasarder le passage, & il m'assura que nous le pouvions, même dans un grand vent. J'avois pourtant encore un dessein qui lui étoit inconnu, c'étoit d'y ajouter un mât, une voile, une ancre, & un cable. Pour cet effet, je choisis un jeune cèdre fort droit, & j'employai Vendredi à l'abattre, & à lui donner la figure nécessaire. Pour moi, je fis mon affaire de la voile; je savois qu'il me restoit un bon nombre de morceaux de vieilles voiles; mais comme je n'avois été guères soigneux de les conserver pendant vingt-six ans, je craignois qu'elles ne fussent absolument pourries. J'en trouvai pourtant deux lambeaux passablement bons; je me mis à y travailler, & après la fatigue d'une couture longue & pénible faute d'aiguilles, j'en fis enfin une mauvaise voile triangulaire, que nous appelons en Angleterre *une épaule de mouton*, & qu'on emploie d'ordinaire dans les chaloupes de nos vaisseaux; c'étoit celle dont la manœuvre m'étoit la plus familière, puisqu'avec une pareille voile je m'étois échappé autrefois de Barbarie, comme le lecteur a vu ci-devant.

Je mis près de deux mois à funer & à dresser mon mât & mes voiles, & à mettre la dernière main à tout ce qui étoit nécessaire à la barque; j'y ajoutai un petit *étai* & une *mixaine*, pour aider le bâtiment en cas qu'il fût trop emporté par la marée; &, qui plus est, j'attachai un gouvernail à la poupe, quoique je fusse un assez mauvais charpentier; comme je savois l'utilité, & même la nécessité de cette pièce, je travaillai avec tant d'application, qu'enfin j'en vins à bout. Mais quand je considère toutes les inventions dont je me servis pour suppléer à ce qui me manquoit, je suis persuadé que le gouvernail seul me coûta autant de peine que toute la barque.

Il s'agissoit alors d'enseigner la manœuvre à mon sauvage : car, quoiqu'il sût parfaitement comment faire aller un canot à force de rames, il étoit fort ignorant dans le maniement d'une voile & d'un gouvernail. Il étoit dans un étonnement inexprimable quand il me voyoit tourner & virer ma barque à ma fantaisie, & les voiles changer & s'enfler du côté où je voulois faire cours. Cependant, un peu d'usage lui rendit toutes ces choses familières, & en peu de tems il devint un parfaitement bon matelot, excepté qu'il me fut impossible de lui faire comprendre la boussole. Ce n'étoit pas un grand malheur, car nous avions rarement un tems couvert, & jamais de brouillards, de manière que la boussole nous étoit assez inutile, puisque pendant la nuit nous pouvions voir les étoiles & découvrir le continent, même pendant le jour, hormis dans les saisons pluvieuses dans lesquelles personne ne s'avisoit de mettre en mer.

J'étois alors entré dans la vingt-septième année de mon exil dans cette île, quoique je ne puisse guères appeler exil les trois dernières où j'ai joui de la compagnie de mon fidèle sauvage. Je continuois toujours à célébrer l'anniversaire de mon débarquement dans l'île, avec la même reconnoissance envers Dieu, dont j'avois été animé dans le commencement : il est certain même que dans ma situation présente, cette reconnoissance devoit redoubler par les nouveaux bienfaits dont la providence me combloit, & sur-tout par l'espérance prochaine qu'elle me faisoit concevoir de ma délivrance. J'étois persuadé que l'année ne se passeroit pas sans voir mes vœux accomplis ; mais cette persuasion ne me faisant rien négliger de mon économie ordinaire, je remuois la terre, comme de coutume, je plantois, je faisois des enclos, je séchois mes raisins ; en un mot, j'agissois comme si je devois finir ma vie dans l'île.

La saison pluvieuse étant survenue, j'étois

obligé à garder la maison plus qu'en d'autres tems : j'avois déjà pris auparavant mes mesures pour mettre notre bâtiment en sûreté ; je l'avois fait entrer dans la petite baie dont j'ai fait plusieurs fois mention ; je l'avois tiré sur le rivage pendant la haute marée, & Vendredi lui avoit creusé un petit chantier justement assez profond pour pouvoir lui donner autant d'eau qu'il falloit pour le mettre à flot, & pendant la basse marée nous avions pris toutes les précautions nécessaires pour empêcher l'eau de la mer d'entrer malgré nous dans ce chantier. Pour la mettre à l'abri de la pluie, nous la couvrîmes d'un si grand nombre de branches d'arbre, qu'un toît de chaume n'est pas plus impénétrable. De cette manière, nous attendîmes les mois de Novembre & de Décembre, dans l'un desquels je m'étois déterminé à hasarder le passage.

Mon desir d'exécuter mon entreprise s'affermit avec le retour du tems stable, & j'étois continuellement occupé à préparer tout, principalement à assembler les provisions nécessaires pour le voyage, ayant dessein de mettre en mer dans une quinzaine de jours. Un matin, pendant que je travaillois de cette manière à nos préparatifs, j'ordonnai à Vendredi d'aller sur le bord de la mer, pour chercher quelque tortue, dont la trouvaille nous étoit fort agréable, tant à cause des œufs que de la viande. Il n'y avoit qu'un moment qu'il étoit sorti quand je le vis revenir à toutes jambes, & voler par-dessus mon retranchement extérieur, comme si ses pieds ne touchoient pas à terre. Sans me donner le tems de lui faire des questions, il se mit à crier : *O maître, maître ! ô douleur ! ô mauvais !* Qu'y a-t-il, Vendredi ? lui dis-je. *Oh !* répondit-il, *là-bas un, deux, trois canots, un deux, trois.* Je conclus, de sa manière de s'exprimer, qu'il devoit y avoir six canots ; mais je trouvai dans la suite qu'il n'y en avoit que trois.

J'avois beau tâcher de le rassurer, le pauvre garçon continuoit à être dans des transes mortelles, se persuadant que les sauvages étoient venus exprès, pour le mettre en pièces & pour le dévorer. Courage, Vendredi, lui dis-je, je suis dans un aussi grand danger que toi ; s'ils nous attrapent, ils n'épargneront pas plus ma chair que la tienne : c'est pourquoi il faut que nous nous hasardions à les combattre. Sais-tu te battre, mon enfant ? *Moi tirer*, répliqua-t-il : *mais venir là plusieurs grand nombre.* Ce n'est pas une affaire, lui dis-je, nos armes à feu effraieront ceux qu'elles ne tueront pas : je suis résolu de hasarder ma vie pour toi, pourvu que tu m'en promettes autant, & que tu veuilles exactement suivre mes ordres. *Qui*, répondit-il, *moi mourir, quand mon maître ordonne mourir.*

Là-dessus je le fis boire un bon coup de mon rum pour lui fortifier le cœur. Je lui fis prendre mes deux fusils de chasse que je chargeai de la plus grosse dragée : je pris encore quatre mousquets, sur chacun desquels je mis deux cloux & cinq petites balles ; je chargeai mes pistolets tout aussi-bien à proportion : je mis à mon côté mon grand sabre tout nud, & j'ordonnai à Vendredi de prendre sa hache.

M'étant préparé de cette manière, je pris une de mes lunettes, & je montai au haut de la colline pour découvrir ce qui se passoit sur le rivage : j'apperçus bientôt que nos ennemis y étoient au nombre de vingt-un, avec trois prisonniers ; qu'ils étoient venus en trois canots, & qu'ils avoient dessein de faire un festin de triomphe par le moyen de ces trois corps humains.

J'observai encore qu'ils étoient débarqués non dans l'endroit où Vendredi leur étoit échappé, mais bien plus près de ma petite baie, où le rivage étoit bas, & où un bois épais s'étendoit presque jusqu'à la mer. Cette découverte m'anima d'un nouveau courage ; & retournant vers mon esclave, je lui dis que j'étois déterminé à les tuer tous s'il vouloit m'assister avec vigueur. Sa peur étant alors passée, & le rum ayant mis ses esprits en mouvement, il parut plein de feu, & répéta

avec un air ferme : *Moi mourir, quand vous or-*
donne mourir.

Pour mettre à profit ce moment de noble fureur, je partageai les armes entre nous deux ; je
lui donnai un pistolet pour mettre à sa ceinture,
je lui mis trois fusils sur l'épaule ; j'en prends autant pour moi, nous nous mettons en marche.
Outre mes armes, je m'étois pourvu d'une bouteille de rum, & j'avois chargé mon esclave d'un
sac plein de poudre & de balles. Le seul ordre
qu'il avoit à suivre étoit de marcher sur mes pas,
de ne faire aucun mouvement, de ne pas dire
un mot sans que je lui eusse commandé. Dans
cette posture je cherchai à main droite un détour
pour venir de l'autre côté de la baie, & pour gagner le bois, afin d'avoir les cannibales à la portée du fusil avant qu'ils m'eussent découvert. Je
vins aisément à bout de trouver une telle route
par le moyen de mes lunettes d'approche.

Tout en marchant, je ralentis beaucoup, par
mes réflexions, l'ardeur qui m'avoit porté à cette
entreprise ; ce n'étoit pas que le nombre des ennemis me fît peur : ils étoient nuds, & certainement j'avois lieu de nous croire plus forts qu'eux :
mais les mêmes raisons qui m'avoient donné autrefois de l'horreur pour un pareil massacre, faisoient encore de vives impressions sur mon esprit

prit : quelle nécessité, dis-je en moi-même, me porte à tremper mes mains dans le sang d'un peuple qui n'a jamais eu la moindre intention de m'offenser ? Leurs coutumes barbares sont leur propre malheur, & font une preuve que Dieu les a livrés aussi bien que tant de nations à leur stupide brutalité, sans m'établir juge de leurs actions, & exécuteur de sa justice ; il l'exercera sur eux lui-même quand il le voudra, & de la manière qu'il le trouvera bon. C'est une autre affaire par rapport à Vendredi, qui est leur ennemi déclaré, & dans un état de guerre légitime avec eux : mais il n'y a rien entre eux & moi.

Ces pensées me jetèrent dans une grande incertitude, dont je sortis enfin, en me déterminant à approcher seulement du lieu de leur barbare festin, & d'agir selon que le ciel m'inspireroit ; mais de ne me point mêler de leurs affaires, à moins que quelque chose ne se présentât à mes yeux, comme une vocation particulière.

Dans cette vûe j'entrai par le bois avec toute la précaution & tout le silence possibles, ayant Vendredi sur mes talons, & je m'avançai jusqu'à ce qu'il n'y eût qu'une petite pointe du bois entre nous & les sauvages. Appercevant alors un arbre fort élevé, j'appelle Vendredi tout doucement,

& je lui ordonne de percer jusques-là pour découvrir à quoi les sauvages s'occupoient. Il le fit, & vint bientôt me rapporter qu'on les voyoit de-là distinctement, qu'ils étoient tous autour de leur feu, se régalant l'un de la chair de leurs prisonniers, & qu'à quelques pas de-là, il y en avoit un autre garotté & étendu sur le sable, qui auroit bientôt le même sort : que ce dernier n'étoit pas de leur nation ; mais un des hommes barbus qui s'étoient sauvés dans son pays avec une chaloupe. Ce rapport, & sur-tout la particularité du prisonnier barbu, ranimèrent toute ma fureur : je m'avançai vers l'arbre moi-même, & j'y vis clairement un homme blanc couché sur le sable, les mains & les pieds garottés : les habits dont je le vis couvert ne me laissèrent pas douter que ce ne fût un Européen.

Il y avoit un autre arbre revêtu d'un petit buisson, plus près de leur horrible festin, d'environ cinquante verges, où si je pouvois parvenir sans être apperçu, je vis que je les aurois à demi-portée de fusil. Cette découverte me donna assez de prudence pour maîtriser ma passion pour quelques momens, quoique ma rage fût montée jusqu'au plus haut degré, & me glissant derrière quelques broussailles, je parvins à cet endroit où je trouvai une petite élévation d'où je découvris, à quatre-vingt verges de moi, tout ce qui se passoit.

Je vis qu'il n'y avoit pas un instant à perdre, dix-neuf de ces barbares étoient assis à terre, serrés les uns contre les autres, ayant détaché deux bouchers pour leur apporter apparemment le pauvre chrétien membre à membre. Ils étoient déjà occupés à lui délier les pieds, quand me tournant vers mon esclave, allons Vendredi, lui dis-je, suis mes ordres exactement, fais précisément ce que tu me verras faire sans manquer dans le moindre point : il me le promit ; & là-dessus, posant à terre un de mes mousquets, & un de mes fusils de chasse, je le vis m'imiter avec exactitude. Avec mon autre mousquet je couchai les sauvages en joue, en lui ordonnant d'en faire autant : Es-tu prêt, lui dis-je ? Oui, répondit il, & en même tems nous fîmes feu l'un & l'autre.

Vendredi m'avoit tellement surpassé à viser juste, qu'il en tua deux, & en blessa trois, au lieu que je n'en blessai que deux, & n'en tuai qu'un seul. On peut juger si les autres étoient dans une terrible consternation : tous ceux qui n'étoient pas blessés, se levèrent précipitamment, sans savoir de quel côté tourner leurs pas pour éviter un danger, dont la source leur étoit inconnue. Vendredi cependant avoit toujours les yeux fixés

Dd ij

sur moi, pour observer & pour imiter mes mouvemens. Après avoir vu l'effet de notre première décharge, je jetai mon mousquet pour prendre le fusil de chasse, & mon esclave en fit de même. Il coucha en joue comme moi. Es-tu prêt, lui demandai-je encore ? & dès qu'il m'eut dit que oui: feu donc, lui dis-je, au nom de Dieu; & en même temps nous tirâmes encore parmi la troupe effrayée; &, comme nos armes étoient chargées d'une dragée grosse, comme de petites balles de pistolet, il n'en tomba que deux; mais il y en avoit tant de blessés, que nous les vîmes courir la plûpart çà-&-là, tout couverts de sang, & qu'un moment après il en tomba encore trois à demi-morts.

Ayant jeté alors à terre les armes déchargées, je saisis mon second mousquet, j'ordonnai à Vendredi de me suivre; ce qu'il fit avec beaucoup d'intrépidité. Je sortis brusquement avec Vendredi sur mes talons, & dès que je fus découvert, je poussai un grand cri, comme il fit de son côté; ensuite je me mis à courir de toutes mes forces, autant que me le permettoit le poids des armes que je portois, vers la pauvre victime qui étoit étendue sur le sable, entre le lieu du festin & la mer. Les bouchers, qui alloient exercer leur art sur ce pauvre malheureux, l'avoient abandonné au bruit de notre première décharge, & prenant la fuite avec une terrible frayeur du côté de la mer, s'étoient jetés dans un des canots, où ils furent suivis par trois autres. Je criai à Vendredi de courir de ce côté-là, & de tirer dessus. Il m'entendit d'abord, & s'étant avancé sur eux d'une quarantaine de verges, il fit feu. Je m'imaginai au commencement qu'il les avoit tous tués les voyant tomber les uns sur les autres ; mais, j'en revis bientôt deux sur pied : il en avoit pourtant tué deux, & blessé un troisième d'une telle manière qu'il resta comme mort au fond de la barque.

Pendant que mon sauvage s'attachoit ainsi à la destruction de ses ennemis, je tirai mon couteau pour couper les liens du pauvre prisonnier, & ayant mis en liberté ses pieds & ses mains, je le mis sur son séant, & je lui demandai en portugais qui il étoit. Il me répondit en latin, *Christianus* ; mais le voyant si foible, qu'il avoit de la peine à se tenir debout & à parler, je lui donnai ma bouteille, & lui fis signe de boire. Il le fit, & mangea encore un morceau de pain que je lui avois donné pareillement. Après avoir un peu repris ses esprits, il me fit entendre qu'il étoit Espagnol, & qu'il m'avoit toutes les obligations imaginables pour l'important service que je venois de lui rendre : je me servis de tout l'espagnol que je pouvois rassembler, & je lui dis : *Signor*, nous parlerons une autre fois ; mais à présent il faut combattre : s'il vous reste quelque force, prenez ce pistolet & cette épée, & faites-en un bon usage. Il les prit d'un air reconnoissant, & il sembloit que ces armes lui fissent revenir toute sa vigueur. Il tomba dans le moment sur ses ennemis comme une furie, & dans un tour de main, il en dépêcha deux à coups de sabre. Il est vrai qu'ils ne se défendoient guères. Ces pauvres barbares étoient si effrayés du bruit de nos fusils, qu'ils étoient aussi peu en état de songer à leur conservation, que leur chair avoit été capable de résister à nos balles. Je m'en étois bien apperçu, lorsque Vendredi avoit fait feu sur ceux qui étoient dans la barque, dont les uns avoient été terrassés par la peur, tout aussi-bien que les autres par les blessures.

Je tenois toujours mon dernier fusil dans la main, sans le tirer, pour n'être pas pris au dépourvu. C'étoit tout ce que j'avois pour me défendre, ayant donné mon pistolet & mon sabre à l'Espagnol. J'ordonnai cependant à Vendredi de retourner à l'arbre où nous avions commencé le combat, & d'y chercher nos armes déchargées ; ce qu'il fit avec une grande rapidité. Pendant que je m'étois mis à terre pour les charger de nouveau, je vis un combat très-vigoureux entre l'espagnol & un des sauvages, qui étoit allé sur lui avec un de ces sabres de bois qui avoient été destinés à le priver de la vie, si je ne l'avois empêché. L'espagnol, qui, bien que foible, étoit aussi brave & aussi hardi qu'il est possible de l'être, avoit déjà combattu l'indien pendant quelque tems, & lui avoit fait deux blessures à la tête, quand l'autre l'ayant saisi par le milieu du corps, le jeta à terre, & fit tous ses efforts pour lui arracher mon épée. L'espagnol ne perdit pas son sang-froid dans cette extrémité; il quitta sagement le sabre, mit la main au pistolet, & tua son ennemi sur le champ. Vendredi qui n'étoit plus à portée de recevoir mes ordres, se voyant en pleine liberté, poursuivit les autres sauvages avec sa hache, de laquelle il dépêcha d'abord trois de ceux qui avoient été jetés à terre par nos décharges, & ensuite tous les autres qu'il put attrapper. De l'autre côté, l'Espagnol ayant pris un de mes fusils, se mit à la poursuite de deux autres qu'il blessa tous deux; mais comme il n'avoit pas la force de courir, ils se sauvèrent dans le bois, où Vendredi en tua encore un: pour le second, qui étoit d'une agilité extrême, il lui échappa, se jeta à corps perdu dans la mer, & gagna à la nage le canot, où il y avoit trois de ses camarades, dont l'un, comme j'ai déjà dit, étoit blessé : ces quatre furent les seuls qui se sauvèrent de nos mains, de toute la troupe, comme il est aisé de voir par la liste suivante :

Trois tués par notre première décharge, ... 3
Deux tués par la seconde, ... 2
Deux tués par Vendredi dans le canot, ... 2
Deux tués par le même, de ceux qui avoient été d'abord blessés, ... 2
Un tué par le même dans le bois, ... 1
Trois tués par l'Espagnol, ... 3
Quatre tués par Vendredi dans le bois où leurs bessures les avoient fait tomber çà & là, ... 4
Quatre sauvés dans le canot, parmi lesquels un blessé, . 4
En tout, ... 21

Ceux qui étoient dans le canot faisoient force de rames pour se mettre hors de la portée du fusil; & quoique mon esclave leur tirât encore deux ou trois coups, je n'en vis pas un faire mine d'en être touché. Il souhaitoit fort que nous prissions un des canots pour leur donner la chasse: ce n'étoit pas sans raison. Il étoit fort à craindre, s'ils échappoient, qu'ils ne fissent le récit de leur triste aventure à leurs compatriotes, & qu'ils ne revinssent avec quelques centaines de barques, pour nous accabler par leur nombre. J'y consentis donc; je me jetai dans un de leurs canots, en commandant à Vendredi de me suivre ; mais je fus bien surpris en y voyant un troisième prisonnier garotté de la même manière que l'avoit été l'Espagnol, & presque mort de peur, n'ayant pas su ce dont il s'agissoit ; car il étoit tellement lié, qu'il étoit incapable de lever la tête, & qu'il lui restoit à peine un souffle de vie.

Je me mis d'abord à couper les cordes qui l'incommodoient si fort ; je m'efforçai à le lever, mais il n'avoit pas la force de se soutenir ou de parler. Il jeta seulement des cris sourds, mais lamentables, craignant sans doute qu'on ne le déliât que pour lui ôter la vie.

Dès que Vendredi fut entré dans la barque, je lui dis de l'assurer de sa délivrance, & de lui donner un coup de mon rum ; ce qui, joint à la bonne nouvelle à laquelle il ne s'attendoit pas, le fit revivre, & lui donna assez de force pour se mettre sur son séant.

Dès que Vendredi l'eut bien regardé, & l'eut entendu parler, c'étoit une chose à tirer les larmes des yeux à l'homme le plus insensible, de le voir baiser, embrasser ce sauvage ; de le voir pleurer, rire, sauter, danser à l'entour, ensuite se tordre les mains, se battre le visage, & puis sauter, danser de nouveau ; enfin se comporter comme s'il étoit hors de sens. Pendant quelques momens il n'avoit pas la force de m'expliquer la cause de tant de mouvemens opposés ; mais étant un peu revenu à lui, il me dit que ce sauvage étoit son père.

Il m'est impossible d'exprimer jusqu'à quel degré je fus touché des transports que l'amour filial produisit dans le cœur du pauvre garçon, à la vue de son père délivré des mains de ses bourreaux. Il m'est tout aussi difficile de bien dépeindre toutes les tendres extravagances où ce spectacle le jetoit : tantôt il entroit dans le canot, tantôt il en sortoit, tantôt il y rentroit de nouveau, il s'asseyoit auprès de son père, & pour le réchauffer il en tenoit la tête serrée contre sa poitrine pendant des demi-heures entières ; il lui prenoit les mains & les pieds, roidis par la force dont ils avoient été liés, & tâchoit de les amollir en les frottant. Voyant quel étoit son dessein je lui donnai de mon rum, pour rendre ce frottement plus utile, ce qui fit beaucoup de bien au pauvre vieillard.

Cet accident nous fit oublier de poursuivre le canot des sauvages qui étoit déjà hors de notre vue : ce fut un bonheur pour nous : car deux heures après, lorsqu'ils ne pouvoient pas encore avoir fait le quart du chemin, il s'éleva un vent terrible qui continua pendant toute la nuit, &

comme il venoit du nord-oueſt, & qu'il leur étoit contraire, il ne me parut guères poſſible alors qu'ils puſſent gagner leurs côtes.

Pour revenir à Vendredi, il étoit tellement occupé autour de ſon père, que pendant aſſez long-tems je n'eus pas le cœur de le retirer de-là; mais quand je crus qu'il avoit ſuffiſamment ſatisfait ſes tranſports, je l'appelai : il vint en ſautant, en riant & en marquant la joie la plus vive. Je lui demandai s'il avoit donné du pain à ſon père. *Non*, dit il, *moi vilain chien, manger tout moi-même*. Là-deſſus je lui donnai un de mes gâteaux d'orge que j'avois dans ma poche, & j'y ajoutai un coup de rum pour lui-même. Il n'y goûta pas ſeulement, mais alla porter le tout à ſon père, avec une poignée de raiſins ſecs, que je lui avois donnés encore pour ce bon-homme.

Un moment après je le vis ſortir de la barque, & ſe mettre à courir vers mon habitation avec une telle rapidité, que je le perdis de vue dans un inſtant; car c'étoit le garçon le plus agile & le plus léger que j'aie vu de mes jours. J'avois beau crier, il n'entendoit rien; mais environ un quart-d'heure après je le vis revenir avec moins de vîteſſe, parce qu'il portoit quelque choſe.

C'étoit un pot rempli d'eau fraîche & quelques morceaux de pain qu'il me donna : pour l'eau il la porta à ſon père après que j'en eus bu un petit coup pour me défaltérer. Elle ranima entièrement le pauvre vieillard, & lui fit plus de bien que toute la liqueur forte qu'il avoit prife; car il mouroit de foif.

Quand il eut bu, & que je vis qu'il y avoit encore de l'eau de refte, j'ordonnai à Vendredi de la porter à l'efpagnol avec un des gâteaux qu'il m'avoit été chercher. Celui-ci étoit extrêmement foible, & s'étoit couché fur l'herbe à l'ombre d'un arbre: il fe releva pourtant pour manger & pour boire, & je m'en approchai moi-même pour lui donner une poignée de raifins. Il me regarda d'un air tendre & plein de la plus vive reconnoiffance; mais il avoit fi peu de forces, quoiqu'il eût marqué tant de vigueur dans le combat, qu'il ne pouvoit fe tenir fur fes jambes; il l'effaya deux ou trois fois, mais en vain; fes pieds enflés prodigieufement à force d'avoir été garottés, lui caufoient trop de douleur. Pour le foulager, j'ordonnai à Vendredi de les lui frotter avec du rum, comme il avoit fait à l'égard de fon père.

Quoique mon pauvre fauvage s'acquittât de ce devoir avec affection, il ne pouvoit pas s'empêcher de moment à autre de tourner fes yeux vers fon père, pour voir s'il étoit toujours dans le même endroit, & dans la même pofture. Une fois entr'autres ne le voyant pas, il fe leva avec précipitation, & courut de ce côté-là avec tant de vîteſſe qu'il étoit difficile de voir ſi ſes pieds touchoient à terre ; mais en entrant dans le canot, il vit qu'il n'y avoit rien à craindre, que ſon père s'étoit couché ſeulement pour ſe repoſer. Dès que je le vis de retour, je priai l'Eſpagnol de ſouffrir que Vendredi l'aidât à ſe lever, & le conduiſît vers la barque, pour le mener de-là vers mon habitation, où j'aurois de lui tout le ſoin poſſible. Mon ſauvage n'attendit pas que l'Eſpagnol fît le moindre effort ; comme il étoit auſſi robuſte qu'agile, il le chargea ſur ſes épaules, le porta juſqu'à la barque, & le fit aſſeoir ſur un des côtés du canot ; enſuite il le plaça tout auprès de ſon père ; puis ſortant de la barque, il la lança à l'eau, & quoi qu'il fît un grand vent, il la fit ſuivre le rivage plus vîte que je n'étois capable de marcher. Après l'avoir fait entrer dans la baie, il ſe mit de nouveau à courir pour chercher l'autre canot des ſauvages qui nous étoit reſté, & il y arriva avec cette barque auſſi vîte que j'y étois venu par terre. Il me fit paſſer la baie, & enſuite il alla aider nos nouveaux compagnons à ſortir du canot où ils étoient ; mais ils n'étoient ni l'un ni l'autre en état de marcher, de manière que Vendredi ne ſavoit comment faire.

Après avoir médité ſur les moyens de remédier à cet inconvénient, je priai mon ſauvage de s'asseoir & de se reposer, & pour moi je me mis à travailler cependant à une espèce de civière ; nous les posâmes tous deux & les portâmes jusqu'à notre retranchement extérieur ! mais nous voilà dans un plus grand embarras qu'auparavant. Je n'avois nulle envie d'abattre ce rempart, & je ne voyois pas comment on pourroit les faire passer par-dessus. Le seul parti qu'il y avoit à prendre, c'étoit de travailler de nouveau, & avec l'aide de Vendredi je dressai en moins de deux heures une jolie petite tente couverte de ramée & de vieilles voiles, entre mon retranchement extérieur & le bocage que j'avois eu soin de planter à quelques pas de-là. Dans cette hutte, je leur fis deux lits de quelques bottes de paille, sur chacun desquels je mis une couverture pour coucher dessus, & une autre couverture pour leur tenir chaud.

Voilà mon île peuplée ; je me croyois riche en sujets, & c'étoit une idée fort avantageuse pour moi de me considérer ici comme un petit monarque ; toute cette île étoit mon domaine par des titres incontestables. Mes sujets m'étoient parfaitement soumis ; j'étois leur législateur & leur seigneur despotique : ils m'étoient tous redevables de la vie ; & tous ils étoient prêts de la risquer pour mon service dès que l'occasion s'en présenteroit. Ce qui étoit le plus remarquable, c'est qu'il y avoit dans mes états trois religions différentes : Vendredi étoit protestant, son père étoit payen & un cannibale, l'Espagnol étoit catholique romain; & moi, comme un prince sage & équitable, j'établissois la liberté de conscience dans tout mon royaume. Cela soit dit en passant.

Dès que j'eus logé mes deux nouveaux compagnons, je songeai à rétablir leurs forces par un bon repas : je commandai à Vendredi d'aller prendre parmi mon troupeau apprivoisé un chevreau d'un an ; je le mis en petites pièces, je le fis bouillir & étuver, & je vous assure que je le leur accommodai un fort bon plat de viande & de bouillon, où j'avois mis de l'orge & du riz. Je portai le tout dans la nouvelle tente, & ayant servi, je me mis à table avec mes nouveaux hôtes, que je régalai & encourageai de mon mieux, me servant de Vendredi comme de mon interprète, non-seulement auprès de son père, mais auprès de l'Espagnol, qui parloit fort joliment la langue des sauvages.

Après avoir dîné, ou, pour mieux dire, soupé, j'ordonnai à mon esclave de prendre un des canots, & d'aller chercher nos armes à feu que nous avions laissées sur le champ de bataille; & le jour après je lui dis d'enterrer les morts, qui, étant exposés au soleil, nous auroient bientôt incommodés par leur mauvaise odeur, & d'ensevelir en même tems les restes affreux du festin, qui étoient répandus sur le rivage en quantité. J'étois si fort éloigné de le faire moi même, que je ne pouvois pas y penser sans horreur, & que j'en détournois les yeux quand j'étois obligé de passer par cet endroit. Pour mon sauvage, il s'en acquitta si bien, qu'il ne resta pas seulement l'apparence ni du combat, ni du festin, & que je n'aurois pas pu reconnoître le lieu même sans la pointe du bois qui s'avançoit de ce côté-là.

Je crus qu'il étoit tems alors d'entrer en conversation avec mes nouveaux sujets. Je commençai par le père de Vendredi, à qui je demandai ce qu'il pensoit des sauvages qui s'étoient échappés, & si nous devions craindre qu'ils ne revinssent à cette isle avec des forces capables de nous accabler. Son sentiment étoit qu'il n'y avoit aucune apparence qu'ils eussent pu résister à la tempête, & qu'ils devoient être tous péris, à moins d'avoir été portés du côté du Sud, sur certaines côtes où ils seroient dévorés indubitablement. A l'égard de ce qu'il pourroit arriver, en cas qu'ils eussent été assez heureux pour regagner leur rivage, il me dit qu'il les croyoit si fort effrayés par la manière dont ils avoient été attaqués, si étourdis par le bruit & par le feu de nos armes, qu'ils ne manqueroient pas

de

de raconter à leur peuple que leurs compagnons avoient été tués par la foudre & par le tonnerre, & que les deux ennemis qui leur avoient apparu, étoient sans doute des esprits descendus du ciel pour les détruire. Il étoit confirmé dans cette opinion, parce qu'il avoit entendu dire aux fuyards qu'ils ne pouvoient pas comprendre que des hommes pussent *souffler foudre, parler tonnerre*, & tuer à une grande distance, sans lever seulement la main.

Ce vieux sauvage avoit raison ; car j'ai appris ensuite que ceux qui s'étoient sauvés dans le canot étoient revenus chez eux, & avoient donné une telle épouvante à leurs compagnons, qu'ils s'étoient mis dans l'esprit, que quiconque oseroit approcher de cette *Isle enchantée* seroit détruit par le feu du ciel : on peut juger s'ils furent assez hardis pour s'y exposer. Mais comme alors ces circonstances m'étoient inconnues, je fus pendant quelque tems dans des appréhensions continuelles, qui m'obligèrent à être sur mes gardes, & à tenir toutes mes troupes sous les armes. Nous étions quatre alors, & je n'aurois pas craint d'affronter une centaine de nos ennemis en rase campagne.

Cependant ne voyant pas arriver un seul canot sur mon rivage pendant assez de tems, mes frayeurs s'appaisèrent, & je commençai à délibérer sur mon voyage vers le continent, où le père de Vendredi m'assuroit que je serois bien reçu par les sauvages pour l'amour de lui.

L'exécution de mon dessein fut un peu suspendue par un entretien fort sérieux que j'eus avec l'Espagnol. Il m'apprit qu'il avoit laissé au continent seize autres chrétiens, tant espagnols que portugais, qui, ayant fait naufrage, & s'étant sauvés sur ces côtes, y vivoient, à la vérité, en paix avec les sauvages ; mais avoient à peine assez de vivres pour ne pas mourir de faim. Je lui demandai toutes les particularités de leur voyage, & je découvris qu'ils avoient monté un vaisseau espagnol, venant de Rio de la Plata, pour porter à la Havane des peaux & de l'argent, & pour s'y charger de toutes les marchandises européennes qu'ils y pourroient trouver ; qu'ils avoient sauvé d'un autre vaisseau cinq matelots portugais, qu'en récompense ils en avoient perdu cinq des leurs, & que les autres, à travers une infinité de dangers, étoient à demi-morts de faim sur le rivage des cannibales, saisis de la crainte d'être dévorés aussi-tôt qu'on les auroit apperçus.

Il me conta encore qu'ils avoient quelques armes avec eux, mais qu'elles leur étoient absolument inutiles, faute de balles & de poudre, dont ils n'avoient sauvé qu'une quantité très-petite, qu'ils avoient consumée les premiers jours de leur débarquement, en allant à la chasse.

Mais, lui dis-je, que deviendront-ils à la fin ? N'ont ils jamais formé le dessein de se tirer de-là ? Il me répondit qu'ils y avoient pensé plus d'une fois, mais que n'ayant ni vaisseau, ni instrumens nécessaires pour en construire un, ni aucune provision, toutes leurs délibérations là dessus avoient été terminées par des larmes & par le désespoir.

Je lui demandois de quelle manière il croyoit qu'ils pouvoient recevoir une proposition de ma part, tendante à leur délivrance, & s'il ne jugeroit pas qu'elle seroit aisée à exécuter, si on pouvoit les faire venir tous dans mon île. Mais, ajoutai-je, je vous avoue franchement que je crains fort quelque coup de traître de leur façon. La gratitude n'est pas une vertu fort familière aux hommes qui, d'ordinaire, conforment moins leur conduite aux services qu'ils ont reçus, qu'aux avantages qu'ils peuvent espérer. Ce seroit pour moi une chose bien dure, continuai-je, si, pour prix d'avoir été l'instrument de leur délivrance, ils m'amenoient comme leur prisonnier dans la Nouvelle-Espagne, où tout Anglois, par quelque accident qu'il y puisse venir, ne doit s'attendre qu'à la plus cruelle destinée. Je vous assure que j'aimerois mieux être dévoré tout vivant par les sauvages, que de tomber entre les mains de l'inquisition. Sans cette difficulté, ajoutai-je, je croirois mon dessein fort aisé, & s'ils se trouvoit tous ici on pourroit facilement construire un bâtiment assez grand pour nous mener ou du côté du sud dans le Brésil, ou du côté du nord dans les îles Espagnoles.

Après avoir écouté mon discours avec attention, il me répondit avec un air de candeur, que ces gens-là sentoient avec tant de vivacité, tout ce qu'il y avoit de misérable dans leur situation, qu'il étoit sûr qu'ils auroient horreur de la pensée seule de maltraiter un homme qui contribueroit à les en délivrer. Si vous voulez, poursuivit-il, j'irai les voir avec le vieux sauvage, je leur communiquerai votre intention, & je vous apporterai leur réponse : je n'entrerai point en traité avec eux, sans qu'ils m'assurent de le garder par les sermens les plus solemnels. Je veux stipuler qu'ils vous reconnoîtront pour leur commandant, & je les ferai jurer par les sacremens & par l'évangile, de vous suivre dans quelque pays chrétien que vous trouviez à propos de les mener, & de vous obéir exactement, jusqu'à ce que nous y soyons arrivés ; & je prétends vous apporter sur tout cela un contrat formel, signé par toute la troupe.

Pour me donner plus de confiance en lui, il me proposa de me prêter serment lui-même avant son départ, & il me jura qu'il ne me quitteroit jamais sans mes ordres, & qu'il me défendroit jusqu'à la dernière goutte de son sang, si ses compatriotes étoient assez lâches pour manquer à leurs promesses dans le moindre point. Au reste il m'assura que c'étoient tous de fort honnêtes gens, qu'ils étoient accablés de toute la misère imaginable, destitués d'armes & d'habits, & n'ayant d'autres vivres que ceux que leur fournissoit la pitié des sauvages ; qu'ils étoient privés de tout espoir de revenir jamais dans leur patrie, & que si je voulois bien songer à finir leurs malheurs, ils étoient gens à vivre & à mourir avec moi.

Sur ces assurances, je résolus fermement de travailler à leur bonheur, & d'envoyer pour traiter avec eux l'Espagnol avec le vieux sauvage. Mais quand tout fut prêt pour leur départ, mon Espagnol lui-même me fit une difficulté où je trouvai tant de prudence & tant de sincérité, que je fus très satisfait de lui, & que je suivis le conseil qu'il me donna, de différer cette affaire pour cinq ou six mois. Voici le fait.

Il y avoit déjà un mois qu'il étoit avec nous, & je lui avois montré toutes les provisions assemblées par le secours de la providence. Il comprenoit parfaitement bien que ce que j'avois amassé de blé & de riz, quoique suffisant de reste pour moi-même, ne suffiroit pas pour ma nouvelle famille, à moins d'une économie exacte, bien loin de pouvoir fournir aux besoins de ses camarades, qui étoient encore au nombre de seize. D'ailleurs il en falloit une bonne quantité pour avitailler le vaisseau que je voulois faire pour passer dans quelque colonie chrétienne; & son avis étoit de défricher d'autres champs, d'y semer tout le grain dont je pouvois me passer, & d'attendre une nouvelle moisson avant que de faire venir ses compatriotes. La disette, me dit-il, pourroit les porter à la révolte, en leur faisant voir qu'ils ne sont sortis d'un malheur que pour tomber dans un autre. Vous savez, poursuivit-il, que les enfans d'Israël, quoique ravis d'abord d'être délivrés de la servitude d'Egypte, se révoltèrent contre Dieu leur libérateur lui-même, quand ils manquèrent de pain dans le désert.

Son conseil me parut si raisonnable, & j'y trouvai tant de preuves de sa fidélité, que j'en fus charmé, & que je me déterminai à le suivre. Nous nous mettons donc tous quatre à remuer la terre autant que nos instrumens de bois pouvoient nous le permettre; &, dans l'espace d'un mois, le tems d'ensemencer les terres étant venu, nous en avions défriché assez pour y semer vingt-deux boisseaux d'orge & seize jarres de riz, c'étoit tout le grain que nous pouvions épargner. A peine nous en resta-t-il pour vivre pendant les six mois qui devoient s'écouler avant la dernière récolte ; car le grain est six mois en terre dans ce pays-là.

Etant alors assez forts pour ne rien craindre des sauvages, à moins qu'ils ne vinssent en très-grand nombre, nous nous promenions par toute l'île, sans aucune inquiétude ; & comme nous avions tous l'esprit plein de notre délivrance, il m'étoit impossible de ne pas songer aux moyens. Entr'autres choses, je marquai plusieurs arbres qui me paroissoient propres pour mes vues : j'employai Vendredi & son père à les couper, & je leur donnai l'Espagnol pour inspecteur. Je leur montrai avec quel travail infatigable j'avois fait des planches d'un arbre fort épais, & je leur ordonnai d'agir de même. Ils me firent une douzaine de bonnes planches de chêne d'à-peu-près deux pieds de large, de trente-cinq de long, & épaisses depuis deux pouces jusqu'à quatre. On peut comprendre quelle peine il falloit pour en venir à bout.

Je songeois en même tems à augmenter mon troupeau ; tantôt j'allois à la chasse moi même avec Vendredi, tantôt je l'envoyois avec l'Espagnol, & de cette manière nous attrapâmes vingt-deux chevreaux, que nous joignîmes à notre troupeau apprivoisé ; car quand il nous arrivoit de tuer une chèvre, nous ne manquions jamais d'en conferver les petits. Outre cela, la faifon étant venue de cueillir le raifin, je fis fécher une fi grande quantité de grappes, qu'il y en avoit de quoi remplir plus de foixante barils. Ce fruit faifoit avec notre pain une grande partie de nos alimens, & je puis vous affurer que c'eft quelque chofe d'extraordinairement nourriffant.

C'étoit alors le tems de la moiffon, & notre grain étoit en fort bon état, quoique j'aie vu des années plus fertiles dans l'île. La récolte fut pourtant affez bonne pour répondre à nos fins : de vingt-deux boiffeaux d'orge que nous avions femés, il nous en vint deux cent vingt, & notre riz s'étoit multiplié à proportion ; ce qui étoit une provifion fuffifante pour nous, & pour les hôtes que nous attendions, jufqu'à notre moiffon prochaine ; ou bien, s'il s'agiffoit de faire le voyage projeté, il y en avoit affez pour avitailler notre vaiffeau abondamment, de quelque côté de l'Amérique que nous vouluffions diriger notre cours.

Après avoir recueilli ainfi nos grains, nous nous mîmes à travailler en ofier & à faire quatre grands paniers pour l'y conferver. L'Efpagnol étoit extrêmement habile à ces fortes d'ouvrages, & il me blâmoit fouvent de n'avoir pas employé cet art à faire mes enclos & mes retranchemens. Mais par bonheur la chose n'étoit plus néceſſaire alors.

Tous ces préparatifs étant faits, je permis à mon Eſpagnol de paſſer en terre ferme, pour voir s'il y avoit quelque choſe à faire avec ſes compatriotes; & je lui donnai un ordre par écrit de ne pas emmener un ſeul homme avec lui ſans lui avoir fait jurer devant lui & devant le vieux ſauvage, que bien loin d'attaquer le maître de l'île, & de cauſer le moindre chagrin à un homme qui avoit la bonté de travailler à ſa délivrance, il ne négligeroit rien pour le défendre contre toutes ſortes d'attentats, & qu'il ſe ſoumettroit entièrement à ſes commandemens, de quelque côté qu'il trouvât bon de le mener. J'ordonnai encore à l'Eſpagnol de m'en rapporter un traité formel par écrit, ſigné de toute la troupe, ſans ſonger que, ſelon toutes les apparences, elle n'avoit ni papier ni encre.

Muni de ces inſtructions, il partit avec le vieux ſauvage dans le même canot qui avoit ſervi à les conduire dans l'île pour y être dévorés par les cannibales leurs ennemis. Je leur donnai à chacun un mouſquet à rouet, & environ huit charges de poudre & de balles, en leur enjoignant d'en être bons ménagers, & de ne les employer que dans les occaſions preſſantes.

Voilà les premières mesures que je pris pour ma délivrance depuis vingt-sept ans & quelques jours que je fus dans cette île. Aussi ne négligeai-je aucune précaution nécessaire pour les rendre justes; je donnai à mes voyageurs une provision de pain & de grappes sèches pour plusieurs jours; & une autre provision pour huit jours, destinée aux espagnols : je convins encore avec eux d'un signal qu'ils mettroient à leur canot à leur retour, pour pouvoir les reconnoître par-là avant qu'ils abordassent; & là-dessus je leur souhaitai un heureux voyage.

Ils mirent en mer avec un vent frais pendant la pleine lune. C'étoit au mois d'Octobre, selon mon calcul; car pour un compte exact des jours, je ne pus jamais m'assurer de l'avoir juste, depuis que je l'eus une fois perdu; je n'étois pas tout à-fait sûr même d'avoir compté exactement les années, quoique dans la suite je vis que mon calcul s'accordoit parfaitement avec la vérité.

J'avois déjà attendu pendant huit jours le retour de mes députés, quand il m'arriva à l'improviste une aventure, qui n'a peut-être pas sa semblable dans aucune histoire. C'étoit le matin, & j'étois encore profondément endormi, lorsque Vendredi approcha de mon lit avec précipitation, en criant : maître, maître, ils sont venus, ils sont venus.

Je me lève, & m'étant habillé, je me mets à

traverser mon bois qui étoit déja devenu épais, songeant si peu au moindre danger, que j'étois sans armes, contre ma coutume; mais je fus bien surpris en tournant mes yeux vers la mer, de voir à une lieue & demie de distance une chaloupe avec une voile que nous appelons *épaule de mouton*, faisant cours du côté de mon rivage, & poussée par un vent favorable. Je vis d'abord qu'elle ne venoit pas du côté directement opposé à mon rivage, mais du côté du sud de l'île. Là-dessus, je dis à Vendredi de ne pas se donner le moindre mouvement, puisque ce n'étoit pas là les gens que nous attendions, & que nous ne pouvions pas savoir encore s'ils étoient amis ou ennemis.

Pour en être mieux éclairci, je fus chercher ma lunette d'approche, & par le moyen de mon échelle, je montai au haut du rocher, comme j'avois coutume de faire, quand j'appréhendois quelque chose & que je voulois le découvrir, sans être découvert moi-même.

A peine avois-je mis le pied sur le haut de la colline, que je vis clairement un vaisseau à l'ancre, à peu près deux lieues & demie au sud-ouest de moi, & je crus observer par la structure du bâtiment que le vaisseau étoit anglois, aussi-bien que la chaloupe.

Je ne saurois exprimer les impressions confuses

que cette vue fit sur mon imagination. Quoique ma joie de voir un navire, dont l'équipage devoit être sans doute de ma nation, fût extrême, je ne laissois pas de sentir quelques mouvemens secrets, dont j'ignorois la cause, qui m'inspiroient de la circonspection. Je ne pouvois pas concevoir quelles affaires un vaisseau anglois pouvoit avoir dans cette partie du monde, puisque ce n'étoit pas la route vers aucun des pays où ils ont établi leur commerce: de plus je savois qu'il n'y avoit eu aucune tempête capable de les porter de ce côté-là malgré eux; par conséquent j'avois lieu de croire qu'ils n'avoient pas de bons desseins, & qu'il valoit mieux pour moi demeurer dans ma solitude que de tomber entre les mains de voleurs & de meurtriers.

Je l'ai déjà dit : qu'aucun homme ne méprise ces avertissemens secrets, qui seront inspirés quelquefois, quoiqu'il n'en sente pas la vraisemblance. Je crois que peu de gens capables de réflexion puissent nier que ces sortes d'avertissemens ne nous soient donnés quelquefois ; je crois encore qu'il est incontestable que ce sont des marques de l'existence d'un monde invisible, & du commerce de certains esprits avec nous, qui tend à nous détourner du danger. Il n'y a rien de plus naturel à mon sens que d'attribuer ces avertissemens à quelque intelligence qui nous est favorable, soit suprême, soit inférieure & subordonnée à la divinité.

Le cas dont je vais parler prouve évidemment la vérité de mon opinion ; car si je n'avois pas obéi à ces mouvemens secrets, c'étoit fait de moi, & ma condition seroit devenue infiniment plus malheureuse.

Je ne m'étois pas tenu longtems dans cette posture, sans que je visse la chaloupe approcher du rivage, comme si elle cherchoit une baie, pour la commodité du débarquement ; mais ne découvrant pas celle dont j'ai parlé souvent, ils poussèrent leur chaloupe sur le sable, environ à un demi-quart de lieue de moi : j'en étois ravi ; car sans cela ils auroient débarqué précisément devant ma porte, ils m'auroient chassé sans doute de mon château, & auroient pillé tout mon bien.

Lorsqu'ils furent sur le rivage, je vis clairement qu'ils étoient anglois, hormis un ou deux que je pris pour des hollandois, mais qui pourtant ne l'étoient pas. Ils étoient onze en tout ; mais il y en avoit trois sans armes, & garottés, comme je crus m'en appercevoir. Dès que cinq ou six d'entr'eux eurent sauté sur le rivage, ils firent sortir les autres de la chaloupe, comme des prisonniers : je vis un des trois marquer par des geftes une affliction & un défefpoir qui alloient jufqu'à l'extravagance; les deux autres levoient quelquefois les mains vers le ciel, & paroiffoient être fort affligés, mais leur douleur me fembloit pourtant plus modérée.

Dans le tems que j'étois dans une grande incertitude, fans concevoir ce que fignifioit un pareil fpectacle, Vendredi s'écria de fon mauvais anglois: *O maître, vous voyez hommes anglois manger prifonniers auffi-bien qu'hommes fauvages: voyez eux les vouloir manger.* Non, non, dis-je, Vendredi: je crains feulement qu'ils ne les maffacrent, mais fois fûr qu'ils ne les mangeront pas. Je tremblois cependant à l'horreur de cette vue, à chaque moment je m'attendois à les voir affaffiner; même je vis une fois un de ces fcélérats lever déjà un grand fabre pour frapper un de ces malheureux, & je crus que je l'allois voir tomber à terre; ce qui glaça tout mon fang dans mes veines.

Dans ces circonftances je regrettois extrêmement mon efpagnol & mon vieux fauvage, & je fouhaitois fort de pouvoir attraper ces indignes anglois fans être découvert, à la portée du fufil, pour délivrer les prifonniers de leurs cruelles mains; car je ne leur vis point d'armes à feu: mais il plut à la providence de me faire réuffir dans mon deffein d'une autre manière.

Pendant que ces insolens matelots rôdoient par toute l'île, comme s'ils vouloient aller à la découverte du pays, j'observai que les trois prisonniers étoient en liberté d'aller où ils vouloient, mais ils n'en eurent pas le cœur ; ils se mirent à terre d'un air pensif & désespéré.

Leur triste contenance me fit souvenir de celle que j'avois eue autrefois en abordant le même rivage, me croyant perdu, tournant mes yeux de tous côtés, rempli de la crainte des bêtes sauvages, & réduit par mes frayeurs à passer une nuit entière dans un arbre.

Comme alors je ne m'étois attendu à rien moins qu'à voir notre vaisseau porté plus près du rivage par la tempête & par la marée, & de trouver par-là occasion d'en tirer les moyens de subsister, de même ces malheureux prisonniers n'avoient pas la moindre idée de la délivrance prochaine que le ciel préparoit pour eux dans le tems qu'ils croyoient tout secours impossible.

Combien de fortes raisons n'avons-nous pas dans ce monde, de nous reposer avec joie sur la bonté de notre créateur, puisque nous sommes rarement dans d'assez malheureuses circonstances pour ne pas trouver quelque sujet de consolation, & puisque nous sommes fort souvent portés à notre délivrance par les mêmes moyens qui sembloient nous conduire à notre ruine ?

La marée étoit justement au plus haut quand ces gens étoient venus à terre; & en partie en parlant avec leurs prisonniers, en partie en rôdant par tous les coins de l'île, ils s'étoient amusés jusqu'à ce que la mer s'étant retirée par le reflux, eût laissé leur chaloupe à sec.

Ils y avoient laissé deux hommes qui, à force de boire de l'eau-de-vie, s'étoient endormis: cependant l'un s'éveillant plutôt que l'autre & trouvant la chaloupe trop enfoncée dans le sable, pour l'en tirer tout seul, il fit approcher les autres par ses cris; mais ils n'eurent pas assez de force tous ensemble pour la tirer de-là, parce qu'elle étoit extrêmement pesante, & que le rivage de ce côté-là étoit mou comme un sable mouvant.

Voyant cette difficulté, comme véritables gens de mer, les plus négligens de tous les hommes peut-être, ils résolurent de n'y plus songer, & ils se mirent à parcourir l'île. J'en entendis un qui appelant un de ses camarades pour le faire venir à terre; *Hé! Jean*, lui cria-t il, *laisse-la en repos si tu peux; la marée prochaine la remettra bien à flot*. Ce discours me confirma encore dans l'opinion qu'ils étoient mes compatriotes.

Pendant tout ce tems-là je me tins dans l'enceinte de mon château, sans aller plus loin que mon *observatoire*, & j'étois bien aise d'avoir eu la prudence de fortifier si bien mon habitation;

je

je savois que la chaloupe ne pouvoit pas être à flot avant dix heures du soir, qu'alors il feroit obscur, & que je pourrois en sûreté observer leurs discours.

En attendant, je me préparois pour le combat, mais avec plus de précaution que jamais, persuadé que j'aurois affaire avec d'autres ennemis que par le passé. J'ordonnai à Vendredi d'en faire de même, & je m'en promettois de grands secours, puisqu'il tiroit d'une justesse étonnante; je lui donnai trois mousquets, & je pris moi-même deux fusils. Ma figure étoit effroyable; j'avois sur la tête mon terrible bonnet de peau de chèvre; à mon côté pendoit mon sabre tout nud, & j'avois deux pistolets à ma ceinture, & un fusil sur chaque épaule.

Mon dessein étoit de ne rien entreprendre avant la nuit; mais sur les deux heures, au plus chaud du jour, je trouvai que mes drôles étoient allés tous dans les bois, apparemment pour s'y reposer; & quoique les prisonniers ne fussent pas en état de dormir, je les vis pourtant qui s'étoient couchés à l'ombre d'un grand arbre assez près de moi, & hors de la vue des autres.

Là-dessus je résolus de me découvrir à eux pour être instruit de leur situation: & dans le moment je me mis en marche, Vendredi me suivant

Tome I.   F f

d'assez loin, armé aussi formidablement que moi, mais ne resemblant pas pourtant à un spectre.

Après que je m'en fus approché sans être découvert, autant qu'il me fut possible, je leur dis d'un ton élevé en espagnol : qui êtes vous, messieurs ? Ils ne répondirent rien, & je les vis sur le point de s'enfuir, quand je me mis à leur parler anglois. « Messieurs, leur dis-je, n'ayez pas peur, peut-
» être avez-vous trouvé ici un ami sans vous y
» attendre. Il nous devroit donc être envoyé du ciel, répondit un d'entr'eux d'une manière grave, & le chapeau à la main ; car nos malheurs sont au-dessus de tout secours humain. « Tout secours
» est au ciel, monsieur, lui dis-je ; mais ne
» voudriez-vous pas enseigner à un étranger
» le moyen de vous secourir ? Car vous paroissez
» accablés d'une grande affliction : je vous ai
» vu débarquer, & quand vous vous êtes en-
» tretenus avec les brutaux qui vous ont con-
» duits ici, j'en ai vu un tirer le sabre & faire
» mine de vouloir vous tuer ».

Le pauvre homme tremblant, & les yeux pleins de larmes, me répartit d'un air étonné : Parlé-je à un homme, à un Dieu, ou à un ange ? « Tranquillisez-vous là-dessus, monsieur, lui
» dis-je : si Dieu avoit envoyé un ange à votre
» secours, il paroîtroit à vos yeux sous de meil-

» leurs habits & avec d'autres armes. Je suis réel-
» lement un homme, je suis même un anglois,
» & tout disposé à vous rendre service. Je n'ai
» avec moi qu'un seul esclave ; nous avons des
» armes & des munitions, dites librement si
» nous pouvons vous rendre service, & expli-
» quez-moi la nature de vos malheurs. »

Hélas ! monsieur, dit-il, le récit en est trop long pour vous être fait pendant que nos ennemis sont si proches ; il suffira de vous dire que j'ai été commandant du vaisseau que vous voyez ; mes gens se sont révoltés contre moi ; peu s'en faut qu'ils ne m'aient massacré ; mais ce qui vaut presque tout autant, ils veulent m'abandonner dans ce désert avec ces deux hommes, dont l'un est mon contre-maître, & l'autre un passager. Nous nous sommes attendus à périr ici dans peu de jours, croyant l'île inhabitée, & nous ne sommes pas encore rassurés là-dessus.

Mais, lui dis-je, que sont devenus vos coquins de rebelles ? Les voilà couchés, répondit-il, en montrant du doigt une touffe d'arbres fort épaisse ; je tremble de peur qu'ils ne nous aient entendu parler ; si cela est, il est certain qu'ils nous mas-sacreront tous.

Je lui demandai là-dessus si les mutins avoient des armes à feu, & j'appris qu'ils n'avoient avec eux que deux fusils, & qu'ils en avoient laissé un

dans la chaloupe. Laiſſez-moi faire donc, lui répondis-je; ils ſont tous endormis; rien n'eſt plus aiſé que de les tuer, à moins que vous n'aimiez mieux les faire priſonniers. Il me conta alors qu'il y avoit parmi eux deux coquins, dont il n'y avoit rien de bon à eſpérer, & que, ſi on mettoit ceux-là hors d'état de nuire, il croyoit que le reſte retourneroit facilement à ſon devoir: il ajouta qu'il ne pouvoit pas me les indiquer de ſi loin, & qu'il étoit tout prêt à ſuivre mes ordres en tout. « Eh bien! dis-je, commençons par
» nous tirer d'ici, de peur qu'ils ne nous ap-
» perçoivent en s'éveillant, & ſuivez-moi vers
» un lieu où nous pourrons délibérer ſur nos af-
» faires à notre aiſe. »

Après que nous nous fûmes mis à couvert dans le bois: écoutez donc, monſieur, lui dis je, je veux haſarder tout pour votre délivrance, pourvu que vous m'accordiez deux conditions. Il m'interrompit pour m'aſſurer que, ſi je lui rendois ſa liberté & ſon vaiſſeau, il emploieroit l'un & l'autre à me témoigner ſa reconnoiſſance, & que, ſi je ne pouvois lui rendre que la moitié de ce ſervice, il étoit réſolu de vivre & de mourir avec moi dans quelque partie du monde que je vouluſſe le conduire. Ses deux compagnons me donnèrent les mêmes aſſurances.

Ecoutez mes conditions, leur dis-je, il n'y en

a que deux. 1°. Pendant que vous serez dans cette île avec moi, vous renoncerez à toute sorte d'autorité, & si je vous mets les armes en main vous me les rendrez dès que je le trouverai bon : vous serez entièrement soumis à mes ordres, sans songer jamais à me causer le moindre préjudice. 2°. Si nous réussissons à reprendre le vaisseau, vous me menerez en Angleterre avec mon esclave, sans rien demander pour le passage.

Il me le promit avec les expressions les plus fortes qu'un cœur reconnoissant pût dicter.

Je leur donnai alors trois mousquets avec des balles & de la poudre, & je demandai au capitaine de quelle manière il jugeoit à propos de diriger cette entreprise. Il me témoigna toute la gratitude imaginable, & me dit qu'il se contenteroit de suivre exactement mes ordres, & qu'il me laissoit avec plaisir toute la conduite de l'affaire. Je lui répondis qu'elle me paroissoit assez épineuse, que cependant le meilleur parti étoit, selon moi, de faire feu sur eux tous en même temps pendant qu'ils étoient couchés, & que si quelqu'un, échappant à notre première décharge, vouloit se rendre, nous pourrions lui sauver la vie.

Il me répliqua, avec beaucoup de modération, qu'il seroit fâché de les tuer s'il y avoit moyen de faire autrement : mais pour ces deux scélérats incorrigibles dont je vous ai parlé, continua-t-il, & qui ont été les auteurs de la révolte, s'ils nous échappent, nous sommes perdus; ils amèneront tout l'équipage pour nous détruire à coup sûr.

Cela étant, répartis-je, il faut s'en tenir à mon premier avis; une nécessité absolue rend l'action légitime. Cependant, lui voyant toujours de l'aversion pour le dessein de répandre tant de sang, je lui dis à lui & à ses compagnons, de prendre les devans, & d'agir selon que les circonstances les dirigeroient.

Au milieu de cet entretien, nous en vîmes deux se lever & se retirer de-là; je demandai au capitaine si c'étoient les chefs de la rébellion, desquels il m'avoit parlé. Il me dit que non; eh bien donc! lui dis-je, laissons-les échapper, puisque la providence semble les avoir éveillés exprès pour leur sauver la vie; pour les autres, s'ils ne sont pas à vous, c'est votre faute.

Animé par ces paroles, il s'avance vers les mutins, un mousquet sur les bras, & un de mes pistolets à la ceinture. Ses deux compagnons le devançant de quelques pas, font d'abord un peu de bruit qui réveille un des matelots. Celui-là se met à crier pour éveiller ses camarades; mais en même temps ils font feu tous deux; le capitaine gardant son coup avec beaucoup de prudence, & visant avec toute la justesse possible les chefs des mutins, ils en tuent un sur la place. L'autre, quoique dangereusement blessé, se lève avec precipitation, se met à crier au secours : mais le capitaine le joint, en lui disant qu'il n'étoit plus tems de demander du secours, & qu'il n'avoit qu'à prier Dieu de lui pardonner sa trahison : il l'assomme aussi-tôt d'un coup de fusil.

Il en restoit encore trois, dont l'un étoit légèrement blessé ; mais me voyant arriver encore, & qu'il leur étoit impossible de résister, ils demandèrent quartier. Le capitaine y consentit, à condition qu'ils lui marqueroient l'horreur qu'ils devoient avoir de leur crime, en l'aidant fidèlement à recouvrer le vaisseau & à le ramener à la Jamaïque d'où il venoit. Ils lui donnèrent toutes les assurances de leur repentir, & de leur bonne volonté, qu'il pouvoit desirer, & il résolut de leur sauver la vie, ce que je ne désapprouvois pas ; je l'obligeai seulement à les garder pieds & mains liés, tant qu'ils seroient dans l'île.

Sur ces entrefaites j'envoyai Vendredi, avec le contre-maître, vers la chaloupe, avec ordre de la mettre en sûreté, & d'en ôter les rames & les voiles, ce qu'ils firent : en même tems trois matelots qui, pour leur bonheur, s'étoient écartés de la troupe, revinrent au bruit des mousquets ; & voyant leur capitaine, de leur prisonnier, devenu leur vainqueur, ils se soumirent à lui.

& consentirent à se laisser garotter comme les autres.

Voyant alors tous nos ennemis hors de combat, j'eus le tems de faire au capitaine le récit de toutes mes aventures : il l'écouta avec une attention qui alloit jusqu'à l'extase, & sur-tout la manière miraculeuse dont j'avois été fourni de munitions & de vivres. Comme toute mon histoire est un tissu de prodiges, elle fit de fortes impressions sur lui ; mais quand de-là il commençoit à réfléchir sur son propre sort, & à considérer que la providence ne paroissoit m'avoir conservé que pour lui sauver la vie, il étoit si touché, qu'il répandoit un ruisseau de larmes, & qu'il étoit incapable de prononcer une seule parole.

Notre conversation étant finie, je le conduisis avec ses deux compagnons dans mon château ; je lui donnai tous les rafraîchissemens que j'étois en état de lui fournir, & je lui montrai toutes les inventions dont je m'étois avisé pendant mon séjour dans l'île.

Tout ce que je disois au capitaine, tout ce que je lui montrois, lui paroissoit surprenant : il admiroit sur-tout ma fortification, & la manière dont j'avois caché ma retraite par le moyen du bocage que j'avois planté il y avoit déjà vingt ans. Comme les arbres croissent dans ce pays bien plus vîte qu'en Angleterre, ce petit bois étoit devenu d'une épaisseur impénétrable de toutes parts, excepté d'un côté où je m'étois ménagé un petit passage tortueux. Je lui dis que ce qu'il voyoit étoit mon château, le lieu de ma résidence ; mais que j'avois encore, à l'exemple d'autres princes, une maison de campagne, que je lui montrerois une autre fois ; mais qu'à présent il falloit songer aux moyens de nous rendre maîtres du vaisseau. Il en convînt ; mais il m'avoua qu'il ne voyoit pas quelles mesures prendre. Il y a encore, dit-il, vingt-six hommes à bord qui, sachant que par leur conspiration ils ont mérité de perdre la vie, s'y opiniâtreront par désespoir, car ils sont tous persuadés sans doute, qu'en cas qu'ils se rendent, ils seront pendus dès qu'ils arriveront en Angleterre, ou dans quelque colonie de la nation : le moyen donc de songer à les attaquer avec un nombre si fort inférieur au leur ?

Je ne trouvai ce raisonnement que trop juste, & je vis qu'il n'y avoit rien à faire, sinon de tendre quelque piège à l'équipage, & de l'empêcher au moins de débarquer & de nous détruire. J'étois sûr qu'en peu de tems les gens du vaisseau, étonnés du retardement de leurs camarades, mettroient leur autre chaloupe en mer, pour aller voir ce qu'ils étoient devenus ; & je craignois fort qu'ils ne vinssent armés & en trop grand nombre, pour que nous puſſions leur réſiſter.

Là-deſſus je dis au capitaine, que la première choſe que nous avions à faire, c'étoit de couler la chaloupe à fond, afin qu'ils ne puſſent pas l'emmener, ce qu'il approuva. Nous mettons d'abord la main à l'œuvre, nous commençons à ôter de la chaloupe tout ce qu'il y avoit de reſte, c'eſt-à-dire une bouteille d'eau-de-vie, & une autre pleine de rum, quelques biſcuits, un cornet rempli de poudre, & un pain de ſucre d'environ ſix livres, enveloppé d'une pièce de cannevas. Toute cette trouvaille m'étoit fort agréable, & ſur-tout l'eau-de-vie & le ſucre, dont j'avois preſque eu le tems d'oublier le goût.

Après avoir porté tout cela à terre, nous fîmes un grand trou au fond de la chaloupe, afin que s'ils débarquoient en aſſez grand nombre pour nous être ſupérieurs, ils ne puſſent pas néanmoins faire uſage de cette barque & l'emmener.

A dire la vérité, je ne penſois guères ſérieuſement à recouvrer le vaiſſeau; ma ſeule vue étoit, en cas qu'ils fiſſent cours en nous laiſſant la chaloupe, de la reboucher, & de la mettre en état de nous mener vers mes amis les eſpagnols, dont je n'avois pas perdu l'idée.

Non content d'avoir fait dans la chaloupe un

trou assez grand pour n'être pas fort aisément bouché, nous mîmes toutes nos forces à la pousser assez haut sur le rivage, pour que la marée même ne pût pas la mettre à flot. Mais au milieu de cette occupation pénible, nous entendîmes un coup de canon, & nous vîmes en même tems sur le vaisseau le signal ordinaire pour faire venir la chaloupe à bord ; mais ils avoient beau faire des signaux & redoubler leurs coups de canon, la chaloupe n'avoit garde d'obéir.

Dans le même instant nous les vîmes, par le moyen de nos lunettes, mettre leur autre chaloupe en mer, & aller vers le rivage à force de rames ; & quand ils furent à la portée de notre vue, nous apperçûmes distinctement qu'ils étoient au nombre de dix, & qu'ils avoient des armes à feu. Nous en pûmes distinguer jusqu'aux visages pendant assez long-tems, parce qu'ayant été délivrés par la marée, ils étoient obligés de suivre le rivage pour débarquer dans le même endroit où ils découvrirent leur première chaloupe.

De cette manière, le capitaine pouvoit les examiner à loisir ; il n'y manquoit pas, & il me dit qu'il voyoit parmi eux trois fort braves garçons, & qu'il étoit sûr que les autres les avoient entraînés par force dans la conspiration ; mais que pour le *Bossement* qui commandoit la chaloupe, & pour les autres, c'étoient les plus grands scélérats de tout l'équipage, qui n'auroient garde de se désister de leur entreprise, & qu'il craignoit bien qu'ils ne fussent trop forts pour nous.

Je lui répondis, en souriant, que des gens dans notre situation devoient être au dessus de la peur; que voyant toutes les conditions presque meilleures que la nôtre, nous devions considérer la mort même comme une espèce de délivrance, & qu'une vie comme la mienne, qui avoit été sujette à tant de revers, méritoit bien que je hasardasse quelque chose pour la rendre plus heureuse. « Qu'est devenue, continuai-je, votre per-
» suasion que la providence ne m'avoit conservé
» ici que pour vous sauver la vie? Ayez bon cou-
» rage, je ne vois pour nous, dans toute cette
» affaire, qu'une seule circonstance embarras-
» sante. *Quelle donc*, me dit-il? C'est, répon-
» dis-je, qu'il y a parmi cette petite troupe trois
» ou quatre honnêtes gens qu'il faut songer à
» conserver. S'ils étoient tous les plus grands
» coquins de l'équipage, je croirois que la pro-
» vidence les auroit séparés du reste pour les
» livrer entre nos mains. Car fiez-vous en à moi,
» tout ce qui débarquera sera à notre disposition,
» & nous serons les maîtres de leur vie & de leur
» mort. »

Ces paroles, prononcées d'une voix ferme & d'une contenance gaie, lui donnèrent courage,

& il se mit à m'aider vigoureusement à faire nos préparatifs. A la première apparence de la chaloupe qui venoit à nous, nous avions déjà songé à séparer nos prisonniers, & à les mettre en lieu sûr.

Il y en avoit deux, dont le capitaine étoit moins assuré que des autres; je les avois fait conduire par Vendredi, & par un des compagnons du capitaine, dans ma grotte, d'où ils n'avoient garde de se faire voir, ou de se faire entendre, ni de trouver le chemin au travers des bois, quand même ils seroient assez industrieux pour se débarrasser de leurs liens. Je leur avois donné quelques provisions, en les assurant que, s'ils se tenoient en repos, je les remettrois dans quelques jours en pleine liberté; mais que, s'ils faisoient la moindre tentative pour se sauver, il n'y auroit point de quartier pour eux. Ils me promirent de souffrir leur prison patiemment, & ils me marquèrent une vive reconnoissance de la bonté que j'avois de leur donner des provisions & de la lumière; car Vendredi leur avoit donné quelques chandelles: ils s'imaginoient qu'il devoit rester en sentinelle devant la grotte.

Nos autres prisonniers étoient plus heureux; à la vérité, nous en avions garotté deux qui étoient un peu suspects; mais pour les trois autres, je les avois pris à mon service, à la recommandation du capitaine, & sur leur serment solemnel de nous être fidèles jusqu'à la mort. De cette manière, nous étions sept bien armés, & j'étois persuadé que nous étions en état de venir à bout de nos ennemis, sur-tout à cause des trois ou quatre honnêtes gens que le capitaine m'assuroit avoir découverts parmi eux.

Dès qu'ils furent parvenus à l'endroit où étoit leur première chaloupe, ils poussèrent sur le sable celle où ils étoient, & la quittant tous en même tems, ils la tirèrent après eux sur le rivage, ce qui me faisoit plaisir, car je craignois qu'ils ne la laissassent à l'ancre, à quelque distance, avec quelques-uns d'entre eux pour la garder, & qu'ainsi il nous fût impossible de nous en saisir.

La première chose qu'ils firent, ce fut de courir vers leur autre chaloupe, & nous nous apperçûmes aisément de la surprise avec laquelle ils la voyoient percée par le fond, & destituée de tous ses agrès. Un moment après ils poussèrent tous en même tems deux ou trois grands cris pour se faire entendre de leurs compagnons ; mais voyant que c'étoit peine perdue, ils se mirent dans un cercle, & firent une décharge générale de leurs armes, dont le bruit fit retentir tout le bois ; nous étions bien sûrs pourtant que les prisonniers de la grotte ne l'entendoient pas, & que ceux que nous gardions nous-même, n'avoient pas le courage d'y répondre.

Ceux de la chaloupe n'entendant pas le moindre signe de vie de la part de leurs compagnons, étoient dans une telle surprise, comme nous l'apprîmes d'eux dans la suite, qu'ils prirent la résolution de retourner tous à bord du vaisseau, pour y aller raconter que l'esquif étoit coulé à fond, & que leurs camarades devoient être massacrés. Aussi les vîmes-nous lancer leur chaloupe en mer, & y entrer tous.

A peine avoient-ils quitté le rivage, que nous les vîmes revenir, après avoir délibéré apparemment sur quelques nouvelles mesures pour trouver leurs compagnons, & il en resta trois dans la chaloupe, & les autres entrèrent dans le pays pour aller à la découverte.

Je considérois le parti qu'ils venoient de prendre comme un grand inconvénient pour nous; en vain nous rendrions-nous maîtres des sept qui étoient à terre, si la chaloupe nous échappoit, car en ce cas là, ceux qui y étoient, auroient regagné certainement leur navire, qui n'auroit pas manqué de faire voile, ce qui nous auroit ôté tout moyen possible de le recouvrer.

Cependant le mal étoit sans remède, d'autant plus que nous vîmes la barque s'éloigner du rivage, & jeter l'ancre à quelque distance de là. Tout ce qui nous restoit à faire, c'étoit d'attendre l'événement.

Les sept qui étoient débarqués se tenoient serrés ensemble en marchant du côté de la colline sous laquelle étoit mon habitation, & nous les pouvions voir clairement sans être apperçus. Nous souhaitions fort qu'ils approchassent davantage, afin de faire feu sur eux, ou bien qu'ils s'éloignassent pour que nous pussions sortir de notre retraite sans être découverts.

Quand ils furent au haut de la colline, d'où ils pouvoient découvrir une grande partie des bois & des vallées de l'île, sur-tout du côté du Nord-Est, où le terroir est le plus bas, ils se mirent de nouveau à crier jusqu'à n'en pouvoir plus, & n'osant pas, ce semble, se hasarder à pénétrer dans le pays plus avant, ils s'assirent pour consulter ensemble. S'ils avoient trouvé bon de s'endormir, comme avoit fait le premier parti que nous avions défait, ils nous auroient rendu un bon service ; mais ils étoient trop remplis de frayeur pour le risquer, quoiqu'assurément ils n'eussent aucune idée du danger qu'ils craignoient.

Le capitaine croyant deviner le sujet de leur délibération, & s'imaginant qu'ils alloient faire une seconde décharge pour se faire entendre de leurs camarades, me proposa de tomber sur eux

tous

tous à la fois, dès qu'ils auroient tiré, & de les forcer par là à se rendre, sans que nous fussions obligés de répandre du sang. Je goûtai fort ce conseil, pourvu qu'il fût exécuté avec justesse, & que nous fussions assez près d'eux, pour qu'ils n'eussent pas le tems de charger leurs armes.

Mais ce dessein s'évanouit, faute d'occasion, & nous fûmes fort long-tems sans savoir quel parti prendre. Enfin je dis à mes gens qu'il n'y avoit rien à faire avant la nuit, & que si alors ils n'étoient pas rembarqués, nous pourrions trouver moyen de nous mettre entr'eux & le rivage, & nous servir de stratagême pour entrer avec eux dans la barque, & pour les forcer à regagner la terre.

Après avoir attendu long-tems le résultat de leur délibération, nous les vîmes, à notre grand regret, se lever & marcher vers la mer : ils avoient apparemment une idée si affreuse des dangers qui les attendoient dans cet endroit, qu'ils étoient résolus, comptant leurs compagnons perdus sans ressource, de retourner à bord du vaisseau, & de poursuivre leur voyage.

Le capitaine voyant qu'ils s'en retournoient tout de bon, en étoit au désespoir ; mais je m'avisai d'un stratagême, pour les faire revenir sur leurs pas, dont le succès répondit exactement à mes vues.

Tome I. Gg

J'ordonnai au contre-maître & à Vendredi de passer la petite baie du côté de l'ouest, vers l'endroit où j'avois sauvé le dernier de la fureur de ses ennemis: qu'aussi-tôt qu'ils seroient parvenus à quelque colline, ils se missent à crier de toutes leurs forces ; qu'ils restassent là jusqu'à ce qu'ils fussent assurés d'avoir été entendus par les matelots, & qu'ils poussassent un cri nouveau, dès que les autres leur auroient répondu : qu'après cela, se tenant toujours hors de la vue de ces gens, ils tournassent en cercle, en continuant de pousser des cris de chaque colline qu'ils rencontreroient afin de les attirer par-là bien avant dans ces bois, & qu'ensuite ils revinssent à moi par les chemins que je leur indiquois.

Ils mettoient justement le pied dans la chaloupe, quand mes gens poussèrent le premier cri. Ils l'entendirent d'abord, & courant vers le rivage du côté de l'ouest, d'où ils avoient entendu la voix, ils furent arrêtés par la baie, laquelle, les eaux étant hautes, il leur fut impossible de passer ; ce qui les porta à faire venir la chaloupe, comme je l'avois prévu.

Quand elle les eut mis de l'autre côté, j'observai qu'on la faisoit monter plus haut dans la baie, comme dans une bonne rade, & qu'un des matelots en sortoit, n'y laissant que deux autres qui attachèrent la barque au tronc d'un arbre.

C'étoit justement ce que je souhaitois : & laissant Vendredi & le contre-maître exécuter tranquillement mes ordres, je pris les autres avec moi, & faisant un détour pour venir de l'autre côté de la baie, nous surprîmes ceux de la chaloupe à l'improviste. L'un y étoit resté, l'autre étoit couché sur le sable à moitié endormi, & se réveilla en sursaut à notre approche. Le capitaine, qui étoit le plus avancé, sauta sur lui, lui cassa la tête d'un coup de crosse, & cria ensuite à celui qui étoit dans l'esquif de se rendre, ou qu'il étoit mort.

Il ne falloit pas beaucoup de peine pour l'y résoudre : il se voyoit arrêté par cinq hommes ; son camarade étoit assommé, & d'ailleurs c'étoit un de ceux dont le capitaine m'avoit dit du bien : aussi, ne se rendit-il pas seulement, mais il s'engagea encore avec nous, & nous servit avec beaucoup de fidélité.

Sur ces entrefaites, Vendredi & le contre-maître ménagèrent si bien leurs affaires, qu'en criant & en répondant aux cris des matelots, ils les menèrent de colline en colline, jusqu'à les avoir mis sur les dents. Ils ne les laissèrent en repos qu'après les avoir attirés assez avant dans les bois, pour ne pouvoir pas regagner leur chaloupe, avant qu'il ne fît tout-à-fait obscur.

Ils étoient bien fatigués eux-mêmes en revenant à moi ; il est vrai qu'ils avoient du tems pour se reposer, puisque le plus sûr pour nous étoit d'attaquer les ennemis pendant l'obscurité.

Ceux-là ne revinrent à leur chaloupe que quelques heures après le retour de Vendredi, & nous pouvions entendre distinctement les plus avancés crier aux autres de se presser ; à quoi les autres répondoient, qu'ils étoient à moitié morts de lassitude : nouvelle fort agréable pour nous.

Il n'est pas possible d'exprimer quel fut leur étonnement, quand ils virent la marée écoulée, la chaloupe engagée dans le sable, & sans gardes. Nous les entendions crier les uns aux autres de la manière la plus lamentable, qu'ils étoient dans une île enchantée : & que si elle étoit habitée par des hommes, ils seroient tous massacrés ; & si c'étoit par des esprits, qu'ils seroient enlevés & dévorés.

Ils se mirent à crier de nouveau, & à appeler leurs deux camarades par leurs noms ; mais point de réponse. Nous les vîmes alors, par le peu de jour qui restoit encore, courir çà & là, & se tordre les mains, comme des gens désespérés. Tantôt ils entroient dans la chaloupe pour s'y reposer, tantôt ils en sortoient pour courir sur le rivage ; & ils continuèrent ce manége sans relâche pendant assez de tems.

Mes gens avoient grande envie de donner des

fus tous ensemble ; mais mon dessein étoit de les prendre à mon avantage, afin d'en tuer le moins qu'il me seroit possible, & de ne pas hasarder la vie d'un seul d'entre nous. Je résolus donc d'attendre, dans l'espérance qu'ils se sépareroient ; & pour qu'ils ne s'échappassent pas, je fis approcher davantage mon embuscade, & j'ordonnai à Vendredi & au capitaine de se traîner à quatre pieds pour se placer aussi prés d'eux qu'il seroit possible, sans se découvrir.

Ils n'avoient pas été long-tems dans cette posture, quand le *Bosseman*, le chef principal de la mutinerie, & qui se montroit dans son malheur plus lâche & plus désespéré qu'aucun autre, tourna ses pas vers ce côté-là avec deux autres. Le capitaine étoit si passionné contre ce scélérat, qu'il avoit de la peine à le laisser approcher assez pour en être sûr : il se retint pourtant ; mais après s'être donné encore un peu de patience, il se lève tout d'un coup avec Vendredi & fait feu dessus.

Le Bosseman fut tué sur la place ; un autre fut blessé dans le ventre, mais il n'en mourut que deux heures après, & le troisième gagna au pied.

Au bruit de ces coups, j'avançai brusquement avec toute mon armée, qui consistoit en huit hommes. J'étois moi-même généralissime : Vendredi étoit mon lieutenant général ; & nous avions pour soldats le capitaine avec ses deux compagnons , & les trois prisonniers à qui j'avois confié des armes.

La nuit étoit fort obscure, de manière qu'il leur fut impossible de savoir notre nombre. C'est pourquoi j'ordonnai à celui que nous avions trouvé dans l'esquif, & qui étoit alors un de mes soldats, de les appeler par leurs noms, pour voir s'ils vouloient capituler; ce qui me réussit, comme il est assez aisé à croire.

Il se mit donc à crier si haut, *hè! Thomas Smith? Thomas Smith?* Celui-là répondit d'abord: *Est-ce toi, Robinson?* car il le reconnut à la voix. Oui, oui, répartit l'autre : *Au nom de Dieu, Thomas, mettez bas les armes, & rendez-vous, sans cela vous êtes morts tous tant que vous êtes, dans le moment.*

A qui faut-il nous rendre, dit Smith? *où sont-ils? Ils sont ici*, répondit Robinson ? *c'est notre capitaine avec cinquante hommes qui vous ont cherchés déjà pendant deux heures. Le Bosseman est tué; Guillaume Frie est blessé dangereusement, je suis prisonnier de guerre, moi ; & si vous ne voulez pas vous rendre, vous êtes tous perdus.*

Y aura-t-il quartier, répliqua Smith, *si nous mettons les armes bas? Je m'en vais le demander au capitaine*, dit Robinson. Le capitaine se mit alors à parler lui-même à Smith. *Vous connoissez ma voix*, lui cria-t-il ; *si vous jetez vos armes, vous aurez tous la vie sauve, excepté* Guillaume Atkins. *Au nom de Dieu, capitaine*, s'écria là-dessus Atkins, *donnez-moi quartier ! qu'est-ce que j'ai fait plus que les autres ? Ils sont tous aussi coupables que moi.* Il ne disoit pas la vérité ; car cet *Atkins* avoit été le premier à maltraiter le capitaine. Il lui avoit lié les mains, en lui disant les injures les plus outrageantes.

Aussi le capitaine lui dit qu'il ne lui promettoit rien, qu'il devoit se rendre à discrétion, & avoir recours à la bonté du gouverneur. C'étoit moi qu'il désignoit par ce beau titre.

En un mot, ils mirent tous les armes bas, demandant la vie ; & j'envoyai Vendredi & deux autres pour les lier tous ; ensuite ma grande armée prétendue de cinquante hommes, qui réellement n'étoit que de huit, avec le détachement, s'avança & se saisit d'eux & de leur chaloupe. Pour moi je me tins à l'écart avec un seul de mes gens, pour des raisons d'état.

Le capitaine eut le loisir alors de parler avec tous les prisonniers. Il leur reprocha aigrement leur trahison, & les autres mauvaises actions dont elle auroit été sans doute suivie, & qui sûrement les auroient entraînés dans les derniers malheurs, & peut-être conduits à la potence.

Ils parurent tous fort repentans, & demandant la vie d'un air très-soumis. Il leur répondit qu'ils n'étoient pas ses prisonniers, mais du gouverneur de l'île. Vous avez cru, continua-t-il, me reléguer dans une île déserte; mais il a plu à Dieu de vous diriger d'une telle manière, que cet endroit se trouve habité, & même gouverné par un anglois. Ce gouverneur est le maître de vous perdre tous; mais vous ayant donné quartier, il pourroit bien vous envoyer en Angleterre, pour être livrés entre les mains de la justice, excepté *Atkins*, à qui j'ai ordre de dire de sa part, de se préparer à la mort; car il doit être pendu demain au matin.

Cette fiction produisit tout l'effet imaginable; *Atkins* se jeta à genoux pour prier le capitaine d'intercéder pour lui auprès du gouverneur, & les autres le conjurèrent au nom de dieu de faire ensorte qu'ils ne fussent pas envoyés en Angleterre.

Comme je m'étois mis dans l'esprit que le tems de ma délivrance alloit venir, je me persuadai que tous ces matelots pourroient être portés aisément à s'employer de tout leur cœur à recouvrer le vaisseau. Pour les duper d'avantage, je m'éloignai d'eux, afin de ne leur pas faire voir quel personnage ils avoient pour gouverneur. J'ordonnai alors qu'on fît venir le capitaine, &

là-dessus un de mes gens, qui étoit à quelque distance de moi, se mit à crier: *capitaine, le gouverneur veut vous parler*. Dites à son excellence, répondit d'abord le capitaine, *que je m'en vais venir dans le moment*. Ils donnèrent dans ce panneau à merveille, & ne doutèrent pas d'un moment que le gouverneur fût près de-là avec ses cinquante soldats.

Quand le capitaine fut venu, je lui communiquai le dessein que j'avois formé pour nous emparer du vaisseau. Il l'approuva fort, & résolut de le mettre à exécution le lendemain. Pour nous y prendre d'une manière plus sûre, je crus qu'il falloit séparer nos prisonniers, & j'ordonnai au capitaine & à ses deux compagnons de prendre *Atkins* avec deux autres des plus criminels de la troupe, pour les mener dans la grotte, où il y en avoit déjà deux autres, & qui certainement n'étoit pas un lieu fort agréable, sur-tout pour des gens effrayés.

J'envoyai les autres à ma maison de campagne, qui étoit entourée d'un enclos; & comme ils étoient garottés, & que leur sort dépendoit de leur conduite, je pouvois être sûr qu'ils ne m'échapperoient pas.

C'est à ceux-là que j'envoyai le lendemain le capitaine, pour tâcher d'approfondir leurs sentimens, pour voir s'il étoit de la prudence de les employer dans l'exécution de notre projet. Il leur parla & de leur mauvaise conduite & du triste sort où elle les avoit réduits, & leur répéta que quoique le gouverneur leur eût donné quartier, ils ne laisseroient pas d'être certainement pendus si on les envoyoit en Angleterre. *Cependant*, ajouta-t-il, *si vous voulez me promettre de m'aider fidèlement dans une entreprise aussi juste que celle de m'emparer de mon vaisseau, le gouverneur s'engagera formellement à obtenir votre pardon.*

On peut juger quel effet une pareille proposition devoit produire sur ces malheureux. Ils se mirent à genoux devant le capitaine, & lui promirent avec les plus horribles imprécations, qu'ils lui seroient fidèles jusqu'à la dernière goutte de leur sang, qu'ils le suivroient par-tout où il voudroit les mener, & qu'ils le considéreroient toujours comme leur père, puisqu'ils lui seroient redevables de la vie.

Eh bien, dit le capitaine, *je m'en vais communiquer vos promesses au gouverneur, & je ferai tous mes efforts pour vous le rendre favorable.* Là-dessus il me vint rapporter leur réponse, & il me dit qu'il ne doutoit pas de leur sincérité.

Cependant, afin de ne rien négliger pour notre sûreté, je le priai d'y retourner, & de leur dire qu'il consentoit à en choisir cinq d'entr'eux, pour les employer dans son entreprise ; mais que le gouverneur garderoit comme ôtages les autres deux, avec les trois prisonniers qu'il avoit dans son château, & qu'il feroit pendre sur le bord de la mer ces cinq ôtages, si les autres étoient assez perfides pour manquer à la foi de leurs sermens.

Il y avoit là-dedans un air de sévérité, qui faisoit voir que le gouverneur ne badinoit pas. Les cinq, dont j'avois parlé, acceptèrent le parti avec joie, & c'étoit autant l'affaire des ôtages que du capitaine, de les exhorter à faire leur devoir.

L'état des forces que nous avions alors, étoit tel : 1°. Le capitaine, son contre-maître & son passager ; 2°. Deux prisonniers faits dans la première rencontre, auxquels, à la recommendation du capitaine, j'avois donné la liberté & mis les armes à la main ; 3°. Les deux que j'avois tenus jusqu'alors garottés dans ma maison de campagne; mais que je venois de relâcher à la prière du capitaine; 4°. Les cinq que j'avois mis en liberté les derniers. Selon ce calcul, ils étoient douze en tout, outre les cinq ôtages.

C'étoit-là tout ce que le capitaine pouvoit employer pour se rendre maître du vaisseau ; car pour Vendredi & moi, nous ne pouvions pas abandonner l'île où nous avions sept prisonniers que nous devions tenir séparés, & pourvoir de vivres.

Pour les cinq ôtages, qui étoient dans la grotte,

je trouvai bon de les tenir garottés ; mais Vendredi avoit ordre de leur apporter à manger deux fois par jour. Quant aux autres deux, je m'en servis pour porter les provisions à une certaine distance, où Vendredi devoit les recevoir d'eux.

La première fois que je m'étois montré à ces derniers, c'étoit en compagnie du capitaine qui leur dit que j'étois l'homme que le gouverneur avoit destiné pour avoir l'œil sur leur conduite, avec ordre à eux de n'aller nulle part sans ma permission, sous peine d'être menés dans le château & mis aux fers.

Comme ils ne me connoissoient point en qualité de gouverneur, je pouvois jouer un autre personnage devant eux ; ce que je fis à merveille, en parlant toujours avec beaucoup d'ostentation du château, du gouverneur & de la garnison.

La seule chose qui restoit encore à faire au capitaine, pour se mettre en état d'exécuter son dessein, c'étoit d'*agréer* les deux chaloupes, & de les *équiper*. Dans l'une il mit son passager pour capitaine, avec quatre autres hommes. Il monta lui-même dans l'autre avec son contre-maître & cinq autres, & il ménagea son entreprise dans la perfection.

Il étoit environ minuit quand il découvrit le vaisseau, & dès qu'il le vit à la portée de la voix, il ordonna à *Robinson* de crier, & de dire à l'équipage, qu'ils amenoient la première chaloupe avec les matelots ; mais qu'ils avoient été long-tems avant que de les trouver, *Robinson* amufa les mutins, de fes difcours, & d'autres femblables, jufqu'à ce que l'efquif fut fous le navire. Le capitaine & le contre-maître y montèrent les premiers avec leurs armes ; ils affommèrent d'abord à coups de croffe le fecond maître & le charpentier ; & fidèlement fecondés par les autres, ils fe rendirent maîtres de tout ce qu'ils trouvèrent fur les ponts. Ils étoient déjà occupés à fermer les écoutilles, afin d'empêcher ceux d'en bas de venir au fecours de leurs camarades, lorfque les gens de la feconde chaloupe montèrent du côté de la proue, nettoyèrent tout le château d'avant, & s'emparèrent de l'écoutille qui menoit à la chambre du cuifinier, où ils firent prifonniers trois des mutins.

Etant ainfi maîtres de tout le tillac, le capitaine commanda au contre-maître de prendre trois hommes avec lui, & de forcer la chambre où étoit le nouveau commandant. Celui-là ayant pris l'allarme, s'étoit levé ; & affifté de deux matelots & d'une maffue, s'étoit faifi d'armes à feu. Dès que le contre-maître eut ouvert la porte par le moyen d'un levier, ces quatre mutins firent courageufement feu fur lui & fes compagnons, fans en tuer un feul ; mais ils en blefsèrent deux légèrement, & cassèrent le bras au contre-maître lui-même, qui ne laissa pas, tout blessé qu'il étoit, de casser la tête au nouveau capitaine d'un coup de pistolet. La balle lui entra dans la bouche, & sortit derrière l'oreille : & ses compagnons le voyant roide mort, prirent le parti de se rendre. Le combat finit par-là, & le capitaine recouvra son vaisseau, sans être obligé de répandre plus de sang.

Il m'instruisit d'abord du succès de son entreprise, en faisant tirer sept coups de canon, ce qui étoit le signal dont nous étions convenus ensemble. On peut juger si j'étois charmé de les entendre ; puisque je m'étois tenu sur le rivage, depuis le départ des chaloupes jusqu'à deux heures après minuit.

Dès que je fus sûr de cette heureuse nouvelle, je me mis sur mon lit, & ayant extrêmement fatigué, le jour précédent, je dormis profondément jusqu'à ce que je fus réveillé par un coup de canon : à peine me fus-je levé pour en apprendre la cause, que je m'entendis appeler par mon nom de *gouverneur* : je reconnus d'abord la voix du capitaine, & dès que je fus monté au haut du rocher, où il m'attendoit, il me serra dans ses bras de la manière la plus tendre, & tendant la main vers le vaisseau : *mon cher ami*, me dit-il *mon cher libérateur, voilà votre vaisseau, il vous appartient, aussi bien que nous, & tout ce que nous possédons.*

Là-dessus je tournai mes yeux vers la mer, & je vis effectivement le vaisseau qui étoit à l'ancre, à un petit quart de lieue du rivage ; car le capitaine avoit fait voile dès qu'il eut exécuté son entreprise, & comme le tems étoit beau, il avoit fait avancer le navire jusqu'à l'embouchure de ma petite baie ; & la marée étant haute alors, il étoit venu avec sa *pinace*, pour ainsi dire, jusqu'à ma porte.

Je considérois alors ma délivrance comme sûre, les moyens en étoient aisés ; un bon vaisseau m'attendoit pour me conduire où je le trouverois bon. Mais j'étois si saisi de la joie que me donnoit un bonheur si inespéré, que je fus long-tems hors d'état de prononcer une parole, & que je serois tombé à terre, si les embrassemens du capitaine ne m'avoient soutenu.

Me voyant prêt à tomber en foiblesse, il me fit prendre un verre d'une liqueur cordiale, qu'il avoit exprès apportée pour moi. Après avoir bu, je me mis à terre ; je revins à moi peu-à-peu, mais je fus encore assez long-tems avant que de pouvoir lui parler.

Le pauvre homme n'étoit pas moins ravi de joie que moi, quoiqu'il n'en sentît pas les mêmes effets: il me dit, pour me tranquilliser, une infinité de choses tendres & obligeantes, qui firent enfin cesser mon extase par un ruisseau de larmes, & peu après je repris l'usage de la parole.

Je l'embrassai alors à mon tour comme mon libérateur, en lui disant que je le regardois comme un envoyé du ciel à mon secours, & que je trouvois dans tout le cours de notre aventure un enchaînement de merveilles, qui me paroissoit une preuve évidente que l'univers est gouverné par une providence, qui fait trouver dans les coins les plus reculés du monde, des ressources inespérées aux malheureux qu'elle veut honorer des marques de sa bonté infinie.

On peut bien croire que je n'oubliois pas aussi d'élever mon cœur reconnoissant vers le ciel: j'aurois dû être la dureté même, si je n'eusse béni le nom de dieu, qui, non-seulement avoit pourvu si long-tems à ma subsistance d'une manière miraculeuse, mais qui vouloit bien me tirer de ce triste désert d'une manière plus miraculeuse encore.

Après ces protestations mutuelles, le capitaine me dit qu'il m'avoit apporté quelques rafraîchissemens, selon qu'un vaisseau en pouvoit fournir, & un vaisseau qui venoit encore d'être pillé par les mutins. Là-dessus il cria aux gens de la chaloupe de mettre à terre les présens destinés

pour

pour le gouverneur : & en vérité, c'étoit un vrai présent pour un gouverneur, & pour un gouverneur qui devoit rester dans l'île, & non pas qui fût prêt à s'embarquer, comme c'étoit ma résolution.

Ce présent consistoit dans un petit cabaret rempli de quelques bouteilles d'eau cordiale, en six bouteilles de vin de Madère, contenant chacune deux bonnes pintes, deux livres d'excellent tabac, deux grandes pièces de bœuf, six pièces de cochon, un sac de pois, & environ cent livres de biscuit. Il y avoit ajouté une boîte pleine de sucre, & une autre remplie de fleur de muscade, deux bouteilles de jus de limon, & un grand nombre d'autres choses utiles & agréables. Mais ce qui me fit infiniment plus de plaisir, c'étoient six chemises toutes neuves, autant de cravattes fort bonnes, deux paires de gants, une paire de souliers, une paire de bas, un chapeau & un habit complet tiré de sa propre garderobe, mais qu'il n'avoit guères porté. En un mot, il m'apporta tout ce qu'il me falloit pour m'équiper depuis les pieds jusqu'à la tête. On s'imaginera sans peine quel air je devois avoir dans ces habits, & quelle incommodité ils me causoient la première fois que je les mis, après m'en être passé pendant un si grand nombre d'années.

Je fis porter tous ces présens dans ma demeure,

Tome I. H h

& je me mis à délibérer avec le capitaine sur ce que nous devions faire avec nos prisonniers; la chose en valoit la peine, sur-tout à l'égard des deux chefs des mutins, dont nous connoissions la méchanceté opiniâtre & incorrigible. Le capitaine m'assuroit que les bienfaits étoient aussi peu capables de les réduire que les punitions, & que s'il s'en chargeoit, ce ne seroit que pour les conduire, les fers aux pieds, en Angleterre, ou à la première colonie angloise, afin de les mettre entre les mains de la justice.

Comme je voyois le capitaine assez humain pour ne prendre ce parti qu'à regret, je lui dis que je savois un moyen de porter ces deux scélérats à lui demander comme une grâce la permission de demeurer dans l'île, & il y consentit de tout son cœur.

J'envoyai là-dessus Vendredi & deux des ôtages (que je venois de mettre en liberté, parce que leurs compagnons avoient fait leur devoir), je les envoyai, dis-je, à la grotte pour amener les cinq matelots garrotés à ma maison de campagne, & pour les y garder jusqu'à mon arrivée.

J'y vins quelque tems après, paré de mon habit neuf, en compagnie du capitaine, & c'est alors qu'on me traita de gouverneur ouvertement. Je me fis d'abord amener les prisonniers, & je leur dis que j'étois parfaitement instruit de leur conspiration contre le capitaine, & des mesures qu'ils avoient prises ensemble pour commettre des pirateries avec le vaisseau dont ils s'étoient emparés; mais que, par bonheur, ils étoient tombés eux-mêmes dans le puits qu'ils avoient creusé pour les autres, puisque le vaisseau venoit d'être recouvré par ma direction, & qu'ils verroient dans le moment leur nouveau capitaine, pour prix de sa trahison, pendu à la grande vergue : que quant à eux, je voudrois bien savoir quelles raisons ils avoient à m'alléguer assez fortes pour m'empêcher de les punir, comme j'étois en droit de le faire, en qualité de pirates pris sur le fait.

Un d'eux me répondit, qu'ils n'avoient rien à dire en leur faveur, sinon que le capitaine, en les prenant, leur avoit promis la vie, & qu'ils demandoient grâce. Je leur répartis, que je ne savois pas trop bien quelle grâce j'étois en état de leur faire, puisque j'allois quitter l'île, & m'embarquer pour l'Angleterre; & qu'à l'égard du capitaine, il ne pouvoit les emmener que garottés, & dans le dessein de les livrer à la justice, comme mutins & comme pirates; ce qui les conduiroit tout droit à la potence; qu'ainsi je ne trouvois de meilleur parti pour eux que de rester dans l'île, que j'avois permission d'abandonner avec tous mes gens, & que j'étois assez porté à leur pardonner, s'ils vouloient se contenter du sort qu'ils pouvoient s'y ménager.

Ils parurent recevoir ma proposition avec reconnoissance, en me disant, qu'ils préféroient infiniment ce séjour à la destinée qui les attendoit en Angleterre ; mais le capitaine fit semblant de ne la point approuver, & de n'oser pas y consentir ; sur quoi j'affectai de lui dire d'un air fâché, qu'ils étoient mes prisonniers, & non pas les siens ; que leur ayant offert la grâce, je je n'étois pas homme à leur manquer de parole ; & que s'il y trouvoit à redire, je les remettrois en liberté comme je les avois trouvés ; permis à lui de courir après eux, & de les attraper s'il pouvoit.

Je le fis, comme je l'avois dit, & leur ayant fait ôter les liens ; je leur dis de gagner les bois, & je leur promis de leur laisser des armes à feu, des munitions, & les directions nécessaires pour vivre à leur aise ; s'ils vouloient les suivre. Ensuite je communiquai au capitaine mon dessein de rester encore cette nuit dans l'île, pour préparer tout pour mon voyage, & je le priai de retourner cependant au vaisseau, pour y tenir tout en ordre, & d'envoyer le lendemain la chaloupe. Je l'avertis aussi de ne pas manquer de faire pendre à la vergue le nouveau capitaine qui avoit été tué, afin que nos prisonniers l'y puſſent voir.

Dès que le capitaine fut parti, je les fis venir à mon habitation, & j'entrai dans une converſation très-ſérieuſe touchant leur ſituation. Je les louai du choix qu'ils avoient fait, puiſque le capitaine, s'il les avoit fait conduire à bord du vaiſſeau, les auroit fait pendre certainement, auſſi bien que le nouveau capitaine, que je leur montrai attaché à la grande vergue.

Quand je les vis déterminés à reſter dans l'île, je leur donnai tout le détail de cet endroit, & la manière de faire du pain, d'enſemencer mes terres, & de ſécher mes raiſins; en un mot, je les inſtruiſis de tout ce qui pouvoit rendre leur vie agréable & commode. Je leur parlai encore de ſeize eſpagnols qu'ils avoient à attendre, je leur laiſſai une lettre pour eux, & je leur fis promettre de vivre avec eux en bonne amitié.

Je leur laiſſai mes armes; ſavoir mes mouſquets, trois fuſils de chaſſe, & trois ſabres: j'avois encore, outre cela, un baril & demi de poudre; car j'en avois conſumé fort peu. Je leur enſeignai auſſi la manière d'élever mes chèvres, de les traire, de les engraiſſer, & de faire du beurre & du fromage. De plus, je leur promis de faire en ſorte que le capitaine leur laiſſât une plus grande provision de poudre, & quelques grains pour les jardins potagers, dont j'aurois été ravi d'être fourni moi-même quand j'étois dans leur cas. Je leur fis encore présent d'un sac plein de pois, que le capitaine m'avoit donné, & je les informai jusqu'à quel point ils se multiplieroient, s'ils avoient soin de les semer.

Le jour après, je les laissai là ; je m'embarquai : mais nous ne pûmes pas faire voile ce jour-là, ni la nuit suivante. Il étoit environ cinq heures du matin, quand nous vîmes deux de ceux que j'avois laissés venant à la nâge : & priant au nom de Dieu qu'on les laissât encore dans le vaisseau, quand ils devroient être pendus un quart d'heure après, puisque certainement les trois autres scélérats les massacreroient, s'ils restoient parmi eux.

Le capitaine fit quelque difficulté de les recevoir, sous prétexte qu'il n'en avoit pas le pouvoir sans moi ; mais il se laissa gagner à la fin par les promesses qu'ils lui firent de se bien conduire ; & effectivement, après avoir été fouettés d'importance, ils devinrent de fort braves garçons.

Quelque tems après, la chaloupe fut envoyée à terre, avec les provisions que le capitaine avoit promises aux *Exilés*, auxquelles il avoit fait ajouter, en ma faveur, leurs coffres & leurs habits, qu'ils reçurent avec beaucoup de gratitude

Je leur promis encore, que si je pouvois leur envoyer un vaisseau pour les prendre, je ne les oublierois pas.

En prenant congé de l'île, je pris avec moi, pour m'en souvenir mon grand bonnet de peau de chèvre, mon parasol & mon perroquet : je n'oubliai pas non plus l'argent dont j'ai fait mention, & qui étoit resté inutile pendant si long-tems, qu'il étoit tout rouillé, sans pouvoir être reconnu pour ce que c'étoit, avant d'avoir été manié & frotté : je n'y laissai pas non plus la petite somme d'argent que j'avois tirée du vaisseau espagnol qui avoit fait naufrage.

C'est ainsi que j'abandonnai l'île le 19 Décembre de l'an 1686, selon le calcul du vaisseau, après y avoir demeuré vingt-huit ans, deux mois & dix-neuf jours, étant délivré de cette triste vie, le même jour que je m'étois échappé autrefois dans une barque longue des maures de Salé. Mon voyage fut heureux ; j'arrivai en Angleterre l'onzième de Juin de l'an 1687, ayant été hors de ma patrie trente-cinq ans.

Quand j'y arrivai, je m'y trouvai aussi étranger que si jamais je n'y avois mis les pieds. Ma fidèlle gouvernante, à qui j'avois confié mon petit trésor, étoit encore en vie, mais elle avoit eu de grands malheurs dans le monde, & étoit devenue veuve pour la seconde fois. Je la soulageai beaucoup par rapport à l'inquiétude qu'elle avoit sur ce dont elle m'étoit redevable, & non-seulement je lui protestai que je ne l'inquiéterois pas là-dessus, mais encore, pour la récompenser de sa fidélité dans l'administration de mes affaires, je lui fis autant de bien que ma situation pouvoit me le permettre, en lui donnant ma parole que je n'oublierois pas ses bontés passées ; aussi lui en ai-je marqué mon souvenir, quand j'en ai eu le moyen, comme on verra ci-après.

Je m'en fus ensuite dans la province d'Yorck ; mais mon père & ma mère étoient morts, & toute ma famille éteinte, excepté deux sœurs, & deux enfans d'un de mes frères ; & comme depuis long-tems je passois pour mort, on m'avoit oublié dans le partage des biens, de manière que je n'avois d'autres ressources que mon petit trésor, qui ne suffisoit pas pour me procurer un établissement.

A la vérité, je reçus un bienfait, où je ne m'attendois pas. Le capitaine que j'avois si heureusement sauvé avec son vaisseau & sa cargaison, ayant donné aux propriétaires une information favorable de ma conduite à cet égard, ils me firent venir, m'honorèrent d'un compliment fort gracieux, & d'un présent d'à peu-près deux cens livres stetling.

Cependant en faisant reflexion sur les différentes circonstances de ma vie, & sur le peu de moyens que j'avois de m'établir dans le monde, je résolus de m'en aller à Lisbonne, pour voir si je ne pourrois pas m'y informer au juste de l'état de ma plantation dans le Brésil, & de ce que pouvoit être devenu mon associé, qui sans doute devoit me mettre au nombre des morts.

Dans cette vue, je m'embarquai pour Lisbonne, & j'y arrivai au mois de Septembre suivant avec mon valet Vendredi, qui m'accompagnoit dans toutes mes courses, & qui me donnoit de plus en plus des marques de sa fidélité & de sa probité.

Arrivé dans cette ville, je trouvai, après plusieurs perquisitions, à mon grand contentement, mon vieux capitaine qui me fit entrer dans son vaisseau au milieu de la mer, quand je me sauvois des côtes de Barbarie.

Il étoit fort veilli, & avoit abandonné la mer, ayant mis à sa place son fils qui, dès sa première jeunesse, l'avoit accompagné dans ses voyages, & qui poussoit pour lui son négoce du Brésil. Je le reconnus à peine, & c'en étoit de même à mon égard ; mais en lui disant qui j'étois, je lui retraçai bientôt mon idée, & je me remis aussi bientôt la sienne.

Après avoir renouvelé la vieille connoissance, on peut croire que je m'informai de ma plantation & de mon *associé*. Le bon-homme me dit là-dessus, que depuis neuf ans, il n'avoit point été dans le Brésil, mais qu'il pouvoit m'assurer que quand il y avoit été la dernière fois, mon associé étoit encore en vie ; mais que mes facteurs, que j'avois joints à lui dans l'administration de mes affaires, étoient morts tous deux ; qu'il croyoit pourtant que je pourrois avoir une information fort juste de mes affaires, puisque la nouvelle de ma mort s'étant répandue par tout, mes facteurs avoient été obligés de donner le compte des revenus de ma portion au procureur fiscal qui se l'étoit appropriée, en cas que je ne revinsse jamais pour la réclamer ; en ayant assigné un tiers au roi & deux tiers au monastère de S. Augustin, pour être employés au soulagement des pauvres, & à la conversion des indiens à la foi catholique ; que cependant si moi, ou quelqu'un de ma part réclamoit mon bien, il devoit être remis à son propriétaire, excepté seulement les revenus qui seroient réellement employés pour des usages charitables.

Il m'assura en même tems que l'intendant des revenus du roi, par rapport aux biens immeubles, & celui du monastère, avoient eu grand soin de tirer de mon associé, tous les ans, un compte fidèle du revenu total, dont il recevoit toujours la juste moitié.

Je lui demandai s'il croyoit que ma plantation

s'étoit assez accrûe pour valoir la peine d'y jeter les yeux, & si je ne trouverois point de difficulté pour me remettre en possession de la juste moitié.

Il me répondit qu'il ne pouvoit pas me dire exactement jusqu'à quel point ma plantation s'étoit augmentée: ce qu'il savoit, c'est que mon associé étoit devenu extrêmement riche en jouissant de sa moitié, & que le tiers de ma portion qui avoit été au roi, & ensuite donnée à quelque autre monastère, alloit au-delà de deux cens *moidores*, qu'au reste il n'y avoit point de doute qu'on ne me remît en possession de mon bien, puisque mon associé, vivant encore, pouvoit être témoin de mes droits, & que mon nom étoit placé dans le catalogue de ceux qui avoient des plantations dans ce pays. Il m'assuroit de plus, que les successeurs de mes facteurs étoient de fort honnêtes gens, & fort à leur aise, qui non-seulement pouvoient m'aider à entrer dans la possession de mes terres, mais qui devoient encore avoir en main, pour mon compte, une bonne somme qui étoit le revenu de ma plantation pendant que leurs pères en avoient soin, & avant que, faute de ma présence, le roi & le monastère, dont j'ai parlé, se fussent approprié ledit tiers, ce qui étoit arrivé il y avoit environ douze ans.

A ce récit je parus un peu mortifié, & je

demandai à mon vieux ami comment il étoit possible que mes facteurs eussent ainsi disposé de mes effets, dans le tems qu'ils savoient que j'avois fait un testament en faveur de lui, c'est-à-dire, du vieux capitaine portugais, comme mon héritier universel?

Il m'a dit que cela étoit arrivé; mais que n'ayant point de preuve de ma mort, il n'avoit pas été en état d'agir en qualité d'exécuteur testamentaire, & d'ailleurs il n'avoit pas trouvé à propos de se mêler d'une affaire si embarrassée; que cependant il avoit fait enregistrer ce testament, & qu'il s'en étoit mis en possession; que s'il avoit pu donner quelque assurance de ma mort ou de ma vie, il auroit agi pour moi, comme par procuration, & se seroit emparé de l'*ingenio*, c'est-à-dire, de l'endroit où l'on prépare le sucre, & que même il avoit donné ordre à son fils de le faire en son nom.

Mais, dit le bon vieillard, j'ai une autre nouvelle à vous donner, qui ne vous sera peut-être pas si agréable; c'est que tout le monde vous croyant mort, votre associé & vos facteurs m'ont offert de s'accommoder avec moi par rapport au revenu des sept ou huit premières années, lequel j'ai effectivement reçu. Mais, continua-t-il, ces revenus n'ont pas été grand chose alors, à cause des grands déboursemens qu'il a fallu faire pou augmenter la plantation, pour bâtir un *ingenio*, & pour acheter des esclaves. Cependant, je vous donnerai un compte fidèle de tout ce que j'ai reçu, & de la disposition que j'en ai faite.

Après avoir conféré encore pendant quelques jours avec mon vieux ami, il me donna le compte des six premières années de mes revenus, signé par mon associé & par mes deux facteurs. Le tout lui avoit été délivré en marchandises; savoir, du tabac en rouleau, du sucre en caisse, du *rum*, du *molossus*, & tout ce qui provient d'un moulin à sucre, & je trouvai par là que le revenu de ma plantation s'étoit augmenté toutes les années considérablement. Mais, comme il a été déjà dit, les déboursemens ayant été très-grands, les sommes se trouvoient fort médiocres. Le bon-homme me fit voir pourtant qu'il me devoit quatre cent soixante-dix *moidores* d'or, outre soixante caisses de sucre, & quinze rouleaux de tabac, qui avoient été perdus dans un naufrage qu'il avoit fait, en retournant à Lisbonne, environ onze ans après mon départ du Brésil.

Cet honnête vieillard commença alors à se plaindre de ses désastres, qui l'avoient obligé à se servir de mon argent pour acquérir quelque portion dans un autre vaisseau. Cependant, mon cher ami, continua-t-il, vous ne manquerez point de ressource dans votre nécessité, & vous serez pleinement satisfait, dès que mon fils sera de retour.

Là-dessus il tira un vieux sac de cuir & me donna cent soixante *moidores portugais* en or, avec le titre qu'il avoit par écrit du droit qu'il avoit dans la charge du vaisseau, avec lequel son fils étoit allé au Brésil, & où il avoit un quart, & son fils un autre. Il me remit tous ces papiers pour ma sûreté.

J'étois extrêmement touché de la probité du pauvre vieillard, & me ressouvenant de tout ce qu'il avoit fait pour moi, comme il m'avoit pris dans son vaisseau; comme il m'avoit donné en toutes occasions des marques de sa générosité, dont je venois de recevoir encore des preuves nouvelles, j'avois de la peine à retenir mes larmes, c'est pourquoi je lui demandai d'abord s'il étoit dans une situation à se passer de la somme qu'il me restituoit, & si ce remboursement ne le mettroit pas à l'étroit. Il me répondit qu'en effet il en seroit un peu incommodé; mais que dans le fond c'étoit mon argent, & que peut-être j'en avois plus grand besoin que lui.

Tout ce que me disoit cet honnête homme étoit si plein de bonté & de tendresse, que je ne pouvois m'empêcher de m'attendrir. Je pris cent *moidores*, & je lui en donnai ma quittance en lui donnant le reste, & en l'assurant que, si jamais je rentrois dans la possession de mon bien, je lui rendrois encore le reste, comme je fis aussi dans la suite ; que pour le certificat qu'il vouloit me donner de sa portion, & de celle de son fils dans le vaisseau, j'étois fort éloigné de le vouloir prendre, sachant que si j'étois dans le besoin, il étoit assez honnête homme pour me payer; que si je n'en avois pas besoin, & si je parvenois à mon but dans le Brésil, je ne lui demanderois pas un sol.

Lorsque le capitaine portugais me vit résolu de passer moi-même dans le Brésil, il ne le désapprouva pas; mais il me dit qu'il y avoit d'autres moyens pour faire valoir mes droits ; & comme il y avoit des vaisseaux prêts à partir pour le Brésil dans la rivière de Lisbonne, il me fit mettre mon nom dans un registre public avec une déposition de sa part, dans laquelle il déclaroit, sous serment, que j'étois en vie, & que j'étois la même personne qui avoit entrepris & commencé la plantation dont il s'agissoit. Il me conseilla d'envoyer cette déposition faite dans les formes par-devant notaires, avec une procuration à un marchand de sa connoissance qui étoit sur les lieux, & de rester avec lui jusqu'à ce qu'on m'eût rendu compte de l'état de mes affaires.

Ces mesures réussirent au-delà de mes espérances; car, en sept mois de tems, il me vint un grand paquet de la part des héritiers de mes facteurs, qui contenoit les papiers suivans.

1°. Il y avoit un *compte courant* du produit de ma plantation pendant six ans, depuis que leurs pères avoient fait leur balance avec le *vieux capitaine*. Par ledit compte, il me revenoit une somme de 1174 *moidores*.

2°. Il y avoit un autre compte des dernières années, avant que le gouvernement se fût saisi de l'administration de mes effets, comme appartenant à une personne qui n'étant pas à trouver, pouvoit être considérée comme civilement morte. Le revenu de ma plantation s'étoit alors considérablement accrû : il me revenoit, selon la balance de ce compte, la somme de 3241 *moidores*.

3°. Il y avoit un compte du prieur du monastère qui avoit joui de mon revenu pendant plus de quatorze ans, & qui, n'étant pas obligé de me restituer ce dont il avoit disposé en faveur de l'hôpital, déclara avec beaucoup de probité qu'il avoit encore entre les mains 872 *moidores*, qu'il étoit prêt à me rendre. Mais pour le tiers que le roi s'étoit approprié, je n'en tirai rien du tout.

Ledit paquet contenoit, outre cela, une lettre de congratulation de mon associé, sur ce que j'étois encore en vie, avec un détail de l'accroissement de ma plantation, de ses revenus annuels, du nombre d'acres de terre qui y étoient employés :

il

il y avoit ajouté vingt-deux *croix* en guise de bénédictions; & il m'assuroit qu'il avoit dit autant d'*ave Maria* pour remercier la sainte Vierge de ce qu'elle m'avoit conservé. Il me prioit en même tems, d'une manière fort tendre, de venir moi-même prendre possession de mes effets, ou du moins de l'informer à qui je souhaitois qu'il les remît.

Cette lettre, qui finissoit par des protestations pathétiques de son amitié & de celle de toute sa famille, étoit accompagnée d'un fort beau présent, qui consistoit en six belles peaux de léopard, (qu'il avoit reçues apparemment d'Afrique par quelqu'un de ses vaisseaux, dont le voyage avoit été plus heureux que le mien,) en six caisses d'excellentes confitures, & dans une centaine de pièces d'or non monnoyées, un peu plus petites que des *moidores*.

Je reçus, dans le même tems, de la part des héritiers de mes facteurs douze cents caisses de sucre, huit cents rouleaux de tabac, & le reste de ce qui me revenoit en or.

J'avois grande raison de dire alors, que la fin de Job étoit meilleure que le commencement, & j'ai de la peine à exprimer les différentes pensées qui m'agitèrent en me voyant environné de tant de biens : car, comme les vaisseaux du Brésil viennent toujours en flotte, les mêmes navires qui m'avoient apporté mes lettres avoient aussi été chargés de mes effets, & ils avoient été en sûreté dans la rivière, avant que j'eusse, entre les mains, les nouvelles de leur départ. Cette joie subite me saisit d'une telle force, que le cœur me manqua, & je serois peut-être mort sur le champ, si le bon vieillard ne s'étoit hâté de me chercher un verre d'eau cordiale.

Je continuai pourtant à être assez mal pendant quelques heures, jusqu'à ce qu'on fit chercher un médecin qui, instruit de mon indisposition, me fit saigner, ce qui me remit entièrement.

Je me voyois alors tout d'un coup maître de 500,000 livres sterling en argent, & d'un bien dans le Brésil de plus de mille livres sterling de revenu, dont j'étois aussi sûr qu'aucun anglois peut l'être d'un bien qu'il possède dans sa propre patrie. En un mot, je me voyois dans un bonheur que j'avois de la peine à comprendre moi-même; & je ne savois pas trop bien comment me conduire pour en jouir à mon aise.

La première chose à laquelle je songeai, fut à récompenser mon bienfaiteur le capitaine portugais, qui m'avoit donné tant de marques de sa charité dans mes malheurs, & tant de preuves de sa probité dans ma bonne fortune.

Je lui montrai tout ce que je venois de recevoir, en l'assurant qu'après la providence divine, c'étoit lui que je considérois comme la source de toute ma richesse, & que j'étois charmé de pouvoir le récompenser au centuple de toutes les bontés qu'il avoit eues pour moi. Je commençai d'abord par lui rendre les cent *moidores* qu'il m'avoit données, & ayant fait venir un notaire, je lui donnai une décharge dans les formes des quatre cent soixante-dix qu'il avoit reconnu me devoir ; ensuite, je lui donnai une procuration pour être le receveur des revenus annuels de ma plantation, avec ordre à mon associé de les lui envoyer par les flottes ordinaires. Je m'engageai encore à lui faire présent de cent *moidores* par an pendant toute sa vie, & cinquante par an après sa mort pour son fils ; & c'est ainsi que je trouvai juste de témoigner à ce bon vieillard la reconnoissance que j'avois de tous les services qu'il m'avoit rendus.

Il ne me restoit plus qu'à délibérer sur ce que je ferois du bien dont la providence m'avoit rendu possesseur, ce qui certainement me donnoit plus d'embarras que je n'en avois jamais eu dans la vie solitaire que j'avois menée autrefois dans mon île, où je n'avois besoin que de ce que j'avois ; au lieu que dans ma nouvelle situation mon bonheur même m'étoit à charge, par l'inquiétude que me donnoit l'envie de mettre mes richesses en sûreté. Je n'avois plus cette grotte où je pouvois conserver mon trésor sans serrure & sans clef, & où il pouvoit se rouiller dans un long repos sans être utile à personne. Il est vrai que le vieux capitaine étoit un homme parfaitement intègre; c'étoit là aussi mon unique ressource. Ce qui augmentoit mon embarras, c'est que mon intérêt m'appeloit dans le Brésil, & que je ne pouvois pas songer à entreprendre ce voyage, avant d'avoir mis mon argent comptant en mains sûres; je pensai d'abord à ma bonne veuve, dont l'intégrité m'étoit connue; mais elle étoit déjà avancée en âge, mal dans ses affaires, & peut-être endettée. Ainsi, il n'y avoit pas d'autre parti à prendre que de retourner en Angleterre, & de prendre mes effets avec moi.

Plusieurs mois s'écoulèrent pourtant avant de prendre une résolution fixe là dessus, & pendant ce tems là, après avoir satisfait pleinement aux obligations que j'avois au vieux capitaine portugais, je pensai aussi à témoigner ma reconnoissance à ma pauvre veuve, dont le mari avoit été mon premier bienfaiteur, & qui elle-même avoit été ma fidelle gouvernante, & la sage directrice de mes affaires. Dans ce dessein je trouvai un marchand à Lisbonne, à qui je donnai ordre d'écrire à son correspondant à Londres, de chercher cette bonne femme pour lui donner de ma part cent livres sterling, & pour l'assûrer que pendant ma vie elle ne manqueroit jamais de rien. En même tems j'envoyai cent livres sterling à chacune de mes sœurs, qui vivoient à la campagne, & qui, quoiqu'elles ne fussent pas dans une nécessité absolue, étoient bien éloignées pourtant d'être à leur aise; l'une étant veuve, & l'autre ayant son mari dont elle n'avoit pas lieu d'être contente. Mais parmi tous mes parens, & toutes mes connoissances, je ne trouvai personne à qui confier le gros de mes affaires, d'une manière à être tranquille là dessus, avant que de passer dans le Brésil, ce qui me donna bien de l'inquiétude.

J'avois assez d'envie quelquefois de m'établir entièrement dans le Brésil, où j'étois comme naturalisé; mais j'étois retenu par quelques scrupules de conscience. Il est bien vrai qu'autrefois j'avois eu assez peu de délicatesse pour professer extérieurement la religion dominante du pays, & que je ne voyois pas encore qu'il y eût là un si grand crime; mais pourtant, y pensant plus mûrement, je jugeois qu'il n'étoit pas sûr pour moi de mourir dans une pareille dissimulation, & je me repentois d'en avoir jamais été capable.

Cependant, ce n'étoit pas là le plus grand obstacle qui s'opposoit à mon voyage; c'étoit, comme j'ai déja dit, la difficulté que je trouvois à difposer de mes effets d'une manière sûre. Je me déterminai donc à retourner en Angleterre avec mon argent, dans l'espérance d'y trouver une ame digne de toute ma confiance, & j'exécutai ce dessein peu de tems après.

Mais avant de partir, la flotte du Brésil étant prête à faire voile, je donnai les réponses convenables aux lettres obligeantes que j'avois reçues de ce pays. J'écrivis au prieur une lettre pleine de reconnoissance pour le remercier de l'intégrité dont il avoit agi envers moi, & pour lui faire présent de 872 moidores qu'il avoit à moi, avec prière d'en donner 500 au monastère, & d'en distribuer 372 aux pauvres, selon qu'il le trouveroit bon. Au reste, je me recommandois à ses prières & à celles des autres religieux.

J'écrivis une lettre semblable à mes facteurs, sans l'accompagner d'aucun présent, sachant bien qu'ils n'avoient pas besoin des effets de ma libéralité. On peut bien croire que je n'oubliai pas non plus de remercier mon associé des soins qu'il avoit pris pour l'accroissement de notre plantation, & de lui donner mes instructions sur la manière dont je souhaitois qu'il dirigeât mes affaires. Je le priai d'envoyer régulièrement les revenus de ma moitié au vieux capitaine, & je l'assurai que non-seulement je viendrois le voir, mais que j'avois encore dessein de me fixer dans le Brésil, pour tout le reste de ma vie : j'ajoutai à ces promesses un joli présent de quelques pièces d'étoffes de soie d'Italie, de deux pièces de draps d'Angleterre, de cinq pièces de baie noire, & de quelques pièces de ruban de Flandre d'un assez grand prix.

Ayant mis ainsi ordre à mes affaires, vendu ma cargaison, & réduit toutes mes marchandises en argent, je ne trouvai plus rien d'embarrassant que le choix de la route que je devois prendre pour passer en Angleterre. J'étois fort accoutumé à la mer, & cependant je me sentois une aversion extraordinaire pour m'y hasarder, & quoique je fusse incapable d'en alléguer la moindre raison, cette aversion redoubloit de jour en jour d'une telle force, que je fis remettre à terre jusqu'à deux ou trois fois mon bagage, que j'avois déjà fait embarquer.

J'avoue que j'avois essuyé assez de malheurs sur cet élément pour le craindre ; mais cette raison faisoit des impressions moins fortes sur mon esprit, que ces mouvemens secrets dont je me sentois saisi, & que j'avois grande raison de ne pas négliger, comme il parut par l'événement. Deux de ces vaisseaux, dans lesquels, à différens tems, j'avois voulu m'embarquer, furent très-malheureux dans leur voyage : l'un fut pris par les Algériens, & l'autre fit naufrage près de Totbay,

I i iv

sans qu'il s'en sauvât au-delà de trois personnes; par conséquent, dans lequel des deux que je me fusse embarqué, j'aurois été également malheureux.

Mon ancien ami sachant l'embarras où je me trouvois par rapport à mon voyage, m'exhorta fort de n'aller point par mer; il me conseilla plutôt d'aller par terre jusqu'à la Corogne, & de passer par-là, à la Rochelle, par le golphe de Biscaye, d'où il étoit aisé de continuer mon chemin par terre jusqu'à Paris, & de venir de-là par Calais à Douvres, ou bien d'aller à Madrid, & de traverser toute la France par terre.

Mon aversion prodigieuse pour la mer me fit suivre ce dernier parti, qui me la faisoit éviter par-tout, excepté le petit passage de Calais à Douvres. Je n'étois pas fort pressé, je craignois peu la dépense, la route étant agréable, & pour que je ne m'y ennuyasse pas, mon vieux capitaine me procura la compagnie d'un Anglois, fils d'un marchand de Lisbonne, qui me fit trouver deux autres compagnons de voyage de la même nation, auxquels se joignirent encore deux cavaliers portugais qui devoient s'arrêter à Paris, de manière que nous étions six maîtres & cinq valets. Les deux marchands & les deux Portugais se contentoient d'avoir deux valets à eux quatre; mais pour moi, j'avois trouvé bon d'augmenter mon domestique d'un matelot Anglois qui devoit me tenir lieu de laquais pendant le voyage, parce que Vendredi n'étoit guères capable de me servir comme il falloit dans des pays dont il avoit à peine une idée.

De cette manière nous quittâmes Lisbonne, bien montés & bien armés, faisant une petite troupe assez leste, qui me faisoit l'honneur de m'appeler son capitaine, non-seulement à cause de mon âge, mais encore parce que j'avois deux valets, & que j'étois l'entrepreneur de tout le voyage.

Comme je ne suis pas entré dans le détail d'aucun de mes voyages par mer, je ne ferai pas non plus un Journal exact de mon voyage par terre. Je m'arrêterai seulement à quelques aventures qui me paroissent dignes de l'attention du lecteur.

Quand nous vînmes à Madrid, nous résolûmes de nous y arrêter quelques tems pour voir la cour d'Espagne, & tout ce qu'il y a de plus remarquable ; mais l'automne commençant à approcher, nous nous pressâmes de sortir de ce pays, & nous abandonnâmes Madrid environ au milieu d'Octobre. En arrivant sur les frontières de la Navarre nous fûmes fort allarmés en apprenant qu'une si grande quantité de neige y étoit tombé du côté de la France, que plusieurs voyageurs avoient été obligés de retourner à Pampelune, après avoir tenté de passer les montagnes en s'exposant aux plus grands hasards.

Arrivés à Pampelune, nous trouvâmes que cette nouvelle n'étoit que trop fondée : nous y sentîmes un froid insupportable, sur-tout pour moi qui étois accoutumé à vivre dans des climats si chauds, qu'à peine y peut-on souffrir des habits. J'y étois d'autant plus sensible, que dix jours auparavant nous avions passé par la vieille Castille dans un tems extrêmement chaud. On peut croire si c'étoit un grand plaisir pour moi d'être exposé aux vents qui venoient des Pyrénées, & qui causoient un froid assez rude pour engourdir nos doigts & nos oreilles, & pour nous les faire perdre.

Le pauvre Vendredi étoit encore le plus malheureux de nous tous, en voyant pour la première fois de sa vie des montagnes couvertes de neige, & en sentant le froid, choses inconnues pour lui jusqu'alors.

La neige cependant continuoit toujours à tomber avec violence, & pendant si long-tems, que l'hiver étoit venu avant sa saison, & les passages qui jusqu'alors avoient été difficiles, en devinrent absolument impraticables. La neige étoit d'une épaisseur terrible, & n'ayant point acquis de la fermeté par une forte gelée, comme dans les pays septentrionaux, elle faisoit courir risque aux voyageurs, à chaque pas, d'y être enterrés tout vifs.

Nous nous arrêtâmes pour le moins une vingtaine de jours à Pampelune ; mais persuadés que l'approche de l'hiver ne mettoit pas nos affaires en meilleur état, (aussi étoit-ce par toute l'Europe l'hiver le plus cruel qu'il y ait eu de mémoire d'homme ; je proposai à mes compagnons d'aller à Fontarabie, & de passer de-là par mer à Bordeaux, ce qui n'étoit qu'un très-petit voyage.

Pendant que nous étions à délibérer là-dessus, nous vîmes entrer dans notre auberge quatre gentilshommes françois qui, ayant été arrêtés du côté de la France, comme nous, du côté de l'Espagne, avoient eu le bonheur de trouver un guide qui, traversant le pays du côté du Languedoc, leur avoit fait passer les montagnes par des chemins où il y avoit peu de neige, ou du moins où elle étoit assez endurcie par le froid pour soutenir les hommes & les chevaux.

Nous fîmes chercher ce guide, qui nous assura qu'il nous meneroit par le même chemin sans avoir rien à craindre de la neige ; mais que nous devions être assez bien armés pour pouvoir nous défendre contre les bêtes féroces, & sur-tout contre les loups qui, devenus enragés faute de nourriture, se faisoient voir par troupes aux pieds des montagnes. Nous lui dîmes que nous ne craignions rien de ces animaux, pourvu qu'il nous pût mettre l'esprit en repos sur certains loups à deux jambes que nous étions en grand danger de rencontrer, à ce qu'on nous avoit assuré, du côté des montagnes qui regardent la France.

Il nous répondit que nous ne serions point exposés à ce danger dans la route par laquelle il nous meneroit ; & là-dessus nous nous déterminâmes à le suivre, & le même parti fut pris par douze cavaliers françois avec leurs valets, qui avoient été obligés de revenir sur leurs pas.

Nous sortîmes de Pampelune le 15 de Novembre, & nous fûmes d'abord bien surpris de voir notre guide, au lieu de nous mener en avant, nous faire retourner l'espace de vingt milles Anglois, par le même chemin par lequel nous étions venus de Madrid ; mais ayant passé deux rivières, & traversé un climat fort chaud & fort agréable, où l'on ne découvroit pas la moindre neige, il tourna tout d'un coup du côté gauche, & nous fit rentrer dans les montagnes par un autre chemin. Nous y apperçûmes des précipices dont la vue nous faisoit frissonner ; mais il sut nous conduire par tant détours & par tant de traverses, qu'il nous fit passer la hauteur des montagnes sans que nous en sussions rien, & sans être fort incommodés de la neige, & tout d'un coup il nous montra les agréables & fertiles provinces du Languedoc & de la Gascogne, qui frappoient nos yeux par une charmante verdure. Il est vrai que nous les voyions à une grande distance de nous, & qu'il falloit encore faire bien du chemin avant que d'y entrer.

Nous fûmes pourtant bien mortifiés un jour, en voyant tomber de la neige en une telle abondance, qu'il nous fut impossible d'avancer ; mais notre guide nous donna courage, en nous assurant que toutes les difficultés de la route seroient bientôt surmontées. Nous trouvâmes effectivement que chaque jour nous descendions de plus en plus, & que nous avancions du côté du Nord, ce qui nous donna assez de confiance en notre guide pour pousser hardiment notre voyage.

Voici une aventure assez remarquable qui nous arriva un jour. Nous avions à peu près deux heures de jour, quand nous hâtant vers notre gîte, nous vîmes sortir d'un chemin creux, à côté d'un bois épais, trois loups monstrueux, suivis d'un ours. Comme notre guide nous avoit assez dévancés pour être hors de notre vue, deux de ces loups se jettèrent sur lui, & si nous avions été seulement éloignés d'un demi-mille Anglois, il auroit été certainement dévoré avant que nous eussions été en état de lui donner du secours. L'un de ces animaux s'attacha au cheval, & l'autre attaqua l'homme avec tant de fureur, qu'il n'eut ni le tems, ni la préfence d'efprit de fe faifir de fes armes à feu : il fe contenta de pouffer des cris épouvantables. Comme Vendredi étoit le plus avancé de nous tous, je lui dis d'aller à toute bride voir ce que c'étoit. Dès qu'il découvrit de loin ce dont il s'agiffoit, il fe mit à crier de toutes fes forces : O maître, maître ! mais il ne laiffa pas de continuer fon chemin tout droit vers le pauvre guide, & comme un garçon plein de courage, il appuya fon piftolet contre la tête du loup qui s'étoit attaché à l'homme, & le fit tomber à terre roide mort.

C'étoit un grand bonheur pour le pauvre guide que Vendredi, étant accoutumé dans fa patrie à ces fortes de bêtes, ne les craignoit guères ; ce qui l'avoit rendu affez hardi pour tirer fon coup de près ; au lieu que quelqu'un de nous, tirant de plus loin, auroit couru rifque ou de manquer le loup, ou de tuer l'homme.

Auffi-tôt que le loup, qui avoit attaqué le cheval, vit fon camarade à terre, il abandonna fa proie, & s'enfuit. Il s'étoit heureufement attaché à la tête du cheval, où fes dents rencontrant les boffettes de la bride, n'avoient pas pu porter de coup bien dangereux. Il n'en étoit pas ainfi de l'homme, qui avoit reçu deux morfures cruelles, l'une dans le bras, & l'autre au-deffus du genou, & qui avoit été fur le point de tomber de fon cheval qui se cabroit, dans le moment que Vendredi étoit venu si heureusement à son secours.

On croit facilement qu'au bruit du coup de pistolet de mon sauvage nous doublions tous le pas, autant qu'un chemin extrémement raboteux pouvoit nous le permettre.

A peine nous étions-nous débarrassés des arbres qui nous barroient la vue, que nous vîmes distinctement ce qui venoit d'arriver, sans pourtant pouvoir distinguer d'abord quelle espèce d'animal Vendredi venoit de tuer.

Mais voici un autre combat bien plus surprenant, il se donna entre le même sauvage & l'ours dont je viens de parler, & nous divertit à merveilles, quoiqu'au commencement nous en fussions fort allarmés. Il sera bon, pour l'intelligence de cette aventure, de la faire précéder d'une courte description du caractère de messieurs les ours. On sait que l'ours est un animal fort grossier & pesant, & fort éloigné de pouvoir galoper comme un loup, qui est fort léger & très-alerte; mais on ignore peut-être qu'il a deux qualités essentielles, qui font la règle générale de la plupart de ses actions.

Premièrement, comme il ne considère pas l'homme comme sa proie, à moins qu'une faim excessive ne le fasse sortir de son naturel, il ne l'attaque pas, s'il n'en est attaqué le premier. Si vous le rencontrez dans un bois, & si vous ne vous mêlez pas de ses affaires, il ne se mêlera pas des vôtres ; mais ayez bien soin de le traiter avec beaucoup de politesse, & de lui laisser le chemin libre ; car c'est un cavalier fort pointilleux, qui ne fera pas un seul pas hors de sa route pour un monarque. S'il vous fait peur, le meilleur parti que vous puissiez prendre, c'est de détourner les yeux, & de continuer votre chemin ; car si vous vouliez vous arrêter pour le regarder fixement, il pourroit bien s'en offenser ; mais si vous étiez assez hardi pour lui jeter quelque chose, & qu'elle le touchât, ne fût-ce qu'un morceau grand comme le doigt, soyez sûr qu'il le prendroit pour un affront sanglant, & qu'il abandonneroit toutes ses autres affaires, pour en tirer vengeance ; car il est extrêmement délicat sur le point d'honneur : c'est-là sa première qualité. Il en a encore une autre, qui est tout aussi remarquable, c'est que s'il se fourre dans l'esprit que vous l'avez offensé, il ne vous abandonnera ni de nuit ni de jour, jusqu'à ce qu'il en ait satisfaction, & que l'affront soit lavé dans votre sang.

Je reviens au combat, dont j'ai promis la relation. A peine Vendredi eut-il aidé à descendre de cheval notre guide, encore plus effrayé qu'il n'étoit blessé, que nous vîmes l'ours sortir du bois,

bois, & je puis protester que je n'en ai jamais vu d'une taille plus monstrueuse.

Nous étions tous un peu effrayés à sa vue, hormis Vendredi, qui marquant dans toute sa contenance beaucoup de joie & de courage, s'écria : *O maître, maître, vous me donner congé, moi lui toucher dans la main, moi vous faire bon rire.* Que voulez-vous dire, grand fou que vous êtes, lui dis-je ? Il vous mangera. *Lui manger moi, lui manger moi !* répondit-il : *moi manger lui, vous tous rester-là, moi vous donner bon rire.* Aussitôt le voilà à bas de son cheval, il ôte ses bottes dans le moment, chausse une paire d'escarpins, qu'il avoit dans sa poche, donne son cheval à garder à mon autre laquais, se saisit d'un fusil, & se met à courir comme le vent.

L'ours cependant se promenoit au petit pas, sans songer à malice, jusqu'à ce que Vendredi s'en étant approché, commença à lier conversation avec lui, comme si l'animal étoit capable de l'entendre : écoute donc, lui cria-t-il, moi te vouloir parler un peu. Pour nous, nous le suivions à quelque distance. Nous étions déjà descendus des montagnes du côté de la Gascogne, & nous nous trouvions dans une vaste plaine, où pourtant il y avoit une assez grande quantité d'arbres répandus par-ci, par-là.

Vendredi, étant pour ainsi dire, sur les talons

Tome I.   K k

de l'ours, ramasse une grosse pierre, la jete à cet affreux animal & l'attrape justement à la tête sans néanmoins lui faire plus de mal, que si le caillou avoit donné contre une muraille. Aussi mon drôle n'avoit d'autre but que de se faire suivre par l'ours, & de nous donner bon rire, selon sa manière de s'exprimer. L'ours, selon sa louable coutume, ne manquoit pas d'aller droit à lui, en faisant des pas si terribles, que, pour les suivre, on auroit dû mettre son cheval à un médiocre galop.

Il n'avoit garde cependant d'attraper Vendredi, que je vis, à mon grand étonnement, prendre sa course de notre côté, comme s'il avoit besoin de notre secours, ce qui nous détermina à faire feu sur la bête tous en même tems, pour délivrer mon valet de ses griffes : j'étois pourtant dans une furieuse colère contre lui pour avoir attiré l'ours sur nous, dans le tems qu'il ne songeoit qu'à aller droit son chemin. Cela s'appelle-t-il nous faire rire, maraud, lui dis-je ; viens vîte, & prends ton cheval, afin que nous puissions tuer ce diable d'animal que tu as mis à nos trousses. *Point, point,* répondit-il tout en courant ; *non tirer, vous point bouger, vous avoir grand rire.* Comme mon drôle couroit deux fois plus vîte que l'ours, & qu'il y avoit encore un assez grand espace entre l'un & l'autre, il prend tout d'un-coup à côté de nous, où il voyoit un grand chêne très-propre à l'exécution de son projet, & nous faisant signe de le suivre, il met bas son fusil à quelque pas de l'arbre, & il y grimpe avec une adresse étonnante. Nous suivions, cependant, à quelque distance, l'ours irrité qui prenoit le même chemin, étant proche de l'arbre, il s'arrête auprès du fusil, le flaire, & le laissant là, il se met à grimper contre le tronc de l'arbre, à la manière des chats, quoi qu'il fût d'une pesanteur extraordinaire.

J'étois surpris de la folie de mon valet, & jusques-là je ne voyois pas le mot pour rire dans toute cette affaire. L'ours avoit déjà gagné les branches de l'arbre, & il avoit fait la moitié du chemin depuis le tronc jusqu'à l'endroit où Vendredi s'étoit mis sur l'extrémité foible d'une grosse branche. Dès que l'animal eut mis les pattes sur la même branche, & qu'il se fut mis en devoir d'aller jusqu'à mon valet, il nous cria qu'il alloit apprendre à danser à l'ours; & en même tems il se met à sauter sur la branche, & à la remuer de toutes ses forces; ce qui fit chanceler l'ours, qui regardoit déjà en arrière, pour voir de quelle manière il se tireroit de là; ce qui nous fit rire effectivement de tout notre cœur. Mais la farce n'étoit pas encore jouée jusqu'au bout; quand Vendredi vit l'animal s'arrêter, il lui parla de nouveau comme s'il avoit été sûr de lui faire entendre son mauvais Anglois : *Quoi*, lui dit-il, *toi ne pas venir plus loin ? toi prié encore un peu venir* ; en même tems il cesse de remuer la branche, & l'ours, comme s'il étoit sensible à son invitation, fait effectivement quelques pas en avant, & aussi souvent qu'il plaisoit à mon drôle de remuer la branche, l'ours trouvoit à propos d'arrêter tout court.

Je crus alors qu'il étoit tems de lui casser la tête ; & pour cette raison je criai à Vendredi de se tenir en repos; mais il me pria de n'en rien faire, & de lui permettre de le tuer lui-même quand il le voudroit.

Pour abréger l'histoire, mon sauvage dansoit si souvent sur la branche, & l'ours en s'arrêtant se mettoit dans une posture si grotesque, que nous en mourions de rire. Nous ne connoissions pourtant rien dans le dessein de Vendredi: nous avions cru d'abord qu'en remuant la branche il avoit envie de culbuter cette lourde bête du haut en bas ; mais elle étoit trop fine pour s'y laisser attraper, & elle se cramponoit à la branche avec ses quatre griffes d'une telle force, qu'il étoit impossible de la faire tomber, & par conséquent nous avions de la peine à comprendre par quelle plaisanterie l'aventure finiroit.

Vendredi nous tira bientôt d'embarras ; car

voyant que l'ours n'avoit pas envie d'approcher d'avantage ; *bon*, *bon*, lui dit-il, *toi ne pas venir plus à moi, moi venir à toi*: & là-dessus il s'avance vers l'extrémité de la branche, & s'y pendant par les mains, il la fait plier assez pour se laisser tomber à terre sans risque.

L'ours voyant de cette manière son ennemi décamper, prend la résolution de le suivre ; il se met à marcher sur la branche à reculons, mais avec beaucoup de lenteur & de précaution, ne faisant pas un pas sans regarder en arrière. Quand il fut arrivé au tronc, il en descendit avec la même circonspection, toujours à reculons, & ne remuant jamais un pied qu'il ne sentît l'autre bien fermement attaché à l'écorce. Il alloit justement appuyer une de ses jambes sur la terre, quand Vendredi s'avança sur lui, & lui mettant le bout du fusil dans l'oreille, le fit tomber roide mort.

Après cette expédition, mon gaillard s'arrêta pendant quelques momens d'un air grave, pour voir si nous n'étions pas à rire, & voyant qu'effectivement il nous avoit extrémement divertis, il fit un terrible éclat de rire lui-même, en disant que c'étoit ainsi qu'on tuoit les ours dans son pays. Comment ! lui répondis-je, le moyen que vous les tuïez de cette manière, vous n'avez point de fusils. *Oui*, répartit-il, *point de fusils, mais nous tirer beaucoup grands longs flèches.*

Il est certain qu'il avoit tenu parole, & que cette comédie nous avoit donné beaucoup de plaisir. Cependant j'en aurois encore ri d'un meilleur cœur, si je ne m'étois pas trouvé dans un lieu sauvage, où les hurlemens des loups me donnoient beaucoup d'inquiétude. Le bruit qu'ils faisoient étoit épouvantable, & je ne me souviens pas d'en avoir jamais entendu un pareil, qu'une seule fois sur le rivage d'Afrique, comme je crois l'avoir déjà dit.

Si ce bruit affreux, & l'approche de la nuit, ne nous avoient tirés de-là, nous aurions suivi le conseil de Vendredi, en écorchant la bête, dont la peau valoit bien la peine d'être conservée; mais nous avions encore trois lieues à faire, avant que d'arriver au gîte, & notre guide nous pressoit de pousser notre voyage.

Toute cette route étoit couverte de neige, quoiqu'à une moindre épaisseur que les montagnes, & par conséquent elle étoit moins dangereuse. Mais en récompense les loups enragés par la faim étoient descendus par bandes entières dans les plaines & dans les forêts, & avoient fait des ravages affreux dans plusieurs villages, où ils avoient tué une grande quantité de bétail, & dévoré les hommes mêmes.

Nous apprîmes de notre guide, qu'il nous restoit encore à traverser un endroit fort dangereux, & où nous ne manquerions pas de rencontrer des loups.

C'étoit une petite plaine environnée de bois de tous côtés, & suivie d'un défilé fort étroit, par où nous devions passer absolument pour sortir des forêts, & pour gagner le bourg où nous devions coucher cette nuit.

Nous entrâmes dans le premier bois une demi-heure après. Dans ce bois nous ne rencontrâmes rien qui fût capable de nous effrayer, excepté dans une très-petite plaine, d'environ un demi-quart de mille, où nous vîmes cinq grands loups traverser le chemin tous à la file des uns des autres, comme s'ils couroient après une proie assurée. Ils ne firent pas seulement semblant de nous appercevoir, & en moins de rien ils étoient hors de notre vue. Cependant notre guide, qui étoit un poltron achevé, nous pria de nous préparer à la défense, puisqu'apparemment ces loups seroient suivis d'une grande quantité d'autres.

Nous suivîmes son conseil, sans cesser un moment de détourner les yeux de tous côtés; mais nous n'en découvrîmes pas un seul dans tout le bois qui étoit long de plus d'une demi-lieue. Il n'en fut pas de même dans la plaine dont j'ai fait mention. Le premier objet qui nous y frappa, étoit un cheval tué par ces animaux, sur le cadavre duquel ils étoient encore au nombre de quelques douzaines, occupés non à dévorer la chair, mais à ronger les os.

Nous ne trouvâmes point du tout à propos de troubler leur festin, & de leur côté ils ne songeoient pas à le quitter pour nous troubler dans notre voyage. Vendredi avoit pourtant grande envie de leur lâcher quelques coups de fusil ; mais je l'en empêchai, prévoyant que bientôt nous aurions des affaires de reste. Nous n'avions pas encore traversé la moitié de la plaine, quand nous entendîmes à notre gauche des hurlemens terribles : un moment après nous vîmes une centaine de loups venir à nous, par rang & par files, comme s'ils avoient été mis en bataille par un officier expérimenté.

Je crus, que le seul moyen de les bien recevoir, étoit de nous arranger tous dans une même ligne, & de nous tenir bien serrés : ce que nous exécutâmes dans le moment. Je donnai encore ordre à mes gens de faire leur décharge, en sorte qu'il n'y eut que la moitié qui tirât à la fois, & que l'autre se tînt prête à faire dans le moment une seconde décharge ; & si, malgré tout cela, les loups ne laissoient pas de pousser leur pointe, qu'ils ne s'amusassent pas à recharger leurs fusils, mais qu'ils missent promptement le pistolet à la main. Nous en avions chacun une paire, & ainſi nous étions en état de faire ſix grandes décharges tout de ſuite. Mais pour lors toutes nos armes ne nous furent point néceſſaires; car à nos premiers coups les ennemis s'arrêterent tout court. Il y en eut quatre de tués, & pluſieurs autres de bleſſés, qui en ſe tirant de la foule, laiſſoient ſur la neige les traces de leur ſang. Voyant pourtant que le reſte ne ſe retiroit pas, je me reſſouvins d'avoir entendu dire que les bêtes les plus féroces même étoient effrayées du cri des hommes, & conſéquemment j'ordonnai à tous mes compagnons d'en pouſſer un de toutes leurs forces.

Je vis par-là que cette opinion n'étoit pas ſi mal fondée; car dans le moment ils commencèrent leur retraite, & après que j'eus fait faire une ſeconde décharge ſur leur arrière-garde, ils prirent le galop pour s'enfuir dans les bois.

Leur fuite nous donna le loiſir néceſſaire pour recharger nos armes tout en chemin faiſant; mais à peine eûmes-nous pris cette précaution, que nous entendîmes dans le même bois, du côté gauche, mais plus en avant que la première fois, des hurlemens encore plus effroyables.

La nuit s'approchoit cependant, ce qui mettoit nos affaires en plus mauvais état, ſur-tout quand nous vimes paroître tout en même tems trois troupes de loups, l'une à la gauche, l'autre derrière nous, & la troisième à notre front; de manière que nous en étions presque environnés. Néanmoins comme ils ne tomboient pas d'abord sur nous, nous jugeâmes à propos de gagner toujours pays, autant que nous pouvions faire avancer nos chevaux, ce qui n'étoit tout au plus qu'un bon trot, à cause des mauvais chemins.

De cette manière, nous découvrîmes bientôt le défilé par lequel il falloit passer de nécessité, & qui étoit au bout de la plaine, comme j'ai déjà dit; mais étant sur le point d'y entrer, nous fûmes surpris par la vue d'un nombre confus de loups qui faisoient mine de vouloir nous disputer le passage.

Tout d'un coup nous entendîmes d'un autre côté un coup de fusil, & dans le même instant nous vîmes un cheval sellé & bridé sortir du bois & s'enfuir comme le vent, ayant à ses trousses seize ou dix-sept loups qui devoient bien-tôt l'atteindre, puisqu'il étoit impossible qu'il soutînt encore long-tems une course si vigoureuse.

En nous avançant du côté de l'ouverture dont ce cheval venoit de sortir, nous apperçûmes les cadavres d'un autre cheval & de deux hommes fraîchement dévorés par ces bêtes enragées, l'un desquels devoit être nécessairement celui à qui nous avions entendu tirer un coup de fusil ; car nous en trouvâmes un déchargé à terre auprès de lui, & nous le vîmes lui-même tout défiguré, la tête & le haut de son corps ayant été déjà rongés jusqu'aux os.

Ce spectacle nous remplit d'horreur, & nous ne savions pas de quel côté nous tourner, quand ces abominables bêtes nous forcèrent à prendre une résolution, en avançant sur nous de tous côtés au nombre de trois cent tout au moins.

Par bonheur nous découvrîmes tout près du bois plusieurs grands arbres abattus, apparemment pendant l'été, pour servir à la charpente. Je plaçai ma petite troupe au beau milieu, après lui avoir fait mettre pied à terre, & je l'arrangeai en forme de triangle devant le plus grand de ces arbres qui pouvoit lui servir de rempart.

Cette précaution ne nous fut pas inutile ; car ces loups endiablés nous chargèrent avec une fureur inexprimable & avec des hurlemens capables de faire dresser les cheveux, comme s'ils tomboient sur une proie assurée ; & je crois que leur rage étoit sur-tout animée par la vue des chevaux que j'avois fait placer au milieu de nous. J'ordonnai à mes gens de tirer de la même manière qu'ils avoient fait dans la première rencontre, & ils l'exécutèrent si bien qu'ils firent tomber un bon nombre de nos ennemis par la première décharge; mais il étoit nécessaire de faire un feu continuel, car ils venoient sur nous comme des diables, ceux de derrière poussant en avant les premiers.

Après notre seconde décharge, nous les vîmes s'arrêter un peu, & j'espérois déjà que nous en serions bientôt quittes; mais j'étois bien trompé. Nous fûmes encore obligés de faire feu deux fois de nos pistolets, & je crois que dans ces quatre décharges nous en tuâmes bien dix-sept ou dix-huit, en blessant plus du double de ce nombre.

J'aurois été fort fâché de faire tirer notre dernier coup sans la dernière nécessité : je fis donc venir mon valet anglois, (car Vendredi étoit occupé à charger mon fusil & le sien,) je lui ordonnai de prendre un cornet à poudre, & de faire une traînée sur l'arbre qui nous servoit de rempart, & sur lequel les loups se jetoient à tout moment avec une rage épouvantable. Il le fit sur le champ, & dès que je vis nos ennemis montés sur l'arbre, j'eus justement le tems de mettre le feu à ma traînée, en lâchant dessus le chien d'un pistolet déchargé : tous ceux qui se trouvoient sur l'arbre furent grillés par le feu, dont la force en jeta sept ou huit parmi nous, que nous dépêchâmes en moins de rien : pour les autres, ils étoient si effrayés de cette lumière subite augmentée par l'obscurité de la nuit, qu'ils commencèrent à se retirer un peu. Là-dessus je fis faire sur eux la dernière décharge, que nous accompagnâmes d'un grand cri qui acheva de les mettre entièrement en fuite.

Ensuite nous fîmes une sortie l'épée à la main sur une vingtaine d'estropiés, & en les taillardant nous fîmes en sorte que leurs hurlemens plaintifs contribuassent à épouvanter les autres qui avoient regagné les bois.

Nous en avions tué tout au moins une soixantaine, & si ç'avoit été en plein jour, nous en aurions bien dépêché davantage : cependant le champ de bataille nous restoit, mais nous avions encore tout au moins une lieue à faire, & nous entendions encore de tems en tems un bruit affreux dans les bois. Nous crûmes même plus d'une fois en voir près de nous, sans en être bien sûrs, à cause de la neige qui nous éblouissoit les yeux.

Après avoir marché encore une heure dans de pareilles inquiétudes, nous arrivâmes au bourg où nous devions passer la nuit. Nous y trouvâmes tout le monde sous les armes, parce que la nuit d'auparavant un grand nombre de loups, & quelques ours, y étoient entrés, & leur avoient donné une allarme bien chaude, qui les obligeoit à se tenir continuellement en sentinelle, & sur-tout pendant la nuit, afin de défendre leurs troupeaux, & de se défendre eux-mêmes.

Le jour après, notre guide étoit si mal, & les membres où il avoit été blessé étoient tellement enflés, qu'il lui fut impossible de nous servir davantage : ainsi nous fûmes obligés d'en prendre un autre pour nous conduire jusqu'à Toulouse. C'est-là que nous trouvâmes, au lieu de montagnes de neige & de loups, un climat chaud & une campagne riante & fertile.

Quand nous contâmes notre aventure, on nous dit que rien n'étoit plus ordinaire que d'en avoir de semblables au pied des montagnes, sur-tout quand il y a de la neige ; ils étoient fort surpris de ce que nous avions trouvé un guide assez hardi pour nous mener par cette route dans une saison si rigoureuse, & que nous avions été heureux de sauver notre vie de la fureur de tant de loups affamés. Quand je leur fis le récit de notre ordre de bataille, ils nous blamèrent fort de nous y être pris de cette manière, & ils étoient convaincus que les loups avoient redoublé leur rage à cause des chevaux que nous avions placés derrière nous, & qu'ils avoient considérés comme une proie qui leur étoit due. A leur avis, il y avoit cinquante à parier contre un que nous aurions été détruits, sans le stratagême de la traînée de poudre, de laquelle je m'étois avisé, & sans le feu continuel que nous avions soin de faire; ils ajoutoient encore que nous aurions couru moins de danger si nous étions restés à cheval, & si, de cette manière, nous avions tiré sur eux, parce que voyant les chevaux montés, ces animaux n'ont pas la coutume de les considérer si facilement comme leur proie ; qu'enfin si nous avions voulu mettre pied à terre, nous aurions bien fait de sacrifier nos chevaux, parce que, selon toutes les apparences, c'est sur eux qu'ils se seroient tous jetés, en nous laissant tous en repos, nous voyant en grand nombre & bien armés.

Le danger auquel nous venions d'échapper étoit véritablement terrible ; j'avoue que j'en étois plus frappé que d'aucun autre que j'eusse couru de ma vie, & que je m'étois cru perdu absolument en voyant deux ou trois cens de ces bêtes endiablées venir à nous la gueule béante, sans que je pusse trouver aucun lieu de refuge pour me mettre à l'abri de leur fureur.

Je ne crois pas que j'en perde jamais l'idée, & désormais j'aimerois mieux faire mille lieues par mer, quand je serois sûr d'essuyer une tempête toutes les semaines, que de traverser encore une seule fois les mêmes montagnes.

Je ne dirai rien de mon voyage par la France,

puisque plusieurs autres ont infiniment mieux parlé de tout ce qui concerne ce pays, que je ne saurois le faire. Je dirai seulement que, sans m'arrêter beaucoup, je passai de Toulon à Calais par Paris, & que j'arrivai à Douvres le 11 de Janvier, après avoir essuyé un froid presque insupportable.

J'étois parvenu alors au centre de mes desirs, ayant avec moi tout mon bien, & voyant toutes mes lettres de change payées sans aucun délai.

Dans cette heureuse situation, je me servois de ma bonne veuve comme de mon conseiller privé; ses bontés pour moi étoient animées & redoublées par la reconnoissance, & elle ne trouvoit aucun soin trop embarrassant, ni aucune peine trop fatiguante, quand il s'agissoit de me rendre service. Aussi avois-je une si parfaite confiance en elle, que je croyois tous mes effets en sûreté entre ses mains; & certainement pendant tout le tems que j'ai joui de son amitié, je me suis cru heureux d'avoir trouvé une personne d'une probité si inaltérable.

J'étois déjà résolu à lui laisser la direction de toutes mes affaires, & à partir pour Lisbonne, pour fixer ma demeure dans le Brésil, quand une délicatesse de conscience m'en vint détourner. J'avois réfléchi souvent, & sur-tout pendant ma vie solitaire, sur le peu de sûreté qu'il y a à vivre dans la religion catholique romaine, & je savois qu'il m'étoit impossible de m'établir dans le Brésil sans en faire profession, & que d'y manquer ne seroit autre chose que m'exposer à souffrir le martyre entre les cruelles mains de l'inquisition. Cette considération me fit changer de sentiment, & prendre le parti de rester dans ma patrie, sur-tout si j'étois assez heureux pour trouver le moyen de me défaire avantageusement de ma plantation.

Dans cette intention, j'écrivis à mon vieux ami de Lisbonne, qui me répondit qu'il trouveroit là aisément le moyen de vendre ma plantation; qu'il jugeoit à propos, si j'y consentois, de l'offrir en mon nom aux deux héritiers de mes facteurs qui étoient riches, & qui, se trouvant sur les lieux, en connoissoient parfaitement la valeur; que, pour lui, il étoit sûr qu'ils seroient ravis d'en faire l'achat, & qu'ils m'en donneroient du moins quatre ou cinq mille pièces de huit au-delà de ce que j'en pourrois tirer de tout autre.

J'y consentis, & l'affaire fut bientôt réglée; car huit mois après, la flotte du Brésil étant revenue en Portugal, j'appris par une lettre du vieux capitaine que mon offre avoit été acceptée, & mes facteurs avoient envoyé à leur correspondant à Lisbonne 330,000 pièces de huit pour payer le prix dont on étoit convenu.

Je ne balançai pas un moment à signer les conditions de la vente, telles qu'on les avoit dressées à Lisbonne, & en ayant renvoyé l'acte à mon vieux ami, il me fit tenir des lettres de change de la valeur de 328,000 pièces de huit, pour le prix de ma plantation, à condition qu'elle resteroit chargée du paiement de cent moidores par an, tant que le vieux capitaine vivroit, & de cinquante pendant la vie de son fils.

C'est par-là que je finis les deux premières parties de l'histoire d'une vie si pleine de révolutions, qu'on pourroit l'appeler une *marqueterie de la providence*. On y voit une si grande variété d'aventures, que je doute fort qu'aucune autre histoire véritable en puisse fournir une pareille. Elle commence par des extravagances qui ne préparent le lecteur à rien d'heureux, & elle finit par un bonheur, qu'aucun évènement qu'on y trouve ne sauroit promettre.

On croira indubitablement que, satisfait d'une fortune si supérieure à mes espérances, je n'étois pas homme à vouloir m'exposer à de nouveaux hasards ; mais, quelque raisonnable que puisse être ce sentiment, on se trompe. J'étois accoutumé à une vie ambulante, je n'avois point de famille, & quoique riche, je n'avois pas fait beaucoup de connoissances.

Il est vrai que je m'étois défait de ma plantation dans le Brésil ; mais ce pays m'étoit encore cher ; j'avois sur-tout un desir violent de revoir mon île, & savoir si les Espagnols y étoient arrivés, & comment des scélérats que j'y avois laissés étoient avec eux.

Je n'exécutai pas pourtant ce dessein d'abord, & les conseils de ma bonne veuve firent assez d'effet sur mon esprit, pour me retenir encore sept ans dans ma patrie. Pendant ce tems-là, je pris sous ma tutelle mes deux neveux, fils de mon frère : l'aîné avoit quelque bien, ce qui me détermina à l'élever comme un homme de famille, & à faire en sorte qu'après ma mort il eût de quoi soutenir la manière de vivre que je lui faisois prendre. Pour l'autre, je le confiai à un capitaine de vaisseau, & le trouvant, après cinq années de voyages, sensé, courageux & entreprenant, je lui confiai un vaisseau à lui-même. On verra dans la suite que ce même jeune homme m'a engagé dans de nouvelles aventures malgré mon âge qui devoit m'en détourner.

Je m'étois marié cependant d'une manière avantageuse & satisfaisante, & je me trouvois père de trois enfans ; savoir, de deux garçons &

une fille; mais ma femme étant morte, mon neveu, qui revenoit d'un voyage fort heureux en Espagne, excita par ses importunités mon inclination naturelle de courir, & me persuada de m'embarquer dans son vaisseau, comme un marchand particulier, pour aller négocier aux Indes orientales. J'entrepris ce voyage l'an 1694.

Dans cette course je n'oubliai pas de rendre visite à ma chère ile. J'y vis mes successeurs les Espagnols, qui me donnèrent l'histoire entière de leurs aventures, & de celles des scélérats que j'y avois laissés. J'appris de quelle manière ils avoient insulté les Espagnols, & de la nécessité où ces derniers avoient été de les soumettre par force, après avoir vu que c'étoit la seule manière de vivre en repos avec eux. Si on a ajouté à ces circonstances les nouveaux ouvrages qu'ils avoient faits dans l'île, quelques batailles qu'ils avoient été forcés de donner aux sauvages du continent, qui avoient fait plusieurs descentes sur leur rivage, & une entreprise qu'ils avient exécutée à leur tour sur les terres de leurs ennemis, où ils avoient fait prisonniers cinq hommes & onze femmes, qui avoient déjà, à mon arrivée, peuplé l'île d'une vingtaine d'enfans : si on rassemble, dis-je, toutes ces particularités, on verra que si leur histoire étoit écrite, elle ne seroit pas moins curieuse que la mienne.

Je quittai l'île, après y avoir séjourné une vingtaine de jours, & j'y laissai une bonne quantité de provisions nécessaires, qui consistoient sur-tout en armes, poudre, plomb, habits & outils ; j'y laissai encore un charpentier & un forgeron que j'avois amenés d'Angleterre avec moi.

J'avois trouvé à propos encore de partager l'île à tous les habitans, & je l'avois fait à leur satisfaction, quoique je me fusse réservé la propriété & la souveraineté de tout, & que je les eusse engagés à ne pas abandonner ce nouvel établissement.

Je m'en fus de-là dans le Brésil, d'où j'envoyai une barque vers l'île avec de nouveaux habitans, parmi lesquels il y avoit sept femmes propres pour le service & pour le mariage, si quelqu'un en vouloit. Je promis en même tems aux anglois de leur envoyer des femmes de leur patrie, une bonne cargaison de tout ce qui leur étoit nécessaire, pourvu qu'ils voulussent s'appliquer de tout leur cœur à faire des plantations, & dans la suite je leur ai tenu parole ; aussi devinrent-ils fort honnêtes gens, après qu'on les eût mis sous le joug, & qu'on leur eût assigné leurs portions à part. Je leur envoyai encore du Brésil cinq vaches, dont trois étoient pleines, avec quelques cochons, & je trouvai tout cela fort multiplié retournant dans l'île une seconde fois.

Je pourrois bien entrer un jour dans un détail plus particulier de tout ce que je viens de toucher légèrement, & y ajouter l'histoire d'une guerre nouvelle qu'eurent les habitans de mon île avec les cannibales. On y verroit de quelle manière ces sauvages entrèrent dans l'île au nombre de trois cens, & comme ils donnèrent deux batailles à ceux de ma colonie, qui dans la première ayant eu du dessous, perdirent trois hommes, mais qui dans la suite, une tempête ayant abîmé les canots des ennemis, avoient trouvé le moyen de les détruire tous par le fer ou par la famine, & étoient rentrés de cette manière dans la possession tranquille de leurs plantations.

Tous ces évènemens, joints aux aventures que j'ai eues pendant dix ans, pourroient faire plusieurs volumes dignes de l'attention du public.

Fin du premier Volume.

TABLE
DES
VOYAGES IMAGINAIRES.
TOME PREMIER.

ROBINSON CRUSOÉ.

Avertissement de l'Éditeur, page 1
Préface du Traducteur, 11
Préface de Robinson Crusoé, 17

AVENTURES DE ROBINSON CRUSOÉ.

Première Partie, 27
Seconde Partie, 271

Fin de la Table.

www.ingramcontent.com/pod-product-compliance
Lightning Source LLC
Chambersburg PA
CBHW071412230426
43669CB00010B/1526